U0576577

黄永年文集

北齐书选译 周书选译 旧唐书选译

中华书局

图书在版编目（CIP）数据

北齐书选译;周书选译;旧唐书选译/黄永年译注. —北京:中华书局,2025.8.—（黄永年文集）.—ISBN 978-7-101-17200-3

Ⅰ.K239.240.42;K239.250.42;K242.042

中国国家版本馆 CIP 数据核字第 202512J0S8 号

书　　名	北齐书选译　周书选译　旧唐书选译	
译 注 者	黄永年	
丛 书 名	黄永年文集	
责任编辑	李洪超	
装帧设计	刘　丽	
责任印制	韩馨雨	
出版发行	中华书局	
	（北京市丰台区太平桥西里 38 号　100073）	
	http://www.zhbc.com.cn	
	E-mail:zhbc@zhbc.com.cn	
印　　刷	河北品睿印刷有限公司	
版　　次	2025 年 8 月第 1 版	
	2025 年 8 月第 1 次印刷	
规　　格	开本/850×1168 毫米　1/32	
	印张 15⅛　插页 2　字数 360 千字	
国际书号	ISBN 978-7-101-17200-3	
定　　价	98.00 元	

前　言

　　黄永年先生离开我们已经十八年多了，今年适逢先生百年诞辰，我们特编辑《黄永年文集》以寄纪念之情。

　　黄先生终其一生从事学术，从早年就读大学时撰写多种考订文字，直至人生最后岁月沉疴缠身仍强支病体整理其师《吕思勉文史四讲》（身后方付梓行世），其间虽数历坎坷，身处逆境而矢志不移，竟日手不释卷，伏案笔耕，堪称视学术为生命的楷模。黄先生禀赋超常，兴趣广泛，其学及于文史诸多领域，并多有不同凡响的创获；加之记忆强健，文献稔熟，是故常能成竹在胸，下笔千言，一挥而就，生平所著数百万言，是一位真正著作等身的学术大家。

　　《黄永年文集》旨在搜裒先生历年所撰文史学术论著汇为一编。黄先生的学术生涯长达六十年，硕果累累，其文散见于多年来的各种报刊，一些论文尤其是早年所撰，如今已难得一见。尽管先生生前，曾有经美国汪荣祖教授代为选编的《唐代史事考释》，复有手订之数种选集，辞世后又有门生、家人编选的几种论文集，然由于种种原因，如格于篇幅，所收有限；各集时有重复，亦有不同；且经先生手订之本，由于时间有先后，着眼点有别，文字复时有歧异。而若干早年出版之著作更久绝于市肆，一册难求。故这次编辑《文集》，期于尽量向学界和广大读者朋友提供一套全面认识和了解黄先生学术思想见解的成果汇集。

　　文集共编为十四册。一至九册为各类著作,包括中国古代史研究、古文献学,以及普及性读物,可以基本上较为完整地反映出黄先生的治学领域及一生所从事的学术工作;十至十四册文史论集所收大多为各类学术论文,分为国史探赜、文献钩沉、文史论考、文史杂论(序跋书评、师友追忆、治学丛谈)等,各部分之标题为编者拟加。考虑到各册字数的平衡,把篇幅较小,且内容性质相近的著作,两种或几种并为一册。同时,为便于读者阅读,给几种著作配了插图。

　　需要说明,《文集》所收均为黄先生单独完成独立署名之作,并非先生之所有文字,未予收入者主要有以下几种情况:

　　一是凡与他人合著,即便大行于世并颇具影响者,此次编选亦只能忍痛舍置。

　　二是非专门的学术著作概不收入。黄先生生性忠介耿直,具有老一辈学人天下兴亡匹夫有责的情怀,曾当选为全国人大代表,参与讨论商议国家大事,每每发表真知灼见;学术之余,先生也偶尔以诗托怀,赋有格律诗若干成集,格调高古,言清志远;先生又长于治印,诸作2004年中华书局以《黄永年印存》之名刊行,广获识者好评。诸如此类,虽然亦有价值,因与文集编辑宗旨相违离,故皆不选。

　　三是师友门生往来书信。虽目前编者存有部分,但因此次编辑时间匆迫,未能较为全面地征集搜讨,只得暂告阙如,以留待他日。

　　四是若干早期撰写文字未能检到,遗憾未得收入;凡未公开发表者则此次亦不予收录。

　　由于若干文章发表后经修订文字复收录于他处,或标题亦有改变;又黄先生生前曾亲自选编过数种论文集,其中所收篇什时有重复异同。此番选录,主要取其内容完整,或后来有重要修改者。

已出黄先生多种论著,或为繁体或为简体,先生生前多次表示,因制订简化字方案时对于若干前代形义不同之繁体异体归于同一简体,有时难于知晓和恢复本字,极易产生困惑,因此对于文史学科,他主张仍以繁体为宜。此次编辑《文集》遵从黄先生的意愿,统一体例,学术类著作论文概使用繁体字。本为《古代文史名著选译丛书》所撰的今译著作,系面向大中学生等普通读者的普及类读物,原书即要求使用简化字,是以仍保持原貌,此为特例。

《文集》编辑出版,得到中华书局原总经理徐俊、原总编辑顾青、副总编辑俞国林的大力支持。中华书局作为国内一流的文史著作和古籍整理专业出版社,出版诸书以选题精审、校订严密、学术和出版品质俱佳而享有盛名,黄先生生时即对书局赞誉有加,《文集》能够经由中华书局刊行,亦足以告慰先生在天之灵。

编务工作主要由黄先生现仍在陕西师范大学工作的诸位门生和再传弟子承担。王其祎研究员为《文集》题签,苏小华博士编写了附录《黄永年先生论著年表》,为全书增色不少。

陕西师范大学国际长安学研究院大力资助《文集》出版。

在此一并致以衷心的感谢!

编者
2025 年 4 月

目　录

北齐书选译

周书选译

旧唐书选译

北齐书选译

前　言

给读者选译的这部《北齐书》，是通常所说"二十四史"中的一史。顾名思义，它是记载我国历史上北齐朝的史书。

北齐是我国南北朝时期北朝中的一朝。翻一下历史年表，它始建于公元 550 年，到公元 577 年就被北周吞灭，前后不过存在了二十八个年头，加上在这以前由北齐高氏皇室控制的、从公元 534 年到 550 年的东魏朝，也只存在了四十四个年头，在我国古代史上只算短暂的一瞬。从地理上看，它只占有了相当于今天洛阳以东的山西、河北、山东三省和河南省、内蒙古自治区的一部分，它的西边是北周，南边长江流域先后是南朝的梁与陈。因此，中学历史课本上往往把它一笔带过，说不了几句话。现在要帮助读者读《北齐书》，光靠这点自然不够了，需要在这前言里作点比较具体的介绍。

先说北齐这个朝代的由来，这牵涉到古代的少数民族问题。当南北朝开始对峙时，北面北魏朝的皇室和大贵族都是比较后进的鲜卑族，为了提高经济文化水平，北魏孝文帝拓跋宏把都城南迁洛阳，厉行汉化，连皇室拓跋氏都改汉姓姓了元。这样一方面对加速民族融合、稳定黄河流域社会秩序确实起了积极作用，另方面却又拉开了这些汉化鲜卑贵族和北边"六镇"军民之间的差距。这所谓"六镇"，本是北魏为了防御更后进的少数民族柔然南侵,在如今内蒙古自治区和河北省北部设置的六个军镇,军镇的士兵是鲜卑和鲜卑化了的汉族豪强子弟,将领更尽是鲜卑大贵族。北魏皇室南迁后,这"六镇"军民的地位迅速低落,士兵弄得衣食不周,还被加顶"府户"的帽子以防止他们逃亡,使他们逐渐沦为失去人身自由的被统治层。结果柔然不曾南侵,这"六镇"倒在公元524年来了个大起义,起义虽在第二年就失败,现在的河北、山东以及陕西、甘肃等地又连锁反应,其中原"六镇"镇将鲜卑人葛荣在河北率领的起义军力量尤其强大,因为拥有二十多万会打仗的"六镇"军民。而这时南迁的汉化鲜卑贵族打仗已不行了,出来打掉葛荣的是一个长期在北边还不曾汉化的契胡族酋长尔朱荣。尔朱荣残暴不得人心,被他所拥立的傀儡北魏孝庄帝元子攸所诱杀,他的侄儿尔朱兆又杀死孝庄帝改立节闵帝元恭。尔朱兆和尔朱氏其他亲属同样残暴不成器,一大批"六镇"军民在手下偏不知道利用,让跟随过尔朱荣的高欢要了过去。高欢反过来把尔朱氏联军打败,把尔朱兆等先后消灭,并进入洛阳另立了个孝武帝元修。这个孝武帝也不愿当傀儡,公元534年出逃投靠在关中长安割据的宇文泰,高欢另立了孝静帝元善见。孝武帝在长安又和宇文泰闹矛盾被毒死,宇文泰在公元535年也另立了文帝元宝炬。这样原来的北魏就分成东西两块,西边由宇文泰控制的叫西魏,东边由高欢控制的叫东魏。高欢把东魏的都城由洛阳迁到黄河北边的邺城,派长子高澄在邺城做大将军执掌朝政,自己以齐王、大丞相的身份坐镇在今山西太原当时叫晋阳的地方遥控。公元547年高欢病死,549年高澄被家奴杀死,由高欢次子高洋继承权力。公元550年高洋授意东魏孝静帝禅位给自己,成为北齐朝第一个正式的皇帝——显祖文宣帝。同时追认高欢、高澄都算皇帝,即史书上的北齐高祖神武帝和北齐世宗文襄帝。这就是北齐朝的来历,它正式建立是在公元550年,讲它的皇帝则要从追认的高祖神武帝高欢以及世宗文襄帝高澄算起。

这北齐朝加上前面的东魏朝究竟是怎样的朝代,它的政权在哪些人手里?从表面看,高欢是渤海蓨县人,《北齐书》上就这么说,而这渤海蓨县高氏是汉人中的世家大族,高欢成其大业岂不是就把政权从北魏鲜卑人那边夺回到汉人手里了吗?可事实并不这么简单,因为高欢的这个籍贯未必靠得住。有人推测他的上代可能来自在今朝鲜半岛的高丽,还有人推测他本是鲜卑,为了抬高身份向汉人摆阔才把籍贯说成渤海蓨县,其实是个冒牌货。退一步就算是真的吧,据《北齐书》也是在祖上就因犯法迁到"六镇"中的怀朔镇,早已鲜卑化而且化得颇为彻底了。《北齐书》里就说过,高欢对三军发令常讲鲜卑话,而北魏孝文帝早在南迁时就大力推行汉话,规定三十岁以下的官员不准再讲鲜卑话,两相比较不能不说高欢有所倒退。很显然,这是以高欢为首的"六镇"鲜卑势力南下取代了已经汉化的北魏元氏政权。当然,历史不会重演,东魏、北齐的政权不会回到北魏南迁之前的旧格局。无论高欢还是高澄,都懂得打天下虽依靠鲜卑兵将,治天下还得借用汉族士大夫。他们重用了汉族士大夫中手段强硬的崔暹、崔季舒等人,把和高欢一起出身"六镇"的司马子如之流狠狠地收拾了一批,大煞鲜卑和鲜卑化权贵的气焰。要知道,高欢其人在私德上用封建时代的标准来看固然尚过得去,高澄却颇有淫暴的恶名,但能做到使用汉族士大夫整肃朝政,不偏袒鲜卑旧人,在稳定政局和缓和民族矛盾上起了积极作用,总还值得肯定。高洋建立北齐朝后,基本上还是执行高欢、高澄的政策,虽说刚上台时曾在司马子如等影响下贬黜过崔暹,一年后又重新起用,并对臣下们公开宣称崔暹"天下无双,卿等不及",还让崔暹做尚书右仆射任宰相之职。高洋在后期变得凶暴起来，杀了不少人，其中确有汉族士大夫，但更多的是原来魏朝的元氏王公，以及自己的兄弟、高欢第三子高浚和第七子高涣，原因是怕他们抢自己的宝座或闹复辟。而且这时候他在精神上已出了毛病，如当时扩建三台的宫殿，架起大梁离地二十七丈，两梁相距二百多尺，工匠怕摔下来要用绳子系住身体，他身为皇帝却到梁上跑来跑去，还能舞蹈合节拍，这不是发疯是什么？可就在这种情况下，人们还说"主昏于上，政清于下"，因为他还能用有能力的汉族士大夫做宰相。他死后传位给儿子高殷，只有六岁，被叔父、高欢第六子高演篡了位。这高演就是肃宗孝昭帝，也能留心政治而且汉化程度比高澄、高洋还要深一些，只是做上一年多皇帝就病死了，由高欢第九子、世祖武成帝高湛继位，此人就比他几个兄长差多了，大概本身文化低，老是爱用素质低下的小人。如出身西域商胡、以会握槊得幸、并和高湛后胡氏私通的和士开，出身"六镇"鲜卑、讨好和士开而得宠的高阿那肱，鲜卑化了的军人、特别歧视汉族士大夫的韩凤，还有充当高湛太子后主高纬干阿奶的陆令萱，陆令萱的儿子穆提婆，都是高湛提拔重用、到后主高纬时成为了操纵朝局的人物。而这时北周却出了个颇有才略能征善战的周武帝宇文邕，北齐的命运自可想而知了。不过总的说来，北齐一朝还是干了些有益于社会、有益于百姓的事情。这里还可举个例子，就是关于县令任用的问题。原来从北魏以来，县令多用出身低贱甚至在显贵家做仆役的人，弄得士大夫把当县令看作丢人。改革这种陋习、开始从士大夫子弟中来选拔县令的，是已经汉化了的原北魏宗室尚书左仆射元文遥，而其时已在后主高纬天统二年（566）之后，可见北齐朝即使到了将灭亡前也不是一点好事都不干。至于它所以最终被北周所吞灭，除了和士开、高阿那肱等确实把政局弄坏外，还有个军事上的原因。本来,东魏、北齐所占有的是当时全国最富庶的地区,高欢又接收了"六镇"主要的兵力,而西魏宇文泰拥有的只是"六镇"兵力中一个分支,所以一开始原是东强西弱的局面。但东魏、北齐原先会打仗的士兵过上一二十年会老化,以后在补充新血液上却看不到有什么措施,而西魏、北周则实行了府兵制,扩大了兵源,从而倒转过来成为西强东弱。当时双方以黄河为界,高洋时周人常怕齐兵西越黄河,每到冬天要椎碎河冰来阻拦,到高纬时却轮到齐人椎碎河冰来防周兵。加上高纬君臣不懂军事,高阿那肱、穆提婆等人又临危叛变投敌,自然更亡得快了。

上面只是讲政治,而且只讲了封建统治阶级的政治活动。老百姓的事情,还有社会经济等情况,由于旧史书不多讲,今天已不像政治活动那么清楚。但有一点可以肯定,在东魏、北齐朝不曾爆发过像北魏末年那样大规模的起义,说明阶级矛盾还没有激化。再一点是虽然经过了北周灭北齐,又由隋统一中国,被北齐统治过的黄河下游仍是当时全国经济最繁荣的地区,说明在北齐朝这里的经济没有遭受破坏而且有所发展,这也应是社会比较安定所起的积极效果。

以上就是对北齐朝历史的介绍。介绍自然还不免粗略,但也足以看出其中颇可以探索出带有规律性的东西,我们研究历史不本来就要弄清人类社会的发展规律吗?至于具体的经验教训,在这里也是不少的,尤其是如何处理民族矛盾,如何搞政治,如何打仗,虽然都是封建社会而且是封建统治者的经验教训,在今天总还可资借鉴。其中自然也会有丑恶的一面,否则还叫什么封建社会、封建地主阶级呢?这些今天拿来作为反面教员就是了。总之,了解北齐朝这段历史,读一点《北齐书》,今天看来还是需要的,这也就是撰写这本《北齐书选译》的目的。

　　这里再讲《北齐书》本身的事情,这得从北齐朝的修国史讲起。所谓国史,就是本朝的史。我国大概从汉朝以来就有撰写本朝史的传统,把本朝皇帝的本纪、大臣和其他人物的列传等一篇篇及时写出来,到改朝换代以后,再由新朝皇帝叫人整理加工或者改写成为正式的前一朝的纪传史,也就是包括本纪、列传的史书,有时还加上志和表。有时这种改写工作还可由私人来做,有时还改写成编年史。在北齐朝这种修国史的工作也不例外地进行过,专门设置了一个监修国史的史馆,交给宰相兼管,下面有著作郎、著作佐郎各二人做撰写工作。到北齐灭亡、隋统一之后,有位原先在北齐做官的王劭,就根据史馆的资料撰写出二十卷的编年史《齐志》。还有一位名气更大、地位更高的李德林,在北齐朝就编写了二十七卷纪传体国史,到隋文帝开皇初年又奉命续修了三十八篇。唐高祖武德五年(622)下诏撰修南北朝的几部纪传史,把北齐朝的交给裴矩、祖孝孙和魏徵,可过了几年都没有修成。唐太宗贞观三年(629)再下诏重修,北齐朝交给了李德林的儿子李百药。这位李百药在隋朝也已经做官了,隋朝末年又在沈法兴、李子通、杜伏威等反隋武装中任职,杜伏威部将辅公祏反唐①,叫李百药做吏部侍郎,辅公祏失败李百药也被流放,贞观初年才被召回任用,历任中书舍人、礼部侍郎、太子右庶子,赐爵安平县男,贞观十年(636)修成《北齐书》后加授散骑常侍、行太子左庶子,又除授宗正卿,十一年(637)进爵安平县子,几年后退休。贞观二十二年(648)八十四岁时去世。他的这部《北齐书》是以父亲李德林编撰的国史和续修稿为基础写成的,共五十卷,包括本

---

① 祏:音 shí(石)。

纪八卷和列传四十二卷。本纪记了神武帝高欢、文襄帝高澄、文
宣帝高洋、废帝高殷、孝昭帝高演、武成帝高湛、后主高纬以及当
了二十一天皇帝的幼主高恒。高纬、高恒合一卷,高欢占两卷,其
余一帝一卷。列传则以皇后、诸王开始,儒林、文苑、循吏、酷吏、
外戚、方伎、恩幸七个类传结束,中间是将相大臣和其他人物的列
传。没有给边境少数民族和外国写传,因为同时令狐德棻等奉命
撰修的《周书》里有了异域传①,用不着在《北齐书》里重复。也没
有写志,因为同时奉命撰写的另外四种即南朝的《梁书》、《陈书》、
北朝的《周书》以及《隋书》都不写志,这四朝和北齐朝的志是另在
贞观十五年(641)下诏叫于志宁等撰写的,一共写了礼仪、音乐、
律历、天文、五行、食货、刑法、百官、地理、经籍十个志计三十卷,
唐高宗显庆元年(656)由长孙无忌进呈,称为《五代史志》,后来编
进《隋书》里,要查这几朝的志可去查《隋书》。这些都不好算是
《北齐书》的缺漏。

　　《北齐书》这五十卷纪传写得怎么样,则应从两方面来说。一
个方面是从文学角度,也就是从现在人们常说的可读性来说,《北
齐书》自然比不上司马迁的《史记》和班固的《汉书》,论骈体文范
晔的《后汉书》和沈约的《宋书》也都比《北齐书》写得高明②。但
如果和唐宋以后的几种纪传史相比较,《北齐书》在可读性上似仍
高出不止一筹。这里不妨举两个例子,都是这本《选译》里选了
的。一个是高欢的《神武帝纪》里说他为了煽动所带"六镇"军民
反尔朱兆,"乃诈为书,言尔朱兆将以六镇人配契胡为部曲,众皆
愁怨。又为并州符征兵讨步落稽,发万人。将遣之,孙腾、尉景为

①棻:音 fēn(分)。
②晔:音 yè(叶)。

请留五日，如是者再。神武亲送之郊，雪涕执别，人皆号恸，哭声动地。神武乃喻之曰：'与尔俱失乡客，义同一家，不意在上乃尔征召，直向西已当死，后军期又当死，配国人又当死，奈何！'众曰：'唯有反耳！'神武曰：'反是急计，须推一人为主。'众愿奉神武。"其生动具体就不减《史记》之讲陈胜、吴广起义。再一个是《高昂传》里讲韩陵大战之前，"昂自领乡人部曲王桃汤、东方老、呼延族等三千人，高祖（高欢）曰：'高都督纯将汉儿，恐不济事，今当割鲜卑兵千余人共相参杂，于意如何？'昂对曰：'敖曹所将部曲，练习已久，前后战斗，不减鲜卑。今若杂之，情不相合，胜则争功，退则推罪。愿自领汉军，不烦更配'"。又说"昂尝诣相府，掌门者不纳，昂怒，引弓射之。高祖知而不责"。都活画出这位汉族骁将的威风，如果用白话重新写过，和《水浒传》、《三国演义》里的人物描写也就差不了许多。另一个方面是从史学角度来说，其中最紧要的即是能否写得真实，不要因为是阔人、名人就尽往好处说。《北齐书》在这方面似乎做得更为突出。仍就收入《选译》的来举例，如尉景是高欢的姊夫，高欢从小在他家里长大，高欢成大业后他暴发起来，但传里仍描绘他贪赃纳贿、被贬黜后又对高欢要赖的丑态。司马子如也是高欢的老交情，东魏、北齐朝的大权贵，可传里照样不客气地指出他"公然受纳，无所顾惮"，"言戏秽亵，识者非之"。崔暹是《北齐书》里的正面人物，传里在肯定的同时也说他"好大言，调戏无节"，并列举叫人家代做文章、教儿子骗取名誉等短处。颜之推是《文苑传》里的大名流，却也写他"好饮酒，多任纵，不修边幅"，甚至因为贪杯断送了中书舍人这个美职。此外如《儒林传》里写张景仁的小人得志，《恩幸传》写和士开、穆提婆、高阿那肱以及宦官、苍头、胡小儿等的庸劣无耻，更是振笔直书，不留半点情面。有人说，这因为北齐是个被战败灭亡的政权，所以后来编写史书相对地较少忌讳。但请问《二十四史》里除《史记》外哪一部不是在改朝换代之后撰修的呢？为什么有许多史里却相对地较多忌讳呢？可见在这方面《北齐书》确有其独到的长处，不容抹杀。

遗憾的是《北齐书》在唐代中期以后就逐渐残缺。这是因为《北齐书》等五朝史修成之后不久，有位李延寿又根据南朝的《宋书》、《南齐书》和新修的《梁书》、《陈书》改写成《南史》，根据北朝的《魏书》和新修的《北齐书》、《周书》再加上《隋书》改写成《北史》，在显庆四年(659)进呈并由唐高宗作了序。这原有的八种史书加起来有五百好几十卷，而改写的《南史》八十卷，《北史》一百卷，合到一起只有原来八史的三分之一。人情喜欢简省，读《南北史》的多，看八史的少，结果是八史中好几史都弄得残缺不全，而《北齐书》尤其缺得多。到北宋初年李百药的原书只剩下了十七卷，其余三十三卷都是唐人和北宋初年人用《北史》和《高氏小史》等书中相同的纪传抄补的，而这《高氏小史》也是唐人高峻根据纪传体史书包括《北齐书》等节抄的。所以这三十三卷仍是出于李百药的原书，只是转了些弯，经过些删节和改动，大体上还不失原书的本来面目。所以我这次撰写《北齐书选译》，也就把这三十三卷和原来的十七卷同等看待，同样入选，只在篇前加点说明，让读者知道不是原书而是补本。

最后谈谈这本《北齐书选译》的入选标准和版本、注译等问题。入选标准是人物既要有代表性，还得照顾到叮读性和趣味性。一开头选了高欢的《神武帝纪》，因为它详细讲述了这个高氏政权的创建过程，而且如前所说情节也很具体生动。和高欢一起创业的人们中，选了最不像样的尉景和既纳贿又有点能耐的司马子如，也选了斛律金父子和慕容绍宗、高昂等高级将领，他们正好代表了将领中三种不同的类型。文职大员中选了崔暹和元文遥，前者在整肃朝政上起过积极作用，后者也在县令选用上有改革之功。文士中选了邢卲和颜之推，一个是北方本地人，一个从南边辗转来北齐，在文士中既都知名又有代表性。以上这些人的传里还都有点趣味性的东西。比较单调像流水账的只有斛律金父子的传，但这父子俩太有名了，不入选也不好。类传里除《文苑传》的颜之推外还选了《儒林传》的张景仁和《恩幸传》的和士开等一大批人物，如前所说传里把这些人物的丑态作了充分的暴露，可读性既强，又可让读者领会到北齐怎么会很快地灭亡。以上一共选了十二个纪传，鲜卑等少数民族大体占了一半，次序按原书排列，因为原书的排列本已大体考虑到了时代先后。这些纪传的原文都用中华书局出版的点校本，因为它经唐长孺教授作了精审的校勘，允推通行《北齐书》中最佳的版本。标点、分段则由我重新做过。有些太长、太琐屑或事涉神怪迷信处则酌量删节。注释和今译别无凭借，自全部由我来做。注释中除一般词语外最多的是人、地名和职官名称。地名尽量注得详细些，因为南北朝时行政区划变动多，注得太简略不行。职官则详注太占篇幅，只大体注出所属机构及职务。人名凡《北齐书》、《魏书》等有传的就注某书有传，不再统统简述生平，因为即使简述也占篇幅，有喧宾夺主之嫌。再则前面已注过的在后面也不再重出。今译则一般直译，这是我惯用的办法，因为读者要读的是原文，译文只起帮助阅读原文的作用，而不是让读者脱离了原文光去欣赏译文。当然译文读起来顺口些、文句漂亮些更好，但不能光图漂亮、顺口而使译文变成了原文的改写本。

　　　　　　　黄永年(陕西师范大学古籍所)

神武帝纪

　　高欢生前只是齐王，只因他是高氏北齐政权的实际创始者，后来又被追尊为献武皇帝、神武皇帝，所以史书把他和别的开国皇帝一样列为本纪。皇帝的本纪一般都是编年性大事记，像流水账；只有开国皇帝的才记载如何打天下、夺取政权的细节，才较有可读性。高欢的《神武帝纪》也是如此，它像说故事一样讲了高欢如何利用六镇兵力消灭尔朱氏，进而使元魏皇帝成为傀儡的过程，这里都基本上译出。以后则选译了他和西魏宇文泰几次大战，其他流水账就从略了。

　　这个纪原已缺失，这是后人据《北史》补入的。（选自卷一至卷二）

　　齐高祖神武皇帝，姓高，名欢，字贺六浑①，渤海蓨人也②。六世祖隐，晋玄菟太守③。隐生庆，庆生泰，泰生湖，三世仕慕容

---

①字贺六浑：贺六浑本是高欢的胡名，汉名"欢"只是胡语"浑"的对音，把胡名"贺六浑"雅译成"欢"这个汉名，以后史官又把"贺六浑"说成高欢的字。

②渤海：郡名，治所南皮在今河北南皮北。蓨（tiáo 条）：渤海郡属县，原名脩县，在今河北景县南，隋开皇时改为蓨县，移治今景县。

③玄菟（tù 兔）：郡名，西晋时治所高句骊在今辽宁沈阳西。太守：郡的长官叫太守。

氏①。及慕容宝败②，国乱，湖率众归魏，为右将军③。湖生四子，第三子谧④，仕魏位至侍御史⑤，坐法徙居怀朔镇⑥。谧生皇考树⑦，性通率⑧，不事家业。……及神武生而皇妣韩氏殂⑨，养于同产姊婿镇狱队尉景家⑩。

神武既累世北边，故习其俗，遂同鲜卑。长而深沉有大度，轻财重士，为豪侠所宗。目有精光，长头高颧⑪，齿白如玉，少有人杰表⑫。家贫，及聘武明皇后⑬，始有马，得给镇为队主⑭。镇将辽西段长常奇神武貌⑮，谓曰："君有康济才，终不徒然。"便以子孙为托。及贵，追赠长司空⑯，擢其子宁用之。神武自队主转为函使⑰。……为

---

① 慕容氏：指鲜卑慕容垂建立的后燕，建都中山即今河北定州。
② 慕容宝：慕容垂之子，公元396年即位，辖境多被北魏攻占，398年为部下所杀。
③ 右将军：北魏时设有前、后、左、右将军。
④ 谧：音mì(密)。
⑤ 侍御史：御史台掌察纠弹劾，属官有侍御史。
⑥ 徙(xǐ洗)：迁移。怀朔镇：北魏六镇之一，故址在今内蒙古固阳西南。
⑦ 皇考：宋以前一般尊称亡父为皇考。
⑧ 通率：通脱，放达不拘小节。
⑨ 皇妣：宋以前一般尊称亡母为皇妣。
⑩ 同产姊婿：同母姊夫。镇狱队：当是怀朔镇管理监狱的小队伍。尉景：《北齐书》有传，本书已选译。
⑪ 颧(quán权)：颧骨。
⑫ 表：仪表。
⑬ 武明皇后：姓娄，名昭君，《北齐书》有传。
⑭ 给：给办事，服务。队主：小队伍的队长。
⑮ 辽西：郡名，治所肥如在今河北迁安东北。
⑯ 司空：当时是三公之一。
⑰ 函使：专职递送公文的人。

函使六年，每至洛阳①，给令史麻祥使②。祥尝以肉啖神武③，神武性不立食，坐而进之，祥以为慢己，笞神武四十④。及自洛阳还，倾产以结客，亲故怪问之，答曰："吾至洛阳，宿卫羽林相率焚领军张彝宅，朝廷惧其乱而不问⑤，为政若此，事可知也，财物岂可常守邪⑥？"自是乃有澄清天下之志。与怀朔省事云中司马子如及秀容人刘贵、中山人贾显智为奔走之友⑦，怀朔户曹史孙腾、外兵史侯景亦相友结⑧。……

孝昌元年⑨，柔玄镇人杜洛周反于上谷⑩，神武乃与同志从

————————

① 洛阳：在今河南洛阳东，是北魏的京城。
② 令史：北魏省台府寺等中央机关都设有令史，是事务员性质的小官，另有尚书都令史，这麻祥后来高欢称之为"麻都"，担任尚书都令史。
③ 啖(dàn 淡)：吃，给人吃。
④ 笞(chī 痴)：鞭打，杖击。
⑤ 宿卫……不问：详见《魏书·张彝传》。案北魏的禁军羽林、虎贲的成员和六镇一样都是北鲜卑部落的苗裔，自北魏孝文帝迁都洛阳实行汉化之后，他们地位低落，于是在神龟二年(519)暴动，屠害主张抑制他们的张彝父子，政府只收捕羽林凶强者八人斩之，不敢深究，以防事态扩大。
⑥ 邪(yé)：同"耶"。
⑦ 省事：镇府中协助处理公事的办事人员。云中：郡名，治所盛乐即今内蒙古和林格尔。司马子如：《北齐书》有传，本书已选译。秀容：郡名，治所秀容在今山西原平、忻州之间。刘贵：传见《北齐书》。中山：郡名，治所卢奴在今河北定州。贾显智：《魏书》有传。奔走之友：互相帮助活动誉扬的朋友。
⑧ 户曹史：镇府中管户籍赋役的办事人员。孙腾：《北齐书》有传。外兵史：镇府中管军队的办事人员。侯景：《梁书》有传。
⑨ 孝昌：北魏孝明帝元诩的年号(525—527)。
⑩ 柔玄镇：北魏六镇之一，故址在今内蒙古兴和台基庙东北。上谷：郡名，治所居庸在今河北延庆。

之。丑其行事，私与尉景、段荣、蔡儁图之①，不果而逃。……遂奔葛荣②。又亡归尔朱荣于秀容③。先是，刘贵事荣，盛言神武美，至是始得见，以憔悴故④，未之奇也。贵乃为神武更衣，复求见焉。因随荣之厩⑤，厩有恶马，荣命剪之，神武乃不加羁绊而剪⑥，竟不蹄啮⑦，已而起曰："御恶人亦如此马矣。"荣遂坐神武于床下⑧，屏左右而访时事，神武曰："闻公有马十二谷⑨，色别为群，将此竟何用也？"荣曰："但言尔意。"神武曰："方今天子愚弱⑩，太后淫乱⑪，孽宠擅命⑫，朝政不行，以明公雄武，乘时奋发，讨郑俨、徐纥而清帝侧⑬，霸业可举鞭而成，此贺六浑之意也。"荣大悦，语自日中至夜半，乃出。自是每参军谋。后从荣徙据并州，……既

---

① 段荣：《北齐书》有传。蔡儁：《北齐书》有传。
② 葛荣：本是怀朔镇将，后反魏，孝昌二年(526)自称天子，武泰元年(528)为尔朱荣所败，被擒杀。
③ 尔朱荣：北秀容的契胡族世袭酋长，《魏书》有传。秀容：古地区名，又名秀容川，相当今山西西北部云中山、句注山迤西，桑干河、汾河上游和黄河东岸一带，分南北两部，尔朱荣所居北秀容梁郡城，在今山西朔州北。
④ 憔悴(qiáo cuì 樵萃)：困顿萎靡貌。
⑤ 厩(jiù 救)：马房。
⑥ 羁(jī 基)：本是马络头，这里是套上马络头。绊(bàn 拌)：拘系马脚。
⑦ 蹄：用蹄踢。啮(niè 聂)：咬。
⑧ 床：唐及唐以前的床是坐卧两用的，这里是方形的坐床，有地位的人跪坐在床上，一般人跪坐在地上。
⑨ 谷：山谷，古代北方习惯游牧的民族多用满几谷来计量所畜牲口的多少。
⑩ 天子：指北魏肃宗孝明帝元诩，《魏书》有纪。
⑪ 太后：指北魏世宗宣武帝元恪的皇后、肃宗孝明帝元诩的生母灵太后胡氏，《魏书》有传。
⑫ 孽宠：指灵太后胡氏宠信的郑俨、徐纥，《魏书》都有传。
⑬ 清帝侧：通称"清君侧"，出兵清除帝王身边的坏人。

而荣以神武为亲信都督①。

　　于时魏明帝衔郑俨、徐纥,逼灵太后未敢制,私使荣举兵内向,荣以神武为前锋。至上党②,明帝又私诏停之。及帝暴崩③,荣遂入洛,因将篡位。神武谏,恐不听,请铸像卜之④,铸不成,乃止。孝庄帝立⑤,以定策勋⑥,封铜鞮伯⑦。及尔朱荣击葛荣,令神武喻下贼别称王者七人。后与行台于晖破羊侃于泰山⑧,寻与元天穆破邢杲于济南⑨。累迁第三镇人酋长⑩,常在荣帐内。荣尝问左右曰:"一日无我,谁可主军?"皆称尔朱兆⑪。曰:"此正可统三千骑以还,堪代我主众者唯贺六浑耳。"因诫兆曰:"尔非其匹,终当为其穿鼻⑫。"

----

① 都督:当时是较高级的军官,可临时设置。

② 上党:郡名,治所壶关即今山西黄碾。

③ 帝暴崩:指为灵太后胡氏毒死事。

④ 铸像:这是北方少数民族的习俗,像铸成才能登大位,铸坏了就不行。

⑤ 孝庄帝:敬宗孝庄帝元子攸,《魏书》有纪。

⑥ 定策:古代称大臣拥立皇帝为定策。

⑦ 铜鞮(dī 低)伯:铜鞮是乡郡的属县,在今山西沁县西南。古代封爵习惯要加个地名,但魏晋以来并不真到这个地方去当侯当伯。

⑧ 行台:尚书行台的简称,是中央尚书省的地方分支机构,在北齐成为地方行政的最高一级机构。于晖:任东南道行台,《魏书》有传。羊侃:《梁书》有传。泰山:郡名,治所博平在今山东泰安东南。

⑨ 元天穆:《魏书》有传。邢杲(gǎo 搞):建义元年(528)反魏,自称汉王,二年(529)在济南战败后降魏被杀。济南:郡名,治所历城即今山东济南。

⑩ 第三镇人酋长:镇人酋长,当即镇民酋长,唐人修史避李世民御讳常改"民"为"人",北魏、北齐、北周都有此设置,用来统治高车、鲜卑等民族,亦即"汗"的汉名,其中又以第一、第二、第三来区分级别高下。

⑪ 尔朱兆:尔朱荣侄,《魏书》有传。

⑫ 穿鼻:牛要穿鼻拴绳,这里借用来指被人奴役。

乃以神武为晋州刺史①。于是大聚敛,因刘贵货荣下要人,尽得其意。时州库角无故自鸣②,神武异之,无几而孝庄诛荣。

及尔朱兆自晋阳将举兵赴洛③,召神武。神武使长史孙腾辞以绛蜀、汾胡欲反④,不可委去,兆恨焉。腾复命,神武曰:"兆举兵犯上,此大贼也,吾不能久事之。"自是始有图兆计。及兆入洛,执庄帝以北,神武闻之大惊,又使孙腾伪贺兆,因密觇孝庄所在⑤,将劫以举义。不果,乃以书喻之,言不宜执天子以受恶名于海内。兆不纳,杀帝,而与尔朱世隆等立长广王晔⑥,改元建明,封神武为平阳郡公⑦。及费也头纥豆陵步藩入秀容⑧,逼晋阳,兆征神武。神武将往,贺拔焉过儿请缓行以弊之,神武乃往往逗遛⑨,辞以河无桥不得渡。步藩军盛,兆败走。初,孝庄之诛尔朱

①晋州:州及所属平阳郡的治所均在平阳县,即今山西临汾。刺史:州的长官叫刺史。
②角:古代军中的乐器画角。
③晋阳:并州及太原郡的治所,在今山西太原西南。
④长史:州刺史之下设有长史、司马,长史分掌政事,司马分掌军事,是刺史的高级辅佐官。绛蜀:蜀本是我国西南的一支少数民族,迁居北绛郡称为绛蜀。北绛郡治所绛县在今山西翼城东南。汾胡:居住汾州的胡人。汾州治所蒲子城即今山西隰县。
⑤觇(chān 搀):窥看。
⑥尔朱世隆:尔朱荣从弟,尔朱仲远弟,《魏书》有传。长广:郡名,治所胶东城在今山东平度。
⑦平阳郡:当时高欢为晋州刺史,晋州与所属平阳郡的治所同是平阳,即今山西临汾。
⑧费也头:当时生活在河西,即今山西省吕梁山以西的黄河东西两岸地区的少数民族,颇有战斗力。
⑨逗遛(dòu liú 豆留):停滞不前。

荣,知其党必有逆谋,乃密敕步藩令袭其后。步藩既败兆等,以兵势日盛,兆又请救于神武。神武内图兆,复虑步藩后之难除,乃与兆悉力破之。藩死,深德神武,誓为兄弟。时世隆、度律、彦伯共执朝政①,天光据关右②,兆据并州,仲远据东郡③,各拥兵为暴,天下苦之。

　　葛荣众流入并、肆者二十余万④,为契胡陵暴⑤,皆不聊生,大小二十六反,诛夷者半,犹草窃不止⑥。兆患之,问计于神武。神武曰:"六镇反残⑦,不可尽杀,宜选王素腹心者私使统焉。若有犯者,直罪其帅,则所罪者寡。"兆曰:"善,谁可行也?"贺拔允时在坐⑧,请神武。神武拳殴之,折其一齿,曰:"生平天柱时⑨,奴辈伏处分如鹰犬⑩,

---

① 度律:尔朱度律,尔朱荣从父弟,《魏书》有传。彦伯:尔朱彦伯,尔朱荣从弟,《魏书》有传。
② 天光:尔朱天光,尔朱荣从祖兄之子,《魏书》有传。关右:即关西,当时用来泛指潼关以西地区。
③ 仲远:尔朱仲远,尔朱彦伯弟,《魏书》有传。东郡:郡名,治所滑台在今河南滑县旧治。
④ 肆:肆州,治所九原即今山西忻州。
⑤ 契胡:指尔朱兆等契胡。
⑥ 草窃:草野窃盗。
⑦ 六镇:北魏初年为防御北方少数民族柔然,在当时的京城平城(今山西大同东)以北、阴山南北、自西而东设置了沃野(今内蒙古五原北)、怀朔、武川(今武川西土城)、抚冥(今四王子旗东南土城子)、柔玄、怀荒(今河北张北县境)八军镇,以鲜卑拓跋部的子弟充镇兵,北魏迁都洛阳后他们的地位低落,正光四年(523)起纷纷起兵反对中央政权,孝昌元年(525)失败,以后辗转流归葛荣部下。
⑧ 贺拔允:《北齐书》有传。
⑨ 天柱:指尔朱荣,尔朱荣曾为天柱大将军。
⑩ 处分(fèn 奋):处置。

今日天下安置在王,而阿鞫泥敢诬下罔上①,请杀之。"兆以神武为诚,遂以委焉。神武以兆醉,恐醒后或致疑贰②,遂出宣言受委统州镇兵,可集汾东受令③。乃建牙阳曲川④,陈部分。……兵士素恶兆而乐神武,于是莫不皆至。居无何,又使刘贵请兆,以并、肆频岁霜旱,降户掘黄鼠而食之⑤,皆面无谷色,徒污人国土⑥,请令就食山东⑦,待温饱而处分之。兆从其议。其长史慕容绍宗谏曰⑧:"不可,今四方扰扰,人怀异望,况高公雄略,又握大兵,将不可为。"兆曰:"香火重誓⑨,何所虑也!"绍宗曰:"亲兄弟尚尔难信,何论香火。"时兆左右已受神武金,因谮绍宗与神武旧有隙⑩,兆乃禁绍宗而催神武发。神武乃自晋阳出滏口⑪,路逢尔朱荣妻乡郡长公主自洛阳来⑫,马

----

① 阿鞫泥:贺拔允的胡名,《北齐书》本传说贺拔允字可泥,当是把胡名改为字,和把高欢胡名贺六浑改为字是同一手法。

② 贰(èr 二):背叛,有二心。

③ 汾东:汾水以东。汾水源出今山西宁武管涔山,经晋阳即今太原西南、平阳即今临汾入黄河。

④ 牙:牙旗的省称,牙旗是将军的大旗。阳曲川:阳曲,县名,属肆州永安郡,在今山西太原北、阳曲西南。川,即平川地,平地。

⑤ 黄鼠:生活在我国北方的松鼠科穴居动物。

⑥ 徒污人国土:是说这些降户饿兵没有什么用处,饿死了徒然弄脏土地。

⑦ 山东:这里是指太行山以东的广大地区,和今天山东省是两个不同的概念。

⑧ 慕容绍宗:《北齐书》有传,本书已选译。

⑨ 香火重誓:我国北方少数民族结义为兄弟叫香火之盟,当因结义时在神前焚香立誓,所以叫香火之盟、香火重誓。

⑩ 谮(zèn 怎):进谗言。隙(xì 戏):感情上的裂痕。

⑪ 滏(fǔ 斧)口:古隘道名,太行八陉之一,在今河北磁县西北石鼓山,滏水即今滏阳河源出于此。

⑫ 尔朱荣妻:北魏南安王元桢之女。乡郡:郡名,治所乡县在今山西武乡。长公主:皇帝女称公主,皇帝姊妹辈称长公主。

三百匹,尽夺易之。兆闻,乃释绍宗而问焉,绍宗曰:"犹掌握中物也。"于是自追神武,至襄垣①。会漳水暴长②,桥坏,神武隔水拜曰:"所以借公主马,非有他故,备山东盗耳。王受公主言,自来赐追。今渡河而死不辞,此众便叛。"兆自陈无此意,因轻马渡,与神武坐幕下,陈谢,遂授刀引头,使神武斫己③。神武大哭曰:"自天柱薨背④,贺六浑更何所仰,愿大家千万岁⑤,以申力用。今旁人构间至此⑥,大家何忍复出此言。"兆投刀于地,遂刑白马而盟,誓为兄弟,留宿夜饮。尉景伏壮士欲执兆,神武啮臂止之,曰:"今杀之,其党必奔归聚结,兵饥马瘦,不可相支,若英雄崛起,则为害滋甚,不如且置之。兆虽劲捷,而凶狡无谋,不足图也。"旦日,兆归营,又召神武。神武将上马诣之⑦,孙腾牵衣,乃止。兆隔水肆骂,驰还晋阳。兆心腹念贤领降户家累别为营⑧,神武伪与之善,观其佩刀,因取之以杀其从者,从者尽散。于是士众咸悦,倍愿附从。……将出滏口,倍加约束,纤毫之物,不听侵犯,将过麦地,神

———————————

① 襄垣:县名,属并州乡郡,即今山西襄垣。
② 漳水:浊漳水,从襄垣城东流过。
③ 斫(zhuó 酌):斩。
④ 薨(hōng 轰):古代诸侯之死曰薨,后来也把显贵人之死叫薨。背:离开,引申为去世。
⑤ 大家:东汉末年蔡邕所著《独断》说:"亲近侍从官称(天子)曰大家。"尔朱荣死后,尔朱兆成为尔朱氏的首领,所以曾归属尔朱氏的高欢要称尔朱兆为大家。
⑥ 构间:制造嫌隙,离间。
⑦ 诣(yì 意):前往。
⑧ 念贤:《周书》有传。家累:在旧社会里妻儿都得靠家长生活,所以叫家属为"家累"。

武辄步牵马。远近闻之，皆称高仪同将兵整肃①，益归心焉。遂前行，屯邺②。求粮相州刺史刘诞，诞不供，有车营租米，神武自取之。

　　魏普泰元年二月③，神武自军次信都④，高乾、封隆之开门以待⑤，遂据冀州。是月，尔朱度律废元晔而立节闵帝⑥。欲羁縻神武⑦，三月，乃白节闵帝，封神武为渤海王，征使入觐⑧，神武辞。四月癸巳，又加授东道大行台、第一镇人酋长。……神武自向山东，养士缮甲，禁侵掠，百姓归心。乃诈为书，言尔朱兆将以六镇人配契胡为部曲，众皆愁怨。又为并州符征兵讨步落稽⑨，发万人。将遣之，孙腾、尉景为请留五日，如此者再。神武亲送之郊，雪涕执别⑩，人皆号恸⑪，哭声动地。神武乃喻之曰："与尔俱失乡客⑫，义同一家，不意在上乃尔征召，直向西已当死，后军期又当

----

① 高仪同：高欢在北魏节闵帝元恭即位前已任车骑大将军、仪同三司，所以这里称他为高仪同。仪同三司，就是仪制同于三公的意思。

② 邺（yè 夜）：县名，相州及所属魏郡的治所，在今河南安阳北，曾是曹操为魏王时都城，又是十六国的后赵、前燕都城，以后成为东魏和北齐的都城。

③ 普泰：北魏节闵帝元恭的年号（531）。

④ 信都：县名，冀州及所属长乐郡的治所，即今河北冀州。

⑤ 高乾、封隆之《北齐书》都有传。

⑥ 节闵帝：元恭，《魏书》有纪，称前废帝。

⑦ 羁縻：笼络使不生异心。

⑧ 觐（jìn 近）：朝见天子叫觐。

⑨ 符：兵符，调兵用的凭证。步落稽：又称山胡、稽胡，源出南匈奴，南北朝时居今山西、陕西北部山谷间，隋唐后与汉族融合。

⑩ 雪：擦。

⑪ 恸（tòng 痛）：大哭。

⑫ 失乡：背井离乡。

死,配国人又当死①,奈何!"众曰:"唯有反耳!"神武曰:"反是急计,须推一人为主。"众愿奉神武。神武曰:"尔乡里难制。不见葛荣乎?虽百万众,无刑法,终自灰灭。今以吾为主,当与前异,不得欺汉儿,不得犯军令,生死任吾则可,不尔,不能为取笑天下。"众皆顿颡②,死生唯命,神武若不得已③。明日,椎牛飨士④,喻以讨尔朱之意。封隆之进曰:"千载一时,普天幸甚。"神武曰:"讨贼,大顺也;拯时,大业也。吾虽不武,以死继之,何敢让焉。"

六月庚子,建义于信都,尚未显背尔朱氏。及李元忠与高乾平殷州⑤,斩尔朱羽生首来谒,神武抚膺曰:"今日反决矣!"乃以元忠为殷州刺史。是时兵威既振,乃抗表罪状尔朱氏,世隆等秘表不通。八月,尔朱兆攻陷殷州,李元忠来奔。孙腾以为朝廷隔绝,不权立天子,则众望无所系。十月壬寅,奉章武王融子渤海太守朗为皇帝,年号中兴,是为废帝⑥。时度律、仲远军次阳平⑦,尔朱兆会之。神武用窦泰策⑧,纵反间⑨,度律、仲远不战而还,神武

①国人:本指西周春秋时住在国都里的人,属统治阶级,这里用来指与尔朱氏同族的契胡。

②顿:以头叩地。颡(sǎng 嗓):额。

③神武若不得已:各种版本都作"神武曰若不得已",读不通,"曰"字疑衍,今径删去。

④椎牛:杀牛,古代杀牛是用椎打杀,所以叫"椎牛"。飨:用酒食款待人。

⑤李元忠:《北齐书》有传。殷州:治所在南赵郡广阿,在今河北隆尧东。

⑥废帝:《魏书》有纪,称后废帝。

⑦阳平:阳平郡治所在馆陶,即今河北馆陶。又阳平郡有阳平县,即今山东莘(shēn 身)县。这里不知是指郡还是县。

⑧窦泰:《北齐书》有传。

⑨反间(jiàn 建):用计离间敌人,使起内讧。

乃败兆于广阿①。十一月,攻邺,相州刺史刘诞婴城固守②。神武起土山,为地道,往往建大柱,一时焚之,城陷入地。麻祥时为汤阴令③,神武呼之曰:"麻都!"祥惭而逃。永熙元年正月壬午④,拔邺城,据之。废帝进神武大丞相、柱国大将军、太师⑤。……闰三月,尔朱天光自长安⑥,兆自并州,度律自洛阳,仲远自东郡,同会邺,众号二十万,挟洹水而军⑦,节闵以长孙承业为大行台总督焉⑧。神武令封隆之守邺,自出顿紫陌⑨。时马不满二千,步兵不至三万,众寡不敌,乃于韩陵为圆阵⑩,连牛驴以塞归道,于是将士皆有死志,四面赴击之。尔朱兆责神武以背己,神武曰:"本戮力者⑪,共辅王室,今帝何在⑫?"兆曰:"永安枉害天柱,我报仇耳。"神武曰:"我昔日亲闻天柱计,汝在户前立,岂得言不反邪?且以君杀臣,何报之有,今日义绝矣。"乃合战,大败之。尔朱兆对

————————

① 广阿:县名,南赵郡治所,在今河北隆尧东。

② 婴城:据城。

③ 汤阴:魏郡属县,即今河南汤阴。令:县的长官叫令。

④ 永熙:北魏孝武帝元修的年号(532—534)。

⑤ 大丞相、柱国大将军、太师:前二者是特设的最高官职,尔朱荣曾被授过,太师则位居三师之首,非勋德崇者不居。

⑥ 长安:县名,雍州及京兆郡治所,即今陕西西安。

⑦ 挟:夹。洹(huán 桓)水:又名安阳河,源出林县隆虑山,东流经邺城南至内黄县北入卫河。

⑧ 长孙承业:长孙稚,字承业,效忠于北魏政权,《魏书》有传。

⑨ 顿:屯驻。紫陌:在邺西北五里处。

⑩ 韩陵:韩陵山,在邺城东南。

⑪ 戮力:尽力。

⑫ 帝:指孝庄帝元子攸,武泰元年(528)四月为尔朱荣所拥立,改元建义,九月改元永安,永安三年(530)九月帝杀尔朱荣等,十二月帝为尔朱兆所杀。

慕容绍宗叩心曰："不用公言,以至于此。"将轻走。绍宗反旗鸣角,收聚散卒,成军容而西上。高季式以七骑追奔①,度野马岗,与兆遇。高昂望之不见②,哭曰:"丧吾弟矣!"夜久季式还,血满袖。斛斯椿倍道先据河桥③。……四月,斛斯椿执天光、度律送洛阳。长孙承业遣都督贾显智、张欢入洛阳,执世隆、彦伯斩之。兆奔并州。仲远奔梁④,遂死焉。时凶蠹既除⑤,朝廷庆悦。……

　　既而神武至洛阳,废节闵及中兴主而立孝武⑥。孝武既即位,授神武大丞相、天柱大将军、太师、世袭定州刺史⑦,增封并前十五万户⑧。神武辞天柱,减户五万。壬辰,还邺,魏帝饯于干脯山⑨,执手而别。

　　七月壬寅,神武帅师北伐尔朱兆。封隆之言:"侍中斛斯椿、贺拔胜、贾显智等往事尔朱⑩,普皆反噬⑪,今在京师宠任,必构祸

----

①高季式:高乾第四弟,《北齐书》有传。

②高昂:高乾第三弟,《北齐书》有传,并选入本书。

③斛斯椿:曾追随尔朱氏,而实效忠于北魏政权,《北齐书》有传。倍道:兼程而行,一日行两日的路程。河桥:洛阳东北黄河上有桥叫河桥,是交通要道。

④仲远奔梁:各种版本都作"仲远奔梁州",但《魏书》本传说他"仍奔萧衍,死于江南"。可见这里本应作"仲远奔梁",这"梁"就是南朝萧衍建立的梁政权,"梁州"的"州"字必是因上文"兆奔并州"而衍,今径删去。

⑤蠹(dù妒):蛀虫,引申为祸害国家的大坏人。

⑥孝武:元修,《魏书》有纪,称出帝。

⑦天柱大将军:尔朱荣曾先任柱国大将军,又改授天柱大将军,这时又授与高欢,都是特设的最高官职。定州:治所在中山郡的卢奴县,今河北定州。

⑧增封……万户:我国古代有封邑制度,后来只是享有封邑若干户的赋税,并不真去封邑做领主。这里是说增加高欢的封邑加上原先的共十五万户。

⑨饯(jiàn荐):以酒食送行。

⑩侍中:门下省的长官,是皇帝的亲近大臣。贺拔胜:《魏书》《周书》都有传。

⑪反噬(shì逝):反咬一口,比喻受人之恩而反加害其人。

隙。"神武深以为然，乃归天光、度律于京师斩之。遂自滏口入，尔朱兆大掠晋阳，北保秀容，并州平。神武以晋阳四塞①，乃建大丞相府而定居焉。尔朱兆既至秀容，分兵守险，出入寇抄②。神武扬声讨之③，师出止者数四④，兆意怠。神武揣其岁首当宴会⑤，遣窦泰以精骑驰之⑥，一日一夜行三百里，神武以大军继之。二年正月，窦泰奄至尔朱兆庭⑦，军人因宴休惰⑧，忽见泰军，惊走，追破之于赤洪岭⑨。兆自缢，神武亲临厚葬之。慕容绍宗以尔朱荣妻子及余众自保乌突城⑩，降。神武以义故⑪，待之甚厚。

　　神武之入洛也，尔朱仲远部下都督桥宁、张子期自滑台归命⑫，神武以其助乱，且数反覆，皆斩之。斛斯椿由是内不自安，乃与南阳王宝炬及武卫将军元毗、魏光、王思政构神武于魏帝⑬，

①　四塞（sài 赛）：指四面皆有天险，可作屏障。

②　抄：掠夺。

③　扬声：扬言，当众声称，故意宣扬。

④　数四：三四次。

⑤　揣（chuǎi 踹上声）：猜度。

⑥　驰之：驱马追赶。

⑦　奄：通"掩"，乘人不备而进袭。庭：这里指北方少数民族酋长营帐所在。

⑧　惰：懈怠。

⑨　赤洪岭：汾州离石镇即今山西离石有离石水，也叫赤洪水，赤洪岭就在附近。

⑩　乌突城：在离石镇西北，今山西临县西南。

⑪　义故：本指受有旧恩的故旧，这里泛指故旧。

⑫　滑台：兖州及所属东郡的治所，在今河南滑县东。归命：归顺。

⑬　南阳王宝炬：后随孝武帝出奔长安，孝武被杀，宝炬即位为西魏文帝，《北史》有纪。武卫将军：领军府所属左右卫府的副长官。元毗：《北史》有传。王思政：《周书》有传。

舍人元士弼又奏神武受敕大不敬①,故魏帝心贰于贺拔岳②。……
时司空高乾密启神武,言魏帝之贰,神武封呈,魏帝杀之。又遣东
徐州刺史潘绍业密敕长乐太守庞苍鹰令杀其弟昂③。昂先闻其
兄死,以矟刺柱④,伏壮士执绍业于路,得敕书于袍领,来奔。神
武抱其首哭曰:"天子枉害司空⑤!"遣使以白武幡劳其家属⑥,时
乾次弟慎在光州⑦,为政严猛,又纵部下取纳,魏帝使代之。慎闻
难,将奔梁,其属曰:"公家勋重,必不兄弟相及。"乃弊衣推鹿车归
渤海⑧,逢使者,亦来奔。于是魏帝与神武隙矣。……

　　魏帝既有异图,时侍中封隆之与孙腾私言,隆之丧妻,魏帝欲妻
以妹。腾亦未之信,心害隆之,泄其言于斛斯椿,椿以白魏帝。又孙腾
带仗入省⑨,擅杀御史⑩。并亡来奔。……领军娄昭辞疾归晋阳⑪。

---

① 舍人:当时中书省领舍人省,下设中书舍人十人,掌管下诏敕等事,也省称
　　舍人。敕(chì 斥):皇帝所下的诏敕。
② 贺拔岳:当时关中军人的领袖,在高欢以外另成一大势力,北周创业者宇
　　文泰即其部下,《周书》有传。
③ 东徐州:治所在下邳郡,今江苏睢宁北。其弟昂:《北齐书》有传,本书已选译。
④ 矟(shuò 朔):长矛,即槊。
⑤ 司空:高乾被杀前任司空。
⑥ 白武幡:白虎幡,唐人避李虎名讳写成白武幡或白兽幡,本是督战或布朝
　　廷政令用,高欢这时实际上已自成一政权,所以也可用幡。
⑦ 乾次弟慎:《北齐书》有传。光州:州及所属东莱郡的治所均在掖县,即今
　　山东莱州。
⑧ 鹿车:古代手推的小车。渤海:高乾这一家族也是渤海蓚人。
⑨ 仗:兵仗。省:门下省,当时孙腾任侍中,是门下省的长官。
⑩ 御史:当时御史台下设有侍御史、殿中侍御史、检校御史等官职。
⑪ 领军:领军府的长官,掌禁卫宫廷。娄昭:高欢娄皇后之弟,《北齐书》
　　有传。

魏帝于是以斛斯椿兼领军,分置督将及河南、关西诸刺史①。华山王鸷在徐州②,神武使邸珍夺其管籥③。建州刺史韩贤、济州刺史蔡俊皆神武同义④,魏帝忌之,故省建州以去贤,使御史中尉綦俊察俊罪⑤,以开府贾显智为济州⑥。俊拒之,魏帝逾怒。

五月下诏,云将征句吴⑦,发河南诸州兵,增宿卫,守河桥。六月丁巳,魏帝密诏神武,曰:"宇文黑獭自平破秦陇⑧,多求非分,脱有变诈,事资经略。但表启未全背戾⑨,进讨事涉匆匆,遂召群臣,议其可否。金言假称南伐,内外戒严⑩,一则防黑獭不虞⑪,二则可

---

① 河南:指今河南、山东两省黄河以南广大地区。
② 华山王鸷:华山指华山郡,治所郑县即今陕西华县。元鸷,《魏书》有传。徐州:州及所属彭城郡的治所均在彭城,即今江苏徐州。
③ 邸(dǐ 底)珍:《北齐书》有传。夺其管籥(yuè 跃):管籥就是钥匙,夺其管籥,就是取代守卫权。
④ 建州:州及所属高都郡的治所均在高都,在今山西晋城东北。韩贤:《北齐书》有传。济州:治所在所属济北郡的碻磝(qiāo áo 敲熬)城,在今山东平阴县西北。
⑤ 御史中尉:御史台的长官,北齐改为御史中丞。綦俊:《魏书》有传。
⑥ 开府:本指成立府署,自选僚属,后成为高级职官名。
⑦ 句(gōu 勾)吴:本指春秋时的吴国,这里借用来指南朝的梁政权。
⑧ 宇文黑獭:宇文泰,黑獭是胡名,汉名"泰"只是"獭"的对音,把胡名"黑獭"雅译成"泰"这个汉名,史官又把"黑獭"说成是他的字,这和高欢的"欢"为汉名而"贺六浑"为胡名正相同。宇文泰是北周的创业者,后追谥为周文帝,《周书》有纪。秦:指关中。陇:指陇右,约当今甘肃六盘山以西、黄河以东一带。
⑨ 表:古代给皇帝的一种章奏。启:下对上的文书。背:背叛。戾(lì 利):乖张,暴戾。
⑩ 戒严:警戒。
⑪ 不虞:意料不到的事情。

威吴楚①。"时魏帝将伐神武,神武部署将帅,虑疑,故有此诏。神武乃
表曰:"荆州绾接蛮左②,密迩畿服③;关陇恃远④,将有逆图。臣今潜
勒兵马三万⑤,拟从河东而渡⑥;又遣恒州刺史库狄干、瀛州刺史郭
琼、汾州刺史斛律金、前武卫将军彭乐拟兵四万⑦,从其来违津渡⑧;
遣领军将军娄昭、相州刺史窦泰、前瀛州刺史尧雄、并州刺史高隆之拟
兵五万⑨,以讨荆州;遣冀州刺史尉景、前冀州刺史高敖曹、济州刺史
蔡俊、前侍中封隆之拟山东兵七万、突骑五万⑩,以征江左⑪。皆约所

────────────

① 吴楚:这里也指南朝梁政权。
② 荆州:当时有两个荆州,一个是梁的,州及其所属南郡的治所均在江陵即
　今湖北江陵;一个是魏的,当时治所在山北即今河南鲁山。这里和下文
　"以讨荆州"的荆州都指魏的荆州,当时魏孝武帝任贺拔胜为都督荆郢等
　七州诸军事、荆州刺史以对付高欢,所以高欢表里这么说。绾(wǎn 碗):
　控扼。蛮左:也就是江左,指以都城建康即今江苏南京为中心的南朝广大
　地区,北朝斥南朝为蛮,所以说"蛮左"。
③ 密迩:贴近。畿(jī 机)服:指京城管辖地区,这里指京城洛阳所在的司州。
④ 关陇:也就是前面所说的秦陇。这里指宇文泰。
⑤ 勒:部勒,统率。
⑥ 河东:地理上名词,今山西西南部、黄河以东以北地区,包括当时的汾州和
　并州的南部、司州的北部。从河东而渡,是指从河东南渡黄河进入司州。
⑦ 恒州:州及所属代郡的治所均在平城,即北魏原先的京城,今山西大同。
　库(shè 社)狄干:《北齐书》有传。瀛州:州及所属河间郡的治所均在赵都
　军城,即今河北河间。斛律金:《北齐书》有传,本书已选译。彭乐:《北齐
　书》有传。
⑧ 来违津:平城(今大同)之西的黄河渡口。
⑨ 尧雄:《北齐书》有传。高隆之:《北齐书》有传。
⑩ 高敖曹:高昂字敖曹。突骑(jì 记):本意是能冲锋陷阵的精锐骑兵,后常用
　来通指骑兵。
⑪ 江左:即江东,当时指南朝统治地区。

部,伏听处分①。"魏帝知觉其变,乃出神武表,命群官议之,欲止神武诸军。神武乃集在州僚佐②,令其博议,还以表闻,仍以信誓自明忠款③,曰:"臣为嬖佞所间④,陛下一旦赐疑⑤。……臣若不尽诚竭节⑥,敢负陛下,则使身受天殃⑦,子孙殄绝⑧。陛下若垂信赤心,使干戈不动⑨,佞臣一二人愿斟量废出⑩。"辛未,帝复录在京文武议意以答神武,使舍人温子昇草敕,子昇逡巡未敢作⑪,帝据胡床⑫,拔剑作色⑬。子昇乃为敕曰:"前持心血⑭,远以示王,深冀彼此共相体悉,而不良之徒坐生间贰。近孙腾仓卒向彼,致使闻者疑有异谋,故遣御史中尉綦儁具申朕怀⑮。今得王启,言誓恳恻⑯,反

---

① 伏听:伏俯着恭听,下对上的礼貌用语。

② 僚佐:官佐属吏。

③ 款:诚,恳切。

④ 嬖(bì 闭):宠信的。佞(nìng 宁):佞人,善以巧言献媚的人。

⑤ 陛(bì 币)下:古代臣民当面或在表奏中通称皇上为陛下。

⑥ 竭节:竭尽臣节,尽力表现出臣下的节操。

⑦ 天殃:上天降下的灾祸。

⑧ 殄(tiǎn 舔):灭绝。

⑨ 干戈:干是防御用的盾。戈是古代最常见的用于横击、钩援的长柄兵器,因此干戈成为兵器的通称,并引申指战争。

⑩ 废:罢掉官。出:贬出京城去地方上做官。

⑪ 逡(qūn 裙阴平)巡:迟疑不决的样子。

⑫ 胡床:古代的折叠椅,原创制于西域,东汉末传入我国内地,南北朝时已颇为流行,但正式场合则仍须跪坐在传统的床上,到中晚唐胡床逐渐取代传统的床,演化成今天的椅子,人们也都改跪坐为垂足而坐了。

⑬ 作色:变脸色。

⑭ 心血:指内心的真话。

⑮ 朕(zhèn 镇):秦始皇以后天子自称曰"朕"。

⑯ 恻(cè 测):通"切",恳切。

复思之，犹所未解。以朕眇身①，遇王武略，不劳尺刃，坐为天子，所谓生我者父母，贵我者高王。今若无事背王，规相攻讨②，则使身及子孙，还如王誓，皇天后土③，实闻此言。近虑宇文为乱，贺拔胜应之，故纂严④，欲与王俱为声援。宇文今日使者相望，观其所为，更无异迹。贺拔在南，开拓边境，为国立功，念无可责。君若欲分讨，何以为辞？东南不宾⑤，为日已久，先朝已来，置之度外，今天下户口减半，未宜穷兵极武⑥。朕既暗昧⑦，不知佞人是谁，可列其姓名，令朕知也。如闻厍狄干语王云：'本欲取懦弱者为主，王无事立此长君，使其不可驾御，今但作十五日行⑧，自可废之，更立余者。'如此议论，自是王间勋人，岂出佞臣之口？去岁封隆之背叛，今年孙腾逃走，不罪不送，谁不怪王！腾既为祸始，曾无愧惧，王若事君尽诚，何不斩送二首。王虽启图西去，而四道俱进，或欲南度洛阳，或欲东临江左，言之者犹应自怪，闻之者宁能不疑。王若守诚不贰，晏然居北，在此虽有百万之众，终无图彼之心；王脱信邪弃义⑨，举旗南指，纵无匹马只轮⑩，犹欲奋空拳而争死。朕本寡德，王已立之，百姓无知，或谓实可。

──────────

① 眇（miǎo 秒）身：眇通"渺"，微小。眇身：皇帝自谦之称。

② 规：计划。

③ 皇天：上天。后土：本指土地神。"皇天后土"云云，是古代起誓时常用的套话。

④ 纂严：戒严。

⑤ 东南：指南朝。宾：宾服，归顺。

⑥ 穷兵极武：今多作"穷兵黩（dú 渎）武"，谓穷竭兵力，好战无厌。

⑦ 暗昧：愚昧。

⑧ 今但作十五日行：这句话应是当时的口语，今已不明其意义。

⑨ 脱：假如，如果。

⑩ 匹马只轮：春秋时通行车战，一车用四匹马拉，叫一乘，并附有若干步兵，通常以有多少乘计算兵力。匹马只轮，即一匹马、一个车轮，连一乘也不够，极言兵力的寡弱。

若为他所图，则彰朕之恶。假令还为王杀，幽辱齑粉①，了无遗恨。何者？王既以德见推，以义见举，一朝背德舍义，便是过有所归。本望君臣一体，若合符契②，不图今日分疏到此③。……"

初，神武自京师将北，以为洛阳久经丧乱，王气衰尽④，虽有山河之固，土地褊狭⑤，不如邺，请迁都。魏帝曰："高祖定鼎河洛⑥，为永永之基，经营制度⑦，至世宗乃毕⑧。王既功在社稷⑨，宜遵太和旧事⑩。"神武奉诏。至是复谋焉，遣三千骑镇建兴⑪，益河东及济州兵，于白沟舻船不听向洛⑫，诸州和籴粟运入邺城⑬。魏帝又

①齑(jī 跻)粉：细粉，碎屑，比喻粉身碎骨。

②符契：古代调兵或传达朝命的符分成两半，双方各执一半，传命时要这两半契合才行，契合了就叫符契，不契合则是假的可拒命。

③分疏：辩解。

④王气：帝王的气运。

⑤褊：狭隘。

⑥高祖：北魏孝文帝元宏，始迁都洛阳，《魏书》有纪。定鼎：建都。因为春秋战国以来人们认为九鼎是夏商周三代传国重器，说每建一个朝代就得把九鼎移到新建的国都里去，因而后世称建都为"定鼎"。河洛：指洛阳，因为洛阳城北有黄河，南有洛水，所以这么说。

⑦制度：这里是规划的意思。

⑧世宗：北魏宣武帝元恪，《魏书》有纪。

⑨社稷：社即土地后土，是土地神，稷是谷神。我国古代以农耕为主，于是社稷成为国家的代称。

⑩太和：北魏孝文帝元宏的年号(477—499)，太和十九年(495)孝文帝迁都洛阳。

⑪建兴：郡名，治所阳阿，在今山西高平南。

⑫白沟：本是一小水，在今河南浚县西，后经曹操改造为河北地区的水运干道，到隋炀帝时才被永济渠替代，后渐埋没。

⑬和籴(dí 敌)粟：买进粮食叫"籴"，和籴是古代的一种财政措施，即政府用货币向百姓收购余粮，实际带有强制性质，和籴以济京师的措施一般认为开始于唐玄宗时，根据这里所说，至少在北魏时已有了。粟，是粮食的总称。

敕神武曰："王若厌伏人情①,杜绝物议②,唯有归河东之兵,罢建兴之戍,送相州之粟③,追济州之军,令蔡儁受代,使邸珍出徐,止戈散马,各事家业,脱须粮廪④,别遣转输。则谗人结舌⑤,疑悔不生,王高枕太原⑥,朕垂拱京洛⑦,终不举足渡河,以干戈相指。王若马首南向,问鼎轻重⑧,朕虽无武,欲止不能,必为社稷宗庙出万死之策⑨。决在于王,非朕能定。为山止篑⑩,相为惜之。"魏帝时以任祥为兼尚书左仆射⑪,加开府,祥弃官走至河北,据郡待神武。魏帝乃敕文武官北来者任去留,下诏罪状神武,为北伐经营。神武亦勒马宣告曰:"孤遇尔朱擅权⑫,举大义于四海,奉戴主上,义贯幽明⑬,横

①厌:通"餍",是饱、满足的意思,引申为心服、满意。

②杜绝:堵塞而断绝之。物议:众人的议论,多指非议。

③相州之粟:相州的治所是邺,所以把运入邺城的粟称作"相州之粟"。

④廪(lǐn 懔):仓储的米。

⑤结舌:不敢讲话。

⑥高枕:高枕无忧的略语。

⑦垂拱:垂衣拱手,形容太平无事,帝王可无为而治。

⑧问鼎轻重:《左传》宣公三年说,楚庄王经过周的王都,周定王派王孙满慰劳,楚庄王问鼎的大小轻重。这鼎相传是传国宝,问鼎的大小轻重,就有企图取代周室的意思,因而后人就把"问鼎"、"问鼎轻重"作为要篡夺的代称。

⑨宗庙:古代帝王祭祀祖先的处所,它和社稷常作为政权的代表。万死之策:万死一生之策,死里求生的办法。

⑩为山止篑(kuì 愧):篑是盛土的竹器,《论语·子罕》有"譬如为山,未成一篑"的话,意思是用土堆山已堆了九仞高,只差一篑土没有堆完,这里用来说做好事没有做到底。

⑪尚书左仆射(yè 夜):尚书省设左、右仆射,是省的副长官,和长官尚书令都是宰相。

⑫孤:古代侯王的自称。

⑬义贯幽明:幽是幽冥,即俗称阴间,古人迷信,认为人死后即生活于阴间。义贯幽明,就是说忠义通贯人间和幽冥,也就是说不仅人间,即幽冥都承认他的忠义。

为斛斯椿谗构,以诚节为逆首①。昔赵鞅兴晋阳之甲,诛君侧恶人②,今者南迈,诛椿而已。"以高昂为前锋,曰:"若用司空言③,岂有今日之举。"司马子如答神武曰:"本欲立小者,正为此耳④!"

魏帝征兵关右,召贺拔胜赴行在所⑤,遣大行台长孙承业、大都督颍川王斌之、斛斯椿共镇武牢⑥,汝阳王暹镇石济⑦,行台长孙子彦帅前恒农太守元洪略镇陕⑧,贾显智率豫州刺史斛斯元寿伐蔡儁⑨。神武使窦泰与左厢大都督莫多娄贷文逆显智⑩,韩贤逆暹。元寿军降。泰、贷文与显智遇于长寿津⑪,显智阴约降,引军退。军司元玄觉之⑫,驰还请益师,魏帝遣大都督侯几绍赴之。

────────────

① 逆首:为首叛逆者。

② 赵鞅……恶人:《公羊传》定公十三年,说晋国大贵族赵鞅兴晋阳之甲,以清君侧为名,逐其他两个贵族荀寅、士吉射。后人就称地方长官不满朝廷举兵向京城进攻为"兴晋阳之甲"。

③ 司空:指高昂的长兄高乾。

④ 本欲……此耳:和高欢对立的北魏孝武帝这年是二十五岁,被高欢拥立时是二十三岁,当时司马子如仍认为太年长,主张立个更幼小的,才不会和高欢一方作对。

⑤ 行在所:也简称"行在",本指帝王所在的地方,后多指帝王行幸所到地方。

⑥ 颍川:郡名,治所长社在今河南长葛西北。武牢:在荥(xíng 形)阳郡成皋县,本作虎牢,唐人修史时避李虎名讳改称武牢。

⑦ 汝阳:郡名,治所汝阳在今河南商水西南。石济:石济津,东郡治所白马西南的黄河渡口。

⑧ 恒农:郡名,治所北陕在今河南三门峡市西。陕:指北陕。

⑨ 豫州:州及所属汝南郡的治所均在上蔡,即今河南汝南。

⑩ 左厢大都督:当是高欢分所部兵马为左右两厢,各设大都督以统之。莫多娄贷文:《北齐书》有传。

⑪ 长寿津:在东郡凉城县东北,即今河南濮阳之西的黄河渡口。

⑫ 军司:本称军师,晋时避司马师名讳改称军司,是监军性质。

战于滑台东①，显智以军降，绍死之。

七月，魏帝躬率大众屯河桥。神武至河北十余里，再遣口申诚款，魏帝不报，神武乃引军渡河。魏帝问计于群臣，或云南依贺拔胜，或云西就关中，或云守洛口死战②，未决。而元斌之与斛斯椿争权不睦，斌之弃椿径还，绐帝云神武兵至③，即日魏帝逊于长安④。己酉，神武入洛阳，停于永宁寺⑤。

八月甲寅，……神武以万机不可旷废⑥，乃与百僚议以清河王亶为大司马⑦，居尚书下舍而承制决事焉⑧。王称警跸，神武丑之⑨。神武寻至恒农⑩，遂西克潼关⑪，执毛洪宾⑫，进军长城⑬，龙门都督薛崇礼降⑭。

----

① 滑台：即东郡治所白马，在今河南滑县的黄河对岸。

② 洛口：洛水流经巩县东即今河南巩县西向北流入黄河之处，叫洛口。

③ 绐(dài 怠)：欺骗。

④ 逊：逃遁，退避。

⑤ 永宁寺：当时洛阳最大的佛寺，见《洛阳伽蓝记》。

⑥ 万机：也作"万几"，指帝王日常的众多政务。

⑦ 清河：郡名，治所清河在今山东临清东北。亶：音 dǎn(胆)。大司马：当时与大将军合称"二大"，最高贵的军事主管者。

⑧ 尚书下舍：在尚书省里，为什么叫下舍已不清楚。承制决事：名义上仍是秉承已出逃的孝武帝的旨意来处理政务。

⑨ 王称……丑之：古代皇帝出入所经之处，清道不准人们通行，叫警跸(bì毕)，元亶只是高欢扶上去的大司马，并非皇帝，却学皇帝排场闹警跸，所以高欢丑之，即看不起他。

⑩ 寻：旋即，不久。

⑪ 潼关：今陕西潼关。

⑫ 毛洪宾：《北史》有传。

⑬ 长城：据《通鉴》这长城是在华山郡华阴县(今陕西华阴)的长城。

⑭ 龙门：高凉郡属县，即今山西河津。

神武退舍河东①,命行台尚书长史薛瑜守潼关,大都督库狄温守封陵②,于蒲津西岸筑城③,守华州④,以薛绍宗为刺史,高昂行豫州事⑤。神武自发晋阳,至此凡四十启,魏帝皆不答。

九月庚寅,神武还于洛阳,乃遣僧道荣奉表关中,又不答。……遂议立清河王世子善见⑥,……是为孝静帝⑦,魏于是始分为二。神武以孝武既西,恐逼嵎、陕⑧,洛阳复在河外,接近梁境,如向晋阳,形势不能相接,乃议迁邺,……诏下三日,车驾便发,户四十万狼狈就道。神武留洛阳部分,事毕还晋阳。自是军国政务,皆归相府。……

三年……十二月丁丑,神武自晋阳西讨,遣兼仆射行台汝阳王暹、司徒高昂等趣上洛⑨,大都督窦泰入自潼关。四年正月癸丑,窦泰兵败自杀。神武次蒲津,以冰薄不得赴救,乃班师。高昂攻克上洛。……

十月壬辰,神武西讨,自蒲津济,众二十万。周文军于沙苑⑩。

---

① 舍:休息。

② 封陵:即风陵,在潼关正北黄河对岸,即今山西风陵渡。

③ 蒲津西岸:蒲津,是河东郡治所蒲阪的黄河渡口蒲陵津,在今山西永济西,风陵渡北。蒲津西岸,即蒲津对岸,已在华州华山郡境内。

④ 华州:州及所属华山郡的治所均在郑县,即今陕西华县。

⑤ 行豫州事:兼管豫州刺史的职务,大官兼管较小官职叫行某某事。

⑥ 世子:先秦时天子及诸侯的嫡长子叫世子,后世亲王的嫡长子也可叫世子。

⑦ 孝静帝:《魏书》有纪。

⑧ 嵎(yáo 摇)、陕:陕州恒农郡有嵎县(在今河南渑池西南),境内有嵎山,先秦以来向称险要。

⑨ 趣:通"趋",奔赴。上洛:上洛郡治所上洛县,即今陕西商州。

⑩ 周文:宇文泰,北周政权建立后被追尊为文王,以后又追尊为文皇帝,所以史官称他为周文。沙苑:在华山郡华阴、敷西二县的渭水以北,是一片沙地,叫沙苑,今在陕西大荔县南。

神武以地阨少却①，西人鼓噪而进，军大乱，弃器甲十有八万，神武跨橐驼候船以归②。

元象元年……七月壬午③，行台侯景、司徒高昂围西魏将独孤信于金墉④，西魏帝及周文并来赴救⑤。大都督库狄干帅诸将前驱，神武总众继进。八月辛卯，战于河阴⑥，大破西魏军，俘获数万，司徒高昂、大都督李猛、宋显死之⑦。西师之败，独孤信先入关，周文留其都督长孙子彦守金墉⑧，遂烧营以遁。神武遣兵追奔，至崤，不及而还。……

武定元年二月壬申⑨，北豫州刺史高慎据武牢西叛⑩。三月壬辰，周文率众援高慎，围河桥南城。戊申，神武大败之于芒山⑪，擒西魏督将已下四百余人，俘斩六万计。是时军士有盗杀驴者，军令应死，神武弗杀，将至并州决之。明日复战，奔西军，告神武所在。西师尽锐来攻，众溃，神武失马，赫连阳顺下马以

①阨(ài)：通"隘"，狭隘。
②橐(tuó 驮)驼：即骆驼。
③元象：东魏孝静帝元善见的年号(538—539)。
④独孤信：《周书》有传。金墉(yōng 拥)：当时的洛阳城北邙山之南有金墉城。
⑤西魏帝：这是西魏文帝元宝炬，孝武帝已在永熙三年闰十二月(535)被宇文泰毒杀。
⑥河阴：河南郡的属县，在今河南孟津东北、黄河南岸。
⑦宋显：《北齐书》有传。
⑧长孙子彦：《魏书》有传。
⑨武定：东魏孝静帝元善见的年号(543—550)。
⑩北豫州：治所在虎牢。即这里所说的武牢。
⑪芒山：一般多作邙山，也叫北邙山，在当时的洛阳城北，今河南洛阳东北，为东汉以至隋唐官僚贵族的葬地。

授神武,与苍头冯文洛扶上俱走①,从者步骑六七人。追骑至,亲信都督尉兴庆曰:"王去矣！兴庆腰边百箭,足杀百人。"神武勉之曰:"事济,以尔为怀州②;若死,则用尔子。"兴庆曰:"儿小,愿用兄。"许之。兴庆斗,矢尽而死。西魏太师贺拔胜以十三骑逐神武,河州刺史刘洪徽射中其二③。胜稍将中神武,段孝先横射胜马殪④,遂免。豫、洛二州平⑤。神武使刘丰追奔⑥,拓地至弘农而还⑦。……

四年八月癸巳,神武将西伐,自邺会兵于晋阳。……九月,神武围玉壁以挑西师⑧,不敢应。西魏晋州刺史韦孝宽守玉壁⑨。……顿军五旬⑩,城不拔,死者七万人,聚为一冢。……

神武有疾,十一月庚子,舆疾班师⑪。庚戌,遣太原公洋镇邺⑫。

────────────

① 苍头:古代私家所蓄的奴隶。

② 怀州:州及所属河内郡的治所均在野王,即今河南沁阳。

③ 河州:河州的治所枹罕即今甘肃临夏,在西魏境内。《通鉴》胡三省注认为刘洪徽是遥领河州刺史。

④ 段孝先:段韶,字孝先,《北齐书》有传。殪(yì 意):杀死。

⑤ 洛州:州及所属上洛郡的治所均在上洛,即今陕西商州。

⑥ 刘丰:《北齐书》有传。

⑦ 弘农:即恒农,北魏献文帝改弘农为恒农,北周又回改为弘农。

⑧ 玉壁:即玉壁城,在南汾州北乡郡,今陕西澄城东黄河对岸。

⑨ 韦孝宽:《周书》有传。

⑩ 旬:古代以十日为一旬。

⑪ 舆:本谓车厢,因即指车,这里是用车抬载的意思。班师:班是还的意思,班师,就是回军。

⑫ 太原公洋:高洋,高欢第二子,武定八年(550)五月废东魏孝静帝,自称帝,建立北齐朝,死后谥为文宣皇帝,庙号威宗,后改庙号为显祖,《北齐书》有纪。

辛亥,征世子澄至晋阳①。……是时西魏言神武中弩②,神武闻之,乃勉坐见诸贵。使斛律金敕勒歌③,神武自和之④,哀感流涕。

侯景素轻世子,尝谓司马子如曰:"王在,吾不敢有异;王无,吾不能与鲜卑小儿共事⑤。"子如掩其口。至是,世子为神武书召景。景先与神武约,得书,书背微点,乃来。书至,无点,景不至。又闻神武疾,遂拥兵自固。神武谓世子曰:"我虽疾,尔面更有余忧色,何也?"世子未对。又问曰:"岂非忧侯景叛耶?"曰:"然。"神武曰:"景专制河南十四年矣⑥,常有飞扬跋扈志,顾我能养,岂为汝驾御也?今四方未定,勿遽发哀⑦。厍狄干鲜卑老公,斛律金敕勒老公,并性遒直⑧,终不负汝。可朱浑道元、刘丰生远来投我⑨,必无异心。贺拔焉过儿朴实无罪过。潘相乐本作道人⑩,心和厚,汝兄弟当得其

① 世子澄:高澄,高欢长子,继高欢掌握东魏实际政权,后被家奴所杀,高洋称帝后他被追尊为文襄皇帝,庙号世宗,《北齐书》有纪。
② 弩:用机械发箭的弓,比普通的弓射力强得多。
③ 斛律金敕勒歌:斛律金是敕勒人,所以他用敕勒语唱的歌叫敕勒歌。敕勒,是我国古代北方的少数民族,也称铁勒,其先为匈奴,北魏时也称高车,后为突厥所并。斛律金的敕勒歌汉译歌词流传了下来,即众所习知的:"敕勒川,阴山下,天似穹庐,笼盖四野。天苍苍,野茫茫,风吹草低见牛羊。"
④ 和(hè 贺):跟着唱。
⑤ 鲜卑小儿:指高澄,高欢这一家族早已鲜卑化了,所以侯景称高澄为"鲜卑小儿"。
⑥ 景专制河南:侯景任东魏司徒、河南大将军、大行台。这河南大体包括今河南、山东二省的黄河以南之地。
⑦ 发哀:人死公开祭悼。
⑧ 遒(qiú 囚):刚强,强劲。
⑨ 可朱浑道元:可朱浑元,字道元,《北齐书》有传。刘丰生:刘丰,字丰生,《北齐书》有传。
⑩ 潘相乐:当即潘乐,《北齐书》有传,但传里说他字相贵,不说相乐。道人:魏晋南北朝时称僧为道人,但《北齐书》潘传也未说他本作道人。

力。韩轨少戆①,宜宽借之②。彭相乐心腹难得③,宜防护之④。少堪敌侯景者唯有慕容绍宗,我故不贵之,留以与汝,宜深加殊礼,委以经略。"

五年正月朔⑤,日蚀。神武曰:"日蚀其为我耶? 死亦何恨。"丙午,……崩于晋阳⑥,时年五十二。秘不发丧。六月壬午,魏帝于东堂举哀三日,制缌衰⑦,诏凶礼依汉大将军霍光、东平王苍故事⑧,赠假黄钺、使持节、相国、都督中外诸军事、齐王玺绂⑨,辒辌车、

----

①韩轨:《北齐书》有传。戆(gàng 杠):愚而刚直。

②宽借:也作"宽假",宽容,宽贷。

③彭相乐:彭乐,字相乐,北齐建国初谋反被杀,《北史》有传。心腹:这里应解释为真心实意。

④防护:提防。

⑤朔:农历每月的初一日叫朔。

⑥崩:皇帝死叫崩。高欢生前虽未称帝,但后来被追尊为齐神武帝,所以史官记他的死也称为"崩"。

⑦制缌衰(sī cuī 思催):服缌麻之衰。衰通"缞"(cuī 催),本是古代用粗麻布做成的丧服,这里即指丧服。缌麻,是古代五种丧服中最轻的一种,用疏织细麻布制成。但东魏孝静帝作为皇帝给他名义上的臣下高欢服缌麻之衰,已是特殊礼貌了。

⑧凶礼:丧礼。汉大将军霍光:西汉武帝、昭帝、宣帝时的权相,《汉书》有传。东平王苍:东汉光武帝刘秀之子,有贤王之称,《后汉书》有传。故事:旧例,多指典章制度方面的旧例。

⑨赠假……玺绂(fú 弗):隋唐以前官印都临时铸刻,任命一个官即专刻一枚印,这里是说高欢死后专赠给一枚印,印文"假黄钺"是说让他可使用皇帝专用的黄钺,黄钺就是以黄金为饰的大斧;"使持节"是给予可以诛杀中级以下官吏之权;"相国"、"都督中外诸军事"是赠他的官职,"齐王"是他本来的封爵;因为他已是王,所以称印为"玺";"绂"则是系印的丝带。

黄屋、左纛、前后羽葆、鼓吹、轻车、介士①，兼备九锡殊礼②，谥献武王③。八月甲申，葬于邺西北漳水之西，魏帝临送于紫陌。天保初④，追崇为献武帝⑤，庙号太祖⑥，陵曰义平⑦。天统元年⑧，改谥神武皇帝，庙号高祖。……

【翻译】

　　齐高祖神武皇帝，姓高，名欢，字贺六浑，是渤海蓨县人。六世祖名隐，是晋的玄菟太守，高隐生下高庆，高庆生下高泰，高泰生下高湖，这三代都在慕容氏那边做官。到慕容宝失败，国大乱，

---

① 辒辌(wēn liáng 温良)车：本是可以卧下休息、并有窗子可开闭的高级车子，后来成为特大显贵才能用的载棺木的丧车，窗闭温，窗开凉，所以叫辒辌车。黄屋：古代帝王所乘车上以黄缯为里的车盖叫黄屋。左纛(dào 道)：古代帝王乘车上的装饰，物用牦(máo 毛)牛尾或雉尾制成，因设在车衡的左边，所以叫左纛。羽葆：即羽盖，用鸟羽装饰的车盖。鼓吹(chuì 炊去声)：古代一种器乐合奏，这里指奏演鼓吹的乐队。轻车：本是驾轻便战车作战的兵种，后成为仪仗队。介士：穿上铠甲的战士。
② 九锡：锡是赐，九锡是古代帝王赐给有大功的或有权势的诸侯大臣九种东西，如特殊的车马、衣服，门上涂朱色之类，汉魏以来权臣篡位之前，常先示意皇帝赐他"九锡"。
③ 谥(shì 试)：旧时帝王贵族大臣死后，依照其生前事迹，评定一个称号，叫谥，周代就有了，到民国袁世凯垮台后才废止，一般都谥好的字眼，除非此人当时已倒台。
④ 天保：北齐文宣帝高洋的年号(550—559)。
⑤ 追崇：也叫追尊，高欢原只是齐王，死后谥献武王，现在次子高洋称帝，所以追尊为献武帝。
⑥ 庙号：自汉以来，凡皇帝死后，在太庙立室奉祀，都得特立名号，叫"庙号"。
⑦ 陵曰义平：自汉以来，皇帝的陵墓也都要起个好听的名称。
⑧ 天统：北齐后主高纬的年号(565—569)。

高湖率领一批人投奔魏,当上右将军。高湖生四个儿子,第三子名谧,在魏做官做到侍御史,犯了事迁居到怀朔镇。高谧生皇考高树,高树性情通率,不经营家产。……到神武出生时皇妣韩氏已死去,神武寄养在同母姊夫镇狱队里的尉景家中。

神武既是好几代生活北边,因此习惯当地的风俗,同化于鲜卑。他长成后深沉而且度量大,轻财重士,为豪侠所推崇。眼睛里有精光,头长颧骨高,牙齿洁白得和玉一样,年轻时就像个人中豪杰。家里穷,到聘娶武明皇后,才有匹马,得以给怀朔镇办事当个队主。镇将辽西人叫段长的常认为神武相貌不凡,对他说:"你有安民济众之才,一定不会随便混一辈子。"就把自己的子孙托付给他请将来照顾。到神武显贵后,追赠段长为司空,把他的儿子段宁提拔任用。神武从队主转任函使。……做了六年函使,每次到洛阳,听令史麻祥使唤。麻祥曾把肉给神武吃,神武不习惯站着吃东西,坐下来吃,麻祥认为轻慢自己,把神武打了四十鞭。到神武从洛阳返回,不惜倾家荡产地结交朋友,亲戚老相识看了奇怪问他,他回答道:"我到洛阳,看到宿卫羽林成群结伙去焚烧领军张彝的住宅,朝廷怕他们作乱不敢过问,政治弄到这个地步,将来的事情就可想而知了,财物能永远保得住吗?"从此就有澄清天下的志愿。他和怀朔镇的省事云中人司马子如和秀容人刘贵、中山人贾显智结成奔走之友,和怀朔镇的户曹史孙腾、外兵史侯景也相结交。……

孝昌元年(525),柔玄镇人叫杜洛周的在上谷造反,神武就和志同道合的投奔他。对他的举止行动看不上眼,私底下跟尉景、段荣、蔡儁商量要收拾他,没有办到出逃。……投奔葛荣,又跑到秀容去投靠尔朱荣。在这以前,刘贵已投了尔朱荣,大讲神武的好话,这时神武才和尔朱荣见面,由于神武的样子很憔悴,尔朱荣没看到他有什么出众的地方。刘贵就给神武换上衣服,让他再次求见尔朱荣。神武跟着尔朱荣到马房里,马房里有匹恶马,尔朱荣叫神武给它剪毛,神武不套上羁绊就动手剪,恶马居然没有踢他咬他,他过了一会起来说:"驾御恶人也就像对这马一样。"尔朱荣就让神武坐在床下,叫左右的人走开而问神武时事,神武说:"听说公有马十二谷,一种毛色成一群,准备做什么用啊?"尔朱荣说:"你讲讲你的看法。"神武说:"如今天子愚弱,太后淫乱,孽宠专权,朝政不行,凭明公的雄武,乘机奋发,讨伐郑俨、徐纥而清君侧,那霸业就可举鞭而成,这就是贺六浑的看法。"尔朱荣大为高兴,从中午谈到半夜里,神武才出去。从此神武常参与军谋。后来跟随尔朱荣迁据并州,……不久尔朱荣任神武为亲信都督。

　　这时魏明帝恨郑俨、徐纥,只是迫于灵太后不敢动手收拾,暗地里叫尔朱荣带兵入京,尔朱荣叫神武做先锋。进兵到上党,明帝又暗地里下诏叫停止前进。到明帝暴崩,尔朱荣就进入洛阳,准备就此篡位。神武劝谏他,怕他不听,请他铸像来占卜,没有铸成,才中止。孝庄帝即位,神武因定策有功,封为铜鞮伯。到尔朱荣去打葛荣,叫神武说降贼军另称王的七人。后来神武和行台于晖破羊侃于泰山,不久又与元天穆破邢杲于济南。多次迁升任第三镇人酋长,经常在尔朱荣的帐内。尔朱荣曾问左右说:"有天我不在了,谁可以为全军之主?"左右都说是尔朱兆。尔朱荣说:"这正可以统率三千骑以内,可以代我主军的只有贺六浑而已。"因而告诫尔朱兆说:"你不是他的敌手,最终要被他穿着鼻子走。"就任神武为晋州刺史。神武于是大肆聚敛,通过刘贵贿赂尔朱荣手下的要人,使他们都能满意。当时州库里的画角无缘无故地自己发出声音来,神武感到很奇怪,过不了多久孝庄帝把尔朱荣杀掉。

　　到尔朱兆将从晋阳兴兵杀向洛阳,召神武一起行动。神武叫长史孙腾对尔朱兆说绛蜀、汾胡要造反,不能离开,这使尔朱兆记了恨。孙腾回来复命,神武说:"尔朱兆举兵犯上,这成为大贼了,我不能长久在他手下。"从此有了图谋尔朱兆的打算。到尔朱兆进入洛阳,抓了孝庄帝北去,神武听说了大为吃惊,又派孙腾假装去向尔朱兆庆贺,暗地里窥测孝庄帝在哪里,准备把他抢夺过来就起兵。没有抢成,就写信开导尔朱兆,说不能抓了天子使自己在海内得了个坏名声。尔朱兆不听,杀害了孝庄帝,和尔朱世隆等人立长广王元晔为帝,改元建明,封神武为平阳郡公。到费也头纥豆陵步藩进入秀容,逼近晋阳,尔朱兆征调神武。神武准备前往,贺拔焉过儿建议走得慢一点让尔朱兆被打垮,神武于是处处停留,推托河上没有架桥无法渡过。步藩势大,尔朱兆败走。当初,孝庄帝诛杀尔朱荣时,知道他的党羽定会有逆谋,就有密敕给步藩叫从后攻袭尔朱兆。这时步藩把尔朱兆打败,兵势日盛,尔朱兆又向神武求救。神武心里要图谋尔朱兆,却又怕以后步藩难于剪除,就和尔朱兆尽力打败步藩。步藩死了,尔朱兆十分感谢神武,和神武立誓结为兄弟。当时尔朱世隆、尔朱度律、尔朱彦伯共同执掌朝政,尔朱天光据有关右,尔朱兆据有并州,尔朱仲远据有东郡,各自拥兵横暴,天下人吃尽了他们的苦头。

葛荣部众流亡到并州、肆州的有二十多万,被契胡所凌虐,都弄得活不下去,大大小小反了二十六次,被屠杀的有半数,可还不停地在草野窃盗。尔朱兆对此很忧虑,向神武请教办法。神武说:"六镇反叛残余,不能统统杀掉,该挑选王平素认为心腹的去统率。如果再犯事,就直接处罚他们的头儿,这样处罚的就很少了。"尔朱兆说:"很好,谁能去呢?"贺拔允当时在座,建议神武去。神武挥拳打他,打掉他一个牙齿,说:"当初天柱在时,奴辈听候安排处置好像鹰犬一样,如今天下的安排处置都在王,这阿鞠泥却

敢欺下瞒上，该杀。"尔朱兆认为神武忠实，就委派他去。神武怕
尔朱兆是喝醉了，醒来也许会有二心，赶快出去宣称受委派统率
州镇兵，叫集中到汾东听令。就在阳曲川建牙，部署队伍。……
兵士们平素就恨尔朱兆而喜欢神武，这时没有不来的。过了不
久，神武又派刘贵去请示尔朱兆，说并州、肆州连年闹霜闹旱，降
户靠掘黄鼠充饥，脸上没有一点进五谷的气色，死了徒然弄脏国
土，建议叫他们到山东去过日子，等温饱了再安排处置。尔朱兆
听从这建议。他的长史慕容绍宗劝谏道："不行，如今四方扰扰不
安定，人人心怀异志，何况高公雄才大略，又握有重兵，会不可收
拾。"尔朱兆说："有过香火重誓，怕什么！"慕容绍宗说："亲兄弟还
靠不住，说什么香火。"当时尔朱兆左右已受了神武的金钱，进谗
言说慕容绍宗和神武本来就有仇隙，尔朱兆就把慕容绍宗拘禁起
来催神武出发。神武就从晋阳向滏口进发，路上碰到尔朱荣妻乡
郡长公主从洛阳前来，有马三百匹，神武都把它夺了过来。尔朱
兆听说了，就释放慕容绍宗向他请教，慕容绍宗说："现在还是掌
握中物。"于是尔朱兆亲自追赶神武，追到了襄垣。正碰上漳水暴
涨，桥冲坏，神武隔了水拜道："所以借公主的马，不是为了别的，
是防备山东盗贼而已。王听了公主的话，亲自追来。我如今过河
来就死倒不怕，只是这一大群人马上就叛变。"尔朱兆自己表白并
无此意，就轻骑过河，和神武坐在帐幕下，表白解释，还递给神武
刀自己伸出头来，叫神武斫杀。神武大哭道："从天柱薨逝，贺六
浑还有什么可依靠的，但愿大家千万岁，我为大家出力。如今旁
人离间到这个地步，大家怎忍心说这种话。"尔朱兆把刀丢在地
上，杀了白马立盟，发誓为兄弟，留住下来还连夜喝酒。尉景埋伏
了壮士要把尔朱兆抓起来，神武咬了他的手臂制止，说："现在杀
他，他的党羽一定跑回去结聚起来，我们兵饥马瘦，抵敌不住，如

果其中有英雄崛起,那为害更甚,不如姑且放过。尔朱兆这人虽劲捷,但凶狡而无谋略,要收拾费不了很多心力。"明天,尔朱兆归营,又召神武。神武将上马前往,被孙腾牵住衣服,才中止。尔朱兆隔着水谩骂,驰马返回晋阳。尔朱兆的心腹念贤率领降户家属另外成一营,神武假意对他亲善,看他的佩刀,乘势持刀杀掉他跟随的人,跟随的人都逃散。于是兵众都高兴,更加情愿依附跟从。……将要出滏口,加倍约束兵众,纤毫大小的东西,都不让侵犯,将过麦地,神武就步行牵马。远近传闻,都说高仪同带兵整肃,更加拥护。于是前进,在邺城驻扎下来。向相州刺史刘诞讨粮食,刘诞不供应,车营存放有租米,神武自动搬取。

魏普泰元年(531)二月,神武亲自率领大军进驻信都,高乾、封隆之开门迎候,神武就此据有冀州。本月份,尔朱度律废掉元晔另立节闵帝,想笼络神武,到三月,就报告节闵帝,封神武为渤海王,叫神武入朝觐见,神武推辞不去。四月癸巳这天,又加授神武东道大行台、第一镇人酋长。……神武自从进军山东,休养战士整修甲兵,禁止侵掠,得到百姓拥护。神武就假造了文书,说尔朱兆准备把六镇人分配给契胡做部曲,弄得兵众都发愁抱怨。又造了并州的兵符,说征兵讨伐步落稽,要调发一万人。将要让他们出发,孙腾、尉景替他们请求留五天再走,这样留了一两次。临走时神武亲自送他们到郊外,擦着眼泪握手分别,他们都号啕大哭,哭得震天动地。神武就开导他们说:"我和你们都是背井离乡的人,情义上如同一家,想不到上边这样征召你们,你们一直向西去会死,延误了军令期限又会死,分配给国人又会死,怎么办呢!"众人说:"只有造反了!"神武说:"造反确是救急之计,该推个人当领袖。"众人愿意拥戴神武。神武说:"你们都是同乡里的人不容易管辖。不见当年的葛荣吗?尽管是百万之众,没有刑律法度,终于像灰一般被消灭。如今推我为主，该改变过去的做法，不许欺侮汉儿，不许触犯军令，生死都得听从我才行，不这样，我不能做被天下取笑的事情。"众人都叩头，表示生死都听命，神武好像不得已的样子。第二天，杀牛宴请士众，开导他们讨伐尔朱。封隆之说："这真是千载一时的好机会，普天下都欣幸。"神武说："讨贼，是大顺；救民，是大业。我尽管没有本领，只有拼死做去，怎敢退让。"

六月庚子这天，神武在信都起义，还没有公开反对尔朱氏。到李元忠和高乾平定殷州，斩了尔朱羽生的头来进见，神武拍着胸膛说："今天反定了！"就叫李元忠任殷州刺史。这时兵威既振，就上表声数尔朱氏的罪状，尔朱世隆等人把表压下不送呈上去。八月里，尔朱兆打下殷州，李元忠逃奔神武。孙腾认为和朝廷已经隔绝，不权宜立位天子，会使众望落空。十月壬寅这天，神武就奉章武王元融之子渤海太守元朗为皇帝，年号中兴，就是历史上的废帝。当时尔朱度律、尔朱仲远领兵停留在阳平，尔朱兆和他们会合。神武用窦泰的计策，进行反间，尔朱度律、尔朱仲远不战而回，神武就在广河把尔朱兆打败。十一月，神武攻打邺城，相州刺史刘诞据城坚守。神武堆积土山，挖掘地道，在地道里到处撑上大木柱，一下子把木柱烧掉，城墙就陷落到地底下。麻祥当时做汤阴令，神武对他叫道："麻都！"麻祥羞惭逃跑。永熙元年（532）正月壬午这天，打进邺城，占领下来。废帝给神武进位大丞相、柱国大将军、太师。……闰三月里，尔朱天光从长安，尔朱兆从并州，尔朱度律从洛阳，尔朱仲远从东郡，一齐会合到邺城，兵众号称二十万，夹着洹水摆开军阵，节闵帝派长孙承业任大行台来总督诸军。神武派封隆之守邺城，自己出驻紫陌。当时马不到二千四，步兵不到三万人，寡不敌众，就在韩陵摆上个圆阵，把牛驴等连起来塞住退路，这样将士都有必死之心，四面出击尔朱军。尔朱兆斥责神武背叛，神武说："本来出力，是为了共同辅佐王室，如今皇帝在哪里？"尔朱兆说："永安枉害了天柱，我是为天柱报仇。"神武说："我当时亲自听到天柱在图谋，你站在门前，哪能说不是反叛？何况以君杀臣，谈得上什么报仇，今天和你恩断义绝了。"于是交战，大败尔朱军。尔朱兆对慕容绍宗敲着心口说："不听公的话，弄到这个地步。"准备轻骑逃走，慕容绍宗回过旗吹起角，收聚逃散的兵众，整顿成队伍才西上。高季式率领七骑追赶，越过野马岗，和尔朱兆遭遇上。高昂远望看不到，哭着说："我弟丧命了！"夜深季式才回来，满袖都是血。斛斯椿兼程而行先据守了河桥。……四月里，斛斯椿逮住尔朱天光、尔朱度律送入洛阳。长孙承业派都督贾显智、张欢进入洛阳，逮住尔朱世隆、尔朱彦伯斩首。尔朱兆逃奔并州。尔朱仲远逃奔梁，就死在那里。当时凶蠹既已清除，朝廷欢庆喜悦。

既而神武到了洛阳，废掉节闵帝和中兴主另立孝武帝。孝武帝即位后，授神武大丞相、天柱大将军、太师、世袭定州刺史，增加封邑连原先的共十五万户。神武辞掉天柱大将军，减掉五万户。壬辰这天，神武回邺城，魏帝在干脯山为他饯行，握手分别。

七月壬寅这天，神武统率大军北伐尔朱兆。封隆之进言："侍中斛斯椿、贺拔胜、贾显智等过去在尔朱部下，都反噬尔朱，如今在京师得到宠用，一定会制造祸乱仇隙。"神武认为很对，就把尔朱天光、尔朱度律送到京师斩首。于是从滏口进入，尔朱兆在晋阳大肆房掠，往北保有秀容，并州平定。神武鉴于晋阳是四塞之地，就建大丞相府在这里定居。尔朱兆到秀容后，分兵防守险要，出入侵扰掠夺。神武扬言讨伐，兵众出动又中止有三四次，尔朱兆松懈起来。神武猜度他新年头上要宴会，派窦泰带精骑赶上去，一天一夜赶了三百里，神武带了大军跟上。二年(533)正月，窦泰进袭尔朱兆庭，军人因宴会懈怠，忽然见到窦泰兵到，惊慌逃走，窦泰赶到赤洪岭把他们打败。尔朱兆自缢，神武亲自看视把他厚葬。慕容绍宗带了尔朱荣的妻、子和残余兵众退守乌突城，向神武投降。神武因绍宗是故旧，厚待他。

神武进入洛阳时，尔朱仲远部下的都督桥宁、张子期从滑台来归顺，神武因他们助乱，且多次反复，都斩首。斛斯椿从此不能安心，就和南阳王元宝炬以及武卫将军元毗、魏光、王思政在魏帝面前说神武的坏话，舍人元士弼又上奏说神武接受敕书时大不敬，于是魏帝有二心于贺拔岳。……当时司空高乾有密启给神武，说魏帝有二心，神武把启封呈给魏帝，魏帝把高乾杀掉。还派东徐州刺史潘绍业送密敕给长乐太守庞苍鹰叫杀高乾弟高昂。高昂事先已听到高乾的死讯，愤怒得用稍刺柱，派壮士埋伏在路上把潘绍业捉住，在袍领里搜到了敕书，于是前来投奔神武。神武抱着高昂的头哭道："天子冤枉杀害司空！"赶快叫用白虎幡慰问家属。当时高乾的次弟高慎在光州，为政严厉猛烈，还放纵部下搜刮，魏帝派人去代替他。高慎知道祸事到来，准备投奔梁，他的下属说："公家勋业隆重，一定不致兄弟相连累。"高慎就穿上破旧衣服推着鹿车回渤海，碰上使者，也来投奔神武。于是魏帝和神武之间产生了嫌隙。……

魏帝既已另有图谋，侍中封隆之私下对孙腾说，隆之死了妻，魏帝准备把妹给他做妻。孙腾本也不怎么相信，可心里妒忌封隆之，就把这话泄漏给斛斯椿，斛斯椿告诉了魏帝。孙腾又带了兵仗进省，擅自杀死御史。这样孙腾和封隆之都逃奔神武。……领军娄昭又以有病为名辞官回晋阳。魏帝于是叫斛斯椿兼任领军，分派督将和河南、关西诸州的刺史。华山王元鸷在徐州，神武派

邸珍夺了他的管籥。建州刺史韩贤、济州刺史蔡儁都和神武同时
起义,为魏帝所忌,因而撤销建州去掉韩贤,派御史中尉綦儁察看
蔡儁的罪行,派开府贾显智任济州刺史。蔡儁拒不接受,魏帝更
加生气。

　　五月里魏帝下诏,说将出征句吴,调发河南诸州兵,增强宿
卫,防守河桥。六月丁巳这天,魏帝密诏神武,说:"宇文黑獭自从
平定秦陇,多有非分的要求,假如出现诈变,就需劳神经略。但看
他的表启还不算十分背戾,要进讨过于匆促,就召集群臣,讨论可
否。大家都说可以假称南伐,内外戒严,一则可以防止宇文黑獭
干出意料不到的事情,二则可以威胁吴楚。"当时魏帝准备讨伐神
武,神武也在部署将帅,表示疑虑,所以魏帝有这诏书。神武对此
上表说:"荆州控扼蛮左,贴近畿服;关陇自恃地远,将有逆图。臣
今暗地部勒兵马三万,拟从河东渡河;又派恒州刺史厍狄干、瀛州
刺史郭琼、汾州刺史斛律金、前武卫将军彭乐准备兵四万,从来违
津渡河;派领军将军娄昭、相州刺史窦泰、前瀛州刺史尧雄、并州
刺史高隆之准备兵五万,以讨伐荆州;派冀州刺史尉景、前冀州刺
史高敖曹、济州刺史蔡儁、前侍中封隆之准备山东兵七万、突骑五
万,以征讨江左。都叫约束所部,伏听处置吩咐。"魏帝发觉神武
有异动,就拿出神武这个表,叫群臣议论,想制止住神武诸军。神
武也召集在并州州城的僚佐,叫他们广泛议论,仍修表上达,其中
信誓旦旦地表白自己的忠诚,说:"臣被嬖佞所离间,致陛下一旦
对臣怀疑。……臣如果不竭尽诚节,敢有负于陛下,那就使臣身
受天殃,子孙灭绝。陛下如果相信真是赤心,不动用干戈,那就请
求陛下把那一二个佞臣酌量罢废贬出。"辛未这一天,魏帝又采集
在京文武官员所议论的意思回答神武,叫舍人温子昇草拟敕书,
温子昇迟疑不敢下笔,魏帝坐在胡床上,拔出剑变了脸色。温子

昇这才写了敕书说："上次披露心血，远道示王，很希望彼此之间
能互相体恤，而不良之徒还在挑拨离间。前些时候孙腾仓猝前往
彼处，弄得知道的怀疑有什么异谋，所以派御史中丞綦儁传达朕
的想法。如今得到王所上启，言誓恳切，但朕反复思考，还有不懂
得的地方。以朕之眇身，遇上王的武略，没有劳动一尺兵刃，凭空
当上了天子，所谓生我者父母，贵我者高王。今如果无事而背王，
计划攻讨，那就使我自身以及子孙，像王所发誓的那样，皇天后
土，都听到了这话。近来顾虑宇文作乱，贺拔胜和他呼应，所以戒
严，想和王互为声援。但如今宇文接连派来使者，看他的作为，不
再有异动的迹象。贺拔胜在南边，开拓边境，为国立功，想来也无
可责备。君如果要分兵讨伐他们，能拿出什么理由？东南之不宾
服，为时已久，先朝以来，置之度外，如今天下户口减半，不宜穷兵
黩武。朕既愚昧，不知佞人是谁，王可开列他们的姓名，让朕知
道。例如朕听说厍狄干对王讲：'本要找个懦弱的做主子，王无事
立了这个成年的君主，让他不服驾御，今但作十五日行，自可以把
他废掉，另立别人。'这是王身边有功勋者的议论，难道也出于佞
臣之口？去年封隆之背叛，今年孙腾逃走，而王不加罪不送还，谁
不在怪王！腾既是引起祸事之人，还毫无愧惧，王如果事君尽诚，
何不斩送此二人之首。王虽企图西去，但四路俱进，有的要南度
洛阳，有的要东临江左，说的人也应自己感到奇怪，听的人怎能不
生疑问。王如果守诚而无二心，安静地留居北方，这里虽有百万
之众，终不产生图彼之心；王如果信邪弃义，举旗南指，这里纵使
没有匹马只轮，还要奋空拳而争死。朕本是寡德，而王已立之，百
姓无知，也许认为立对了。如果被他人所图谋，那算是彰明了朕
的过恶。如果被王所杀，即使幽辱如同齑粉，朕也会毫无遗恨。
为什么呢？王对朕既以德见推，以义见举，一朝王背德弃义，便是

过有所归了。朕本来希望君臣如同一体，密切得若合符契，想不到今天会辩解到这个地步。……"

当初，神武从京师准备北上，认为洛阳久经战乱，王气衰尽，虽有山河险固，但土地褊狭，不如邺城，建议迁都。魏帝说："高祖定鼎河洛，作为永久的根本之地，经营规划，到世宗手里才完工。王既是功在社稷，应遵循太和旧事。"神武当时接受了诏命。这时又再次图谋迁邺，派出骑兵三千镇守建兴，增加河东和济州兵众，在白沟虏掠船只不让去洛阳，把船上的诸州和余粟运进邺城。魏帝又下敕书给神武说："王如果想使人们心服，不生非议，只有撤回河东的兵众，停罢建兴的防戍，送出相州的余粟，追还济州的军伍，叫蔡儁接受替代，叫邸珍退出徐州，停息干戈散放战马，让大伙从事家业，如果需要粮米，朕可另外转运。这样就使谗人没话好说，疑悔不会发生，王在太原高枕无忧，朕在京洛垂拱而治，到底也不会举足渡河，用干戈相指。王如果马首向南，想问鼎的轻重，朕纵然不武，也欲罢不能，一定要为社稷宗庙出万死之策。究竟如何都在于王，不是朕所能决定。为山止篑，朕为之惋惜。"魏帝这时命任祥为兼尚书左仆射，加开府，任祥弃官跑到河北，据郡等待神武。魏帝就下敕书让文武官从北边过来的听任离去还是留任，又下诏罪状神武，为北伐经营准备。神武也勒马宣告道："孤遇上尔朱专权，举大义于海内，拥戴主上，义贯幽明，硬被斛斯椿进谗诬陷，把诚节之人当作逆首。当年赵鞅兴晋阳之甲，诛君侧的恶人，如今南下，只诛斛斯椿一人而已。"派高昂为前锋，说："如果早听从司空的主张，岂有今天的行动。"司马子如回答神武说："本来想立个年纪小的，正是为此啊！"

魏帝向关右征调兵马，召贺拔胜前来行在所，派大行台长孙承业、大都督颖川王元斌之和斛斯椿镇守虎牢，汝阳王元暹镇守石济,行台长孙子彦率领前恒农太守元洪略镇守陕,贾显智率领豫州刺史斛斯元寿讨伐蔡儁。神武派窦泰和左厢大都督莫多娄贷文迎敌贾显智,韩贤迎敌元暹。斛斯元寿军投降。窦泰、莫多娄贷文和贾显智在长寿津相遇,贾显智暗地约好投降,引军后退。军司元玄发觉,快马跑回请增兵,魏帝派大都督侯几绍前往。在滑台东边打了起来,贾显智率军投降,侯几绍战死。

七月里,魏帝亲自率领大军驻屯在河桥。神武到达黄河北边十多里的地方,再派人口头表白忠诚,魏帝不回答,神武就引军渡河。魏帝问群臣有什么办法,有的说南去投靠贺拔胜,有的说西去进入关中,有的说守住洛口死战,没有作决定。而元斌之和斛斯椿争权不和,元斌之抛开斛斯椿跑回来,欺骗魏帝说神武的兵来了,当天魏帝向长安逃跑。己酉这一天,神武进入洛阳,停在永宁寺。

八月甲寅这一天,……神武考虑到万机不可旷废,就和百官商议让清河王元亶做大司马,在尚书下舍承制处理政事。这位王却自称警跸,弄得神武很看不起他。神武不久进驻恒农,乘势向西打下潼关,抓住毛洪宾,进军到长城,龙门都督薛崇礼前来投降。神武退驻河东,派行台尚书长史薛瑜防守潼关,大都督厍狄温防守封陵,在蒲津西岸筑城,守卫华州,派薛绍宗做刺史,派高昂行豫州刺史。神武从晋阳出发,到这时给魏帝上了四十启,魏帝都不回答。

九月庚寅这一天,神武回到洛阳,派僧人道荣奉表到关中,魏帝又不回答。……神武就商议立清河王的世子元善见为皇帝,……就是孝静帝,魏从这时起就分成了两个。神武考虑到孝武帝既已西去,怕崤、陕受到威胁,洛阳又在黄河之外,接近梁境,如要从洛阳前往晋阳,形势不相连接,就商议迁城邺城,……诏书才下了三天，皇帝的车驾就行动，四十万户狼狈上路。神武留在洛阳部署安排，事情完毕后回晋阳。从此军国政务，都归于相府。……

三年（536）……十二月丁丑这天，神武从晋阳西征，派兼仆射行台汝阳王元暹、司徒高昂等向上洛进发，大都督窦泰从潼关进入。四年（537）正月癸丑这一天，窦泰兵败自杀。神武在蒲津，因冰薄不能过黄河救援，只好回军。高昂攻下了上洛。……

十月壬辰这一天，神武西征，从蒲津渡过黄河，大军有二十万。周文帝在沙苑迎战。神武因地狭稍稍退却，西魏军击鼓呼喊前进，神武军大乱，丢掉兵器铠甲十八万件，神武跨了骆驼候上船返回。……

元象元年（538）……七月壬午这一天，行台侯景、司徒高昂把西魏将独孤信围困在金墉，西魏帝和周文帝都来救援。大都督厍狄干率领诸将为前驱，神武总统大军继续进发。八月辛卯这一天，在河阴交战，大破西魏军，俘虏了几万人，可司徒高昂、大都督李猛、宋显都战死。西魏军战败，独孤信先进入了潼关，周文帝留他的都督长孙子彦守卫金墉，就烧了营寨逃走。神武派兵追赶，赶到崤，追不上就回来了。……

武定元年（543）二月壬申这一天，北豫州刺史高慎据武牢叛降西魏。三月壬辰，周文帝率领大军进援高慎，包围了河桥南城。戊申这一天，神武在邙山大败周文帝，生擒西魏督将以下四百多人，俘获斩杀有六万。当时军士中有个偷驴宰杀的，按军令要处死，神武没有杀他，准备回并州再处理。第二天再开战，这个军士逃奔西魏军，报告神武在哪里。西魏军聚集精锐前来攻打，兵众崩溃，神武失掉了马，赫连阳顺下马让神武骑，和苍头冯文洛把神武扶上了马一起走，跟上的只有步骑六七人。追骑来到，亲信都督尉兴庆说:"王快走吧! 我兴庆腰边有箭上百枝,足以杀百人。"神武勉励他说:"事情成功了,让你当怀州刺史;如果死了,就用你的儿子。"尉兴庆说:"儿子小,请用我兄。"神武准许了。尉兴庆力斗,箭用尽了战死。西魏的太师贺拔胜带了十三骑追赶神武,河州刺史刘洪徽射中其中的二骑。贺拔胜的稍将刺中神武,段孝先横射贺拔胜的马把马射死,这样神武才免于难。豫、洛二州平定。神武派刘丰追赶西魏军,开拓领土到弘农才回军。……

四年(546)八月癸巳这一天,神武准备西征,从邺城会集大军在晋阳。……九月里,神武围困玉壁来向西魏军挑战,西魏军不敢应战。西魏的晋州刺史韦孝宽守御玉壁。……神武军在玉壁城下停了五十天,城攻不下,死了七万人,聚在一起成了个大坟。……

神武有了病,十一月庚子这一天,用车子装载回军。庚戌这一天,派太原公高洋镇守邺城。辛亥这一天,把世子高澄叫回晋阳。……这时西魏方面说神武中了弩箭,神武听说后,就勉强起坐和显贵们见面。叫斛律金唱敕勒的歌,神武亲自跟着唱,悲哀得流下了眼泪。

侯景向来轻视世子,曾经对司马子如说:"王在,我不敢有异心;王不在了,我不能和鲜卑小儿共事。"司马子如盖住他的嘴。这时,世子以神武名义写信召侯景。侯景以前和神武约好,得到信,信背有小点,才来。这次信到,没有小点,侯景就不来。又听说神武病了,就拥兵自卫。神武对世子说:"我虽病了,你脸上可还有更多的忧愁之色,是为了什么?"世子没有回答。神武又问道:"岂不是担忧侯景背叛啊?"世子说:"是的。"神武说:"侯景专制河南已十四年了,常有飞扬跋扈的念头,只有我能畜养他,岂会受你驾御啊? 如今四方没有安定,不要匆忙发哀。厍狄干鲜卑老公,斛律金敕勒老公,都性情刚直,到死也不会背负你。可朱浑道元、刘丰生远道前来投靠我,必不会有异心。贺拔焉过儿朴实没有罪过。潘相乐本做过道人,心地和厚,你兄弟该得他的力。韩轨稍为戆些,该宽容点。彭相乐很难知道他的心腹,该提防点。比较能和侯景相敌的只有慕容绍宗,我有意不让他显贵,留给你,你该对他特殊礼遇,委任他经略。"

五年(547)正月朔,发生日蚀。神武说:"日蚀是为我吧?我就死也没有什么遗憾。"丙午这天,……神武崩于晋阳,当时年五十二。秘密不发丧。六月壬午这天,魏帝在东堂给神武举哀三日,亲自服缌麻的丧服,下诏凶礼依照汉大将军霍光、东平王刘苍的旧例,赠假黄钺、使持节、相国、都督中外诸军事、齐王的玺绶,以及辒辌车、黄屋、左纛、前后羽葆、鼓吹、轻车、介士,还具备了九锡的特殊礼仪,谥为献武王。八月甲申这一天,葬在邺城西北漳水的西边,魏帝亲临送丧到紫陌。天保初年,追尊为献武帝,庙号太祖,陵叫做义平。天统元年(565),改谥为神武皇帝,庙号高祖。……

尉景传

历史上各个封建政权都有他们的所谓开国元勋,其中有
的有真才实学,确实建立了功勋,有的只是碰上机会,甚至凭
裙带关系而飞黄腾达,尉景就是一位凭裙带关系而飞黄腾达
的人物。此人仗打不好,又贪财纳贿,厚颜无耻。但只因他是
高欢的亲姊夫,高欢小时候在他家里长大,所以看着他胡闹也
无可奈何。这种怪现象在旧社会本来并不罕见,只是北齐君臣
中文化修养差的多一些,因而表现得更露骨,更少掩饰罢了。

这个传原已缺失,这是后人据《北史》补入的。(选自卷一五)

尉景,字士真,善无人也①。……景性温厚,颇有侠气。魏孝
昌中,北镇反,景与神武入杜洛周中,仍共归尔朱荣,以军功封博
野县伯②。后从神武起兵信都。韩陵之战,惟景所统失利。神武
入洛,留景镇邺,寻进封为公。

景妻常山君③,神武之姊也。以勋戚,每有军事,与厍狄干常被

———————

① 善无:恒州有善无郡,郡的治所是善无县,在今山西左云西。
② 博野县:在瀛州河间郡,即今河北博野。
③ 常山君:是高欢姊富贵后的封号。常山是定州的郡,郡的治所真定,在今
  河北正定南。

委重,而不能忘怀射利,神武每嫌责之。转冀州刺史,又大纳贿,发夫猎,死者三百人。库狄干与景在神武坐,请作御史中尉,神武曰:"何意下求卑官。"干曰:"欲捉尉景。"神武大笑,令优者石董桶戏之①。董桶剥景衣,曰:"公剥百姓,董桶何为不剥公?"神武诫景曰:"可以无贪也!"景曰:"与尔计生活孰多②?我起人上取,尔割天子调③。"神武笑不答。改长乐郡公,历位太保、太傅④。坐匿亡人见禁止⑤,使崔暹谓文襄曰⑥:"语阿惠儿⑦,富贵欲杀我耶?"神武闻之泣,诣阙曰⑧:"臣非尉景,无以至今日。"三请,帝乃许之。于是黜为骠骑大将军、开府仪同三司⑨。神武造之,景恚卧不动⑩,叫曰:"杀我时趣耶⑪?"常山君谓神武曰:"老人去死近,何忍煎迫至此⑫。"

---

① 优:优伶,在古代是以乐舞戏谑为业的艺人,宋以后多用来称戏曲演员。

② 生活:这里指生计,家里的财富产业。

③ 天子调:从东汉起,按户征收的赋税叫户调,北魏也是如此,户调的东西有粟和帛、絮、丝,这些东西归政府也就是天子所有,所以这里叫"天子调"。

④ 太保、太傅:当时以太师、太保、太傅为三师,是最高的荣誉职称。

⑤ 禁止:这里指软禁,即虽未下狱,但已使人看守,不得出入,不得和亲友往来。

⑥ 崔暹:《北齐书》有传,本书已选译。

⑦ 阿惠儿:文襄帝高澄字子惠,尉景是高澄的姑夫,所以可叫高澄为"阿惠儿"。

⑧ 阙:本是古代宫殿、祠庙、陵墓前的高建筑物,通常左右各一,建成高台,台上起楼观,以两阙之间有空缺,所以叫"阙"或"双阙",后来也常称皇宫为"宫阙",这里的"阙"即是"宫阙"。

⑨ 骠骑大将军:当时是最高的荣誉武职。但比三师的地位要低一点。

⑩ 恚(huì 会):生气,怨恨。

⑪ 趣(cù 猝):急促,快。

⑫ 煎(jiān 尖):煎熬,这里引申为折磨。

又曰："我为尔汲水胈生①。"因出其掌，神武抚景，为之屈膝②。先是，景有果下马③，文襄求之，景不与，曰："土相扶为墙，人相扶为王④。一马亦不得畜而索也。"神武对景及常山君责文襄而杖之，常山君泣救之，景曰："小儿惯去，放使作心腹，何须干啼湿哭不听打耶⑤！"

寻授青州刺史⑥，操行颇改，百姓安之。征授大司马，遇疾，薨于州。赠太师、尚书令⑦。齐受禅，以景元勋，诏祭告其墓。皇建初⑧，配享神武庙庭，追封长乐王。

子粲，少历显职，性粗武。天保初封厍狄干等为王，粲以父不预王爵，大恚恨，十余日闭门不朝。帝怪，遣使就宅问之。隔门谓使者曰："天子不封粲父为王，粲不如死。"使云："须开门受敕！"粲遂弯弓隔门射使者。使者以状闻之，文宣使段韶谕旨。粲见韶，

①汲水胈(zhī支)生：胈，是胼(pián骈)胈，俗称"老茧"，是手掌或足底因长期摩擦引起的局部皮肤的保护性角层增厚，太厚了有时要去掉点，这"汲水胈生"就是要去掉太厚的老茧，"胈生"就是生长出来的老茧，汲水把它浸软才好去。

②屈膝：下跪。

③果下马：矮小的马，可以在不高的果树下行走，一般都较驯良，为贵人们所喜欢乘坐。

④土相……为王：这两句话是说当王的也是人们扶出来的，不要当了王就让子弟欺侮当年扶的人。当时的墙一般都用土筑而非砖砌，所以说"土相扶为墙"。

⑤小儿……打耶：这几句是当时的口语，今天已不很好懂，大体是说把小孩惯坏了，让他做自己的心腹，何须哭哭啼啼不让打啊！

⑥青州：治所广固即今山东青州。

⑦尚书令：尚书省的长官。

⑧皇建：北齐孝昭帝高演的年号(560—561)。

唯抚膺大哭，不答一言。文宣亲诣其宅慰之，方复朝请①。寻追封景长乐王。粲袭爵，位司徒、太傅薨。子世辩嗣。周师将入邺，令辩出千骑觇候②，出滏口，登高阜西望，遥见群乌飞起，谓是西军旗帜，即驰还，比至紫陌桥，不敢回顾。隋开皇中③，卒于淅州刺史④。

【翻译】

　　尉景，字士真，是善无人。……他性情温厚，颇有点豪侠气。魏孝昌年间，北边六镇造反，尉景和神武投入杜洛周一伙，又一起投归尔朱荣，凭军功封了个博野县伯。后来跟从神武在信都起兵。韩陵大战中，只有尉景所统率的部队失利。神武进入洛阳，留尉景镇守邺城，不久进封为公。

　　尉景妻常山君，是神武的姊。尉景因为是勋戚，每有军事，常和厍狄干同被委以重任，但他又不能忘怀于财利，每为神武厌恶指责。转任冀州刺史，又大肆纳贿，征发人夫围猎，死了三百人。有次厍狄干和尉景都坐在神武那里，厍狄干提出要做御史中尉，神武说："为什么要求做低下的官？"厍狄干说："准备捉拿尉景。"神武大笑，叫优人石董桶戏弄尉景。石董桶就去剥尉景的衣服，说："公剥百姓，我石董桶为什么不剥公？"神武训诫尉景道："应不要贪了！"尉景道："和你比谁的财富产业多？我只在百

---

① 朝请：汉代规定诸侯春天朝见皇帝叫"朝"，秋天朝见皇帝叫"请"，后来就泛称朝见皇帝为"朝请"。

② 觇（zhān 沾）候：觇是窥看，觇候，就是侦伺，侦察。

③ 开皇：隋文帝杨坚的年号（581—600）。

④ 淅（xī 息）州：治所淅源在今贵州习水东北。

姓头上取，你却分割天子的户调。"神武笑了笑不回答。改封尉景为长乐郡公，历任太保、太傅。因藏匿逃亡者尉景被看守起来，他叫崔暹对文襄说："告诉阿惠儿，你富贵了要杀我啊？"神武知道后流下了眼泪，到宫里说："臣没有尉景，不能到如今这一天。"请求了三次，魏帝才允许。于是把尉景贬为骠骑大将军、开府仪同三司。神武去看他，尉景生气躺着不动，嘴里叫道："杀我的时候已快到了吧？"常山君对神武说："老人离死期已近，怎忍心如此折磨逼迫。"又对尉景说："我给你汲水脏生。"尉景伸出手掌，神武抚着尉景，给他跪下。这以前，尉景有匹果下马，文襄向他要，他不给，说："土相扶为墙，人相扶为王。如今一匹马也不让养想要走。"神武对着尉景和常山君斥责文襄还用棒打，常山君哭着救文襄，尉景说："小儿惯去，放使作心腹，何须干啼湿哭不让打啊！"

不久任尉景为青州刺史，这时他的操守品行颇有改变，和百姓相安无事。要内调他为大司马，碰上有病，薨于青州。追赠他太师、尚书令。齐受禅，因为尉景是元勋，下诏在墓前祭告。皇建初，配享神武庙庭，追封为长乐王。

子名粲，年轻时就历任显要的官职，秉性粗鲁蛮勇。天保初年封库狄干等人为王，尉粲因父不在其列，大为怨恨，十多天关上门不朝见。文宣感到奇怪，派使者到他的第宅去问。他隔着门对使者说："天子不封尉粲之父为王，我尉粲不如死去。"使者说："总得开了门才好接受敕书啊！"尉粲就拉起弓来隔着门射使者。使者回去报告了情况，文宣派段韶传达意旨。尉粲见了段韶，只是拍胸大哭，一句话也不回答。文宣亲自到他第宅去慰问，他才重新朝见。不久追封尉景为长乐王。尉粲袭了王爵，做到司徒、太傅后死去。子世辩承袭王爵。周军将要打进邺城，这边叫尉世辩带了一千骑去侦察,他出了滏口,登上高阜向西眺望,看见一群乌鸦飞起来,认为是周军的旗帜,马上快马跑回,一直跑到紫陌桥,不敢回头看。隋开皇年间,这尉世辩死在淅州刺史任上。

斛律金斛律光传

　　我国历史上许多朝代是通过战争建立的,所以开国功臣中总会有一些名将,高欢父子建立北齐朝也是如此。只是他们凭六镇的兵力起家,因而名将中少数民族占了相当一部分,这敕勒族人斛律金、斛律光父子就是最有名的。斛律金是经历高欢、高洋、高澄、高演、高湛几朝的元勋重臣,他留下的敕勒歌汉译本至今为人们传诵。斛律光继承父业在周齐之争中屡立战功,最后被构陷杀害,引起了人们的同情慨叹。(选自卷一七)

　　斛律金,字阿六敦①,朔州敕勒部人也②。高祖倍侯利,以壮勇有名塞表,道武时率户内附③,赐爵孟都公。祖幡地斤,殿中尚书④。

---

①阿六敦:应本是胡名,后以“阿六敦”的“敦”字对音“金”字为汉名,就把胡名“阿六敦”说成字,和高欢、宇文泰之以胡名为字正相同。
②朔州:北魏正光四年(523)改镇为州,怀朔镇改为朔州,治所仍在今内蒙古固阳西南。斛律金生于北魏太和十一年(487),当时并未改镇为州,应称怀朔镇方妥。
③道武:北魏道武帝拓跋珪,公元369年称帝,409年卒。
④殿中尚书:北魏尚书省下有五尚书,殿中尚书是其一,掌管殿内兵马仓库。

父大那瓌①,光禄大夫、第一领民酋长②,天平中金贵③,赠司空公。

　　金性敦直,善骑射,行兵用匈奴法,望尘识马步多少,嗅地知军度远近。初为军主,与怀朔镇将杨钧送茹茹主阿那瓌还北④,瓌见金射猎,深叹其工。后瓌入寇高陆⑤,金拒击破之。正光末⑥,破六韩拔陵构逆⑦,金拥众属焉,陵假金王号。金度陵终败灭⑧,乃统所部万户诣云州请降⑨,即授第二领民酋长。稍引南出黄瓜堆⑩,为杜洛周所破,部众分散。金与兄平二人脱身归尔朱荣,荣表金为别将,累迁都督。孝庄立,赐爵阜城县男⑪,加宁朔将军、屯骑校尉⑫。从破葛荣、元颢⑬,频有战功,加镇南大将军⑭。

----

①瓌:音 guī(龟)。

②光禄大夫:高级的荣誉职称。

③天平:东魏孝静帝元善见的年号(534—537)。

④茹茹:柔然的异译,文献中有时还译作蠕蠕、芮芮,我国古代的少数民族,源出于东胡,曾附属于后来建立北魏的拓跋部,拓跋珪南迁平城后,该族进居阴山一带,后衰微,公元 552 年并入突厥。

⑤高陆:县名,雍州冯翊郡的治所,即今陕西高陵。

⑥正光:北魏孝明帝元诩的年号(520—525)。

⑦破六韩拔陵:匈奴族,正光四年(523)率众在沃野镇(在今内蒙古五原北)起兵,得六镇响应,孝昌元年(525)在北魏与柔然合击下失败被杀。

⑧度(duó 夺):推测,估计。

⑨云州:正光四年(523)改怀朔镇为朔州的同时,改原朔州为云州,州和所属云中郡的治所均在盛乐,在今内蒙古和林格尔北。

⑩黄瓜堆:在恒州桑干郡治所桑干东北,今山西山阴东北。

⑪阜城:冀州武邑郡属县,在今河北阜城东。

⑫宁朔将军:是所谓杂号将军,品级不算很高。屯骑校尉:武职,品级比宁朔将军高一点。

⑬元颢(hào 号):《魏书》有传。

⑭镇南大将军:荣誉性的高级武职。

　　及尔朱兆等逆乱，高祖密怀匡复之计①，金与娄昭、库狄干等赞成大谋，仍从举义。高祖南攻邺，留金守信都，领恒云燕朔显蔚六州大都督②，委以后事。别讨李修，破之，加右光禄大夫。会高祖于邺，仍从平晋阳，追灭尔朱兆。太昌初③，以金为汾州刺史、当州大都督④，进爵为侯。从高祖破纥豆陵于河西⑤。天平初迁邺，使金领步骑三万镇风陵以备西寇，军罢，还晋阳。从高祖战于沙苑，不利班师，因此东雍诸城复为西军所据⑥，遣金与尉景、库狄干等讨复之。元象中，周文帝复大举向河阳⑦，高祖率众讨之，使金径往太州⑧，为掎角之势⑨，金到晋州，以军退不行，仍与行台薛修义共围乔山之寇⑩。俄而高祖至，仍共讨平之，因从高祖攻下南绛、邵郡等数城⑪。武定初，北豫州刺史高仲密据城西叛⑫，

①高祖：即高祖神武帝高欢。《北齐书》原本都用庙号称高祖、世宗、显祖……，《北史》则都改用谥号神武、文襄、文宣……，所以《北齐书》缺失用《北史》补的也用谥号而不用庙号。匡复：挽救危亡之国，使转危为安。
②燕：燕州，州及所属广宁郡的治所均在广宁，即今河北涿鹿。显：显州，治所六壁城，在今山西汾阳南。蔚：蔚州，治所在今山西介休东北。
③太昌：北魏孝武帝元修的年号(532)。
④当州：本州，该州。
⑤纥豆陵：费也头的纥豆陵伊利。河西：地理上的习惯用语，指今山西、陕西之间的黄河南段之西。
⑥东雍：这雍指上古传说中九州的雍州，东雍即长安以东到黄河两岸地区。
⑦河阳：县名，在当时的洛阳城正北、黄河北岸，和黄河南岸的河阴东西相对。
⑧太州：当在晋州之北，但从文献上已考查不到。
⑨掎(jǐ)角：兵分两路，互相声援，以牵制或夹击敌人。
⑩乔山：在晋州平阳郡治所禽昌即今山西临汾之南，汾水东岸。
⑪南绛：晋州属郡，治所南绛，在今山西绛县南。邵郡：东雍州属郡，治所白水在今河南济源西，黄河北岸。
⑫高仲密：高慎，字仲密。

周文帝入寇洛阳,高祖使金统刘丰、步大汗萨等步骑数万守河阳城以拒之①。高祖到,仍从破密。军还,除大司马,改封石城郡公②,邑一千户,转第一领民酋长。三年,高祖出军袭山胡③,分为二道,以金为南道军司,由黄栌岭出④,高祖自出北道,度赤岲岭⑤,会金于乌突戍⑥,合击破之。军还,出为冀州刺史。四年,诏金率众从乌苏道会高祖于晋州⑦,仍从攻玉壁。军还,高祖使金总督大众,从归晋阳。

世宗嗣事⑧,侯景据颍川降于西魏⑨,诏遣金帅潘乐、薛孤延等固守河阳以备⑩。西魏使其大都督李景和、若干宝领马步数万,欲从新城赴援侯景⑪,金率众停广武以要之⑫,景和等闻而退走。还为肆州刺史,仍率所部于宜阳筑杨志、百家、呼延三戍⑬,置守备而还。侯景之走南豫⑭,西魏仪同三司王思政入据颍川。

①步大汗萨:《北齐书》有传。

②石城郡:治所即今湖北钟祥。

③山胡:即稽胡,也称步落稽,我国古代少数民族,源出南匈奴,居今山西、陕西的北部山谷间,隋唐以来与汉族融合。

④黄栌岭:在今山西汾阳北。

⑤赤岲(hóng 洪)岭:即赤洪岭。

⑥乌突戍:在今山西离石。

⑦乌苏道:在今山西沁县西南。

⑧世宗:北齐文襄帝高澄。

⑨颍川:郑州属郡,治所长社在今河南长葛东北。

⑩薛孤延:《北齐书》有传。

⑪新城:县名,在洛阳西南,今河南伊川县西。

⑫广武:应指古广武城,在今河南荥阳东北广武山上。要(yāo):通“邀”,拦截。

⑬宜阳:阳州属郡,州和郡的治所均在宜阳,今河南宜阳西。

⑭南豫:魏南豫州,与所属汝阴郡的治所均在合肥城,即今安徽合肥。

世宗遣高岳、慕容绍宗、刘丰等率众围之①，复诏金督彭乐，可朱浑道元等出屯河阳，断其奔救之路，又诏金率众会攻颍川。事平，复使金率众从崿坂送米宜阳②，西魏九曲戍将马绍隆据险要斗③，金破之。以功别封安平县男④。

显祖受禅⑤，封咸阳郡王⑥，刺史如故。其年冬，朝晋阳宫。金病，帝幸其宅临视，赐以医药，中使不绝⑦，病愈还州。三年，就除太师。帝征奚贼⑧，金从帝行。军还，帝幸肆州，与金宴射而去。四年，解州，以太师还晋阳。车驾复幸其第，六宫及诸王尽从⑨，置酒作乐，极夜方罢。帝忻甚⑩，诏金第二子丰乐为武卫大将军⑪，因谓金曰："公元勋佐命⑫，父子忠诚，朕当结以婚姻，永为蕃卫。"仍诏金孙武都尚义宁公主⑬。成礼之日，帝从皇太后幸金宅，皇后、太子及诸王等皆从，其见亲待如此。

后以茹茹为突厥所破，种落分散，虑其犯塞，惊挠边民，乃诏

---

①高岳：《北齐书》有传。

②崿(è愕)坂：在今河南巩县西南，邻近嵩山。

③九曲：九曲城，在今河南宜阳西。

④安平县：定州博陵郡的治所，今河北安平，另有安平郡，治所端氏在今山西沁水东，未知孰是。

⑤显祖：北齐文宣帝高洋。

⑥咸阳郡：雍州属郡，治所池阳即今陕西泾阳。

⑦中使：皇帝从宫廷中派出的使者，均为宦官。

⑧奚：我国古代少数民族，也称库莫奚，与契丹都源出东胡，后与契丹融合。

⑨六宫：本指古代皇后的寝宫，后引申指皇后及妃嫔。

⑩忻(xīn)：同"欣"。

⑪丰乐：斛律羡，字丰乐，《北齐书》有传。武卫大将军：荣誉性的高级武职。

⑫佐命：辅佐帝王创业。

⑬尚：和皇室之女结婚叫"尚"。

金率骑二万屯白道以备之①。而虏帅豆婆吐久备将三千余户密欲西过,候骑还告②,金勒所部追击,尽俘其众。茹茹但钵将举国西徙③,金获其候骑送之,并表陈虏可击取之势,显祖于是率众与金共讨之于吐赖④,获二万余户而还。进位右丞相,食齐州干⑤,迁左丞相。

肃宗践阼⑥,纳其孙女为皇太子妃。又诏金朝见,听步挽车至阶⑦。世祖登极⑧,礼遇弥重,又纳其孙女为太子妃。金长子光大将军⑨,次子羡及孙武都并开府仪同三司,出镇方岳⑩,其余子孙皆封侯贵达。一门一皇后,二太子妃,三公主。尊宠之盛,当时莫比。金尝谓光曰:“我虽不读书,闻古来外戚梁冀等无不倾灭⑪。女若有宠,诸贵妒人;女若无宠,天子嫌人。我家直以立勋

①白道:在云州之北通向武川镇有白道城,在今内蒙古呼和浩特西北。
②候骑:候是斥候,即侦察、候望,候骑是充当斥候的骑兵。
③但钵:茹茹即柔然的君主。
④吐赖:在今何地不详。
⑤食齐州干:当时刺史、郡守、县令凭敕书可在该州、郡、县里抽若干名百姓给他当差役,这种被抽的百姓叫“干”,后来当了“干”的可以缴纳绢以免役,每“干”缴绢十八匹。食齐州干,就是每年可收纳齐州所有的“干”应缴的绢匹。
⑥肃宗:北齐孝昭帝高演。
⑦步挽车:用人拉送的车子。
⑧世祖:北齐武成帝高湛(zhàn 蘸)。
⑨大将军:北魏、北齐时大司马和大将军合称“二大”,是最高的荣誉性武职。
⑩方岳:本指四方之岳即四方的大山,后用来称高级地方长官如州刺史、郡太守等。
⑪梁冀:东汉时专权的外戚,两妹为顺帝、桓帝皇后,冲帝、质帝、桓帝又均为其拥立,最后为桓帝诛杀,《后汉书》有传。

抱忠致富贵,岂可藉女也?"辞不获免,常以为忧。天统三年薨①,
年八十。世祖举哀西堂②,后主又举哀于晋阳宫。赠假黄钺、使持
节、都督朔定冀并瀛青齐沧幽肆晋汾十二州诸军事、相国、太尉公、
录尚书、朔州刺史③,酋长、王如故,赠钱百万,谥曰武。子光嗣。

光,字明月,少工骑射,以武艺知名。魏末,从金西征。周文帝
长史莫者晖时在行间④,光驰马射中之,因擒于阵。光时年十七,高
祖嘉之,即擢为都督。世宗为世子,引为亲信都督,稍迁征虏将
军⑤,累加卫将军⑥。武定五年,封永乐县子⑦。尝从世宗于洹桥校
猎⑧,见一大鸟,云表飞扬,光引弓射之,正中其颈,此鸟形如车轮,
旋转而下,至地乃大雕也⑨。世宗取而观之,深壮异焉。丞相属邢子
高见而叹曰⑩:"此射雕手也!"当时传号落雕都督。寻兼左卫将军⑪,

① 天统:北齐后主高纬的年号(565—569)。
② 世祖举哀西堂:世祖武成帝高湛是传位于太子高纬即后主,而自己做太上
  皇,到天统四年(568)才去世,所以天统三年他可为斛律金举哀。
③ 定:定州,州及所属中山郡的治所均在卢奴,今河北定县。瀛:瀛州,州及
  所属河间郡的治所均在赵都军城,即今河北河间。齐:齐州,州及所属济
  南郡的治所均在历城,即今山东济南。沧:沧州,治所饶安城在今山东乐
  陵北。幽:幽州,州及所属燕郡的治所均在蓟(jì计)城,即今北京。录尚
  书:尚书省的长官,位在尚书令之上。
④ 行间:行伍之间,军中,阵上。
⑤ 征虏将军:是所谓杂号将军,品级比较高一点。
⑥ 卫将军:高级武职。
⑦ 永乐县:定州中山郡的属县,在今河北满城西北。
⑧ 洹(huán桓)桥:洹水上的桥,洹水源出林虑山,在齐都邺城南边流过。
⑨ 雕:鹰科的大型猛禽。
⑩ 丞相:世宗文襄帝高澄时为大丞相。
⑪ 左卫将军:当时设左、右卫府,禁卫宫廷,左卫将军是左卫府的长官。

进爵为伯。

齐受禅,加开府仪同三司,别封西安县子①。天保三年,从征出塞,光先驱破敌,多斩首虏②,并获杂畜。还,除晋州刺史③。东有周天柱、新安、牛头三戍,招引亡叛,屡为寇窃,七年,光率步骑五千袭破之,又大破周仪同王敬俇等,获口五百人,杂畜千余头而还④。九年,又率众取周绛川、白马、浍交、翼城等四戍。除朔州刺史。十年,除特进、开府仪同三司⑤。二月,率骑一万讨周开府曹回公,斩之,柏谷城主仪同薛禹生弃城奔遁⑥,遂取文侯镇,立戍置栅而还。乾明元年⑦,除并州刺史。皇建元年⑧,进爵钜鹿郡公⑨。时乐陵王百年为皇太子⑩,肃宗以光世载醇谨,兼著勋王室,纳其长女为太子妃。大宁元年⑪,除尚书右仆射,食中山郡干⑫。二年,除太子太保⑬。河清二年四月⑭,光率步骑二万筑勋

① 西安县:在青州,在今山东临朐(qú 渠)西。

② 首虏:斩获的敌人脑袋。

③ 除:除授,任命。

④ 口:生口,这里指俘虏。

⑤ 特进:高级的荣誉职称。

⑥ 柏谷城:在洛阳东。

⑦ 乾明:北齐废帝高殷的年号(560)。

⑧ 皇建:北齐肃宗孝昭帝高演的年号(560—561)。

⑨ 钜鹿郡:定州属郡,治所曲阳在今河北晋县西。

⑩ 乐陵王百年:元百年,《北齐书》有传。

⑪ 大宁:北齐世祖武成帝高湛的年号(561—562)。

⑫ 中山郡:定州属郡,州和郡的治所均在卢奴,即今河北定州。

⑬ 太子太保:和太子太师、太子太傅合称三师,名义上是皇太子的师傅,实际上已成为高级荣誉职称。

⑭ 河清:北齐世宗武成帝高湛的年号(562—565)。

掌城于轵关西①,仍筑长城二百里,置十三戍。三年正月,周遣将达奚成兴等来寇平阳,诏光率步骑三万御之,兴等闻而退走,光逐北②,遂入其境,获二千余口而还。其年三月,迁司徒。四月,率骑北讨突厥③,获马千余匹。是年冬,周武帝遣其柱国大司马尉迟迥、齐国公宇文宪、柱国庸国公可叱雄等④,众称十万,寇洛阳,光率骑五万驰往赴击。战于邙山,迥等大败,光亲射雄,杀之,斩捕首虏三千余级,迥、宪仅而获免,尽收其甲兵辎重⑤,仍以死者积为京观⑥。世祖幸洛阳,策勋班赏⑦,迁太尉,又封冠军县公⑧。先是世祖命纳光第二女为太子妃,天统元年,拜为皇后。其年,光转大将军。三年六月,父丧去官⑨,其月,诏起光及其弟羡并复前任。秋,除太保,袭爵咸阳王,并袭第一领民酋长,别封武德郡

---

① 轵(zhǐ 纸)关:在河内郡轵县之北,今河南济源境内,当轵道之险,为“太行八陉”的第一陉。

② 逐北:北是败北,即败逃,逐北就是追击败逃的敌人。

③ 突厥:我国古代少数民族,公元552年破柔然,建政权于今鄂尔浑河流域,统一塞北,582年分裂为东西突厥。

④ 柱国:柱国大将军,西魏时宇文泰及其他七人均为柱国大将军,称八柱国,是当时最高的实职武官。大司马:西魏时仿《周礼》改官制,这大司马即当时所改的夏官府大司马卿,不是北魏、北齐“二大”之一的大司马。尉迟迥(jiǒng 窘):《周书》有传。宇文宪:《周书》有传。可叱(chì 斥)雄:即王雄,《周书》有王雄传,说他赐姓可频氏,这里作可叱,不知孰是。

⑤ 辎(zī 资)重:军用粮草、器械等的统称。

⑥ 京观:古代战胜后把敌人尸体埋在一起堆成高冢,以夸耀武功,叫做“京观”。

⑦ 策勋:本指纪功于策,后成为纪录功勋的代称。班赏:分赏。

⑧ 冠军县:在今河南邓县西北。

⑨ 父丧去官:民国以前,做官的死去父或母后,必须免官在家守孝二十七个月,叫“守制”。

公①,徙食赵州干②,迁太傅。

十二月,周遣将围洛阳,壅绝粮道③。武平元年正月④,诏光率步骑三万讨之。军次定陇,周将张掖公宇文桀、中州刺史梁士彦、开府司水大夫梁景兴等又屯鹿卢交道⑤,光擐甲执锐⑥,身先士卒,锋刃才交,桀众大溃,斩首二千余级。直到宜阳,与周齐国公宇文宪、申国公擒跋显敬相对十旬⑦。光置筑统关、丰化二城,以通宜阳之路。军还,行次安邺,宪等众号五万,仍蹑军后⑧,光纵骑击之,宪众大溃,虏其开府宇文英、都督越勤世良、韩延等,又斩首三百余级。宪仍令桀及其大将军中部公梁洛都与景兴、士彦等步骑三万于鹿卢交塞断要路⑨,光与韩贵孙、呼延族、王显等合击,大破之,斩景兴,获马千匹。诏加右丞相、并州刺史。其冬,光又率步骑五万于玉壁筑华谷、龙门二城,与宪、显敬等相持,宪等不敢动。光乃进围定阳⑩,仍筑南汾城,置州以逼之⑪,夷夏万余

①武德郡:治所在今河南沁阳西。

②赵州:州及所属南赵郡的治所均在今河北隆尧。

③壅(yōng 雍):阻塞。

④武平:北齐后主高纬的年号(570—576)。

⑤张掖:凉州张掖郡,治所永平在今甘肃张掖西北。中州:治所在今河南洛阳西。梁士彦:《周书》有传。司水大夫:西魏改官制后的冬官府司水中大夫。

⑥擐(huàn 患):套,穿。锐:锋利的兵器。

⑦擒:音 xì(细)。旬:十天为一旬。

⑧蹑(niè 聂):跟踪。

⑨大将军:西魏改官制后的大将军,一柱国统二大将军。中部:中部郡,治所中部在今陕西宜君东。

⑩定阳:定阳郡治所定阳,即今山西吉县。

⑪置州:即在定阳设置南汾州。

户并来内附。二年,率众筑平陇、卫壁、统戎等镇戍十有三所。周柱国枹罕公普屯威、柱国韦孝宽等步骑万余①,来逼平陇,与光战于汾水之北,光大破之,俘斩千计。又封中山郡公,增邑一千户。军还,诏复令率步骑五万出平阳道,攻姚襄、白亭城戍,皆克之,获其城主仪同、大都督等九人,捕虏数千人。又别封长乐郡公。是月,周遣其柱国纥干广略围宜阳,光率步骑五万赴之,大战于城下,乃取周建安等四戍,捕虏千余人而还。军未至邺,敕令便放兵散。光以为军人多有勋功,未得慰劳,若即便散,恩泽不施,乃密通表请使宣旨,军仍且进。朝廷发使迟留,军还将至紫陌,光仍驻营待使。帝闻光军营已逼,心甚恶之,急令舍人追光入见,然后宣劳散兵。拜光左丞相,又别封清河郡公②。

　　光入,常在朝堂垂帘而坐③。祖珽不知④,乘马过其前。光怒,谓人曰:"此人乃敢尔!"后珽在内省⑤,言声高慢,光适过,闻之又怒。珽知光忿,而赂光从奴而问之曰:"相王瞋孝徵耶⑥?"曰:"自公用事,相王每夜抱膝叹曰:'盲人入⑦,国必破矣!'"穆提婆求娶光庶女⑧,不许。帝赐提婆晋阳之田,光言于朝曰:"此田,神武帝以来常种禾⑨,饲马数千匹,以拟寇难。今赐提婆,无乃阙

①枹(fú浮)罕:郡名,治所枹罕即今甘肃临夏。

②清河郡:相州属郡,治所清河在今山东临清东北。

③常:通"尝",曾经。

④祖珽:《北齐书》有传。

⑤内省:宫禁。

⑥瞋(chēn琛):怒。孝徵:祖珽的字。

⑦盲人:当时祖珽已双目失明。

⑧穆提婆:《北齐书》有传,本书已选译。庶女:不是妻所生而是婢妾所生之女。

⑨禾:粟,也用作粮食的通称。

军务也①?"由是祖、穆积怨。周将军韦孝宽忌光英勇,乃作谣言,令间谍漏其文于邺②,曰:"百升飞上天③,明月照长安④。"又曰:"高山不推自崩⑤,槲树不扶自竖⑥。"祖珽因续之曰:"盲眼老公背上下大斧,饶舌老母不得语⑦。"令小儿歌之于路。提婆闻之,以告其母令萱⑧。萱以饶舌斥己也,盲老公谓珽也,遂相与协谋,以谣言启帝曰:"斛律累世大将,明月声震关西⑨,丰乐威行突厥,女为皇后,男尚公主,谣言甚可畏也!"帝以问韩长鸾⑩,鸾以为不可,事寝⑪。祖珽又见帝请间⑫,唯何洪珍在侧⑬,帝曰:"前得公启,即欲施行,长鸾以为无此理。"珽未对,洪珍进曰:"若本无意则可,既有此意而不决行,万一泄露如何?"帝曰:"洪珍言是也。"犹豫未决⑭。会丞相府佐封士让密启云⑮:"光前西讨还,敕令放兵散,光令军逼帝京,将行不轨⑯,

①阙:空缺,缺失。

②间(jiàn 见)谍:窃取对方情报或进行破坏颠覆活动的人。

③百升:十升为一斗,十斗为一斛,这"百升"指斛律的"斛"。

④明月:斛律光的字。

⑤高山:指北齐高氏皇室。

⑥槲(hú 胡)树:指斛律。

⑦饶舌:多嘴,唠叨。

⑧令萱:陆令萱,穆提婆母,事迹见穆传。

⑨关西:潼关以西,指北周统治地区。

⑩韩长鸾:韩凤字长鸾,《北齐书》有传,本书已选译。

⑪寝:停止,平息。

⑫请间:找机会单独进言,不想让很多人知道。

⑬何洪珍:事迹见《北齐书》的《恩幸传》,本书已选译。

⑭犹豫:迟疑不决。

⑮丞相府佐:丞相府里的办事人员。

⑯不轨:不遵守法度,这里指谋叛。

事不果而止。家藏弩甲,奴僮千数①,每遣使丰乐、武都处,阴谋往来。若不早图,恐事不可测。"启云"军逼帝京",会帝前所疑意,谓何洪珍云:"人心亦大圣②,我前疑其欲反,果然。"帝性至怯懦③,恐即变发,令洪珍驰召祖珽告之。又恐追光不从命,珽因云:"正尔召之,恐疑不肯入。宜遣使赐其一骏马,语云:'明日将往东山游观,王可乘此马同行。'光必来奉谢,因引入执之。"帝如其言。顷之,光至,引入凉风堂,刘桃枝自后拉而杀之④,时年五十八。于是下诏称光谋反,今已伏法,其余家口并不须问。寻而发诏,尽灭其族。

　　光性少言刚急,严于御下,治兵督众,唯仗威刑。版筑之役⑤,鞭挞人士⑥,颇称其暴。自结发从戎⑦,未尝失律⑧,深为邻敌所慑惮⑨。罪既不彰,一旦屠灭,朝野痛惜之。周武帝闻光死,大喜,赦其境内⑩。后入邺,追赠上柱国、崇国公,指诏书曰:"此人若在,朕岂能至邺。"

　　光有四子。长子武都,历位特进、太子太保、开府仪同三司、

_____

①奴僮:指私家所蓄的奴隶僮仆。
②圣:乖觉,敏锐。
③怯(qiè 切)懦:胆小,懦弱。
④刘桃枝:北齐高祖神武帝蓄养的苍头,以后历事北齐诸帝,常奉命杀害显贵,《北齐书》的《恩幸传》里有此人姓名。
⑤版筑:指斛律光在边境筑城,当时的城都用土版筑,而非砖砌。
⑥挞(tà 踏):用鞭子或棍子打。
⑦结发:也作"束发",指年轻时候。
⑧失律:本指行军无纪律,后引申为用兵失利。
⑨慑(shè 摄):恐惧。惮(dàn 但):害怕,畏惧。
⑩赦:大赦,古代国家或皇室有喜庆之事往往要对一般的罪犯大赦,周武帝认为斛律光被杀对周来讲是喜庆之事,所以在境内大赦。

梁兖二州刺史①,所在并无政绩,唯事聚敛,侵渔百姓②。光死,遣使于州斩之。次须达,中护军、开府仪同三司③,先光卒。次世雄,开府仪同三司。次恒伽,假仪同三司④。并赐死。光小子钟,年数岁,获免,周朝袭封崇国公,隋开皇中卒于骠骑将军。

【翻译】

　　斛律金,字阿六敦,是朔州敕勒部人。高祖名倍侯利,凭壮勇有名于塞外。道武帝时率领本部人户内附,赐爵孟都公。祖名幡地斤,任殿中尚书。父名大那瓌,任光禄大夫、第一领民酋长,天平年间因斛律金显贵,追赠为司空封公。

　　斛律金性情敦厚刚直,善于骑射,行军用匈奴的方法,望灰尘就知道有多少步骑,嗅土地就知道军队过去得远还是近。开始充当军主,和怀朔镇将杨钧送茹茹的国主阿那瓌回到北边,阿那瓌见到斛律金射猎,对他的技能深为叹服。后来阿那瓌入寇高陆,斛律金抵御把他打败。正光末年,破六韩拔陵造反,斛律金带着部众投到拔陵手下,拔陵给了斛律金一个王号。斛律金估计拔陵终于要失败被消灭,就统率所部万户到云州投降,立即被授为第二领民酋长。稍为往南出了黄瓜堆,被杜洛周打败,部众分散。斛律金和兄斛律平两人脱逃投靠尔朱荣,尔朱荣表请斛律金做别将,几次升迁做上了都督。孝庄帝立,给他赐爵阜城县男,加授宁

---

①梁:梁州,及所属陈留郡的治所均在大梁,即今河南开封。兖(yǎn演):兖州,治所在今山东兖州北。
②渔:用不正当手段去谋取。
③中护军:掌管中央直属部队的高级武职。
④假:够不上做这个官,权宜给予,在前面加个"假",以与正式的区别。

朔将军、屯骑校尉。跟随尔朱荣打败葛荣、元颢，接连立有战功，加授镇南大将军。

到尔朱兆等造反，高祖秘密作匡复的打算，斛律金和娄昭、厍狄干等人赞成大计，并跟随起义。高祖南下攻取邺城，留斛律金驻守信都，领恒云燕朔显蔚六州大都督，把后方的事情都委托给他。他另出兵讨伐李修，把李修打败，加授右光禄大夫。在邺城和高祖会师，并跟随平定晋阳，追赶消灭尔朱兆。太昌初年，任斛律金为汾州刺史、本州大都督，进封爵为侯。跟随高祖在河西打败纥豆陵。天平初年迁都邺城，派斛律金率领步骑三万镇守风陵以防御西魏进犯，收兵，回到晋阳。跟随高祖在沙苑作战，不利回军，因而东雍诸城仍为西魏军所占据，派斛律金和尉景、厍狄干等人讨伐收复这些城镇。元象年间，周文帝又大举进攻河阳，高祖率领大军讨伐，派斛律金去太州，使成掎角之势。斛律金到了晋州，因敌军撤退不再前进，仍和行台薛修义共同围攻乔山的敌寇。不多时高祖也来到，共同把这股敌寇讨平，并跟随高祖打下南绛、邵郡等几个城。武定初年，北豫州刺史高仲密据州城叛投西魏，周文帝入侵洛阳，高祖派斛律金统率刘丰、步大汗萨等几万步骑防守河阳城来抵御。高祖来到后，仍跟随高祖打败高仲密。回军，授大司马，改封石城郡公，邑一千户，升转为第一领民酋长。三年(545)，高祖出兵进袭山胡，分为两路，派斛律金为南路的军司，出黄栌岭，高祖亲自出北路，过赤铫岭，和斛律金会合于乌突成，两军合击袭破山胡。回军，出任冀州刺史。四年(546)，下诏叫斛律金率领兵众从乌苏道到晋州和高祖会合，并跟随去攻打玉壁，回军时，高祖叫斛律金总督大军，跟着回到晋阳。

世宗继承主持政事，侯景据有颍川向西魏投降，下诏派斛律金统率潘乐、薛孤延等人在河阳坚守着做准备。西魏派他们的大都督李景和、若干宝率领几万马步兵,想从新城去支援侯景,斛律金率领兵众停在广武城准备拦截,李景和等知道了就退兵。斛律金回军后出任肆州刺史,并统率所部兵马在宜阳修筑杨志、百家、呼延三个镇戍,设置守备后返回。侯景出走南豫州,西魏的仪同三司王思政进入颍川据守。世宗派高岳、慕容绍宗、刘丰等率军围困颍川,又下诏叫斛律金督率彭乐、可朱浑道元等出兵驻屯河阳,切断救应颍川的通路,又下诏叫斛律金率军会攻颍川。颍川解决后,又派斛律金率军从崿坂送米到宜阳,戍守九曲的西魏将马绍隆据险拦截,斛律金把他打垮。斛律金因功另加封个安平县男。

显祖受禅,斛律金封为咸阳郡王,继续任肆州刺史。这年冬天,到晋阳宫朝见。斛律金得了病,显祖到他的第宅看望,赏赐他医药,中使不断地前往,病好后回肆州。三年(552),就在肆州任命为太师。显祖征讨奚寇,斛律金跟随。回军时,显祖到肆州,和斛律金宴饮比箭然后回去。四年(553),斛律金解除刺史,以太师身份回到晋阳。显祖车驾又去他的第宅,六宫和诸王都跟着来,摆酒作乐,到夜深才罢宴。显祖很高兴,下诏任斛律金的第二子丰乐为武卫大将军,并对斛律金说:“公是元勋佐命,父子忠诚,朕该和公家结为婚姻,使永为屏蕃。”下诏叫斛律金孙武都尚义宁公主。举行婚礼这天,显祖陪同皇太后到斛律金的第宅,皇后、太子、诸王等都跟着前来,如此地被亲近优待。

后来因茹茹被突厥打败,种落分散,怕他们侵犯边塞,惊扰居民,就下诏叫斛律金率领二万骑屯驻白道防备着。虏帅叫豆婆吐久备的带了三千多户想秘密从西边经过,候骑发觉回来报告,斛律金统率所部追击,把这伙人户全部俘获。茹茹的但钵要带了全部族西迁,斛律金抓到他们的候骑送到显祖那里,并上表陈说可以击取，显祖就率大军和斛律金共同追击到吐赖，俘获了二万户回来。斛律金进位右丞相，食齐州干，又升迁左丞相。

肃宗登位，娶斛律金的孙女为皇太子妃。又下诏斛律金朝见时，可乘坐步挽车到阶前。世祖登位，对斛律金礼遇更为隆重，又娶他的孙女为太子妃。斛律金的长子光任大将军，次子羡和孙武都均是开府仪同三司，出镇大州，其余的子孙也都封侯显贵。一门中出了一位皇后，两位太子妃，娶了三位公主。如此地尊贵宠信，当时没有人能比得上。斛律金曾对长子光说："我虽然不读书，可听说古来外戚如梁冀等人无不倾覆诛灭。女如果得宠，诸贵就妒忌；女如果无宠，天子就讨厌。我家一向是尽忠立功取得富贵，岂能靠女吗？"只是推辞不掉，常引以为忧。天统三年（567）薨，享年八十岁。世祖在西堂为他举哀，后主又在晋阳宫为他举哀。赠他假黄钺、使持节、都督朔定冀并瀛青齐沧幽肆晋汾十二州诸军事、相国、太尉公、录尚书、朔州刺史，第一领民酋长、咸阳郡王照旧，赠钱百万，谥曰武。子光继承爵位。

斛律光，字明月，年轻时就精于骑射，以武艺知名。魏末，跟随斛律金西征。周文帝的长史莫者晖当时在阵上，斛律光跑马把他射中，活捉过来。斛律光当时十七岁，高祖嘉奖他，立即提升为都督。世宗当时是世子，把他调来作为亲信都督，升迁为征虏将军，再加授到卫将军。武定五年（547），封为永乐县子。曾经跟随世宗在洹桥打猎，看到一只大鸟，在云端飞扬，斛律光开弓射它，正射中它的颈了，这鸟形状像车轮，旋转落下，落到地上乃是一只大雕。世宗取来观看，大为惊奇赞赏。丞相官属邢子高看了叹道："这是射雕手啊！"当时传称他是落雕都督。不久兼任左卫将军，进爵位为伯。

齐受魏禅，加授斛律光开府仪同三司，另加封西安县子。天保三年(552),从征到边塞外,斛律光先驱破敌,多所斩杀,并虏获杂畜。回军后,授任晋州刺史。这里往东有周的天柱、新安、牛头三个镇戍,招降纳叛,屡次侵扰虏掠,七年(556),斛律光率领步骑五千进袭把它攻破,又大破周的仪同王敬儁等,俘获了生口五百人、杂畜千余头回军。九年(558),斛律光又率领兵众攻取周的绛州、白马、浍交、翼城等四个镇戍,授任朔州刺史。十年(559),授特进、开府仪同三司。二月里,斛律光率领一万骑进讨周的开府曹回公,把曹斩杀,另一个柏谷城主仪同薛禹生弃城逃跑,斛律光乘势攻下文侯镇,立了戍置上栅然后回军。乾明元年(560),斛律光任并州刺史。皇建元年(560),斛律光进爵为钜鹿郡公。当时乐陵王高百年是皇太子,肃宗考虑到斛律光世代醇厚恭谨,而且为皇室建立功勋,就娶他的长女为太子妃。大宁元年(561),斛律光授为尚书右仆射,食中山郡干。二年(562),斛律光授太子太保。河清二年(563)四月里,斛律光率领步骑二万在轵关西边筑了个勋掌城,并筑长城二百里,设置十三个镇戍。三年(564)正月里,周派将领达奚成兴等入侵平阳,下诏叫斛律光率领步骑三万去抵御,达奚成兴等知道了就撤退,斛律光追赶,就此进入周境,俘获二千多生口返回。这年三月,斛律光升为司徒。四月,斛律光率骑北讨突厥,虏获马一千多匹。这年冬天,周武帝派他的柱国大司马尉迟迥、齐国公宇文宪、柱国庸国公可叱雄等,兵众号称十万,进犯洛阳,斛律光率领五万骑赶往迎战。在邙山开战,尉迟迥等大败,斛律光亲自射可叱雄把他射死,斩杀三千多人,尉迟迥、宇文宪差一点没有逃掉,甲兵辎重都收缴过来,还把杀死的尸体堆积成京观。世祖来到洛阳,记勋分赏,升斛律光为太尉,又加封冠军县公。在这以前世祖叫娶斛律光的第二女为太子妃,后主天统元年(565)拜为皇后。这年,斛律光转任大将军。三年(567)

六月，斛律光因父丧去掉官职，就在这个月里，下诏让斛律光和弟斛律羡都出来恢复原职。秋天，授斛律光太保，袭爵咸阳王，同时袭第一领民酋长，另封个武德郡公，迁食赵州干，升为太傅。

十二月里，周遣将围攻洛阳，阻塞运粮的通道。武平元年(570)正月，下诏叫斛律光率领步骑三万讨伐周兵。齐军进驻到定陇，周将张掖公宇文桀、中州刺史梁士彦、开府司水大夫梁景兴等又进驻到鹿卢交道，斛律光套上铠甲拿起兵器，身先士卒，刚一交锋，宇文桀的兵众就大崩溃，被斩首二千多级。斛律光前进直到宜阳，和周的齐国公宇文宪、申国公擒跋显敬相对峙了十旬。斛律光设置并筑成了统关、丰化二城，打通到宜阳的道路。斛律光回军，途中在安邺停宿，宇文宪等号称五万兵众，还在后面跟踪，斛律光放出战骑冲击，宇文宪兵众大崩溃，俘虏了周开府宇文英、都督越勤世良、韩延等人，又斩首三百多级。宇文宪仍令宇文桀及大将军中部公梁洛都和梁景兴、梁士彦等步骑三万在鹿卢交塞断要道，斛律光和韩贵孙、呼延族、王显等人汇合攻击，大破周兵，斩杀梁景兴，虏获马千匹。下诏加授斛律光右丞相、并州刺史。这年冬天，斛律光又率领步骑五万在玉壁修筑华谷、龙门二城，与宇文宪、擒跋显敬等相对峙，宇文宪等人不敢有所举动。斛律光就进军围困定阳，并修筑南汾城，设置南汾州向周境进逼，夷夏一万多户都来依附。二年(571)，斛律光率领兵众修筑平陇、卫壁、统戎等镇戍十三所。周的柱国枹罕公普屯威、柱国韦孝宽等一万多步骑，进逼平陇，和斛律光在汾水北面开战，斛律光大破周兵，俘获斩杀数以千计。斛律光又加封中山郡公，增邑一千户。回军后，又下诏叫斛律光率领步骑五万出平阳道，进攻姚襄、白亭等城戍，都打了下来，擒获城主仪同、大都督等共九人，俘虏兵众几千人。又另封了个长乐郡公。这个月里，周派遣柱国纥干广略围攻宜阳，斛律光率领步骑五万赶到，在城下大战，拿下周的建安等四个镇戍，俘虏一千多人回军。军众还没有到邺城，就下敕书叫分散回去。斛律光认为军人中很多建立了勋功，还没有得到慰劳，如果就分散回去，恩泽便沾不上了，于是秘密修表请使者报告，让军众仍继续前进。朝廷再派使者迟了些，军众已将到紫陌，斛律光仍停驻扎营等待使者。后主听到斛律光的军营已逼近邺城，心上极为厌恶，急忙派舍人把斛律光叫到邺城里见后主，然后慰劳兵众让他们分散回去。拜斛律光为左丞相，又另封了个清河郡公。

　　斛律光进入邺城后，有一天在朝堂里坐着前面挂了帘子。祖珽不知道，骑了马在前面走过。斛律光发怒，对人说："这人竟敢如此！"后来祖珽在内省，说话声音高而且傲慢，斛律光正巧走过，听了又发怒。祖珽知道斛律光对他生气，就贿赂跟随斛律光的僮奴问道："相王对我孝徵生气吧？"僮奴说："自从公掌权，相王每每在晚上抱膝叹息说：'盲人进来，国家必定破败了！'"穆提婆要求娶斛律光的庶出女，斛律光不允许。后主把晋阳的田赏赐穆提婆，斛律光在朝廷上说："这田，神武帝以来常用来种禾，养了几千匹马，以准备敌人入寇时好用上。如今赐给穆提婆，岂不使军务有所缺失吗？"从此祖珽、穆提婆积怨于斛律光。周将军韦孝宽忌斛律光英勇，编造了民谣，叫间谍把它传进邺城里，说："百升飞上天，明月照长安。"又说："高山不推自崩，槲树不扶自坚。"祖珽就续上说："盲眼老公背上下大斧，饶舌老母不得语。"叫小孩在路上唱着。穆提婆听到了，告诉他母陆令萱。陆令萱认为饶舌是指斥自己，盲老公是说祖珽，就和祖珽商议同谋，把民谣报告后主道："斛律一家几代都是大将，明月声震关西，丰乐威行突厥，女为皇后，男尚公主，谣言很可怕啊！"后主把这问韩长鸾，韩长鸾认为不能这么做，事情搁了下来。祖珽又找机会单独见后主，只有何洪珍在旁边，后主说："上次得到公所上启，就要照办，韩长鸾认为没有这个道理。"祖珽还没有回答，何洪珍进言道："如果本来没有这个意思还可以，既有了这意思而不下决心去执行，万一泄露了可怎么办？"后主说："洪珍说得很对。"但还犹豫不决。正巧丞相府佐叫封士让的也上了个密启说："斛律光上次西讨回军，敕书叫兵众分散回去，斛律光叫军逼帝京，将图谋不轨，事情没做成才中止。他家里藏有弓弩甲兵，奴僮数以千计，常派使者去丰乐、武都那里，阴谋往来。如果不及早收拾，怕发生不测之事。"这启里所说"军逼帝京"，正和后主当时所疑忌的对上号，就对何洪珍说："人心也真大圣，我当时怀疑他要造反，果然如此。"后主秉性极为懦弱，怕变乱即刻发生，叫何洪珍快马把祖珽召来告诉这事。又怕斛律光不听从命令前来，祖珽就说："正式召见，怕他怀疑不肯前来。可派使者赏赐他一匹骏马，对他说：'明天要去东山游览，王可以骑上这马一起去。'斛律光必定前来谢恩，就此把他引进来抓住。"后主照他的话做。过了一会，斛律光来到，引进凉风堂，刘桃枝从后面把他拉杀了，当时年五十八岁。于是下诏书说斛律光谋反，现已伏法，其余家口概不过问。不久又下诏书，把他一族人都诛灭。

斛律光话不多而性情刚急，对下管得严，治兵督众，只依仗威势刑罚。督筑城墙，鞭打百姓士卒，人们多说他残暴。自从结发从戎以来，不曾打过败仗，很为邻敌所畏惧。罪状既不彰明，一朝屠灭，朝廷民间都很痛惜。周武帝听到他被杀，大为欣喜，在境内大赦。后来打进邺城，追赠他为上柱国、崇国公，并指着这个诏书说："此人如果健在，朕岂能到邺城。"

斛律光有四子。长子武都，历任特进、太子太保、开府仪同三司、梁兖二州刺史,所到之处并无政绩,专事搜刮,侵渔百姓。斛律光死,后主派使者到州里把他斩首。次子是须达,任中护军、开府仪同三司,死在斛律光之前。再次是世雄,开府仪同三司。再次是恒伽,假仪同三司。这两个都被赐死。斛律光的小儿子叫钟,当时只有几岁,得以免死,在周朝袭封崇国公,隋朝开皇年间做到骠骑将军后去世。

司马子如传

这个传里所讲的司马子如,和前面所选尉景传的传主尉景是同一类型人物,都是靠了和高欢的老交情而致身高位,只是尉景没有能耐,而司马子如颇具本领,因而在东魏初年能和孙腾等"共知朝政"号称"四贵",掌握了一段时间的实权。但毕竟因为赃贿被高澄削去官爵,恢复官爵后又因诬陷整顿政治的崔暹等人再度被高洋免官。这说明当时的高氏政权还很有点生气,不像后来高湛、高纬时那样腐朽败坏。(选自卷一八)

司马子如,字遵业,河内温人也①。八世祖模②,晋司空、南阳王③。模世子保④,晋乱出奔凉州⑤,因家焉。魏平姑臧,徙居于

——————————

① 河内温:河内郡温县,北魏时属司州,在今河南温县西。温县的司马氏是东汉以来的世家大族,司马懿父子及晋皇室都出于这一家族,司马子如自己认为也出于这一家族,所以说是河内温人。
② 模:司马模,司马懿的侄孙,《晋书》有传。
③ 南阳:荆州南阳郡,治所宛县即今河南南阳。
④ 保:司马保,《晋书》有传。
⑤ 凉州:州及所属武威郡的治所均在姑臧,即今甘肃武威。

云中。其自序云尔①。父兴龙,魏鲁阳太守②。

　　子如少机警,有口辩,好交游豪杰,与高祖相结托,分义甚深③。孝昌中,北州沦陷④,子如携家口南奔肆州,为尔朱荣所礼遇,假以中军⑤。荣之向洛也,以子如为司马,持节,假平南将军⑥,监前军,次高都⑦。荣以建兴险阻,往来冲要,有后顾之忧,以子如行建兴太守、当郡都督。永安初⑧,封平遥县子⑨,邑三百户,仍为大行台郎中⑩。荣以子如明辩,能说时事,数遣奉使诣阙,多称旨⑪,孝庄亦接待焉。葛荣之乱,相州孤危,荣遣子如间行入邺⑫,助加防守。葛荣平,进爵为侯。元颢入洛,人情离阻,以子如曾守邺城,颇有恩信,乃令行相州事。颢平,征为金紫光禄大夫⑬。

——————————————

①自序:自己讲述家世,不是后人在自己所写书前面写自序的自序。魏晋南北朝以至隋唐人常伪造家世,妄托大族,司马子如自序所说的这个家世当也出伪造,作史者点明"其自序云尔",也就表明对此并不相信。
②鲁阳:北魏荆州属郡,州及郡的治所均在山北,即今河南鲁山。
③分义:交情。
④北州沦陷:指杜洛周等在北边六镇起兵反北魏政权。
⑤中军:本应是中军将军的省称,但中军将军职位很高,据司马子如的墓志是中坚将军,品级比中军将军低得多。
⑥平南将军:稍高级的武职。
⑦高都:高都郡治所高都,在今山西晋城东北。
⑧永安:北魏孝庄帝元子攸的年号(528—530)。
⑨平遥县:并州太原郡的属县,即今山西平遥。
⑩大行台郎中:行台是尚书省的派出机构,尚书省下分设几个部,部的长官叫某部尚书,下面又分设若干郎中办事,因而行台下也就照样设置若干郎中。
⑪称旨:合皇帝的心意。
⑫间(jiàn 见)行:微行,隐秘前往。
⑬金紫光禄大夫:荣誉性的高级职称。

　　尔朱荣之诛，子如知有变，自宫内突出，至荣宅，弃家随荣妻子与尔朱世隆等走出京城。世隆便欲还北，子如曰："事贵应机，兵不厌诈，天下恟恟①，唯强是视，于此际会，不可以弱示人。若必走北，即恐变故随起。不如分兵守河桥，回军向京，出其不意，或可离溃。假不如心，犹足示有余力，使天下观听，惧我威强。"于是世隆还逼京城。魏长广王立，兼尚书右仆射。前废帝以为侍中、骠骑大将军、仪同三司②，进爵阳平郡公③，邑一千七百户，固让仪同不受。高祖起义信都，世隆等知子如与高祖有旧，疑虑，出为南岐州刺史④。子如愤恨，泣涕自陈，而不获免。

　　高祖入洛，子如遣使启贺，仍叙平生旧恩。寻追赴京，以为大行台尚书，朝夕左右，参知军国。天平初，除左仆射，与侍中高岳、侍中孙腾、右仆射高隆之等共知朝政⑤，甚见信重。高祖镇晋阳，子如时往谒见，待之甚厚，并坐同食，从旦达暮，及其当还，高祖及武明后俱有赉遗⑥，率以为常。

　　子如性既豪爽，兼恃旧恩，簿领之务⑦，与夺任情⑧，公然受纳，无所顾惮。兴和中⑨以为北道行台，巡检诸州，守令已下，委其黜陟⑩。

---

① 恟（xiōng 凶）恟：也作"匈匈"、"汹汹"，骚扰不安貌。

② 侍中：北魏时门下省设侍中六人，本是皇帝的高级侍从官，渐成为宰相。

③ 阳平郡：相州属郡，治所馆陶即今山东馆陶。

④ 南岐州：州及所属固道郡的治所在今陕西凤县。

⑤ 高岳：《北齐书》有传。

⑥ 赉（lài 赖）：赏赐，赠送。遗（wèi 未）：赠予，致送。

⑦ 簿领：文簿记录，这里指记录人家的功绩以便升赏。

⑧ 与：给。夺：不给。

⑨ 兴和：东魏孝静帝元善见的年号（539—542）。

⑩ 黜（chù 绌）：贬斥，撤职。陟：提升，升迁。

子如至定州,斩深泽县令①,至冀州,斩东光县令②,皆稽留时漏③,致之极刑。若言有进退④,少不合意,便令武士顿曳⑤,白刃临项。士庶惶惧,不知所为。转尚书令。子如义旗之始,身不参预,直以高祖故旧⑥,遂当委重,意气甚高,聚敛不息。时世宗入辅朝政,内稍嫌之。寻以赃贿为御史中尉崔暹所劾⑦,禁止于尚书省。诏免其大罪,削官爵。未几,起行冀州事。子如能自厉改⑧,甚有声誉,发摘奸伪⑨,僚吏畏伏之。转行并州事。诏复官爵,别封野王县男⑩,邑二百户。齐受禅,以有翼赞之功,别封须昌县公⑪,寻除司空。

子如性滑稽,不治检裁,言戏秽亵⑫,识者非之。而事姊有礼,抚诸兄子慈笃,当时名士,并加钦爱,世以此称之。然素无鲠正⑬,不能平心处物。世宗时,中尉崔暹、黄门郎崔季舒俱被任用⑭。

①深泽县:定州博陵郡的属县,在今河北深泽东。
②东光县:冀州渤海郡的属县,在今河北东光东。
③稽留:延滞,迟缓。时漏:漏是古代计时器,也叫漏壶、漏刻,在壶上有部件,上刻符号表示时间。时漏也就是现在所说的时刻。
④进退:这里是有出入的意思。
⑤顿:这里指把人推倒在地。曳(yè夜):牵引,拖走。
⑥直:特,不过。
⑦崔暹:《北齐书》有传,本书已选译。劾(hé核):弹劾,揭发罪状。
⑧厉改:尽力改正。
⑨奸:奸恶。伪:欺诈。
⑩野王县:河内郡的治所,即今河南沁阳。
⑪须昌县:东平郡属县,在今山东东平西北。
⑫秽亵(xiè谢):肮脏下流。
⑬鲠(gěng梗)正:鲠本指鱼骨,引申为直,鲠正就是“鲠直”,也就是“耿直”。
⑭黄门郎:黄门侍郎,当时在门下省设置黄门侍郎六人,执掌和侍中相同。
　崔季舒:《北齐书》有传。

世宗崩,遣等赴晋阳,子如乃启显祖,言其罪恶,仍劝诛之①。其后子如以马度关,为有司所奏②,显祖引子如数让之曰③:"崔暹、季舒,事朕先世,有何大罪,卿令我杀之?"因此免官。久之,犹以先帝之旧,拜太尉。寻以疾薨,时年六十四。赠使持节、都督冀定瀛沧怀五州诸军事、太师、太尉、怀州刺史④,赠物一千段⑤,谥曰文明。

　　子消难嗣。尚高祖女,以主婿、贵公子,频历中书、黄门郎、光禄少卿⑥,出为北豫州刺史,镇武牢。消难博涉史传,有风神,然不能廉洁,在州为御史所劾。又于公主情好不睦⑦,公主潜诉之,惧罪,遂招延邻敌,走关西⑧。

【翻译】

　　司马子如,字遵业,是河内温县人。八世祖名模,是晋的司空、南阳王。司马模的世子名保,晋乱时出逃到凉州,从而住了下来。魏平定姑臧,迁居到云中。司马子如在自序里这么说。父名兴龙,做魏的鲁阳太守。

————————————

① 仍劝诛之:崔暹、崔季舒当时没有被杀,只是流放北边服劳役,后都召回任用。
② 有司:主管的官吏。
③ 数(shǔ 暑):列举罪状。让:责备。
④ 怀州:州及所属河内郡治所均在野王,即今河南沁阳。
⑤ 物:这里指绢帛,当时也可作钱币使用。
⑥ 中书:当指中书省的中书侍郎,品级略低于黄门侍郎。光禄少卿:光禄寺的副长官,执掌膳食、帐幕器物及宫殿门户等事。
⑦ 睦(mù 木):和睦。
⑧ 走关西:司马消难投北周后的事迹,详《周书》的司马消难传。

司马子如从小很机敏,能口辩,喜欢跟豪杰往来,和高祖相结识,交情很深。孝昌年间,北边诸州沦陷,司马子如带了家小往南逃到肆州,受到尔朱荣礼遇,授与他中军的职务。尔朱荣进军洛阳,任司马子如为司马,持节,给予平南将军名义,监督前军,进驻高都。尔朱荣因建兴地势险阻,是往来冲要,不控制将有后顾之忧,派司马子如行建兴太守、本郡都督。永安初年,封为平遥县子,邑三百户,并任大行台的郎中。尔朱荣因司马子如明敏善辩,能讲说时事,屡次派他作为使者去京师,多能称旨,孝庄帝也亲自接待。葛荣作乱,相州孤立危急,尔朱荣派司马子如微行进入邺城,协助防守。葛荣乱平后,司马子如进爵为侯。元颢进入洛阳,人心疑惑离散,因司马子如曾守御邺城,颇有恩信,就叫他行相州刺史。元颢被平定,被征为金紫光禄大夫。

尔朱荣被诛,司马子如知道有变,从宫中冲出,到尔朱荣宅,丢了家跟随尔朱荣的妻、子和尔朱世隆等逃出京城。尔朱世隆就要回北边,司马子如说:"处事贵在随机应变,用兵不厌诡诈,天下匈匈,都在看谁最强大,在这种情况下,切不可让人看到自己软弱。如果一定要去北边,恐怕变故马上会发生。不如分兵守住河桥,回军向京城进发,出其不意,也许会使对方崩溃。万一不能如愿,也还可以显示我们仍有余力,使天下看到听到,都惧怕我们强大。"于是尔朱世隆回军进逼京城。魏长广王立,司马子如兼任尚书右仆射。前废帝任他为侍中、骠骑大将军、仪同三司,进爵阳平郡公,邑一千七百户,他坚辞仪同不接受。高祖在信都起义,尔朱世隆等知道司马子如和高祖是旧交,对他疑虑,让他出任南岐州刺史。司马子如很气愤,哭着解释,仍没有用。

高祖进入洛阳,司马子如派使者送书启祝贺,并陈说平生旧恩。不久就调司马子如进京,任大行台尚书,早晚不离左右,参与处理军国大事。天平初年,除授左仆射,和侍中高岳、侍中孙腾、右仆射高隆之等一起主持朝政,很被亲信重用。高祖在晋阳坐镇,司马子如时常前去谒见,高祖待他极为亲厚,一起并坐一同进食,从清早直到晚上,到他要回去时,高祖和武明皇后都有赠送,已习以为常。

司马子如秉性既豪爽,又凭借旧恩,簿录人家功绩,可以任情与夺,公然收受贿赂,毫无忌惮。兴和年间,出任北道行台。到所属各州巡行检察,郡守县令以下,委他贬黜升陟。司马子如到定州,斩了深泽县令,到冀州,斩了东光县令,都只是延缓片刻,就处以极刑。如果说话有点出入,稍不合意,就叫武士推倒拖出去,把白刀子架在颈项上。弄得做官的和老百姓都很害怕,不知怎么办才好。又转任尚书令。司马子如在高祖举义旗时,本没有参预,不过因是高祖的故旧,就被委以重任,意气很高,不停地聚敛。这时世宗入辅朝政,心里有点讨厌他。不久就因赃贿被御史中尉崔暹所弹劾,拘禁在尚书省。下诏免他大罪,削除他的官爵。过不了好长时间,又起用行冀州刺史。司马子如能认真改过,很有声誉,揭发奸伪,僚属都既害怕又心服。转行并州刺史。下诏恢复官爵,另加封野王县男,邑二百户。齐受禅,因有辅佐之功,另加封须昌县公,不久除授司空。

司马子如秉性滑稽,不注意检点,说话开玩笑很秽亵,受到有识之士非议。但侍奉姊有礼,抚养诸兄子仁慈亲切,对当时的名士,也都敬重爱慕,人们又因此对他称赞。只是素来欠耿直,不能平心地待人接物。在世宗时,中尉崔暹、黄门郎崔季舒都被重用。世宗崩,崔暹等去晋阳,司马子如就上启显祖,说崔暹等罪恶,并劝显祖杀他们。后来司马子如因马度关事,被有司劾奏,显祖把司马子如叫来列举罪状责备道:"崔暹、季舒,为朕先世办事,有什么大罪,卿要叫我杀他们?"因此把司马子如免官。过了好久,还因是先帝的故旧,拜授个太尉。不久病故,时年六十四。赠使持节、都督冀定瀛沧怀五州军事、太师、太尉、怀州刺史,赠物一千段,谥为文明。

　　子消难继承爵位。他娶高祖女,因是主婿、贵公子,历任中书、黄门郎、光禄少卿,出任北豫州刺史,镇守虎牢。这司马消难博览史书传记,有风度,但不能廉洁,在州时被御史弹劾。又和公主感情不好,公主诉说他的坏话,他怕得罪,就招引邻敌,出走关西。

慕容绍宗传

可能受了明清章回小说的影响,有些读者一提起历史上的大将、名将,心目中就会有个武艺高强而且战无不胜的形象。其实任何时候在第一线战斗的总是众多的士兵,将领所起的作用主要在计划指挥,即使有武艺也不一定亲自冲杀。而常胜将军也比较少有,能在关键性战役中获胜就很不容易了。这位慕容绍宗就是这样的人物,他打败了在河南叛齐的大敌侯景,并非凭武艺而在于指挥,最后却在围攻颖州时由于偶然因素而牺牲。(选自卷二〇)

慕容绍宗,慕容晃第四子太原王恪后也①。曾祖腾归魏,遂居于代②。祖都,岐州刺史③。父远,恒州刺史。

绍宗容貌恢毅,少言语,深沉有胆略④。尔朱荣即其从舅子也⑤。值北边扰乱,绍宗携家属诣晋阳以归荣,荣深待之。及荣

---

① 慕容晃:即慕容皝(huǎng huàng),慕容氏是鲜卑族的一支,慕容皝是十六国时期前燕政权的创建者,《晋书》《魏书》均有传。太原王恪:《晋书》有传。
② 代:北魏本称代,建都盛乐,在今内蒙古和林格尔北。
③ 岐州:州及所属平秦郡的治所均在雍县,在今陕西宝鸡东北。
④ 胆略:胆识才略。
⑤ 从舅:母的叔伯兄弟。

称兵入洛,私告绍宗曰:"洛中人士繁盛,骄侈成俗,若不加除剪,恐难制驭①。吾欲因百官出迎,仍悉诛之,谓可尔不②?"绍宗对曰:"太后临朝,淫虐无道③,天下愤惋④,共所弃之。公既身控神兵⑤,心执忠义,忽欲歼夷多士⑥,谓非长策,深愿三思⑦。"荣不从。后以军功封索卢县子⑧,寻进爵为侯。从高祖破羊侃,又与元天穆平邢杲,累迁并州刺史。

纥豆陵步藩逼晋阳,尔朱兆击之,累为步藩所破,欲以晋州征高祖,共图步藩。绍宗谏曰:"今天下扰扰,人怀觊觎⑨,正是智士用策之秋。高晋州才雄气猛,英略盖世,譬诸蛟龙,安可借以云雨。"兆怒曰:"我与晋州推诚相待,何忽辄相猜阻⑩,横生此言!"便禁止绍宗,数日方释。遂割鲜卑隶高祖,高祖共讨步藩灭之。及高祖举义信都,兆以绍宗为长史,又命为行台,率军壶关⑪,以抗高祖。及广阿、韩陵之败,兆乃抚膺自咎⑫,谓绍宗曰:"比用卿言⑬,今岂至此!"

---

①驭(yù 御):驾御马匹,引申为统率,控制。

②不(fǒu):同"否"。

③无道:违背正常的言行准则,过去常指君上的暴虐为"无道"。

④惋(wǎn 宛):怅恨,惋惜。

⑤神兵:这里用来夸张尔朱荣所部之能战斗,也就是劲兵、精兵的意思。

⑥歼:杀尽。夷:诛锄。

⑦三思:再三考虑。

⑧索卢县:齐州广川郡的属县,即今山东桓台。

⑨觊觎(jì yú 记于):非分的希望或企图。

⑩阻:疑惑。

⑪壶关:并州上党郡的属县,在今山西壶关东南。

⑫咎(jiù 救):罪责,责怪。

⑬比:近来,前此。

兆之败于韩陵也，士卒多奔，兆惧，将欲潜遁①。绍宗建旗鸣角，招集义徒②，军容既振，与兆徐而上马。后高祖从邺讨兆于晋阳，兆窘急，走赤洪岭，自缢而死。绍宗行到乌突城，见高祖追至，遂携荣妻子及兆余众自归。高祖仍加恩礼，所有官爵并如故，军谋兵略，时参预焉。

天平初，迁都邺，庶事未周③，乃令绍宗与高隆之共知府库图籍诸事④。二年，宜阳民李延孙聚众反，乃以绍宗为西南道军司，率都督厍狄安盛等讨破之。军还，行扬州长史⑤，寻行青州刺史。丞相府记室孙搴属绍宗以兄为州主簿⑥，绍宗不用，搴谮之于高祖，云慕容绍宗尝登广固城长叹⑦，谓其所亲云："大丈夫有复先业理不⑧?"由是征还。元象初，西魏将独孤如愿据洛州⑨，梁、颍之间⑩，寇盗蜂起⑪。高祖命绍宗率兵赴武牢，与行台刘贵等平之。进爵为公，除度支尚书⑫。后为晋州刺史、西道大行台。还

①潜：暗中，偷偷地。
②义徒：随从的徒众。
③庶：众多。
④府库：官府储存财物兵甲的仓库。图籍：地图与户籍。
⑤扬州：这是北朝的扬州，及所属梁郡的治所均在今安徽寿县。
⑥记室：丞相府分曹办事，记室是其中一曹，掌管章表文檄之类。孙搴（qiān牵）：《北齐书》有传。主簿：州的佐史，主管文书。
⑦广固城：在青州治所益都，曾是南燕慕容德、慕容超的都城，在今山东青州西北。
⑧不（fǒu）：同"否"。
⑨洛州：州及所属上洛郡的治所均在上洛，即今陕西商州。
⑩梁：梁郡，治所睢阳在今河南商丘南。颍：颍川郡，治所长社在今河南长葛东北。
⑪蜂起：齐起。
⑫度支尚书：尚书省下六尚书之一，掌管户口、赋税、仓库。

朝,迁御史中尉。属梁人刘乌黑入寇徐方①,令绍宗率兵讨击之,大破,因除徐州刺史。乌黑收其散众,复为侵窃。绍宗密诱其徒党,数月间,遂执乌黑杀之。

侯景反叛,命绍宗为东南道行台,加开府,转封燕郡公②,与韩轨等诣瑕丘③,以图进趣④。梁武帝遣其兄子贞阳侯渊明等率众十万⑤,顿军寒山⑥,与侯景掎角,拥泗水灌彭城。仍诏绍宗为行台,节度三徐二兖州军事⑦,与大都督高岳等出讨,大破之,擒渊明及其将帅等,俘虏甚众,乃回军讨侯景于涡阳。于时景军甚众,前后诸将往者莫不为其所轻,及闻绍宗与岳将至,深有惧色,谓其属曰:"岳所部兵精,绍宗旧将,宜共慎之。"于是与景接战,诸将持疑,无肯先者,绍宗麾兵径进⑧,诸将从之,因而大捷,景遂奔遁。军还,别封永乐县子。初,高祖末命世宗云⑨:"侯景若反,以慕容绍宗当之。"至是,竟立功效。

西魏遣其大将王思政入据颍州⑩。又以绍宗为南道行台,与

①徐方:本即徐戎,是古代东夷之一,这里借用来指徐州。徐州及所属彭城郡的治所均在彭城,即今江苏徐州。

②燕郡:幽州燕郡,州郡的治所均在蓟县,即今北京。

③韩轨:《北齐书》有传。瑕丘:兖州的治所,在今山东兖州北。

④趣:通"趋"。

⑤梁武帝:《梁书》有纪。

⑥寒山:离彭城十八里。

⑦三徐二兖州:三徐州是徐州、南徐州和北徐州,南徐州治所宿预,在今江苏宿迁东南,北徐州治所燕县,在今安徽凤阳东。二兖州是兖州和南兖州,南兖州治所涡阳即今安徽蒙城。

⑧麾(huī挥):通"挥",指挥。

⑨末命:帝王临死前的遗命。

⑩颍州:州及所属颍州郡的治所均在长社,在今河南长葛东。

太尉高岳、仪同刘丰等率军围击,堰洧水以灌之①。……未几,与丰临堰,见北有尘气,乃入舰同坐。暴风从东北来,远近晦冥,舟缆断②,飘舰径向敌城。绍宗自度不免,遂投水而死,时年四十九。三军将士莫不悲恸,朝廷嗟伤。赠使持节、二青二兖齐济光七州军事、尚书令、太尉、青州刺史③,谥曰景惠。

　　除其长子士肃为散骑常侍④,寻以谋反伏诛,朝廷以绍宗功,罪止士肃身。皇建初,配飨世宗庙庭⑤。士肃弟建中袭绍宗爵,武平末仪同三司,隋开皇中大将军、叠州总管⑥。

【翻译】

　　慕容绍宗,是慕容晃第四子太原王慕容恪的后裔。曾祖名腾的投魏,就在代定居。祖名都,任岐州刺史。父名远,任恒州刺史。

　　慕容绍宗容貌恢弘刚毅,言语不多,深沉有胆略。尔朱荣就是他从舅的儿子。逢上北边扰乱,慕容绍宗带了家属去晋阳投靠尔朱荣,尔朱荣很厚待他。到尔朱荣兴兵入洛阳时,私下对慕容

---

① 堰(yàn 宴):本指拦河堰,横截河流以便引水灌溉或决水灌城,这里作动词用,即筑堰。洧(wěi 委)水:即今河南双洎(jì 记)河,故道流经颍州的长社县。

② 缆(lǎn 览):系船的索。

③ 二青:青州和南青州。南青州及所属东安郡的治所团城即今山东沂水。济:济州,治所卢县,在今山东东阿西北。光:光州,及所属东莱郡的治所均在掖县,即今山东莱州。

④ 散骑常侍:当时在集书省设散骑常侍六人,以备向皇帝进言讽谏。

⑤ 飨:通"享"。

⑥ 叠(dié 蝶)州:治所合川即今甘肃迭部。

绍宗说："洛中人士繁盛,骄侈已成习俗,如不加以剪除,恐怕难于控制驾驭。我准备乘百官出迎,统统把他们杀死,你看行不行?"慕容绍宗回答道："太后临朝,淫虐无道,天下愤惋,已为人所共弃。公既手握神兵,心怀忠义,忽然要杀尽多士,我认为不是好办法,很希望三思。"尔朱荣不听从。后来慕容绍宗因军功封为索卢县子,不久进爵为侯。跟随高祖打败羊侃,又和元天穆平定邢杲,多次升迁任并州刺史。

纥豆陵步藩进逼晋阳,尔朱兆出击,多次被步藩打败,准备用晋州刺史把高祖征调来,一起对付步藩。慕容绍宗劝谏道："当今天下扰扰,人人有所觊觎,正是智谋之士运用计策之时。高晋州才雄气猛,英勇才略盖世,譬如是条蛟龙,怎能借他云雨。"尔朱兆发怒道："我和晋州推诚相待,你怎么就加猜疑,说出这种话来!"就把慕容绍宗拘禁起来,几天后才开释。就把鲜卑人分割给高祖统率,高祖和尔朱兆一起征讨步藩把步藩灭掉。到高祖在信都起义,尔朱兆任慕容绍宗为长史,又派绍宗为行台,领兵到壶关,抵抗高祖。到广阿、韩陵两次战败,尔朱兆就拍着胸膛责怪自己,对慕容绍宗说："前此如果听了卿的话,今天那会落到这地步!"

尔朱兆在韩陵战败时,士卒多数奔散,尔朱兆害怕起来,准备潜逃。慕容绍宗树起旗、吹动角,招集随从的徒众,军容重振后,才和尔朱兆从容地上马。后来高祖从邺城到晋阳讨伐尔朱兆,尔朱兆窘急,逃往赤谼岭,自缢而死。慕容绍宗跑到乌突城,看见高祖追来,就带了尔朱荣的妻、子以及尔朱兆的残余兵众自行投顺。高祖仍旧对他施加恩礼,他所有官爵都照旧不动,军谋兵略,让他时常参预。

天平初年,迁都到邺城,许多事情还未周全,就叫慕容绍宗和高隆之共同主管府库图籍等事。二年(535),宜阳百姓李延孙聚众造反,就派慕容绍宗任西南道军司,率领都督厍狄安盛等把他打平。回军后,派慕容绍宗行扬州刺史,不久改行青州刺史。丞相府的记室孙搴属托慕容绍宗用自己的兄长做州主簿,慕容绍宗没有用,孙搴就在高祖面前说坏话,说慕容绍宗曾登上广固城长叹,对亲近的人讲:"大丈夫有恢复先人事业之理吗?"因此慕容绍宗被征回。元象初年,西魏将独孤如愿据有洛州,梁、颍之间,寇盗蜂起。高祖派慕容绍宗领兵去武牢,和行台刘贵等把寇盗讨平。慕容绍宗进爵为公,除授度支尚书。后来又任晋州刺史、西道大行台。回朝,升任御史中尉。逢上梁人刘乌黑入寇徐州,派慕容绍宗领兵去征讨,大破敌兵,从而除授徐州刺史。刘乌黑收合散卒,重来侵扰,慕容绍宗密诱刘的徒众,几个月里,就捕杀刘乌黑。

　　侯景反叛,派慕容绍宗任东南道大行台,加开府,转封燕郡公,和韩轨等去瑕丘,计划进取。梁武帝派他兄子贞阳侯萧渊明等领兵十万,驻屯在寒山,和侯景成掎角之势,拥泗水来灌彭城。东魏仍下诏任慕容绍宗为行台,节度三徐二兖州军事,和大都督高岳等出兵讨伐,大破梁军,生擒萧渊明及其将帅等人,俘获极多,于是回军去涡阳讨伐侯景。这时侯景兵马极多,先后前往的将领没有不被他轻视,到知道慕容绍宗和高岳将到达,神色深为恐惧,对部众说:"高岳所部精锐,慕容绍宗则是旧将,大家得小心。"于是和侯景开战,将领们迟疑,没有愿意当先的,慕容绍宗挥兵直前,将领们跟上,才打了个大胜仗,侯景就此逃走。回军后,另封慕容绍宗永乐县子。当初,高祖给世宗的遗命说:"侯景如果造反,用慕容绍宗来抵敌。"到这时真立下了功劳。

　　西魏派大将王思政进入颍州据守。东魏又派慕容绍宗任南道行台,和太尉高岳、仪同刘丰等领兵围攻,堰起洧水来灌州城。……过了不久，慕容绍宗和刘丰来到堰上，看见北边有尘气，就上舰船同坐。暴风从东北刮来，远近一片昏黑，船缆断掉，舰船飘走直向敌城。慕容绍宗自思不免，就投水而死，时年四十九。三军将士没有不悲痛惋惜的，朝廷也为之嗟叹哀伤。赠使持节、二青二兖齐济光七州军事、尚书令、太尉、青州刺史，谥为景惠。

除授他的长子士肃为散骑常侍，不久谋反伏诛，朝廷考虑慕容绍宗的功劳，罪止于士肃一身。皇建初年，让慕容绍宗配享世宗庙庭。士肃弟建中承袭慕容绍宗的封爵，武平末年任仪同三司，隋开皇年间任大将军、叠州总管。

高昂传

前面选译了少数民族将军慕容绍宗和斛律金、斛律光父子的列传,这里再选译一位汉族将军高昂的列传。从传里可以看到这位将军及其部下是何等悍勇善战,不减鲜卑,在关系高欢霸业成败的韩陵之战中起了决定性作用,今天读起来仍使人们在感情上受到震动。当然,那时候的许多战争都是为了封建统治者的利益,无论哪方面都是如此,何况高昂本身还是渤海高氏这个地方大豪族的成员。这就是历史局限性在古人身上的体现,不好用今天的标准来衡量要求。(选自卷二一)

高乾,字乾邕,渤海蓨人也。父翼,字次同,豪侠有风神,为州里所宗敬。孝昌末,葛荣作乱于燕、赵①,朝廷以翼山东豪右②,即家拜渤海太守。至郡未几,贼徒愈盛,翼部率合境,徙居河、济之间③,魏因置东冀州④,以翼为刺史,加镇东将军、乐城县侯⑤。及尔朱

---

①燕(yān 烟)、赵:战国时燕国在今河北北部和辽宁西端,赵国在今山西中部、陕西东北角和河北西南部,这里借用来指葛荣活动的地区。

②豪右:地方豪强、豪族。

③河、济之间:黄河、济水之间。渤海郡在黄河北边,南迁过黄河到达河、济之间。

④东冀州:治所何地不详。

⑤乐城县:青州河间郡的属县,在今山东寿光东。

兆弑庄帝①，翼保境自守，谓诸子曰："主忧臣辱，主辱臣死，今社稷阽危②，人神愤怨，破家报国，在此时也。尔朱兄弟，性甚猜忌，忌则多害，汝等宜早图之，先人有夺人之心，时不可失也。"事未辑而卒。……

　　昂，字敖曹，乾第三弟。幼稚时，便有壮气。长而俶傥③，胆力过人，龙眉豹颈，姿体雄异。其父为求严师，令加捶挞④。昂不遵师训，专事驰骋⑤，每言男儿当横行天下，自取富贵，谁能端坐读书，作老博士也⑥。与兄乾数为劫掠，州县莫能穷治，招聚剑客⑦，家资倾尽，乡闾畏之⑧，无敢违忤⑨。父翼常谓人曰："此儿不灭我族，当大吾门，不直为州豪也！"

　　建义初⑩，兄弟共举兵。既而奉旨散众，仍除通直散骑侍郎⑪，封武城县伯⑫，邑五百户。乾解官归，与昂俱在乡里，阴养壮

①弑(shì 试)：封建时代称臣杀君、子杀父母为"弑"。

②阽(diàn 店)危：阽是近边欲坠的意思，阽危就是危险。

③俶傥(tì tǎng 替躺)：同"倜(tì)傥"，卓异，豪爽，洒脱不拘。

④捶(chuí 垂)：用拳头或棍棒敲打。挞(tà 踏)：用鞭子或棍子打。

⑤驰骋(chěng 逞)：纵马疾驰。

⑥博士：秦及汉初设置博士本掌管图籍、博通古今，后成为官方传授经学者的专称，南北朝以来也用来称民间塾师和一般读书人。

⑦剑客：本指精于剑术的人，这里泛指敢持短兵器拼死命的人。

⑧乡闾(lǚ 吕)：闾本是里巷的大门，乡闾也就是乡里。

⑨忤(wǔ 午)：违背。

⑩建义：北魏孝庄帝元子攸的年号(528)。

⑪通直散骑侍郎：集书省置通直散骑侍郎六人，品级低于散骑常侍和通直散骑常侍，职掌相同。

⑫武城县：当时相州清河郡有武城县，在今山东武成西北。齐州东清河郡也有武城县，在今山东淄博南。这里的武城县不知是哪个武城县。

士。尔朱荣闻而恶之,密令刺史元仲宗诱执昂,送于晋阳。永安末①,荣入洛,以昂自随,禁于驼牛署②。既而荣死,魏庄帝即引见劳勉之。时尔朱世隆还逼宫阙,帝亲临大夏门指麾处分③。昂既免缧绁④,被甲横戈,志凌劲敌,乃与其从子长命等推锋径进⑤,所向披靡⑥。帝及观者莫不壮之,即除直阁将军⑦,赐昂千匹。

昂以寇难尚繁,非一夫所济,乃请还本乡,招集部曲,仍除通直常侍⑧,加平北将军,所在义勇,竞来投赴。寻值京师不守,遂与父兄据信都起义。殷州刺史尔朱羽生潜军来袭,奄至城下⑨。昂不暇擐甲,将十余骑驰之,羽生退走,人情遂定。后废帝立,除使持节、冀州刺史以终其身。仍为大都督,率众从高祖破尔朱兆于广阿。及平邺,别率所部领黎阳⑩。又随高祖讨尔朱兆于韩陵,昂自领乡人部曲王桃汤、东方老、呼延族等三千人,高祖曰:"高都督纯将汉儿,恐不济事,今当割鲜卑兵千余人共相参杂,于意如何?"昂对曰:"敖曹所将部曲,练习已久,前后战斗,不减鲜卑。今若杂之,情不相合,胜则争功,退则推罪。愿自领汉军,不

---

① 永安:北魏孝庄帝元子攸的年号(528—530)。
② 驼牛署:太仆寺下属管理骆驼和牛的机构。
③ 大夏门:北魏洛阳城北靠西的门。
④ 缧绁(léi xiè 雷谢):古代拘系犯人的绳索,引申为拘系,囚禁。
⑤ 从子:侄儿,堂侄。长命:高翼长兄的孙、高昂的堂侄,事迹附见《北齐书》高乾、高昂等人传后。
⑥ 披靡:本指卓木随风偃倒,引申为军队溃败不能立足。
⑦ 直阁(gé 格)将军:左右卫府中的武职。
⑧ 通直常侍:即通直散骑常侍,当时集书省设通直散骑常侍六人,职掌同散骑常侍。
⑨ 奄:忽,遽,突然。
⑩ 黎阳:司州属郡,治所黎阳,在今河南浚县东。

烦更配。"高祖然之。及战,高祖不利,军小却,兆等方乘之①,高岳、韩匈奴等以五百骑冲其前,斛律敦收散卒蹑其后,昂与蔡儁以千骑自栗园出,横击兆军,兆众由是大败。是日微昂等,高祖几殆②。

太昌初,始之冀州。寻加侍中、开府,进爵为侯,邑七百户。兄乾被杀,乃将十余骑奔晋阳,归于高祖。及斛斯椿衅起③,高祖南讨,令昂为前驱。武帝西遁,昂率五百骑倍道兼行④,至于崤、陕⑤,不及而还。寻行豫州刺史,仍讨三荆诸州不附者并平之⑥。天平初,除侍中、司空公,昂以兄乾薨于此位,固辞不拜,转司徒公。

时高祖方有事关陇,以昂为西南道大都督,径趣商洛⑦。山道峻隘,已为寇所守险,昂转斗而进,莫有当其锋者。遂攻克上洛,获西魏洛州刺史泉企并将帅数十人⑧。会窦泰失利,召昂班师。时昂为流矢所中⑨,创甚,顾谓左右曰:"吾以身许国,死无恨矣,所可叹息者,不见季式作刺史耳⑩!"高祖闻之,即驰驿启季式为济州刺史。

昂还,复为军司大都督,统七十六都督,与行台侯景治兵于武牢⑪。

---

①乘:这里是追赶的意思。
②殆:危殆,危险。
③衅(xìn 信):挑起事端。
④倍道兼行:兼程而行,一天走两天的路程。
⑤陕:恒农郡治所北陕,在今河南三门峡市西。
⑥三荆:荆州、东荆州和北荆州,东荆州治所泚(bǐ 彼)阳即今河南泌阳,北荆州治所在今河南宜阳南。
⑦商:洛州上庸郡治所,在今陕西商州东南。
⑧泉企:《周书》有传。
⑨流矢:无端飞来的乱箭。
⑩季式:高乾第四弟,《北齐书》有传。
⑪治兵:练兵。

御史中尉刘贵时亦率众在北豫州,与昂小有忿争,昂怒,鸣鼓会兵而攻之,侯景与冀州刺史万俟受洛干救解乃止①,其侠气凌物如此②。于时鲜卑共轻中华朝士,唯惮服于昂。高祖每申令三军,常鲜卑语,昂若在列,则为华言。昂尝诣相府,掌门者不纳,昂怒,引弓射之。高祖知而不责。

元象元年,进封京兆郡公③,邑一千户。与侯景等同攻独孤如愿于金墉城,周文帝率众救之,战于邙阴。昂所部失利,左右分散,单马东出,欲趣河梁南城④,门闭不得入,遂为西军所害,时年四十八。赠使持节、侍中、都督冀定沧瀛殷五州诸军事、太师、大司马、太尉公、录尚书事、冀州刺史,谥忠武。

子突骑嗣,早卒。世宗复召昂诸子,亲简其第三子道豁嗣⑤。皇建初,追封昂永昌王⑥,道豁袭,武平末开府仪同三司,入周授仪同大将军,开皇中,卒于黄州刺史⑦。

【翻译】

高乾,字乾邕,是渤海蓨县人。父名翼,字次同,豪侠而有风度,受到州里崇拜敬重。孝昌末年,葛荣在燕、赵作乱,朝廷因为高翼是山东豪强,在家里拜授为渤海太守。高翼到郡不久,贼众

---

①万俟(mò qí 末其):本是鲜卑的一个部落,万俟受洛干就是这个部落的人,以部落名万俟为姓。
②凌物:欺凌他人,欺侮他人。
③京兆郡:雍州属郡,郡的治所霸城,在今陕西西安东北。
④河梁南城:在河桥南岸。
⑤豁:音 huò(惑)。
⑥永昌:郡名,治所在今山东曹县东。
⑦黄州:治所黄冈即今湖北新洲。

愈盛,就部署统率全境百姓,迁居到黄河、济水之间,魏就此设置了一个东冀州,任高翼为刺史,加授他镇东将军、乐城县侯。到尔朱兆弑孝庄帝,高翼保境自守,对儿子们说:"主忧臣辱,主辱臣死,如今社稷频危,人神愤怒,破了家来保国,正是时候。尔朱兄弟,性甚猜忌,猜忌多了就会多害人,你们应及早图谋,事情做在别人之先就能夺人之心,机会不可丧失。"没有成事就死了。……

昂,字敖曹,高乾的第三弟。幼小时,就具有壮气。长大后倜傥洒脱,有过人的胆量气力,龙眉豹颈,姿态身体雄奇。他父给他请了严师,叫给他捶挞。他不听师训,一意驰骋,常说男儿当横行天下,自取富贵,谁能端坐读书,当个老博士。他和兄长高乾多次出外劫掠,州县不敢认真惩办,他招聚剑客,把家财都花销掉,乡里都怕他,没有人敢违抗。他父亲高翼常对人说:"这儿不灭我家族,就该张大家门,不光做个州豪而已!"

建义初年,高昂兄弟同起兵。既而奉旨解散兵众,仍被除授通直散骑侍郎,封武城县伯,邑五百户。高乾解官回来,和高昂都在乡里,私下畜养壮士。尔朱荣知道了很厌恶,密令刺史元仲宗把高昂诱骗擒捉,送到晋阳。永安末年,尔朱荣进入洛阳,把高昂随身带着,拘禁在驼牛署里。不久尔朱荣死,魏孝庄帝引见高昂慰问勉励。当时尔朱世隆回军进逼宫阙,孝庄帝亲临大夏门指挥处分。高昂既已免于囚禁,被甲横戈,气压强敌,和堂侄高长命等摧锋直入,所向披靡。孝庄帝和看的人无不惊叹他勇壮,立即除授直阁将军,赏赐帛一千匹。

高昂考虑寇难尚多,单凭一人不济事,就请求回到家乡,招集部曲,仍被除授通直常侍,加平北将军,当地义勇,都争相前来投效。不久逢上京师失守,就和父兄据信都起义。殷州刺史尔朱羽生领兵偷袭,突然来到城下。高昂来不及披上铠甲,带了十几骑冲过去,尔朱羽生退走,人心才安定下来。后废帝即位,除授他使持节、任冀州刺史终身。仍为大都督,领兵跟随高祖在广阿打败尔朱兆。到平定邺城,他另率所部管领黎阳。又跟随高祖讨伐尔朱兆于韩陵,高昂自己率领乡人部曲王桃汤、东方老、呼延族等三千人,高祖说:"高都督统率的都是汉儿,怕不济事,该分割鲜卑兵千把人掺杂到一起,你认为怎样?"高昂回答道:"我敖曹所率领的部曲,早经训练熟悉,前后投入战斗,并不比鲜卑差。现在如果掺杂到一起,性情不能相合,打胜就争功,后退就推罪,愿意自领汉军,用不着再配鲜卑。"高祖同意。到打了起来,高祖不利,兵众稍稍退却,尔朱兆正要追赶,高岳、韩匈奴等率领五百骑冲到前面,斛律敦收拾散兵跟到后面,高昂和蔡儁率领一千骑从栗园杀出,横击尔朱兆军,尔朱兆军因此大败。这天如没有高昂等,高祖就很危险了。

太昌初年,高昂才去冀州。不久加授侍中、开府,进封爵为侯,邑七百户。兄高乾被杀,高昂带了十几骑奔赴晋阳,投靠高祖。到斛斯椿挑起事端,高祖南下讨伐,派高昂为前驱。孝武帝西遁,高昂率领五百骑兼程而行,赶到崤、陕,没有赶上才回来。不久行豫州刺史,还讨伐三荆诸州不归附的并把他们讨平。天平初年,除授侍中、司空公,高昂因兄高乾死在这司空位置上,坚辞不受,转授司徒公。

这时高祖正有事于关陇,任高昂为西南道大都督,直取商洛。这里山路峻隘,已有敌寇据险扼守,高昂转斗前进,没有人能挡得住他的兵锋。就攻克上洛,俘获西魏洛州刺史泉企和将帅几十人。逢上窦泰失利,召高昂叫班师。当时高昂中了流矢,创伤很重,看了看左右说:"我以身许国,死无所恨,所可叹息的,只是见不到季式做上刺史了。"高祖听说了,就驰驿启用季式为济州刺史。

高昂回来后,又任军司大都督,统率七十六个都督,和行台侯景在虎牢练兵。御史中尉刘贵这时也领众在北豫州,和高昂发生小争吵,高昂生气了,敲响鼓召集兵众要进攻刘贵,侯景和冀州刺史万俟受洛干劝解才作罢,他侠气凌物就是如此。当时鲜卑都看不起中华朝士,只对高昂畏服。高祖每对三军发令,常说鲜卑话,如果高昂在场,就说汉话。高昂曾上相府,守门的不让进,高昂发怒,拉开弓要射他。高祖知道了也不责备。

元象元年(538),进封高昂为京兆郡公,邑一千户。和侯景等一同攻打守金墉城的独孤如愿,周文帝率众救援,在邙山山北开战。高昂所部失利,左右分散,他单马东出,要前往河梁南城,城门关闭进不去,就被西军杀害,时年四十八。赠使持节、侍中、都督冀定沧瀛殷五州诸军事、太师、大司马、太尉公、录尚书事、冀州刺史,谥为忠武。

子突骑继承爵位,死得早。世宗又召见高昂诸子,亲自挑选他的第三子道豁继承。皇建初年,追封高昂永昌王,由道豁承袭,武平末年道豁任开府仪同三司,入周授仪同大将军,开皇年间,死在黄州刺史任上。

崔暹传

　　高欢依靠以鲜卑族为主的六镇兵力打天下,但还懂得"马上得之,不能马上治之"的道理,用了一批文士帮他治天下。这批文士中有很多出身于北方的世家大族,因为这些家族里做官的经验比较多,文化也比较高,而且由于经常要跟"马上得之"的少数民族上层分子打交道,就保持了一定的活动能力而不像南朝的世家大族那样很快腐朽。崔暹就是这样的一位人物,他在协助高欢、高澄整顿政治上确实起过积极作用。

　　这个传原已缺失,这是后人据《高氏小史》之类补入的。(选自卷三〇)

　　崔暹,字季伦,博陵安平人①,汉尚书寔之后也②,世为北州著姓③。父穆,州主簿。

　　暹少为书生,避地渤海依高乾,以妹妻乾弟慎。慎后临光州④,

___

①博陵安平:定州博陵郡,治所安平即今河北安平。博陵崔氏和清河崔氏都是山东郡姓王、崔、卢、李、郑中的崔姓,北朝著名的世家大族。
②汉尚书寔(shí 食):崔寔,《后汉书》有传。
③北州:北方诸州,北地。
④临:统治,治理。

启暹为长史。赵郡公琛镇定州①,辟为开府咨议②。随琛往晋阳,高祖与语说之③,以兼丞相长史。高祖举兵将入洛,留暹佐琛知后事,谓之曰:"丈夫相知④,岂在新旧。军戎事重,留守任切,家弟年少,未闲事宜,凡百后事⑤,一以相属。"握手殷勤⑥,至于三四。后迁左丞、吏部郎⑦,主议《麟趾格》⑧。

暹亲遇日隆⑨,好荐人士,言邢邵宜任府僚⑩,兼任机密。世宗因以征,邵甚见亲重。言论之际,邵遂毁暹,世宗不悦,谓暹曰:"卿说子才之长⑪,子才专言卿短,此痴人也!"暹曰:"子才言暹短,暹说子才长,皆是实事,不为嫌也。"高慎之叛,与暹有隙,高祖欲杀之,世宗救免。

武定初,迁御史中尉,选毕义云、卢潜、宋钦道、李愔、崔瞻、杜

---

① 赵郡:定州属郡,治所平棘即今河北赵县。琛(chēn 尘阴平):高琛,高欢弟,死后进爵为赵郡王,《北齐书》有传。
② 开府咨(zī 兹)议:高琛当时是开府仪同三司,咨议是幕府里的文职人员。
③ 说(yuè):通"悦"。
④ 相知:知己朋友,成为知己朋友。
⑤ 凡百:所有的,一切。
⑥ 殷勤:情意恳切深厚。
⑦ 左丞:尚书省在尚书令、左右仆射和六尚书外,还设置左、右丞,也是显要的职务。吏部郎:六尚书下各设若干曹,郎中是曹的长官,吏部郎即吏部下面的吏部曹郎中。
⑧ 《麟趾格》:我国古代法律方面有律、令、格、式四种,格是律即刑法的补充。这次编定《麟趾格》是在东魏孝静帝兴和三年(541),由高澄和群臣在麟趾阁议定,所以叫《麟趾格》,到高洋称帝后又再修订过。
⑨ 亲遇:信任厚待。
⑩ 邢邵:《北齐书》有传,本书已选译。
⑪ 子才:邢邵字子才。

蕤、稽晔、郦伯伟、崔子武、李广皆为御史①，世称其知人。世宗欲
假暹威势，诸公在坐，令暹高视徐步，两人掣裾而入②。世宗分庭
对揖③，暹不让席而坐，觞再行④，便辞退。世宗曰："下官薄有蔬
食⑤，愿公少留。"暹曰："适受敕在台检校⑥。"遂不待食而去，世宗
降阶送之。旬日后，世宗与诸公出之东山，遇暹于道，前驱为赤棒
所击⑦，世宗回马避之。

　　暹前后表弹尚书令司马子如及尚书元羡、雍州刺史慕容献，
又弹太师咸阳王坦、并州刺史可朱浑道元⑧，罪状极笔⑨，并免官，
其余死黜者甚众。高祖书与邺下诸贵曰⑩："崔暹昔事家弟为定
州长史，后吾儿开府咨议，及迁左丞、吏部郎，吾未知其能也。始
居宪台⑪，乃尔纠劾。咸阳王、司马令并是吾对门布衣之旧，尊贵

---

① 毕义云：《北齐书》有传。卢潜：《北齐书》有传。宋钦道：《北齐书》有传。
　李愔（yīn 音）：《北史》有传。崔瞻：《北齐书》有传。杜蕤（ruí 蕊阳平）：《北
　齐书》有传。李广：《北齐书》有传。
② 掣（chè 彻）：牵引，拽。裾（jū 居）：衣服的前襟。
③ 分庭对揖：古代主客相见时，主人在庭院之东，客在庭院之西，相对施礼，
　也叫"分庭抗礼"，是以平等的礼节相见。揖，是古代的拱手礼。
④ 觞（shāng 伤）：古代酒杯叫觞，引申为向人敬酒或自饮。
⑤ 下官：古代官员的谦称。薄有：稍有一点。蔬食：用蔬菜烹制的食物，意思
　是并非丰盛可口的肉食，这也是谦词。
⑥ 台：御史台，御史中尉在当时就是御史台的长官。检校：查核。
⑦ 赤棒：执法用的红色棒。
⑧ 坦：元坦，《北齐书》有传。
⑨ 极笔：写得极为详尽。
⑩ 邺下：即邺、邺城，魏晋南北朝时习惯称京城为都下，所以也称成为京城的
　邺为邺下。
⑪ 宪台：东汉时曾把西汉的御史府改称宪台，后世就通称御史台为宪台。

亲昵①,无过二人,同时获罪,吾不能救,诸君其慎之。"高祖如京师②,群官迎于紫陌,高祖握暹手而劳之曰:"往前朝廷岂无法官,而天下贪婪③,莫肯纠劾。中尉尽心为国,不避豪强,遂使远迩肃清,群公奉法。冲锋陷阵,大有其人;当官正色④,今始见之。今荣华富贵,直是中尉自取,高欢父子,无以相报。"赐暹良马,使骑之以从,且行且语。暹下拜,马惊走,高祖为拥之而授辔⑤。魏帝宴于华林园,谓高祖曰:"自顷朝贵、牧守、令长、所在百司⑥,多有贪暴,侵削下人⑦。朝廷之中有用心公平、直言弹劾不避亲戚者⑧,王可劝酒。"高祖降阶,跪而言曰:"唯御史中尉崔暹一人。谨奉明旨,敢以酒劝,并臣所射赐物千匹⑨,乞回赐之。"帝曰:"崔中尉为法,道俗齐整⑩。"暹谢曰:"此自陛下风化所加⑪,大将军臣澄劝奖之力⑫。"世宗退谓暹曰:"我尚畏羡⑬,何况余人。"由是威

①昵(nì溺):亲近,亲昵。

②如:往,去。

③贪婪(lán 蓝):贪得无厌。

④正色:表情端庄严肃,放下脸。

⑤拥:本指抱持,这里是拉住。辔(pèi配):驾驭牲口的绳索,缰绳。

⑥顷:不久,方才。牧守:州刺史和郡太守。令长:县令。百司:朝廷百官。

⑦下人:下民,老百姓,撰史时避李世民名讳改称"下人"。

⑧亲戚:这是指魏帝和高欢等的亲戚。

⑨所射赐物千匹:在宴会上比赛射箭,胜者可得赏赐,赐物是绢帛,所以说千匹。

⑩道:通"导",引导。

⑪风化:教化。加:施。

⑫大将军……之力:当时高欢留驻晋阳,高澄在邺城以尚书令、左右京畿大都督执掌朝政,兴和二年(540)加大将军。

⑬畏羡:羡是丰饶、富裕,畏羡是怕太富裕,致有贪赃不法的嫌疑。

名日盛,内外莫不畏服。

　　高祖崩,未发丧,世宗以暹为度支尚书兼仆射,委以心腹之寄①。暹忧国如家,以天下为己任。世宗车服过度②,诛戮变常,言谈进止③,或有亏失,暹每厉色极言,世宗亦为之止。有囚数百,世宗尽欲诛之,每催文帐④,暹故缓之,不以时进。世宗意释⑤,竟以获免。

　　自出身从官⑥,常日晏乃归。侵晓则与兄弟问母之起居⑦,暮则尝食视寝⑧,然后至外斋对亲宾⑨。一生不问家事。魏、梁通和,要贵皆遣人随聘使交易⑩,暹惟寄求佛经。梁武帝闻之为缮写⑪,以幡花赞呗送至馆焉⑫。然而好大言,调戏无节⑬。密令沙门明

---

① 委以心腹之寄:寄托心腹,委以中枢的重任。

② 车服:乘车和衣服,这些在古代都用以区分等级,不能过于华丽奢侈。度:制度,法度。

③ 进止:进退举止,行动。

④ 文帐:文是公文、文书,帐是帐目,即囚犯的名单。

⑤ 意释:也作"意解",消除原来的想法,改变原来的想法。

⑥ 出身:古人称开始进入仕途做官为出身。

⑦ 起居:起是起来活动,居是坐下休息,起居就指日常生活,常作为问候安否的话。

⑧ 尝食视寝:尝饮食是否可口,看枕席是否安适,都是旧时孝顺父母者所必须做到的。

⑨ 斋:屋舍,多指书室、学舍。

⑩ 聘使:到别国去聘问的使者。

⑪ 梁武帝:梁武帝萧衍,最信佛教,《梁书》有纪。缮写:抄写,雕版印刷是唐代中期才出现的,在这以前的书籍都得抄写,魏晋以来都抄写在长纸卷上成为卷轴形式。

⑫ 幡花:旗幡和鲜花,都是佛教徒举行宗教仪式时必备的东西。赞呗(bài 拜):也作"呗赞",佛教徒赞颂佛的功德叫"赞呗"、"呗赞"。

⑬ 调戏:调笑戏弄,嘲谑。

藏著《佛性论》而署己名①，传诸江表②。子达拏年十三③，遄命儒者权会教其说"周易"两字④，乃集朝贵名流，令达拏升高座开讲。赵郡眭仲让阳屈服之⑤，遄喜，擢为司徒中郎⑥，邺下为之语曰："讲义两行得中郎⑦。"此皆遄之短也。

　　显祖初嗣霸业，司马子如等挟旧怨，言遄罪重，谓宜罚之。高隆之亦言宜宽政网，去苛察，法官黜崔遄，则得远近人意。显祖从之。及践祚⑧，潜毁之者犹不息。帝乃令都督陈山提等搜遄家，甚贫匮⑨，唯得高祖、世宗与遄书千余纸，多论军国大事⑩。帝嗟赏之，仍不免众口，乃流遄于马城⑪，昼则负土供役，夜则置地牢。岁余，奴告遄谋反，锁赴晋阳，无实，释而劳之，寻迁太常卿⑫。帝谓群臣曰："崔太常清正，天下无双，卿等不及。"

----

①沙门：也作"桑门"，梵语的音译，原为印度各教派出家修道者的通称，后专用来称依戒律出家修道的佛教徒。

②江表：地理上的习惯用语，指长江以南的广大地区。

③拏：ná（拿）。

④说"周易"二字：《周易》是儒者必读的《五经》之一，南北朝时盛行义疏之学，对《五经》等都作了繁琐的讲解，说"周易"二字，就是对书名"周易"二字作繁琐的讲解。

⑤眭：音 suī（虽）。阳：通"佯"，假装。

⑥司徒中郎：北齐太尉、司徒、司空所谓三公都设置官属，其中有从事中郎这一官职。

⑦讲义：当时把对《五经》等所作的讲解写出来就成为"讲义"。

⑧践祚：皇帝登位。

⑨匮（kuì 愧）：缺乏，贫乏。

⑩军国：军务国政。

⑪马城：在燕州大宁郡，今河北怀安西。

⑫太常卿：太常寺的长官，掌管陵庙、祭祀、仪制等。

　　初,世宗欲以妹嫁暹子,而会世宗崩,遂寝。至是群臣宴于宣光殿,贵戚之子多在焉,显祖历与之语,于坐上亲作书与暹曰:"贤子达拏,甚有才学。亡兄女乐安主①,魏帝外甥②,内外敬待,胜朕诸妹,思成大兄宿志。"乃以主降达拏。天保末,为右仆射。帝谓左右曰:"崔暹谏我饮酒过多,然我饮何所妨?"常山王私谓暹曰③:"至尊或多醉④,太后尚不能致言;吾兄弟杜口⑤,仆射独能犯颜⑥,内外深相感愧⑦。"十年,暹以疾卒,帝抚灵而哭,赠开府。

　　达拏温良清谨,有识学,少历职为司农卿⑧。入周,谋反伏诛。天保时,显祖尝问乐安公主:"达拏于汝何似?"答曰:"甚相敬重,唯阿家憎儿⑨。"显祖召达拏母入内,杀之,投尸漳水。齐灭,达拏杀主以复仇。

【翻译】

　　崔暹,字季伦,是博陵安平人,汉尚书崔寔的后裔,世代是北州的大姓。父名穆,是州的主簿。

　　崔暹年轻时是个书生,避乱到渤海投靠高乾,把妹嫁给高乾

① 乐安:青州乐安郡,治所千乘,在今山东广饶北。
② 魏帝外甥:高澄妻是东魏孝静帝元善见妹冯(píng 平)翊长公主,所以她所生之女乐安主是魏孝静帝的外甥。
③ 常山王:高演,后篡位为北齐孝昭帝,《北齐书》有纪。
④ 至尊:魏晋南北朝时人在私下常称皇帝为"至尊"。
⑤ 杜口:杜是堵塞,杜口即闭口不言。
⑥ 犯颜:冒犯尊长的威严,多指直谏而言。
⑦ 内外:这里指高氏家族内和家族外。
⑧ 司农卿:司农寺的长官,掌管仓市、薪菜、园池、果实等。
⑨ 阿家(gū):家通"姑",阿家即"阿姑",妇称夫之母为"阿家"、"阿姑"。

弟高慎。高慎后来治光州，启奏崔暹为长史。赵郡公高琛镇定州，征召他做开府的咨议。跟随高琛去晋阳，高祖和他谈话很欣赏，叫兼任丞相的长史。高祖起兵将入洛阳，把崔暹留下来帮助高琛主持后方的事情，对他说："大丈夫相知，岂在新旧。军事固重大，留守责任也不轻，家弟年纪轻，办事不熟悉，后方的所有工作，统统交给你。"和崔暹恳切地握手，握了三四次。以后崔暹升任左丞、吏部郎，主持议定《麟趾格》。

崔暹一天天被信任厚待，他喜欢推荐人才，说邢邵做府僚合适，还可兼管机密。世宗就征用了邢邵，很亲信重视。可言谈之时，邢邵却说崔暹的坏话，世宗不高兴，对崔暹说："卿说子才的长处，子才却专说卿的短处，真是痴人啊！"崔暹说："子才说暹的短处，暹说子才的长处，都是实事，没有什么意见。"高慎叛变，是因为和崔暹有仇隙的缘故，高祖要杀崔暹，被世宗救了下来。

武定初年，崔暹升任御史中尉，选用毕义云、卢潜、宋钦道、李愔、崔瞻、杜蕤、嵇晔、郦伯伟、崔子武、李广做御史，人们说他能识拔人才。世宗要提高崔暹的威势，一次诸公在座，世宗让崔暹眼向上看慢步走来，两个人替他拽着衣裾。世宗和崔暹分庭对揖，崔暹不让席就坐了下来，行了两遍酒，就要辞退。世宗说："下官略备了点蔬食，愿公稍留一会。"崔暹说："刚受了敕书要到台里去查核。"不等吃东西就走，世宗下阶送他。旬日以后，世宗和诸公去东山，在路上碰到崔暹，世宗的前驱被赤棒打了，世宗拨回马头退避。

崔暹先后上表弹劾尚书令司马子如和尚书元羡、雍州刺史慕容献，又弹劾太师咸阳王元坦、并州刺史可朱浑道元，罪状写得极为详尽，都免了官，此外被处死贬黜的还很多。高祖给邺下诸贵人写信说："崔暹当初在家弟定州刺史任上办事，后来做吾儿的开府咨议,到迁任左丞、吏部郎,我还没有知道他的能力。如今刚居宪台,就能如此纠劾。咸阳王、司马令都是我门对门的布衣故旧,讲尊贵亲近,总超不过这两位,可同时获罪,我救不了,诸位该小心了。"高祖去京师,百官到紫陌迎接,高祖握着崔暹的手慰劳道:"以前朝廷上岂没有法官,而天下贪婪,没有人肯去纠劾。中尉尽心为国,不怕豪强,就使远近肃清,诸公奉法。冲锋陷阵,大有其人;放下脸来做官,如今才见到。现在这些荣华富贵,都是中尉自己取得,高欢父子,实在没有什么好报答。"赏赐崔暹好马,叫骑上跟着走,边走边说话。崔暹下马拜谢,马受惊要跑,高祖给拦住把缰绳递给崔暹。魏帝在华林园宴会,对高祖说:"近来朝贵、牧守、令长、百官,多有贪赃暴虐,侵削百姓的。朝廷里如有用心公平、敢直言弹劾不避亲戚的,王可劝酒。"高祖走下台阶,跪着说:"这只有御史中尉崔暹一位。臣敬奉明旨,用酒劝他喝,臣所射得的赐物千匹,也请回赐给他。"魏帝说:"崔中尉执法,引导风俗齐整。"崔暹答谢道:"这自是陛下教化之所施加,大将军臣澄的劝奖也起了作用。"世宗退下来对崔暹说:"我尚且怕太富饶,何况其余的人。"从此威名一天盛似一天,朝廷内外没有人不畏服。

高祖崩,还没有发丧,世宗任崔暹为度支尚书兼仆射,委以心腹重任。崔暹操心国事犹如家事,以天下为己任。世宗车服过度,诛杀反常,言谈举动,也时有错失,崔暹常严肃地无保留地指责,世宗也因此改正。有几百名囚徒,世宗要统统杀掉,多次催促文帐,崔暹故意拖延,不及时送上。世宗后来改变了想法,这些囚徒终于得免死。

崔暹自从出身从政,经常日暮才回家。拂晓和兄弟向母亲问起居,日暮回家后先尝食视寝,然后到外斋接待亲属宾客。一生不问家事。魏、梁讲和通好,权要显贵都派人跟随聘问的使者去做买卖,崔暹只托人购求佛经。梁武帝知道了专门给他缮写,用幡花赞呗送到使者住的馆舍。然而他爱说大话,调笑戏弄起来没有节制。暗地里叫沙门明藏写了篇《佛性论》而署上自己的姓名,传到江表去。子达拏十三岁时,崔暹叫儒者权会教他讲说"周易"两字,就招集朝贵名流,叫达拏升高座开讲。有个赵郡人眭仲让假装辩论不过达拏,崔暹很高兴,把他升擢为司徒中郎。邺下给这编了句话道:"讲义两行得中郎。"这些都是崔暹的短处。

显祖刚继承霸业,司马子如等怀藏旧怨,说崔暹罪重,说应该惩罚。高隆之也说该放宽政网,去掉苛察,法官中贬黜崔暹这种人,就会远近都得人心。显祖听从了。到显祖登位,毁谤崔暹的还不见止息。显祖就派都督陈山提等去搜崔暹的家,发现家里很贫乏,只找到高祖、世宗写给崔暹的一千多张信,多是讨论军国大事。显祖嗟叹赞赏,但仍免不了人们非议,就把崔暹流放到马城,白天背土服役,夜里放进地牢。过了一年多,有奴控告崔暹谋反,锁起来送到晋阳,查不出事实,释放并加慰劳,不久迁任太常卿。显祖对臣下们说:"崔太常清正,天下无双,卿等都比不上。"

当初,世宗要把亲妹嫁给崔暹的儿子,正逢世宗崩逝,事情停了下来。到这时群臣在宣光殿宴会,贵戚的儿子们多数在场,显祖一个个和他们谈话,在座上亲笔作书给崔暹说:"贤子达拏,很有才学。朕亡兄之女乐安公主,是魏帝的外甥,内外敬待,胜过朕诸妹,朕想实现大兄的宿愿。"就把乐安公主下嫁给达拏。天保末年,崔暹任右仆射。显祖对左右说:"崔暹劝谏我酒不要喝得太多,但我喝了又碍什么?"常山王私下对崔暹说:"至尊常多喝醉,太后尚且无从说话,我们兄弟更都闭口,只有仆射能犯颜,内外深为感愧。"十年(559),崔暹因病去世,显祖抚灵而哭,赠开府。

达拏温良清谨,有识见学问,年轻时历任为司农卿。入周后,以谋反被杀。天保时,显祖曾问乐安公主:"达拏对你怎么样?"回答道:"很敬重,只是阿家讨厌儿。"显祖就召达拏母入官,把她杀死,把尸体抛在漳水里。齐灭后,达拏杀死公主复仇。

邢邵传

　　邢邵和崔暹都是文士,但崔暹能整顿政治办实事,邢邵则纯以文学知名。南北朝时盛行骈体文,连皇帝下诏书行敕令都得用典故、讲对偶、调声律,因此读书多、会做文章的邢邵也能以此致身贵显,尽管贵显后仍多从事文墨工作。另外,南北朝时世家大族讲究礼法,影响到朝廷上也特别重视吉凶礼仪,因而邢邵晚年也在《五经》上下功夫,成为礼仪方面的权威。这说明学问总得适应时代的需要,脱离时代需要而成为大学问家是很困难的。

　　这个传原已缺失,这是后人据《北史》补入的,但又有所删节。(选自卷三六)

　　邢邵,字子才,河间鄚人①,魏太常贞之后。父虬,魏光禄卿②。邵小字吉,少时有避,遂不行名③。

————————

①河间:郡名,治所武垣,在今河北河间南。鄚(mò 末):河间郡属县,在今河北任丘北。
②光禄卿:光禄寺的长官,掌管膳食、帐幕器物、宫殿门户等。
③少时……行名:邢邵的"邵"和魏彭城王元劭的"劭"音义都相同,少时避元劭的名讳,于是以"子才"这个字行世而不用"邵"这个名。

年五岁,魏吏部郎清河崔亮见而奇之①,曰:"此子后当大成,位望通显②。"十岁,便能属文③,雅有才思④,聪明强记⑤,日诵万余言⑥。族兄峦有人伦鉴⑦,谓子弟曰:"宗室中有此儿⑧,非常人也!"少在洛阳,会天下无事,与时名胜专以山水游宴为娱⑨,不暇勤业。尝因霖雨,乃读《汉书》,五日略能遍记之。后因饮谑倦,方广寻经史⑩,五行俱下,一览便记,无所遗忘。文章典丽,既赡且速⑪。年未二十,名动衣冠⑫。尝与右北平阳固、河东裴伯茂、从兄罕、河南陆道晖等至北海王昕舍宿饮⑬,相与赋诗,凡数十首,皆在主人奴处,旦日奴行,诸人求诗不得,邵皆为诵之,诸人有不

---

① 清河:相州属郡,治所清河,在今山东临清东北。崔亮:《魏书》有传。

② 位望:地位声望。通显:官位崇高显赫。

③ 属文:即作文,古人叫属文,连缀字句成为文章的意思。

④ 雅:极,甚。

⑤ 强(qiǎng抢)记:记忆力强,记得的东西多。

⑥ 诵:熟读。

⑦ 族兄峦(luán銮):邢峦,《魏书》有传。人伦鉴:具有对人的流品进行辨别评述的能力。

⑧ 宗室:这里是宗族的意思,并非像通常那样指皇室。

⑨ 名胜:这里指名士胜流,即名流,并非像通常那样指名胜古迹而言。

⑩ 寻:探求。

⑪ 赡(shàn善):充实,丰富。当时盛行骈体文,文章里引用典故愈多愈好,所以用"赡"字称文章之好。

⑫ 衣冠:指官僚显贵、世家大族。

⑬ 右北平:战国秦汉时的郡,东汉时治所土垠在今河北丰润东南,西晋起改名北平郡。阳固:《魏书》有传。河东:郡名,治所蒲阪,在今山西永济西、黄河东岸。裴伯茂:《魏书》有传。罕:音 fú(浮)。河南:河南尹所管区,治所洛阳,在今河南洛阳东。北海:青州北海郡,治所平寿,在今山东潍坊西南。

认诗者，奴还得本，不误一字，诸人方之王粲①。吏部尚书陇西李神僎大相钦重②，引为忘年之交③。

　　释巾为魏宣武挽郎④，除奉朝请⑤，迁著作佐郎⑥，深为领军元乂所礼⑦。乂新除尚书令，神僎与陈郡袁翻在席⑧，又令卲作谢表⑨，须臾便成，以示诸宾，神僎曰："邢卲此表，足使袁公变色⑩。"孝昌初，与黄门侍郎李琰之对典朝仪⑪。自孝明以后⑫，文雅大盛，卲雕虫之美⑬，独步当时⑭。每一文初出，京师为之纸贵⑮，读

---

① 方：比。王粲：东汉末建安时文学家，以强记著称，《三国志》有传。
② 陇西：郡名，治所原在狄道，在今甘肃临洮南，陇西狄道李氏是魏晋南北朝时的世家大族。李神僎（jùn郡）：《魏书》有传。
③ 忘年之交：不拘年岁辈分的差别而成为好朋友。
④ 巾：巾是未做官的处士所服，释巾就是进入仕途。魏宣武：北魏宣武帝元恪，《魏书》有纪。挽郎：给皇帝牵引灵柩唱挽歌的少年，要由公卿子弟充任。
⑤ 奉朝请：古代诸侯春季朝见天子叫朝，秋季朝见叫请，奉朝请就是可以参加朝见的意思，北魏时成为中级的文职官员。
⑥ 著作佐郎：当时秘书省设著作佐郎八人。
⑦ 元乂：《魏书》有传。
⑧ 陈郡：豫州属郡，治所项县即今河南沈丘。袁翻：《魏书》有传。
⑨ 谢表：魏晋南北朝唐宋时人被除授官职，照例要上表辞谢，叫"谢表"，也叫"让表"。
⑩ 变色：失色，吃惊而改变脸色。
⑪ 李琰之：《魏书》有传。
⑫ 孝明：北魏孝明帝元诩，《魏书》有纪。
⑬ 雕虫：比喻小技、小道，常指词章，这里即指词章。
⑭ 独步：独一无二，超群出众。
⑮ 纸贵：西晋左思著《三都赋》成，洛阳豪贵竞相传写，纸价因而昂贵，后来就用"洛阳纸贵"或"纸贵"来称文章著作为人传诵。

诵俄遍远近。于时袁翻与范阳祖莹位望通显①，文笔之美②，见称先达③，以卲藻思华赡④，深共嫉之⑤。每洛中贵人拜职，多凭卲为谢表。尝有一贵胜初受官⑥，大集宾食，翻与卲俱在坐，翻意主人托其为让表，遂命卲作之。翻甚不悦，每告人云："邢家小儿尝客作章表⑦，自买黄纸⑧，写而送之。"卲恐为翻作害，乃辞以疾。属尚书令元罗出镇青州⑨，启为府司马，遂在青土终日酣赏，尽山泉之致⑩。

永安初，累迁中书侍郎，所作诏诰，文体宏丽。及尔朱荣入洛，京师扰乱，卲与弘农杨愔避地嵩高山⑪。普泰中，兼给事黄门侍郎⑫，寻为散骑常侍。太昌初，敕令恒直内省⑬，给御食，令覆按尚书门下事，凡除大官，先问其可否，然后施行。除卫将军、国子祭酒⑭。以亲老还

---

① 范阳：幽州属郡，治所涿县即今河北涿州。祖莹：《魏书》有传。

② 文笔：南北朝时称有韵之文为文，无韵之文为笔，也泛称文章为文笔。

③ 先达：前辈。

④ 藻思：华美的文思。

⑤ 嫉（jí 疾）：妒忌。

⑥ 贵胜：贵族名流。

⑦ 客作：受人雇用。

⑧ 黄纸：当时表章都用黄纸书写。

⑨ 属：恰好。元罗：《魏书》有传。

⑩ 致：情趣。

⑪ 杨愔（yīn 音）：《北齐书》有传。嵩（sōng 松）：即嵩山，在今河南登封北。

⑫ 给事黄门侍郎：门下省设置给事黄门侍郎六人。

⑬ 内省：宫内。

⑭ 卫将军：高级武职，邢卲任此当然只算加个荣誉性职称。国子祭酒：最高教育机构国子监的长官。

乡,诏所在特给兵力五人①,并令岁一入朝,以备顾问。丁母忧②,哀毁过礼③。……累迁太常卿、中书监④,摄国子祭酒⑤。是时朝臣多守一职,带领二官甚少⑥,邵顿居三职,并是文学之首⑦,当世荣之。文宣幸晋阳,路中频有甘露之瑞⑧,朝臣皆作《甘露颂》,尚书符令邵为之序⑨。及文宣皇帝崩,凶礼多见讯访,敕撰哀策⑩。后授特进⑪,卒。

　　邵率情简素⑫,内行修谨⑬,兄弟亲姻之间⑭,称为雍睦⑮。博览坟籍⑯,无不通晓。晚年尤以《五经》章句为意⑰,穷其指要⑱。

———————————

① 兵力:为官员服役的兵士。
② 丁母忧:旧称遭父母之丧为“丁忧”。
③ 哀毁:因丧悲哀而致瘦损。
④ 中书监:中书省的长官。
⑤ 摄:代理。
⑥ 带领:兼任。
⑦ 文学之首:文章学问之士的首选,也就是文章学问之士能做的最好的官。
⑧ 频:连续多次,不断地。甘露:一种甜美的露水,古人迷信,以为天下太平就天降甘露,其实都是附会而已。
⑨ 符令:符,本是古代朝廷用来传达命令的东西,符令就是行文命令。
⑩ 哀策:也作“哀册”,古代皇帝死后,将送葬时所读的最后一篇祭文刻在策上,埋入陵,叫“哀策”或“哀册”,对太子、皇后也可使用。
⑪ 特进:荣誉性的文职高官,多授与年老退闲的人。
⑫ 率情:秉性,性情。
⑬ 内行:平素在家里的操行。
⑭ 亲姻:有婚姻关系的亲戚。
⑮ 雍睦:和睦。
⑯ 坟籍:《左传》昭公十二年有“三坟、五典、八索、九丘”的话,杜预注:“皆古书名。”因而后人就用“坟籍”或“坟典”来称古书。
⑰ 章句:本指古书的章节、句读,后引申为给古书作训诂注解。
⑱ 指要:指归要义,要旨。

吉凶礼仪,公私咨禀①,质疑去惑②,为世指南③。每公卿会议,事关典故④,卲援笔立成,证引该洽⑤,帝命朝章⑥,取定俄顷⑦,词致宏远,独步当时。与济阴温子昇为文士之冠⑧,世论谓之"温邢"。钜鹿魏收⑨,虽天才艳发,而年事在二人之后⑩,故子昇死后,方称"邢魏"焉。虽望实兼重,不以才位傲物,脱略简易⑪,不修威仪⑫,车服器用,充事而已⑬。有斋不居,坐卧恒在一小屋,果饵之属⑭,或置之梁上,宾至下而共啖。天姿质素,特安异同⑮,士无贤愚,皆能顾接⑯,对客或解衣觅虱⑰,且与剧谈⑱。有书甚多,而不甚雠校⑲,见人校书,常笑曰:"何愚之甚!天下书至死读不

---

①咨禀:咨询请示。

②质疑:本指请人解答疑难,这里是解答疑难的意思。去惑:解惑。

③指南:本指指南针,引申为正确的指导。

④典故:典制掌故。

⑤该洽:(qià恰):详备,广博。

⑥帝命:皇帝的诏令。朝章:朝廷的章奏。

⑦俄顷:顷刻,一会儿。

⑧济阴:兖州属郡,治所定陶在今山东定陶西北。

⑨魏收:《魏书》撰人,《北齐书》有传。

⑩年事:年龄资历。

⑪脱略:轻慢不拘,随便。

⑫威仪:礼仪细节。

⑬充事:勉强够数。

⑭饵:糕饼。

⑮异同:不同的主张见解。

⑯顾接:接待。

⑰虱(shī失):虱子,寄生于人和哺乳动物体表,吸血为生。

⑱剧谈:畅谈,谈得起劲。

⑲雠(chóu仇):校勘,校对并改正错误。

可遍,焉能始复校此①。且误书思之,更是一适②。"妻弟李季节,才学之士,谓子才曰:"世间人多不聪明,思误书何由能得。"子才曰:"若思不能得,便不劳读书。"与妇甚疏,未尝内宿,自云:"尝昼入内阁③,为狗所吠④。"言毕便抚掌大笑⑤。性好谈赏⑥,不能闲独⑦,公事归休,恒须宾客自伴。事寡嫂甚谨,养孤子恕,慈爱特深。……有集三十卷,见行于世。子大宝,有文情。孽子大德、大道⑧,略不识字焉。

【翻译】

　　邢邵,字子才,是河间鄚县人,魏太常卿邢贞的后裔。父名虬,是魏的光禄卿。邢邵小字叫吉,年轻时为了避讳,就没有通行邵这个大名。

　　五岁时,魏吏部郎清河崔亮见到了就称奇,说:"这孩子以后会大有成就,位望通显。"到十岁,就会做文章,很有才华,聪明强记,一天可熟读万余言。族兄邢峦善于鉴别人伦,对子弟说:"宗族有这样的孩子,可不是寻常人啊!"年轻时住在洛阳,正值天下太平无事,和当时的名流一意游山玩水宴饮作乐,顾不上用功读

---

① 始复:始是开始。复是又、更,即再开始。始复即一遍遍的意思。

② 误书……一适:指思考这个字为什么会错成那个字,也是一种快乐。

③ 内阁:内室,这里指邢邵妻的卧室。

④ 为狗所吠(fèi肺):吠是狗叫,因为邢邵平时未尝内宿,所以连内室的狗也不认识他,要对他叫。

⑤ 抚掌:拍手。

⑥ 谈赏:谈论评赏。

⑦ 能(nài):通"耐"。

⑧ 孽(niè聂)子:婢妾所生之子,旧时所谓庶出之子、庶孽之子。

书。曾因连日阴雨，才读《汉书》，五天功夫大体能统统记住。后来对宴饮玩乐厌倦了，才对经史广为探求，阅览起来五行齐下，一遍就记住，没有遗忘。写文章典雅绮丽，既赡博且迅速。还没到二十岁，在衣冠人物中就很有名气。曾和右北平阳固、河东裴伯茂、从兄邢昕、河南陆道晖等到北海王元昕家过夜宴饮，互相做诗，一起做了几十首，都放在主人的家奴处，天明后家奴外出，这些人找诗找不到，邢邵都替他们背诵出来，这些人中有不认账的，等家奴回来拿出原本，一字不差，这些人把邢邵比作王粲。吏部尚书陇西李神儁对他极其钦佩尊重，引为忘年之交。

进入仕途先做魏宣武帝的挽郎，除授奉朝请，升迁著作佐郎，大受领军元叉礼敬。元叉新除授尚书令，李神儁和陈郡袁翻在座，元叉请邢邵代作谢表，一会儿就写好，给在座的客人们看，李神儁说："邢邵这个表，足以使袁公变色。"孝昌初年，和黄门侍郎李琰之共同掌管朝廷礼仪。从孝明帝以后，讲究文雅，邢邵文章之美，独步当时。每当一篇写出，京城里就广为传抄为之纸贵，远近到处诵读。当时袁翻和范阳祖莹位望通显，文章之美，也被前辈称赞，看到邢邵文思华赡，大为妒忌。当时洛阳城里贵人拜受官职，多请邢邵作谢表。曾有一位名流初受官，大请客，袁翻和邢邵都在座，袁翻心想主人要请自己作谢表，结果请了邢邵。袁翻很不愉快，常告诉人说："邢家小儿曾受人雇用作章表，自己买了黄纸，写好送去。"邢邵怕被袁翻暗害，就推辞有病。正好尚书令元罗出镇青州，启奏邢邵为府司马，邢邵就在青州整天喝酒游赏，极尽山水之趣。

永安初年，邢邵几次升迁做到中书侍郎，所写作的诏诰，文体恢宏华丽。到尔朱荣进入洛阳，京城扰乱，邢邵和弘农杨愔进嵩高山避乱。普泰年间，邢邵兼任给事黄门侍郎，不久任散骑常侍。

太昌初年，敕令邢邵经常在内省上班，给他吃皇帝的御食，叫他覆查尚书省、门下省的公事，凡是除授大官，先要问他行不行，然后办理。除授他为卫将军、国子祭酒。因亲年老回家乡，下诏当地特别供给他兵力五名，还叫每年入朝一次，以备顾问。母亲去世，哀毁超过了礼仪所要求。……又几次迁任太常卿、中书监，摄国子祭酒。这时朝臣多数只任一职，带领两个官职的很少，邢邵一下子有上三个官职，都是文章学问之士的首选，为当世所荣耀。文宣帝驾幸晋阳，路上不断地有甘露的祥瑞，朝臣都作《甘露颂》，尚书省行文叫邢邵给它写序。到文宣帝崩逝，丧礼中有许多地方向邢邵请教，还敕令撰作哀策。后来除授特进，逝世。

邢邵秉性简易朴素，内行修谨，兄弟亲姻之间，有雍睦之称。博览典籍，无不通解知晓。晚年尤其用心于《五经》章句，穷尽其中的指归要义。有关吉凶礼仪的事情，公家私人都向他咨询请示，他解答疑难，成为人们的指南。每当公卿集会议论，事情有关典制掌故，邢邵拿起笔立刻写出来，引证详备，诏令朝章，顷刻而定，词理宏远，独步当时。和济阴温子昇为文士之冠，社会上议论称之为"温邢"。钜鹿魏收，虽然天才艳发，但年龄资历在温、邢两位之后，所以到温子昇死后，才有"邢魏"之称。邢邵尽管名望和真实本领都够，却不凭才学地位骄傲，脱略简易，不讲究威仪，车子、衣服、器物、用具，勉强够数就行。有斋不住，坐卧常在一间小屋里，果实糕饼之类，有时就放在梁上，客人到了取下来一起吃。天性质朴，尤其不计较异同，文士不论贤愚，都能接待，有时对着客人解开衣服捉虱子，同时还谈得起劲。藏书很多，但不怎么校勘，看到人家校勘书，常笑着说："怎么愚蠢到如此！天下的书到死也读不完，哪能一遍一遍地校一部书。何况有错误的书读时多想一想，也是一种快乐。"妻弟李季节，是位有才学的文士，他对邢邵说:"世上的人多数不聪明,对着有错误的书哪能想出什么。"邢邵说:"如果想不出,就不用读书了。"对妻很疏远,不住进内室,自己说:"曾经白天走进内室,被狗吠叫。"说完就拍手大笑。习性喜欢谈赏,耐不住孤独,办完公事回家,常要宾客作伴。侍奉寡嫂很小心,教育孤儿名恕的,特别慈爱。……有诗文集三十卷,流行在社会上。子大宝,有文才。庶出子大德、大道,差不多连字也不识。

元文遥传

　　北魏自从孝文帝拓跋宏迁都洛阳,改姓元氏,厉行汉化以来,逐渐收到成效。这位元文遥本是北魏的宗室,所谓昭成帝拓跋什翼犍的六世孙,但在他身上已不再保有擅长骑射的旧习俗,而变成了有高度文化修养的士大夫。在青年时他便以强记见赏于邢卲,论政治才能他也不弱于崔暹之流。尤其是身居高位仍能"与物无竞",这也许是天保十年(559)文宣帝高洋大杀元氏宗室而他仍得保全并继续受到宠信的原因。

　　这个传原已缺失,这是后人据《北史》补入的。(选自卷三八)

　　元文遥,字德远,河南洛阳人①,魏昭成皇帝六世孙也②。五世祖常山王遵③。父晞有孝行,父卒庐于墓侧而终,文遥贵,赠特进、开府仪同三司、中书监,谥曰孝。

---

①河南洛阳人:北魏孝文帝规定南迁洛阳的鲜卑族都算河南洛阳人,死后也必须就地埋葬,不得回北方。
②昭成皇帝:拓跋什翼犍,《魏书》有纪。
③常山王遵:《魏书》有传。

　　文遥敏慧夙成，济阴王晖业每云①："此子王佐才也②！"晖业尝大会宾客，有人将何逊集初入洛③，诸贤皆赞赏之，河间邢卲试命文遥诵之几遍可得，文遥一览便诵，时年十余岁。济阴王曰："我家千里驹④，今定如何？"邢云："此殆古来未有。"

　　起家员外散骑常侍⑤。遭父丧，服阕除太尉东阁祭酒⑥。以天下方乱，遂解官侍养，隐于林虑山⑦。武定中，文襄征为大将军府功曹⑧。齐受禅，于登坛所受中书舍人⑨，宣传文武号令。杨遵彦每云⑩："堪解穰侯印者⑪，必在斯人。"后忽被中旨幽执⑫，竟不

---

① 济阴王晖业：《魏书》有传。
② 王佐才：辅佐帝王之才。
③ 何逊：南朝梁诗人，《梁书》有传。
④ 千里驹：驹是幼马，千里驹是少壮的良马，引申以比喻英俊的少年，也称族中英俊者为千里驹。
⑤ 员外散骑常侍：集书省设置员外散骑常侍二十人。
⑥ 服阕（què确）：阕是终了，旧时父母死要在家服丧三年，实服二十七个月，在此期间不能做官，期满叫"服阕"，便可以做官。太尉东阁祭酒：当时太尉等三公以及三师、二大的属官中都有东、西阁祭酒。
⑦ 林虑山：在相州魏郡林虑县西，即今河南林县之西。
⑧ 功曹：当时大司马、大将军等二大及三师、三公的属官中都有功曹。
⑨ 登坛所：当时新皇帝受禅须筑受禅坛，登坛接受前朝皇帝禅位。这登坛所就指受禅坛前。
⑩ 杨遵彦：杨愔，字遵彦，北齐文宣帝时历任尚书右仆射、左仆射、尚书令等职而为宰相，《北齐书》有传。
⑪ 解穰（ráng瓤）侯印：战国时秦昭王母宣太后弟魏冉相秦，封穰侯，后范雎游说昭王获得信任，昭王"拜范雎为相，收穰侯之印"。后人就用"解穰侯印"来称取代相位。
⑫ 中旨：宫中直接发出的诏旨。

知所由,如此积年①。文宣后自幸禁狱,执手愧谢,亲解所着金带及御服赐之,即日起为尚书祠部郎中②。孝昭摄政,除大丞相府功曹参军③,典机密。及践阼,除中书侍郎,封永乐县伯,参军国大事。及帝大渐④,与平秦王归彦、赵郡王睿等同受顾托⑤,迎立武成。即位,任遇转隆,历给事黄门侍郎、散骑常侍、侍中、中书监⑥。天统二年,诏特赐姓高氏,籍属宗正⑦,子弟依例岁时入朝⑧。再迁尚书左仆射,进封宁都郡公,侍中。

　　文遥历事三主,明达世务,每临轩⑨,多命宣敕,号令文武,声韵高朗,发吐无滞。然探测上旨,时有委巷之言⑩,故不为知音所重⑪。齐因魏朝,宰县多用厮滥⑫,至于士流,耻居百里⑬。文遥

―――――――――

① 积年:过了几年。

② 尚书祠部郎中:当时尚书省设祠部尚书即后来的礼部尚书,所辖有祠部曹,祠部郎中即祠部曹的长官。

③ 大丞相:孝昭帝高演在乾明元年(560)三月发动政变后为大丞相、都督中外诸军、录尚书事。

④ 大渐:病危将死,多用于皇帝。

⑤ 平秦王归彦:高归彦,《北齐书》有传。赵郡王睿(ruì 锐):高睿,《北齐书》有传。顾托:皇帝临死前对大臣传遗诏,并托付大臣辅佐嗣君。

⑥ 给事黄门侍郎:门下省设置给事黄门侍郎六人,地位仅次于侍中。

⑦ 籍属宗正:宗正是宗正寺,掌管宗室的属籍,籍就是名册。元文遥赐姓高,变成了高氏宗室的成员,所以要籍属宗正。

⑧ 岁时:新年和节日,逢年过节。

⑨ 临轩:皇帝坐殿前处理大事叫"临轩",轩是殿前近檐处两边的槛。

⑩ 委巷之言:委巷是僻陋的小巷,指民间,委巷之言,指民间俗陋而不典雅的话。

⑪ 知音:这里指懂行的人。

⑫ 厮滥:低贱的人。

⑬ 百里:古代一县约辖地百里,因此百里为县之称。

以县令为字人之切①,遂请革选。于是密令搜扬贵游子弟②,发敕用之。犹恐其披诉③,总召集神武门④,令赵郡王睿宣旨唱名,厚加慰喻。士人为县,自此始也。既与赵彦深、和士开同被任遇⑤,虽不如彦深清贞守道,又不为士开贪淫乱政,在于季、孟之间⑥,然性和厚,与物无竞,故时论不在彦深之下。初文遥自洛迁邺,惟有地十顷,家贫,所资衣食而已。魏之将季⑦,宗姓被侮,有人冒相侵夺,文遥即以与之。及贵,此人尚在,乃将家逃窜,文遥大惊,追加慰抚,还以与之,彼人愧而不受。彼此俱让,遂为闲田。

至后主嗣位,赵郡王睿、娄定远等谋出和士开⑧,文遥亦参其议。睿见杀,文遥由是出为西兖州刺史。诣士开别,士开曰:"处得言地,使元家儿作令仆⑨,深愧朝廷。"既言而悔,仍执手慰勉之。犹虑文遥自疑,用其子行恭为尚书郎,以慰其心。士开死,自东徐州刺史征入朝,竟不用,卒。

行恭美姿貌,有父风,兼俊才,位中书舍人,待诏文林馆⑩。齐

---

① 字人:字通"慈",抚爱的意思。字人就是抚爱百姓。切:切要,紧要。
② 贵游:本指无官职的贵族,这里泛指显贵者。
③ 披诉:披是披露、陈述,披诉就是陈诉。
④ 神武门:本作神虎门,史官避唐高祖李渊祖李虎名讳改"虎"为"武"。
⑤ 赵彦深:《北齐书》有传。和士开:《北齐书》入《恩幸传》,本书已选译。
⑥ 季、孟之间:季、孟本指春秋时鲁国公族季氏和孟氏,《论语·微子》篇说:"齐景公待孔子,曰:'若季氏则吾不能,以季、孟之间待之。'"季氏为鲁上卿,孟氏为下卿,齐景公的意思是要给孔子以上、下卿之间的待遇,后人遂以"季、孟之间"比喻上下之间。
⑦ 季:一个朝代的末了。
⑧ 娄定远:《北齐书》有传。
⑨ 令仆:尚书令与尚书左右仆射,元文遥是尚书左仆射,所以和士开这么说。
⑩ 待诏文林馆:在文林馆值班以准备皇帝召唤交任务。

亡，阳休之等十八人同入关①，稍迁司勋下大夫②。隋开皇中位尚书郎，坐事徙瓜州而卒③。……行恭弟行如，亦聪慧早成，武平末任著作佐郎。

【翻译】

　　元文遥，字德远，是河南洛阳人，魏昭成皇帝的六世孙。五世祖是常山王元遵。父元晞有孝行，父卒后在墓边搭个庐舍住到死，到元文遥显贵，追赠特进、开府仪同三司、中书监，谥为孝。

　　元文遥生来就聪明有智慧，济阴王元晖业常说："这孩子是王佐之才啊！"元晖业曾大会宾客，有人把何逊的集子带进洛阳，贤士们都很赞赏，河间邢卲试元文遥几遍可背诵，元文遥看了一遍就背诵，这时才十几岁。济阴王说："这是我家千里驹，请看怎么样？"邢卲说："这当是从古以来不曾有过。"

　　元文遥起家任员外散骑常侍。遇上父丧，服阕除授太尉东阁祭酒。看到天下方乱，就辞官侍母，隐居在林虑山里。武定年间，文襄征他为大将军府功曹。齐受禅时，他在登坛之处受职中书舍人，对文武官员宣布传达号令。杨遵彦常说："可解穰侯印的，一定是这人。"后来忽然被宫中下诏旨拘囚起来，连原因都一直弄不清，就这样过了几年。后来文宣亲自去禁狱，握着他的手惭愧道歉，亲自解下所着的金带和御衣赐给他，当天起用他为尚书祠部郎中。孝昭摄行政事，除授他为大丞相府功曹参军，主管机密。

---

①阳休之等十八人：阳休之，《北齐书》有传，十八人姓名即见阳传。入关：入潼关，即至北周都城长安。
②司勋下大夫：北周夏官府的属官。
③瓜州：治所在敦煌，即今甘肃敦煌。

到孝昭登位,除授他为中书侍郎,封永乐县伯,参预军国大事。后来孝昭病危,他和平秦王高归彦、赵郡王高睿等一起受顾托,迎立武成。武成即位,对他委任甚重,历任他为给事黄门侍郎、散骑常侍、侍中、中书监。天统二年,下诏特赐他姓高,名籍隶属于宗正,子弟照例在岁时入朝。再迁任尚书左仆射,进封宁都郡公,侍中。

元文遥先后侍奉三主,通达世务,每当皇上临轩,常叫他宣布敕旨,号令文武,声音既高又清朗,没有一点拖泥带水。只是有时探测皇上意旨,说了些俗陋欠典雅的话,因而不被懂行的人看重。齐承袭魏朝的做法,县令多用低贱的人,至于士人,多以主宰百里为耻。元文遥考虑县令是抚爱百姓最紧要的人,就对选用办法提请改革。于是秘密搜访贵游子弟,下敕书任用。还怕他们陈诉,把他们召集到神虎门,叫赵郡王高睿宣布敕旨唱读姓名,好好地安慰解说。士人做县令,从这时开始。元文遥和赵彦深、和士开同样地被信任重用,虽然比不上赵彦深那样清贞守道,也不像和士开那样贪淫乱政,可说在于季、孟之间,但因为秉性和厚,不和人家竞争,所以对他的舆论不在赵彦深之下。当初元文遥从洛阳迁到邺城,只有十顷地,家里穷,仅能供上吃饭穿衣。这时正值魏朝将亡,宗室受欺侮,有人出来冒认侵占这地,元文遥就给了他。到元文遥显贵后,这人还在,就带了家逃走,元文遥大惊,把这人追回来安抚慰问,把地仍给这人,这人惭愧不敢受领。彼此互相推让,这地就成了闲田。

到后主即位,赵郡王高睿、娄定远等谋算要把和士开弄出去,元文遥也参预商议。高睿被杀,元文遥也因之被外任西兖州刺史。他临走时去和士开处告别,和士开说:“处在能说话的位置上,却让元家儿当上令仆,真有愧于朝廷。”才说出口又懊悔,仍握着手慰勉了一番。还怕元文遥疑虑,任用他的儿子行恭做尚书郎,使他安心。和士开死,他从东徐州刺史任上征入朝,但终于没有被任用,就去世了。

元行恭姿态容貌很美,有父风,并且是俊才,做中书舍人,待诏文林馆。齐亡后,和阳休之等一起十八人同入关,任司勋下大夫。隋开皇年间任尚书郎,犯了事迁到瓜州死去。……行恭弟行如,也聪慧很早成熟,武平末年任著作佐郎。

儒林张景仁传

纪传史里的《儒林传》，照例是给经学家立传①，但《北齐书》的《儒林传》里找不出有名的经学家，因而选译了这个会写字的张景仁的传。这个张景仁以小心恭谨而获得后主的宠信，又通过勾结恩幸而做上大官封王爵，可以说是旧时代知识分子中志趣庸下、品行卑劣的代表人物，作为反面教员应是恰当不过的。至于此人之所以被写进《儒林传》，则是因为古代儒家以礼、乐、射、御、书、数为"六艺"，书就是写字，此人字既写得好，就可勉强附入《儒林传》了。（选自卷四四）

张景仁者，济北人也②。幼孤家贫，以学书为业，遂工草隶③。选补内书生④，与魏郡姚元标、颍川韩毅、同郡袁买奴、荥阳李超

---

① 经学：从汉代以来，凡给《周易》、《尚书》、《诗经》、《礼》(《周礼》、《仪礼》、《礼记》称"三礼")、《春秋》(《左传》、《公羊传》、《穀梁传》称"三传")、《论语》、《孝经》、《尔雅》等经传(宋以后还增加《孟子》)作注疏或其他研究都称经学。

② 济北：济州属郡，治所卢子城，在今山东平阴县旧东河东北。

③ 草隶：草书和隶书，不过这种隶书已不是汉代隶书的模样，而是经过魏晋南北朝向楷书过渡、已近似楷书的字体，当时习惯上仍称之为隶而已。

④ 内书生：到宫廷里教写字的人。

等齐名①,世宗并引为宾客。天保八年,敕授太原王绍德书②,除开府参军③。后主在东宫,世祖选善书人性行淳谨者令侍书,景仁遂被引擢。小心恭慎,后主爱之,呼为博士。历太子门大夫、员外散骑常侍、谏议大夫④。后主登祚,除通直散骑常侍⑤,及奏,御笔点除"通"字,遂正常侍。左右与语,犹称博士。

胡人何洪珍有宠于后主,欲得通婚朝士,以景仁在内官位稍高,遂为其兄子取景仁第二息子瑜之女⑥。因此表里⑦,恩遇日隆。景仁多疾,每遣徐之范等治疗,给药物珍羞⑧,中使问疾,相望于道,是后敕有司恒就宅送御食。迁假仪同三司、银青光禄大夫⑨,食恒山县干⑩。车驾或有行幸,在道宿处,每送步障为遮风寒⑪。进位仪同三司,寻加开府,侍书、余官并如故。每旦须参,即在东宫停止。及立文林馆,中人邓长颙希旨⑫,奏令总制馆事,

①荥(xíng 形)阳:司州属郡,治所荥阳即今河南荥阳。
②太原王绍德:北齐显祖文宣帝次子高绍德,《北齐书》有传。
③开府参军:高绍德任开府仪同三司,张景仁在他属下任参军,即开府的参军。
④太子门大夫:太子的属官,掌管递呈文书及宫门禁卫。谏议大夫:集书省设置谏议大夫七人,掌管侍从规谏。
⑤通直散骑常侍:集书省设散骑常侍、通直散骑常侍各六人,散骑常侍地位最高,通直散骑常侍次之。
⑥息:儿子或女儿,这里指儿子。
⑦表里:表是外,里是内,表里就是内外呼应勾结。
⑧珍羞:珍贵的食物。
⑨银青光禄大夫:高级的荣誉职称。
⑩恒山县:北齐无此县,地望不详。
⑪步障:用以遮避风寒或障蔽内外的屏幕。
⑫中人:宦官。邓长颙:见《北齐书》的《恩幸传》,本书已选译。希旨:迎合在上者的旨意。

除侍中。四年①，封建安王。洪珍死后，长颐犹存旧款②，更相弥缝③，得无坠退④。除中书监，以疾卒。赠侍中、齐济等五州刺史、司空公。

景仁出自寒微，本无识见，一旦开府、侍中、封王。其妻姓奇，莫知氏族所出，容制音辞，事事庸俚⑤。既诏除王妃，与诸公主、郡君同在朝谒之例⑥，见者为其惭悚⑦。子瑜薄传父业，更无余伎，以洪珍故，擢授中书舍人，转给事黄门侍郎。长息子玉，起家员外散骑侍郎。

景仁性本卑谦，及用胡人、巷伯之势⑧，坐致通显⑨，志操颇改，渐成骄傲。良马轻裘，徒从拥冗⑩，高门广宇，当衢向街⑪。诸子不思其本，自许贵游。自苍颉以来⑫，八体取进⑬，一人而已！

【翻译】

张景仁，是济北人。小时候成为孤儿，家里贫穷，学写字为

---

①四年：指武平四年(573)。
②款：款交，至交。
③弥缝：对做错的事去弥补缝合。
④坠退：跌倒下来，倒台。
⑤俚：鄙俗，不文雅。
⑥郡君：封建社会称显贵官员之妻或皇室中女子为郡君。
⑦悚(sǒng 耸)：恐惧。
⑧巷伯：春秋时宫中内官名，用阉割过失去生殖能力的人充任，后来就用来作为宦官的代称。
⑨坐致：安坐而得，不花气力就获得。
⑩徒从：随从。冗(rǒng 容上声)：冗杂，繁杂。
⑪衢(qú 渠)：四通八达的道路。
⑫苍颉：也作仓颉，神话中黄帝的史官，汉字的创造者。
⑬八体：秦始皇时所定书体有八种，即大篆、小篆、刻符、虫书、摹印、署书、殳(shū 书)书、隶书，称为"八体"，这里说"八体"，是指书法而言。

业,就此工于草、隶。被选补为内书生,和魏郡姚元标、颍川韩毅、同郡袁买奴、荣阳李超等齐名,世宗都征引为宾客。天保八年(557),敕张景仁教授太原王高绍德写字,除授开府参军。后主在东宫时,世祖挑选会写字人中性情品行淳朴谨厚的去东宫侍书,张景仁就被擢用。他小心恭慎,得到后主喜欢,叫他为博士。历任太子门大夫、员外散骑常侍、谏议大夫。后主登位,除授他为通直散骑常侍,到奏章上来,后主御笔点掉了"通"字,就转正为常侍。左右和他说话,可仍称他博士。

胡人何洪珍有宠于后主,要和朝士通婚,因张景仁在内廷里官位稍为高一点,就给他的兄子娶张景仁次子叫子瑜的女儿。因此表里勾结,恩遇一天胜过一天。张景仁多病,后主常派徐之范等去治疗,给药物珍羞,中使探望问候的,相望于道路,此后敕令有司经常往张景仁第宅送御食。升任假仪同三司、银青光禄大夫,食恒山县干。后主要有行幸,在路上停宿之处,也都送步障给张景仁遮风寒。再升任仪同三司,不久加开府,侍书和其余官职都仍旧不变动。每逢清晨要朝参,就在东宫里休息。到设立了文林馆,宦官邓长颙迎合旨意,奏请张景仁来总管馆务,并除授他任侍中。四年(573),封为建安王。何洪珍死后,邓长颙和他还有老交情,互相弥缝,得以免于倒台。除授他任中书监,因病死去。赠侍中、齐济等五州刺史、司空公。

张景仁出身寒微,本没有识见,却一旦开府、侍中、封了王。他的妻姓奇,不知氏族来历,举止言辞,样样庸劣鄙俗。既已有诏除授为王妃,就和那些公主、郡君同样朝贺进谒,见到的都替她羞惭恐惧。次子子瑜稍稍传受点父业,再没有其他本领,因何洪珍的关系,升授中书舍人,转任给事黄门侍郎。长子子玉,起家任员外散骑侍郎。

　　张景仁秉性本来卑下谦退，等到凭借胡人、宦官的势力，不花气力致身通显，志趣行为就颇有变化，逐渐骄傲起来。骑良马穿轻裘，随从冗杂，高门大屋，面对着街衢。儿子们不想本来是什么模样，也自以为贵游。从苍颉以来，靠八体进身，只有这张景仁一人而已！

文苑颜之推传

颜之推在《北齐书·文苑传》里是名气最大的一位。他所写的《颜氏家训》中有许多话至今看来仍有现实意义，已另行选译编入这套《古代文史名著选译丛书》。这里选译了他的传。从他被俘入北周后要设法逃入北齐，北周灭齐时他又献计投陈来看，当时北齐的环境应比北周更能使士大夫适应，尽管在北齐也出现过士大夫被虐杀的事情。这当因为北齐统治的黄河下游在当时仍是我国经济文化的重心，非北周统治的关陇地区所能比拟。（选自卷四五）

颜之推，字介①，琅邪临沂人也②。九世祖含③，从晋元东渡④，

---

① 字介：古人有名用两字，而字用一字的，颜之推字介就是其例。春秋时晋国有个贤人叫介之推，因而颜之推也字介而名之推。到唐中期以后这种字用一字之例才不再出现。

② 琅邪(láng yá 郎牙)：西晋时是徐州琅邪国，治所开阳，在今山东临沂北。临沂：琅邪属县，在开阳北。

③ 九世祖含：颜含，《晋书》有传。

④ 晋元：东晋元帝司马睿，《晋书》有纪。东渡：司马睿到建康即今江苏南京称帝，建康当时称为江东、江左，所以说"东渡"，当然也可说"南渡"。

官至侍中、右光禄、西平侯①。父勰②，梁湘东王绎镇西府咨议参军③。世善《周官》、《左氏》④。

之推早传家业。年十二，值绎自讲《庄》、《老》⑤，便预门徒⑥。虚谈非其所好⑦，还习《礼》、《传》⑧。博览群书，无不该洽⑨，词情典丽，甚为西府所称。绎以为其国左常侍⑩，加镇西墨曹参军⑪。好饮酒，多任纵，不修边幅⑫，时论以此少之⑬。绎遣世子方诸出镇郢州⑭，

---

① 右光禄：晋在光禄大夫外还加设左、右光禄大夫，也是高级荣誉职称。西平：东晋宁州属郡，治所在今广西西林。

② 勰（xié 协）：颜勰，《梁书》有传，作颜协。

③ 梁湘东王绎：即后来成为梁元帝的萧绎，《梁书》有纪。他起初封为湘东郡王，湘州湘东郡治所临蒸，即今湖南衡阳。梁武帝太清元年（547）任使持节都督荆雍湘司郢宁梁南北秦九州诸军事、镇西将军、荆州刺史，所以这称"镇西府"。梁荆州及所属南郡的治所均在江陵，即今湖北江陵。咨议参军：梁皇弟及皇子府的属官中有咨议参军。

④ 《周官》：即《周礼》，与《仪礼》、《礼记》合称"三礼"。《左氏》：即《春秋左氏传》，也称《左传》。

⑤ 《庄》、《老》：《庄子》和《老子道德经》，南北朝讲玄学者的必读书。

⑥ 预：参与。门徒：门生，听讲学的人。

⑦ 虚谈：清谈，魏晋南北朝士大夫多数人崇尚虚无，空谈名理，称为"清谈"或"虚谈"。

⑧ 《礼》：指《周礼》等"三礼"。《传》：指《左传》。

⑨ 无不该洽：该通"赅"（gāi 该），兼备，完具。该洽就是学识广博，无不该洽可解释为无所不晓。

⑩ 左常侍：晋王国置常侍官，萧绎是湘东郡王，王国里可设此左常侍。

⑪ 墨曹参军：镇西府属官，墨曹掌管刑法，有的朝代称"贼曹"、称"法曹"。

⑫ 不修边幅：不注意衣着仪表。

⑬ 少之：轻视他，贬抑他。

⑭ 方诸：萧方诸，《梁书》有传。郢（yǐng 影）州：州及所属江夏郡的治所均在汝南即今湖北武汉。

以之推掌管记①。值侯景陷郢州②，频欲杀之，赖其行台郎中王则以获免③，被囚送建业④。景平，还江陵。时绎已自立⑤，以之推为散骑侍郎，奏舍人事⑥。后为周军所破⑦，大将军李显庆重之⑧，荐往弘农，令掌其兄阳平公远书翰⑨。值河水暴长，具船将妻子来奔，经砥柱之险⑩，时人称其勇决。

　　显祖见而悦之，即除奉朝请，引于内馆中⑪，侍从左右，颇被顾眄⑫。天保末，从至天池⑬，以为中书舍人，令中书郎段孝信将敕书出示之推⑭。之推营外饮酒，孝信还以状言，显祖乃曰："且停。"由是遂寝。河清末，被举为赵州功曹参军⑮，寻待诏文林馆，除司徒录

---

① 管记：州刺史的属官，做文书工作。

② 侯景陷郢州：侯景先叛东魏投梁，又叛梁进占梁都建康，再西上攻陷郢州。

③ 行台郎中：侯景投梁后封河南王、大行台，所以他手下有行台郎中。

④ 建业：建康原名建业，西晋愍帝建兴元年（313）改称建康，但写文章时也常用建业这个旧称。当时建康已为侯景占领。

⑤ 绎已自立：公元552年萧绎在江陵称帝。

⑥ 奏舍人事：梁中书省设通事舍人，奏舍人事，就是说做这通事舍人的工作。

⑦ 为周军所破：梁元帝承圣三年（554）西魏军破江陵，元帝被杀，大批官民被俘入长安，颜之推也在其中。因为过不了几年西魏就为北周所篡夺，所以这里混称为"周军"。

⑧ 大将军：西魏时设八柱国大将军，其中六人各督二大将军，凡十二大将军。

⑨ 阳平公远：李远，《周书》有传。

⑩ 砥（dǐ底）柱：砥柱山，一称三门山，在今河南三门峡市，是黄河急流中的石岛，船过此常触岛倾覆，现已炸掉。

⑪ 内馆：内廷的馆舍，其中用一些人办事，如后面所说的文林馆之类。

⑫ 顾眄（miǎn免）：顾是回视，眄是斜视。顾眄，引申为被重视。

⑬ 天池：也称祁连池，在肆州秀容郡西北的管涔（cén岑）山上，今山西宁武西南。

⑭ 中书郎：即中书省的中书侍郎。

⑮ 功曹参军：州刺史的属官，掌管选用，相当于中央吏部的职责。

事参军①。之推聪颖机悟，博识有才辩，工尺牍②，应对闲明③，大为祖珽所重，令掌知馆事，判署文书④。寻迁通直散骑常侍，俄领中书舍人。帝时有取索，恒令中使传旨，之推禀承宣告，馆中皆受进止⑤。所进文章，皆是其封署⑥，于进贤门奏之，待报方出⑦。兼善于文字⑧，监校缮写，处事勤敏，号为称职⑨。帝甚加恩接⑩，顾遇逾厚⑪，为勋要者所嫉，常欲害之。崔季舒等将谏也⑫，之推取急还宅⑬，故不连署，及召集谏人，之推亦被唤入，勘无其名，方得免祸。寻除黄门侍郎。

　　及周兵陷晋阳，帝轻骑还邺，窘急计无所从。之推因宦者侍中邓长颙进奔陈之策⑭，仍劝募吴士千余人以为左右⑮，取青、徐

----

① 司徒录事参军：司徒等三公属官中有录事参军事，掌管总录各曹文簿，举弹善恶。

② 尺牍：古代纸通用前，书写用的木简叫牍，用一尺长的木简写书信，叫尺牍。南北朝时纸早已通用，但习惯上还把书信叫做尺牍。

③ 闲明：闲是文雅，明是清楚。

④ 判署文书：判是裁决，署是签上名字，判署文书就是批阅处理文书。

⑤ 进止：进在这里就是事情要办，止就是不要办。

⑥ 封署：为保守机密，将文章封缄在皂囊中并署上姓名，叫封署。

⑦ 报：答覆。

⑧ 文字：这里指书写文字，也就是指写字，指书法。

⑨ 称（chèn 衬）职：才能和职位相称，胜任。

⑩ 恩接：恩遇，恩眷，受皇帝的恩宠。

⑪ 顾遇：恩宠礼遇。

⑫ 崔季舒等将谏：北齐后主武平四年（573），侍中崔季舒、张雕虎、散骑常侍刘逖、封孝琰、黄门侍郎裴泽、郭遵劝谏后主不要离邺城赴晋阳，恩幸韩凤诬奏他们谋反，后主听信了把他们在殿廷斩首，是当时的一起冤案。

⑬ 取急：也作"请急"，有急事请假。

⑭ 宦者侍中邓长颙：北齐时宦官机构为中侍中省，设中侍中二人为长官，掌管出入门阁，但邓长颙所任侍中并非这中侍中，而是门下省的长官侍中，这是宰相之职，所以《北齐书·恩幸传》说"长颙武平中任参宰相，干预朝权"。

⑮ 吴士：指原籍江东的战士。左右：这里指身边的亲随。

路共投陈国。帝甚纳之,以告丞相高阿那肱等①。阿那肱不愿入陈,乃云吴士难信,不须募之,劝帝送珍宝累重向青州②,且守三齐之地③,若不可保,徐浮海南渡。虽不从之推计策,然犹以为平原太守④,令守河津⑤。

　　齐亡入周,大象末为御史上士⑥。隋开皇中,太子召为学士⑦,甚见礼重,寻以疾终。有文三十卷,撰《家训》二十篇,并行于世。……

　　之推在齐有二子,长曰思鲁,次曰愍楚,不忘本也⑧。之推集在,思鲁自为序录⑨。

【翻译】

　　颜之推,字介,是琅邪临沂人。九世祖名含,跟随晋元帝东

①高阿那肱(gōng 工):《北齐书·恩幸传》里有他的传,本书已选译。

②累重:家属资产。

③三齐:地理上的习惯用语,当年项羽以齐国故地立故齐王族人田都为齐王都临淄(在今山东淄博东北),田市为胶东王都即墨(在今山东平度东南),田安为济北王都博阳(在今山东泰安东南),于是有"三齐"之称,相当今山东省大部地区。

④平原:济州属郡,治所在今山东聊城西北。

⑤河津:黄河渡口,平原郡治所就在黄河北岸。

⑥大象:北周静帝宇文阐的年号(579—581)。御史上士:北周春官府的属官。

⑦太子:这是隋文帝杨坚的太子杨勇,开皇二十年(600)杨广才代杨勇为太子,这时颜之推已去世了。

⑧长曰……本也:颜之推本是琅邪临沂人,在古代的齐鲁地区,所以长子叫思鲁,即思念鲁地的意思;他又长期生活在南朝梁国,在江陵为西魏军攻陷后被俘入北朝,江陵是古代的楚地,所以次子叫愍(mǐn 悯)楚,即哀怜楚地的意思。这都说明他的不忘本。

⑨序录:也作"叙录",一部书的简要介绍,包括序和目录两部分。

渡，做到侍中、右光禄、西平侯。父名勰，是梁湘东王萧绎镇西府的咨议参军。世代专长《周礼》、《左传》。

颜之推很早接受家传的学业。十二岁时，逢上萧绎亲自讲说《庄子》、《老子》，他就在门徒之列。不过对这些虚谈不爱好，仍学习《礼》、《传》。他博览群书，无所不晓，文词典丽，很受镇西府里的人称赞。萧绎任他为湘东王国的左常侍，加授镇西府的墨曹参军。他喜欢喝酒，多放纵，不修边幅，舆论也因之对他有所贬抑。萧绎派世子萧方诸出镇郢州，叫颜之推任管记。逢上侯景攻陷郢州，几次要杀颜之推，靠侯景的行台郎中王则解救才得免死，被囚送到建业。侯景被平定，才回到江陵。当时萧绎已经自立为皇帝，任颜之推为散骑侍郎，奏舍人事。后来江陵被周军攻破，周大将军李显庆看重颜之推，推荐他去弘农，在李显庆兄阳平公李远处掌管书翰。正好黄河水暴涨，颜之推弄了船带着妻儿逃过来，中间经历砥柱之险，当时人都称说他勇敢有决断。

显祖见到颜之推很喜欢，立即授他奉朝请，引进内馆里，在左右侍从，颇受重视。天保末年，侍从去天池，准备任为中书舍人，叫中书郎段孝信拿了敕书去给颜之推看。颜之推正在营外喝酒，段孝信回来把情况报告，显祖就说："且停。"于是中书舍人的任命就压下不提了。河清末年，颜之推被推举为赵州功曹参军，不久到文林馆待诏，除授司徒录事参军。颜之推聪明机智，学识广博而且多才善辩，尺牍写得好，谈起话来既闲雅又清楚，大为祖珽看重，叫主持文林馆务，批阅处埋文书。不久迁任通直散骑常侍，很快又领中书舍人。后主不时索取，常叫中使传达旨意，颜之推禀承宣告，馆里都听他安排。馆里所进呈的文章，都由他封署，到进贤门奏上，等有了答覆才出来。颜之推还擅长文字，监校缮写，办事勤快，号为称职。后主对他很有恩宠，礼遇深厚，被勋贵权要妒忌,常想加害。崔季舒等将进谏后主不要去晋阳,颜之推正好请假回家,因而没有署名,到召集进谏者时,颜之推也被叫了进去,查对没有他的署名,才得以免祸。不久除授黄门侍郎。

到周兵攻陷晋阳,后主轻骑逃回邺城,窘急得不知怎么办好。颜之推通过宦官侍中邓长颙献计奔陈,并劝招募吴士千把人为左右亲随,取道青州、徐州一起投向陈国。后主很同意,告诉丞相高阿那肱等人。高阿那肱不愿去陈国,就说吴士不可信,不用招募,劝后主把珍宝累重送到青州,先守住三齐地区,如果保不住,再从海上往南边去。他们虽然没有听从颜之推的计策,但仍任命他为平原太守,叫防守黄河渡口。

齐亡后颜之推入周,大象末年任御史上士。隋开皇年间,太子召他做学士,很受礼遇,不久因病去世。有文集三十卷,撰写《家训》二十篇,都在社会上流传。……

颜之推在齐得了两个儿子,长的名思鲁,次的名愍楚,都是不忘本的意思。颜之推的集子留下来,思鲁自己给编写了序录。

恩幸传

  北齐末年政治腐败和宠用恩幸很有关系,从这个《恩幸传》就可窥知大略。这些恩幸中如高阿那肱本是北魏六镇的鲜卑人,穆提婆、韩凤是鲜卑化的汉人,和士开、何洪珍、胡小儿等是西域胡人。鲜卑人在当时比较能战斗,西域胡人会经商而并能歌善舞,都各有长处。但如处的位置欠确当,让他们产生优越感而对汉人歧视,破坏民族团结,阻挠民族融合,就非坏事不可了。

  这个传原已缺失,这是后人据《高氏小史》之类的史传抄补入的。(选自卷五〇)

  ……

  和士开,字彦通,清都临漳人也①。其先西域商胡,本姓素和氏。父安,恭敏善事人,稍迁中书舍人。魏孝静尝夜中与朝贤讲集,命安看斗柄所指②,安答曰:"臣不识北斗。"高祖闻之,以为淳

---

① 清都临漳人:北齐建国后改都城邺所在的魏尹为清都尹,又分邺所管治的一部分为临漳县。和士开先世本是西域商胡,大概长期定居邺城,所以到北齐就自称为清都临漳人了。
② 斗柄:北斗是现在天文学上所谓大熊星座的七颗星,在北天排列成斗形,特别光亮,其中四颗形成斗身,三颗形成斗柄,常作为指示方向的标志。

直。后为仪州刺史①。

士开幼而聪慧,选为国子学生,解悟捷疾,为同业所尚②。天保初,世祖封长广王,辟士开府行参军③。世祖性好握槊④,士开善于此戏,由是遂有斯举。加以倾巧便僻⑤,又能弹胡琵琶⑥,因此亲狎⑦。尝谓王曰:"殿下非天人也⑧,是天帝也⑨!"王曰:"卿非世人也,是世神也!"其深相爱如此。显祖知其轻薄⑩,不令王与小人相亲善,责其戏狎过度,徙长城⑪。后除京畿士曹参军⑫,长广王请之也。

---

① 仪州:当时并无仪州,应是义州,原为南朝梁置,武定七年(549)为东魏所有,治所在今河南光山东南。

② 同业:同学习的人。尚:推重。

③ 行参军:当时皇子、皇弟府的官属在正参军外还有次一等的行参军。

④ 握槊:古代的一种博戏,相传是南北朝时从印度传入,到北魏后期大为流行,以后演化成为另一种博戏"双陆"。

⑤ 倾巧:狡诈,看风行事。便(pián)僻:也作"便辟",逢迎谄媚貌。

⑥ 胡琵琶:琵琶本是西域胡人的乐器,秦汉时在黄河流域发展为后来的阮咸、秦琴、三弦、月琴等,都是圆形直颈,当时仍通称琵琶。南北朝时又从西域传入曲项琵琶,为半梨形曲项,这里说的胡琵琶即指这种曲项琵琶,隋唐时也通称为胡琴。现在的琵琶是唐宋以来在上两种琵琶的基础上改进形成的。

⑦ 狎(xiá匣):亲热,轻浮而欠严肃的亲密。

⑧ 天人:天上的人,不同凡俗的人。

⑨ 天帝:天上的帝,上帝。

⑩ 轻薄:轻佻浮薄。

⑪ 长城:指北边原六镇地区的长城,本书所选译的《崔暹传》里所说崔暹流放的马城,也在此长城。

⑫ 京畿士曹参军:京畿是京畿大都督,世祖高湛为长广王时曾兼领此职。士曹参军是京畿大都督府的属官,掌管河津、营造、桥梁、廨宇之事。

世祖践祚，累除侍中，加开府。遭母刘氏忧，帝闻而悲恸，遣武卫将军吕芬诣宅，昼夜扶侍，成服后方还①。其日，帝又遣以犊车迎士开入内②，帝见，亲自握手，怆恻③下泣，晓喻良久④，然后遣还，并诸弟四人并起复本官⑤。其见亲重如此。除右仆射。帝先患气疾⑥，因饮酒辄大发动，士开每谏不从。属帝气疾发，又欲饮，士开泪下歔欷不能言⑦。帝曰："卿此是不言之谏。"因不复饮。言辞容止，极诸鄙亵，以夜继昼，无复君臣之礼，至说世祖云："自古帝王，尽为灰烬，尧、舜、桀、纣⑧，竟复何异？陛下宜及少壮，恣意作乐，纵横行之⑨，即是一日快活敌千年。国事分付大臣，何虑不办，无为自勤苦也！"世祖大悦。其年十二月，世祖寝疾于乾寿殿⑩，士开入侍医药。世祖谓士开有伊、霍之才⑪，殷勤属以后事，临崩，握士开之手曰："勿负我也！"仍绝于士开之手。

---

①成服：旧时丧礼，大殓之后，亲属按照与死者关系的亲疏穿上不同的丧服，叫"成服"。

②犊车：犊是小牛，犊车就是牛拉的车，当时为贵人所用。

③怆恻：悲伤。

④晓喻：开导。

⑤起复：旧时做官的死了父母要免官在家服丧，如丧期未满就起用做官，叫"起复"。另外，免官后复职有时也称为"起复"。

⑥气疾：当是气喘之类的疾病。

⑦歔欷(xū xī 虚希)：也作"欷歔"，哭泣抽咽声。

⑧尧、舜：神话传说中古代的圣君。桀、纣：桀是夏的亡国之君，纣是商的亡国之君，都是传说中的暴君。

⑨纵横行之：恣肆横行，无所忌惮，爱怎么办就怎么办。

⑩寝疾：卧病。

⑪伊、霍：商的伊尹，西汉的霍光，都是以辅佐幼主而得名的大臣。

　　后主以世祖顾托，深委仗之。又先得幸于胡太后①，是以弥见亲密。赵郡王睿与娄定远等谋出士开，引诸贵人共为计策。属太后飨朝贵于前殿，睿面陈士开罪失，云："士开先帝弄臣②，城狐社鼠③，受纳货贿，秽乱宫掖，臣等义无杜口，冒死以陈④。"太后曰："先帝在时，王等何不道，今日欲欺孤寡耶？但饮酒，勿多言！"睿词色愈厉。或曰："不出士开，朝野不定。"睿等或投冠于地，或拂衣而起，言词咆勃⑤，无所不至。明日，睿等共诣云龙门，令文遥入奏之，太后不听。段韶呼胡长粲传言⑥，太后曰："梓宫在殡⑦，事大匆速，欲王等更思量。"赵郡王等遂并拜谢，更无余言。太后及后主召见问士开，士开曰："先帝群官之中，待臣最重，陛下谅闇始尔⑧，大臣皆有觊觎心，若出臣，正是剪陛下羽翼。宜谓睿等云：'令士开为州，待过山陵⑨，然后发遣。'睿等谓臣真出，必心喜之。"后主及太后然之，告睿等如士开旨，以士开为兖州刺史。山陵毕，睿等促士开就路。士开载美女、珠帘及条诸宝玩以诣定远⑩，

---

① 胡太后：北齐世祖武成帝高湛的皇后胡氏，后主时尊为皇太后，《北齐书》有传，也讲到她和士开私通的事。

② 弄臣：皇帝狎近戏弄之臣。

③ 城狐社鼠：比喻依势为奸的人。

④ 冒死：冒着死罪。

⑤ 咆勃：发怒貌。

⑥ 段韶：《北齐书》有传。胡长粲：胡太后的族兄，《北齐书》有传。

⑦ 梓（zǐ子）宫：皇帝的棺，因为以梓木制造，所以叫梓宫。殡（bìn 鬓）：殓而未葬。

⑧ 谅闇（liàng àn 亮按）：也作"谅阴"，帝王居丧叫"谅闇"、"谅阴"。

⑨ 山陵：本指皇帝的陵墓，这里引申为筑好皇帝的陵墓。

⑩ 条：条列，一项项开出来。

谢曰：“诸贵欲杀士开，蒙王特赐性命，用作方伯①。今欲奉别，谨
具上二女子、一珠帘。”定远喜，谓士开曰：“欲得还入不②?”士开
曰：“在内久，常不自安，今得出，实称本意，不愿更入，但乞王保
护，长作大州刺史。今日远出，愿得一辞觐二宫③。”定远许之。
士开由是得见太后及后主，进说曰：“先帝一旦登遐④，臣愧不能
自死。观朝贵势欲以陛下为乾明⑤，臣出之后，必有大变，复何面
见先帝于地下。”因恸哭。帝及太后皆泣，问计将安出。士开曰：
“臣已得入，复何所虑，正须数行诏书耳。”于是诏出定远青州刺
史，责赵郡王睿以不臣之罪，召入而杀之。复除士开侍中、右仆
射。定远归士开所遗，加以余珍赂之。武平元年，封淮阳王⑥，除
尚书令、录尚书事，复本官悉得如故。

　　世祖时，恒令士开与太后握槊，又出入卧内无复期限⑦，遂与
太后为乱。及世祖崩后，弥自放恣。琅邪王俨恶之⑧，与领军库
狄伏连、侍中冯子琮、御史王子宜、武卫高舍洛等谋诛之⑨。伏连

---

① 方伯：本指古代诸侯中的领袖，是一方之长，所以叫“方伯”，这里指刺史，
　　因为一个州的刺史可以管几个郡的太守，所以也可叫“方伯”。
② 不(fǒu)：同“否”。
③ 觐(jìn 近)：朝见天子。二宫：这里指胡太后和北齐后主。
④ 登遐：也作“登假”(xiá 侠)，本指成仙上升，多用来称帝王之死。
⑤ 乾明：北齐废帝高殷的年号(560)，高殷是显祖文宣帝高洋的长子，天保十
　　年(559)十月即位，第二年乾明元年八月为高洋弟、高欢第六子肃宗孝昭
　　帝高演所篡夺。这里的“乾明”即指废帝高殷而言。
⑥ 淮阳：徐州属郡，治所睢陵即今江苏睢宁。
⑦ 期限：期是时间，限是限止。
⑧ 琅邪王俨：后主弟，世祖武成帝高湛第三子，《北齐书》有传。
⑨ 库狄伏连：《北史》有传。冯子琮：《北齐书》有传。御史王子宜：据琅邪王
　　俨传，王子宜是御史台的治书侍御史。

发京畿军士,帖神武、千秋门外①,并私约束,不听士开入殿。其年七月二十五日旦,士开依式早参②,伏连前把士开手曰:"今有一大好事。"王子宜便授一函云:"有敕令王向台③。"遣兵士防送,禁于治书侍御厅事④,俨遣都督冯永洛就台斩之,时年四十八,簿录其家口⑤。后诛俨等。上哀悼,不视事数日,追忆不已。诏起复其子道盛为常侍⑥,又敕其弟士休入内省参典机密。诏赠士开假黄钺、十州诸军事、左丞相、太宰⑦。……

士开禀性庸鄙,不窥书传⑧,发言吐论,惟以谄媚自资。河清、天统以后,威权转盛,富商大贾,朝夕填门⑨,朝士不知廉耻者多相附会⑩,甚者为其假子,与市道小人同在昆季行列⑪。又有一人士⑫,曾参士开,值疾,医人云:"王伤寒极重,进药无效,应服黄龙汤⑬。"士开有难色,是人云:"此物甚易与⑭,王不须疑惑,请为

①帖:连附,贴近。神武:本作神虎,史官避唐高祖李渊祖李虎名讳改"虎"为"武"。

②早参:早朝。

③台:指御史台。

④厅事:官府办公的地方。

⑤簿录其家口:把他家里的人口用簿子登记起来,准备作为奴婢。

⑥常侍:指散骑常侍。

⑦太宰:相当于三公、三师的高级荣誉职称。

⑧书传:典籍史传。

⑨填门:塞满门庭。

⑩附会:这里是依附、趋附的意思。

⑪市道小人:市井中的商贩小人。昆季:兄弟,长者为昆,幼者为季。

⑫人士:这里就是士人、士大夫。

⑬黄龙汤:陈的粪汁,古人认为可治病。

⑭易与:容易对付。

王先尝之。"一举便尽,士开深感此心,为之强服,遂得汗病愈。其
势倾朝廷也如此。虽以左道事之者①,不问贤愚无不进擢;而以正
理干忤者,亦颇能舍之。士开见人将加刑戮,多所营救,既得免罪,
即命讽喻②,责其珍宝,谓之"赎命物",虽有全济③,皆非直道云。

　　穆提婆,本姓骆,汉阳人也④。父超,以谋叛伏诛。提婆母陆
令萱尝配入掖庭⑤,后主襁褓之中⑥,令其鞠养⑦,谓之干阿奶⑧,
遂大为胡后所昵爱。令萱奸巧多机辩,取媚百端,宫掖之中,独擅
威福⑨。天统初,奏引提婆入侍后主,朝夕左右,大被亲狎,嬉戏
丑亵,无所不为。宠遇弥隆,官爵不知纪极⑩,遂至录尚书事,封
城阳王⑪。令萱又佞媚穆昭仪⑫,养之为母,是以提婆改姓穆氏。
及穆后立,令萱号曰太姬,此即齐朝皇后母氏之位号也,视第一
品⑬,班在长公主之上。自武平之后,令萱母子势倾内外矣,庸劣

---

① 左道:邪法、妖术之类。
② 讽喻:这里是暗示的意思。
③ 全济:救人使免于死。
④ 汉阳:梁州属郡,治所兰仓在今甘肃礼县。
⑤ 掖庭:皇宫中旁舍,宫嫔所住的地方。
⑥ 襁褓(qiǎng bǎo 强保):襁是用来络负小儿的布幅,褓是裹覆小儿的被子,
　　泛指抱负小儿所用的东西。
⑦ 鞠(jū 居)养:养育,抚养。
⑧ 干阿奶:干妈。
⑨ 擅威福:恃势弄权。
⑩ 纪极:终极、限度。
⑪ 城阳:永州属郡,治所在今河南信阳北。
⑫ 穆昭仪:本北齐后主斛律后从婢,后有宠于后主,为昭仪,又代后为皇后,
　　《北齐书》有传。
⑬ 视:比照,相当于。

之徒皆重迹屏气焉①,自外杀生予夺不可尽言②。晋州军败,后主还邺,提婆奔投周军③。令萱自杀,子孙大小皆弃市④,籍没其家。

高阿那肱,善无人也。其父市贵,从高祖起义。那肱为库典⑤,从征讨,以功勤擢为武卫将军。肱妙于骑射,便僻善事人,每宴射之次⑥,大为世祖所爱重。又谄悦和士开,尤相亵狎,士开每为之言,弥见亲待。后主即位,累迁并省尚书左仆射⑦,封淮阴王,又除并省尚书令。肱才伎庸劣,不涉文史⑧,识用尤在士开之下,而奸巧计数亦不逮士开⑨。既为世祖所幸,多令在东宫侍后主,所以大被宠遇。士开死后,后主谓其识度足继士开,遂致位宰辅⑩。武平四年令其录尚书事,又总知外兵及内省机密⑪。尚书郎中源师尝咨肱云⑫:

①重迹:犹重足,即迭足而立,一动也不敢动。屏气:不敢出气。
②杀生予夺:一般都作"生杀予夺",指生死赏罚之权。
③提婆奔投周军:周任穆提婆为刺史,几个月后即和降周的北齐后主高纬等都被安上谋反的罪名处死。
④弃市:处死刑,因为古代有"刑人于市,与众弃之"的讲法,所以这么说。
⑤库典:管库藏的小官吏。
⑥次:所在之处。
⑦并省尚书左仆射:当时在晋阳也设置尚书省,就是这里所说的并省,也同样设有尚书令、尚书左右仆射等官职。
⑧文史:文书记事。
⑨计数:计谋。
⑩宰辅:宰相。
⑪外兵:北齐尚书省有相当于后来兵部尚书的五兵尚书,所管五兵中有左外兵、右外兵,前者掌管黄河以南、潼关以东诸州兵,后者掌管黄河以北、潼关以西诸州兵。这里的外兵是京畿以外诸州兵的总称。
⑫源师:《隋书》有传。案源姓本也是鲜卑人,但源师已汉化,于是被高阿那肱斥骂为"汉儿"。咨:询问,请示。

"龙见当雩①。"问师云:"何处龙见?作何物颜色?"师云:"此是龙星见,须雩祭,非是真龙见。"胈云:"汉儿强知星宿②!"其墙面如此③。又为右丞相,余如故。

　　周师逼平阳,后主于天池校猎,晋州频遣驰奏,从旦至午,驿马三至④。胈云:"大家正作乐⑤,何急奏闻!"至暮,使更至,云:"平阳城已陷,贼方至。"乃奏知。明早旦,即欲引军,淑妃又请更合一围⑥。及军赴晋州,令胈率前军先进,仍总节度诸军。后主谓胈曰:"战是耶,不战是耶?"胈曰:"勿战,却守高梁桥⑦。"安吐根曰:"一把子贼,马上刺取掷着汾河中!"帝意未决,诸内参曰⑧:"彼亦天子,我亦天子,彼尚能远来,我何为守堑示弱⑨?"帝曰:"此言是也。"于是渐进。提婆观战,东偏颇有退者,提婆去曰:"大家去! 大家去!"帝以淑妃奔高梁关。开府奚长谏曰:"半进半退,战之常体。今兵众全整,未有伤败,陛下舍此安之? 御马一动,人情惊乱,且速还安慰之。"武卫张常山自后至,亦曰:"军寻收回,甚整顿,围城兵亦不动,至尊宜回。不信臣言,乞将内参往视。"帝将

---

①龙:星名,东方苍龙七宿的统称。雩(yú于):古代在农历四月里龙星出现后要进行求雨的雩祭。

②强(qiǎng抢)知:硬要懂,硬装懂。

③墙面:如面对墙壁,一无所见,用来比喻人的不学无术。

④驿马:驿站的马,供传递公文信息用。

⑤大家:指皇帝,指北齐后主。

⑥淑妃:冯淑妃,《北史》有传。更合一围:当时皇室显贵打猎都把猎区四面包围然后射猎,叫"合围"。更合一围,就是再围猎一次。

⑦高梁桥:晋州平阳郡平阳县有高梁城,高梁桥即在附近汾水上。

⑧内参:宦官。

⑨堑(qiàn欠):壕沟。

从之,提婆引帝肘曰①:"此言难信。"帝遂北驰。有军士告称:"那肱遣臣招引西军,今故闻奏。"后主令侍中斛律孝卿检校②,孝卿云:"此人妄语。"还至晋,那肱腹心告肱谋反,又以为妄,斩之。乃颠沛还邺③,侍卫逃散,唯那肱及内官数十骑从行。后主走度太行后④,那肱以数千人投济州关⑤,仍遣觇候⑥,每奏:"周军未至,且在青州集兵,未须南行。"及周将军尉迟迥至关⑦,肱遂降。时人皆云肱表款周武⑧,必仰生致齐主⑨,故不速报兵至,使后主被擒。肱至长安,授大将军,封公,为隆州刺史⑩,诛。……

　　韩凤,字长鸾,昌黎人也⑪。父永兴,青州刺史。凤少而聪察,有膂力⑫。善骑射,稍迁都督。后主居东宫,年幼稚,世祖简都督二十人送令侍卫,凤在其数。后主亲就众中牵凤手曰:"都督看儿来。"因此被识,数唤共戏。后主即位,累迁侍中、领军,总知内省机密。祖珽曾与凤于后主前论事,珽语凤曰:"强弓长矛,无容相谢;军国谋算,何由得争。"凤答曰:"各出意见,岂在文武优

①肘(zhǒu帚):人和四足动物的上臂与前臂交接部分。

②检校(jiào叫):察看,查核。

③颠沛:狼狈,困顿。

④太行(háng杭):太行山,在山西高原和河北平原间,从晋阳到邺必须横度太行山。

⑤济州关:济州州城之北是临黄河的碻磝(qiāo áo 敲熬)津,有关。

⑥觇候:侦伺。

⑦尉迟迥(jiǒng窘):《周书》有传。

⑧款:投顺,归顺。

⑨仰:旧时上对下文书中的命令式用语,"仰"什么,就是叫办什么。

⑩隆州:州及所属盘龙郡的治所均在今四川阆(làng浪)中。

⑪昌黎:郡名,治所昌黎即今辽宁义县。

⑫膂(lǚ旅)力:膂本指脊骨,膂力就是筋力、体力。

劣。"封昌黎郡王,男宝行尚公主,在晋阳赐第一区①。其公主生男昌满月,驾幸凤宅,宴会尽日。军国要密,无不经手,与高阿那肱、穆提婆共处衡轴②,号曰"三贵",损国害政,日月滋甚。寿阳陷没③,凤与穆提婆闻告败,握槊不辍,曰:"他家物,从他去。"后帝使于黎阳临河筑城戍,曰:"急时且守此作龟兹国子④,更可怜人生如寄,唯当行乐,何因愁为?"君臣应和若此。其弟万岁及二子宝行、宝信并开府仪同。宝信尚公主,驾复幸其宅,亲戚咸蒙官赏。

凤母鲜于,段孝言之从母子姊也⑤,为此偏相参附⑥。奏遣监造晋阳宫,陈德信驰驿检行,见孝言役官夫匠自营宅,即语云:"仆射为至尊起台殿未讫,何容先自营造?"凤及穆提婆亦遣孝言分工匠为己造宅,德信还具奏闻。及幸晋阳,又以官马与他人乘骑。上因此发忿,与提婆并除名,亦不露其罪,仍毁其宅,公主离婚,复被遣向邺吏部门参⑦。及后主晋阳走还,被敕入内,寻诏复爵,从后主走度河,到青州,并为周军所获。

凤于权要之中,尤嫉人士,崔季舒等冤酷,皆凤所为。每朝士咨事,莫敢仰视,动致呵叱,辄詈云⑧:"狗汉大不可耐,唯须杀却。"

---

①区:古人常以"区"称第宅,这里的"赐第一区"就是赐第宅一所。

②衡轴:本指观测天体仪器上可以旋转的横管,引申比喻中枢要职。

③寿阳陷没:这是北齐扬州梁郡的治所寿阳,即今安徽寿县。武平四年(573)陈伐齐,齐军大败,寿阳等城都被攻下。

④龟(qiū丘)兹国子:龟兹是古西域城国名,在今新疆库车一带。当时北齐朝廷有些人受西域文化影响,所以会说"作龟兹国子"的话,"龟兹国子"就是龟兹国主的意思。

⑤段孝言:《北齐书》有传。

⑥参附:拉拢依附。

⑦门参:旧时下级晋谒上级叫参,门参就是登门参见。

⑧詈(lì利):骂。

若见武职，虽厮养末品亦容下之①。仕隋，位终于陇州刺史②。

　　韩宝业、卢勒叉、齐绍，并高祖旧左右，唯门阉驱使③，不被恩遇。历天保、皇建之朝，亦不至宠幸，但渐有职任，宝业至长秋卿④，勒叉等或为中常侍⑤。世祖时有曹文摽、邓长颙辈⑥，亦有至仪同食干者。唯长颙武平中任参宰相，干预朝权。后宝业、勒叉、齐绍、子徵并封王，不过侵暴。于后主之朝，有陈德信等数十人，并肆其奸佞，败政虐人，古今未有。多授开府，罕止仪同，亦有加光禄大夫金章紫绶者⑦，多带中侍中、中常侍，此二职乃数十人，又皆封王、开府。恒出入门禁，往来园苑⑧，趋侍左右，通宵累日，承候颜色，竞进谄谀，莫不发言动意，多会深旨。一戏之赏⑨，动逾巨万⑩，丘山之积，贪奢无厌。犹以波斯狗为仪同、郡君⑪，分其干、禄。神兽门外有朝贵憩息之所⑫，时人号为解卸厅。诸阉或在内多日，暂

---

①厮养：服贱役供使唤的人。末品：旧时认为地位最低下的人。容下：容是接纳，下是谦让，容下就是谦和接待。

②陇州：治所汧源在今陕西陇县东南。

③门阉（yān 烟）：看门的宦官。驱使：驱遣役使。

④长秋卿：长秋寺的长官，专用宦官，掌管宫阁。

⑤中常侍：宦官的办事机构中侍中省设中侍中二人，中常侍四人。

⑥摽：音 biāo（标）。

⑦光禄大夫金章紫绶：光禄大夫一般是银的印章、青的绶带，即所谓银青光禄大夫；地位更高则金的印章、紫的绶带，即所谓金紫光禄大夫。

⑧园苑：指皇帝的园苑。

⑨戏：指当时的乐舞、百戏即杂技之类，后来的戏曲在这时还未出现。

⑩巨万：万万，形容数目极大。

⑪波斯狗为仪同、郡君：公狗为仪同，母狗为郡君。

⑫神兽门：本作神虎门，史官避唐高祖李渊祖李虎名讳改"虎"为"兽"。憩（qì气）：休息。

放归休,所乘之马牵至神兽门阶,然后升骑,飞鞭竞走,数十为群,马尘必坌①。诸朝贵爱至唐、赵、韩、骆②,皆隐听趋避,不敢为言。

高祖时有苍头陈山提、盖丰乐、刘桃枝等数十人,俱驱驰便僻,颇蒙恩遇,天保、大宁之朝渐以贵盛,至武平时皆以开府、封王,其不及武平者则追赠王爵。又有何海及子洪珍皆为王,尤为亲要。洪珍侮弄权势,鬻狱卖官③。

又有史丑多之徒胡小儿等数十,咸能舞工歌,亦至仪同、开府,封王。

诸宦者犹以宫掖驱驰,便烦左右④,渐因昵狎,以至大官。苍头始自家人,情寄深密,及于后主,则是先朝旧人,以勤旧之劳,致此叨窃⑤。至于胡小儿等眼鼻深崄⑥,一无可用,非理爱好,排突朝贵⑦,尤为人士之所疾恶。其以音乐至大官者,沈过儿官至开府仪同,王长通年十四五便假节通州刺史⑧。……

【翻译】

……

和士开,字彦通,是清都临漳人。先人是西域商胡,本来姓素

---

① 坌(bèn 笨):尘埃四起。
② 唐、赵、韩、骆:当指唐邕、赵彦深和韩凤、穆提婆,穆提婆本姓骆,唐邕、赵彦深《北齐书》均有传。
③ 鬻狱:审判案件谁贿赂多就让谁胜诉。卖官:谁出钱就让谁做官,要做高官就得多出钱。
④ 便烦:伺候奔走。
⑤ 叨(tāo 滔)窃:才能本不胜任而据有其位。
⑥ 崄(xiǎn):同“险”。
⑦ 排突:排挤冒犯。
⑧ 通州:北齐无通州,地望不详。

和。父名安,谦恭明敏善于侍奉人,升迁中书舍人。魏孝静帝曾在夜里和朝里的名贤一起谈论,叫和安去看斗柄指到了哪里,和安回答道:"臣不识北斗。"高祖知道了,认为他淳朴正直。后来他做到仪州刺史。

和士开从小聪慧,选为国子学生,领会理解很敏捷,为同学习的人所推重。天保初年,世祖封长广王时,征用和士开做王府的行参军。世祖喜欢玩握槊,和士开善于这游戏,于是有这征用。加以和士开为人狡诈会逢迎,又能弹胡琵琶,因此能和世祖亲狎。曾对世祖说:"殿下不是天人,是天帝啊!"世祖说:"卿不是世人,是世神啊!"两人相爱到如此程度。显祖知道和士开轻佻浮薄,不让世祖和小人亲近,斥责他们戏狎过度,把和士开迁往长城。后来除授和士开京畿大都督府的士曹参军,还是长广王请求来的。

世祖登位,多次升迁和士开为侍中,加开府。和士开母刘氏死,世祖知道了悲伤惋惜,派武卫将军吕芬去和士开的第宅,日夜招呼着,到和士开成服后才离开。这天,世祖又派犊车迎接和士开进宫,世祖和他见面,亲自握他的手,悲伤得流眼泪,对他开导了好久,才送他回去,和他四个弟弟都起复仍做原来的官职。和士开就是如此地被亲信重用。又除授和士开为右仆射。世祖原先有气疾,喝了酒就大发作,和士开每次劝谏都不听。这次逢上气疾又发作,还要喝酒,和士开流泪抽咽说不出话。世祖说:"卿这是不言之谏。"就此不再喝。和士开说话举动,极其鄙亵,黑夜接着白天,不讲君臣之礼,甚至对世祖劝说:"从古以来的帝王,统统成为灰烬,尧、舜也好,桀、纣也好,最终有什么两样?陛下应该趁少壮之时,尽情作乐,爱怎么办就怎么办,快活一天顶上一千年,国事吩咐给大臣,不会弄不好,犯不着让自己吃苦啊!"世祖大为高兴。这年(568)十二月,世祖病倒在乾寿殿,和士开进去侍奉医药,世祖说和士开有伊尹、霍光的大才,恳切地对他嘱咐后事,临崩逝前,握着和士开的手说:"不要辜负我啊!"就死在和士开手中。

后主因为世祖顾托,对和士开极其委任依仗。和士开在这以前又得幸于胡太后,所以更显得亲密。赵郡王高睿和娄定远等想把和士开弄出去,招引显贵们一起策划。正好胡太后在前殿请朝廷显贵喝酒,高睿就当面陈诉和士开的罪过,说:"和士开是先帝的弄臣,是城狐社鼠,收受财贿,秽乱宫掖,臣等在道义上无法闭口,冒死来陈说。"胡太后说:"先帝健在的时候,王等为什么不说,今日要欺侮我们孤儿寡妇啊?喝酒就是,不要多说了!"高睿的话和脸色却更严厉。有的说:"不把和士开弄出去,朝野都安定不了。"高睿等有的把冠抛到地上,有的拂衣而起,言词咆勃,什么都做出来了。第二天,高睿等一起来到云龙门,叫元文遥进去奏请,胡太后不听。段韶叫胡长粲传话,胡太后说:"梓宫在殡,事太匆忙,要王等再思量。"高睿等就都拜谢,再没有别的话。胡太后和后主召见和士开来问话,和士开说:"先帝在百官之中,对臣最为恩重,陛下才谅闇,大臣都有觊觎之心,如果把臣弄出去,正是剪掉了陛下的翅膀。应对高睿等说:'让和士开出任州刺史,等山陵事毕,然后叫他动身。'高睿等认为臣真的出去,一定暗暗喜欢。"后主和胡太后以为不错,按照和士开的办法告诉高睿等人,派和士开出任兖州刺史。到山陵事毕,高睿等催促和士开上路。和士开载了美女、珠帘还开列了珍宝玩好去见娄定远,致谢道:"诸贵要杀士开,承蒙王特赐士开性命,用士开做方伯。如今要告别了,谨送上二名女子、一挂珠帘。"娄定远很高兴,对和士开说:"还想回京里吗?"和士开说:"在里边日子长了,常不自安,如今得出去,真称本心,不愿再回来,只求王多加保护,让长久做大州刺史。现在要远出了，想辞别一下二宫。"娄定远允许了。和士开因此得见胡太后和后主，进说道："先帝一旦登遐，臣惭愧不能自死。看起来朝廷显贵们将要把陛下当作乾明帝，臣外出之后，必定会有大变乱，臣还有什么面目见先帝于地下。"接着就痛哭。后主和胡太后也都哭了，问有什么办法。和士开说："臣已经进来了，还怕什么，只要几行诏书就行了。"于是下诏叫娄定远出任青州刺史，斥责赵郡王高睿不臣之罪，召进来杀掉。重新除授和士开侍中、右仆射。娄定远归还和士开赠送的，又加上别的珍宝来贿赂他。武平元年(570)，和士开封为淮阳王，除授尚书令、录尚书事，所恢复的本来官职照旧不动。

在世祖时，常叫和士开和胡后握槊，又出入卧室不讲时间没有限制，就和胡后淫乱。到世祖崩逝后，就更加放肆。琅邪王高俨对此极为憎恨，和领军厍狄伏连、侍中冯子琮、御史王子宜、武卫高舍洛等策划杀掉和士开。厍狄伏连征发京畿兵士，驻扎在神虎门、千秋门外，并且私自约束，叫他们不让和士开进入宫殿。这年(571)七月二十五日清晨，和士开照例早朝，厍狄伏连走上前握住和士开的手说："现在有一件大好事。"王子宜就递上一函道："有敕叫王去御史台。"派兵士押送，拘禁在治书侍御的厅事，高俨派都督冯永洛去御史台把和士开斩首，和士开这时四十八岁，还把和士开的家口也簿录起来。后来后主把高俨等杀掉。后主哀悼和士开，为了他几天不上朝听政，不停地想念他。下诏起复他的儿子和道盛任常侍，又敕令他弟和士休进入内省参预机密。下诏赠和士开假黄钺、十州诸军事、左丞相、太宰。……

和士开秉性庸陋鄙下，不看书传，谈话发议论，都为了谄媚。河清、天统以后，他威权转盛，富商大贾，朝夕塞满他门庭，朝士中不知廉耻的多趋附他，甚至做他的干儿子，和市井小人同居兄弟行列。又有一个士人,曾参见和士开,正好和士开生病,医生说:"王伤寒很重,吃药没有用,要服黄龙汤。"和士开面有难色,这人说:"这东西好对付,王不用疑惑,我给王先尝一尝。"一举碗就喝完,和士开深感这人的心意,给勉强喝下,就出上一身汗把病治好了。和士开的势倾朝廷到如此地步。即使用左道来讨好和士开,他也不问贤愚统统把人家提拔;但坚持正当道理触犯了和士开,却还常能不予计较。和士开看到人家将受刑被杀戮,会多方营救,人家免了罪,他就暗示人家,叫献上珍宝,称之为"赎命物",虽然救了不少命,都不是走的正道。

穆提婆,本来姓骆,是汉阳人。父名超,因谋叛被杀。穆提婆母叫陆令萱的曾发配进掖庭,当时后主在襁褓之中,叫她抚养,称她为干阿奶,就此大受胡后的昵爱。陆令萱此人奸巧多机辩,多方献媚,在官掖之中,独擅威福。天统初年,奏请引提婆入侍后主,早晚伴随左右,大受亲狎,嬉戏丑亵,什么事情都做得出来。就这样受到的恩宠越来越深重,官爵也赏赐得没有个限度,直做到录尚书事,封城阳王。陆令萱又献媚穆昭仪,让穆昭仪把她作为养母,于是提婆也改姓了穆。到穆昭仪立为皇后,陆令萱就号称太姬,这太姬是齐朝皇后之母的名位称号,相当于官爵的第一品,班次还在公主之上。从武平以后,陆令萱母子势倾内外,庸劣之徒都为之重迹屏气,此外生杀予夺的事情就更多得说不完。到晋州战败,后主逃回邺城,穆提婆出奔投降周军。陆令萱自杀,子孙大小都弃市,家被籍没。

高阿那肱,是善无人。父名市贵,追随高祖起义。高阿那肱做库典,跟着征讨,出力有功升擢武卫将军。高阿那肱精于骑射,侍奉人很会逢迎谄媚,每当宴射场合,很受世祖爱重。又讨好和士开,相亲相狎,和士开常替他说话,使他更受亲待。后主即位,多次升任并省尚书左仆射,封淮阴王,又除授并省尚书令。这高阿那肱才技庸劣,不懂文史,识见作用还在和士开之下,而奸巧谋算也赶不上和士开。既为世祖所亲幸,常叫他在东宫侍奉后主,所以大受宠遇。和士开死后,后主说他的见识度量可以接得上和士开,就让他做上宰相。武平四年(573)叫他录尚书事,还总管外兵和内省的机密。尚书郎中源师曾向他请示:"龙出现该雩了。"他问源师:"龙在哪里出现,什么模样什么颜色?"源师说:"这是龙星出现,该雩祭,不是真的活龙出现。"他说:"汉儿硬装懂什么星宿!"不学无术到如此地步。又任右丞相,其余官职都照旧不动。

周军进逼平阳,后主在天池打猎,晋州不断派人驰奏,从清早到中午,驿马到了三次。高阿那肱说:"大家正在寻欢乐,急着奏闻干什么!"到傍晚,使者又来到,说:"平阳城已失陷,贼兵正到来。"这才奏上让后主知道。第二天清早,正准备出动大军,冯淑妃又请求再合一围。到大军前往晋州,派高阿那肱率领前军先行进发,并让总节制调度各军。后主问高阿那肱:"战好,还是不战好?"高阿那肱说:"不要出战,要退守高梁桥。"安吐根说:"一把子贼,马上刺着掷到汾河里去!"后主定不了主意,内参们说:"人家是天子,我们这边也是天子,人家尚且能远道而来,我们干什么守堑示弱!"后主说:"这话对。"于是让大军推进。穆提婆在观战,齐军东偏有许多人在后退,穆提婆就逃跑说:"大家快跑!大家快跑!"后主就带了冯淑妃跑向高梁关。开府奚长谏止道:"半进半退,在战争中是常见的事情。如今兵众齐整,并未伤败,陛下丢下将到哪里去?御马一动,人情惊乱,赶快回去安抚住。"武卫张常山从后面赶来,也说:"兵马很快就收回,很整齐,围晋州城的兵也没有动,至尊该回去。如果对臣的话不相信,请派内参去看。"后主将听从。穆提婆拉着后主的手腕说:"这话靠不住。"后主就往北快跑。有个军士报告说："高阿那肱派臣招引西军,现在得奏闻。"后主叫侍中斛律孝卿查核,斛律孝卿说:"这人在胡说。"回到晋阳,高阿那肱的心腹报告阿那肱谋反,又认为不真实,把这心腹斩首。接着后主狼狈地回邺城,侍卫逃散,只剩下高阿那肱和宦官几十骑跟随。后主越过太行山后,高阿那肱带了几千人前往济州关,并派人觇候,屡次上奏说:"周军还没有到,可在晋州招集兵马,不须去南边。"到周将军尉迟迥来到关前,高阿那肱就投降了。当时人都说高阿那肱早已上表归顺了周武帝,一定是周武帝要叫活捉齐主,所以不把周军行动从速报告,让后主被擒获。高阿那肱到了长安,授予大将军,封公,出任隆州刺史,被杀掉。……

　　韩凤,字长鸾,是昌黎人。父名永兴,任青州刺史。韩凤年轻时就聪明,有膂力,善于骑射,稍升迁到都督。后主在东宫时,年纪幼小,世祖挑选都督二十名送去做侍卫,韩凤在其中。后主在这些都督中亲自拉上韩凤的手说:"都督看儿来了。"因此被后主相识,常叫来一起戏耍。后主即位,多次升迁到侍中、领军,总管内省机密。祖珽曾和韩凤在后主面前讨论问题,祖珽对韩凤说:"强弓硬矛,你自不用相让;军国谋算,怎能和我相争。"韩凤回答道:"各出意见,岂因文武而有优劣。"韩凤被封为昌黎郡王,子宝行尚公主,在晋阳赏赐第宅一区。这公主生男孩叫做昌的满月,后主驾幸韩凤第宅,宴会一整天。军国机密要务,没有不经韩凤之手,和高阿那肱、穆提婆共处中枢,号称"三贵",损国害政,一天天更甚。寿阳被攻陷,韩凤和穆提婆得到败报,仍握槊不歇手,说:"人家的东西,随他去。"后来后主叫在黎阳临黄河处筑城戍,说:"紧急时可守住这里作个龟兹国子,更可怜人生如寄,唯当行乐,发愁干什么?"君臣之间就如此地一唱一和。韩凤弟万岁和二子宝行、宝信都当上开府仪同。宝信尚公主,后主又驾幸韩凤的第宅,亲属都蒙受官赏。

韩凤母鲜于氏,是段孝言的从母子之姊,因此互相拉拢依附。奏派段孝言监造晋阳宫,宦官陈德信驰驿去检查,发现段孝言役使公家的工匠给自己营造第宅,就说:"仆射给至尊起造台殿还未完毕,怎好先给自己营造?"韩凤和穆提婆也叫段孝言分派工匠给自己造第宅,陈德信回去都一一奏报。到后主临幸晋阳时,韩凤又把官马给别人骑。后主因此发怒,把韩凤和穆提婆都革除官爵,也不公布罪状,把他的第宅毁掉,公主也离婚,还被派到邺城的吏部去门参。到后主从晋阳逃回,才接到敕令入内,不久下诏恢复他的封爵,跟随后主出逃过黄河,到青州,都被周军俘获。

韩凤在权贵显要中间,是最憎恨士人的一个,崔季舒等人被冤杀,都是韩凤干下的。每当朝士有事情向他请示,都不敢抬头看他,动辄被他呵叱,叱骂说:"狗汉大不可耐,只该杀却。"如见到武职,即使厮养末品也谦和接待。在隋朝做官,做到陇州刺史。

韩宝业、卢勒叉、齐绍,都是高祖旧日身边的宦官,只是作为门阁受驱使,没有受到什么恩遇。经历天保、皇建两朝,也没有被宠幸,只是逐渐有了官职,韩宝业做到长秋卿,卢勒叉等有的做上中常侍。世祖时宦官有曹文摽、邓长颙等,也有做到仪同还食干的,其中只有邓长颙在武平年间参与宰相之职,干预朝政。后来宝业、勒叉、齐绍,还有个子徽都封了王,还不过于侵暴。在后主朝,有陈德信等几十人,都极尽奸佞,败政虐人,为古今所未有。多除授开府,很少止于仪同,也有加光禄大夫金章紫绶的,多带中侍中、中常侍,带这两个官职有几十人,又都封王、开府。经常出入宫禁,往来园苑,趋侍左右,通宵累日,承候皇上的脸色,争着谄媚阿谀,一开口一动念头,都没有不迎合旨意。一次乐舞、百戏的赏赐,动逾巨万,家财积得像丘山似的,还贪奢无厌。还把波斯狗封为仪同、郡君，分食相应的干、禄。神虎门外有朝贵休息的地方，当时叫做解卸厅。宦官们有的在内廷多日，暂时放回休假，所骑的马牵到神虎门阶，就上马挥鞭抢着走，几十骑一群，马尘四起，朝贵们如唐、赵、韩、骆等人，都隐忍趋避，不敢说什么。

高祖时有苍头陈山提、盖丰乐、刘桃枝等几十人，都驱驰迎合，颇蒙受恩遇，在天保、大宁两朝逐渐贵盛，到武平朝都开府、封王，没有活到武平朝的就追赠王爵。又有个何海和儿子何洪珍都封王，尤其亲要。何洪珍玩弄权势，鬻狱卖官。

又有史丑多之流胡小儿几十人，都能舞善歌，也做到仪同、开府，封了王。

这些宦官还是靠着在宫掖供驱驰，在左右勤伺候，逐渐昵狎，做上了大官。苍头则开始只是家人，关系深密，到了后主手里，成为了先朝旧人，凭借旧人勤劳，得以叨窃高位。至于胡小儿等眼鼻深险，一无可用，依靠皇上的非理爱好，敢于排突朝贵，尤为士人所憎恨厌恶。其中靠音乐做上大官的，有沈过儿做到开府仪同，王长通十四五岁就假节通州刺史。……

周书选译

前　言

　　我国历史上叫周的朝代有好几个。最古老的是商、周的周，周文王、武王打出来的周，要细分还分为西周、东周。以后南北朝时北朝有个周，为区别古老的周后人称它为北周，又因为它的皇帝姓宇文称它为宇文周。唐以后五代的最后一代又叫周，史书上称它为后周。如果再要数，降清的汉奸吴三桂后来反清时还曾建国号为周。这个《周书》是我国大型史书"二十四史"里的一史①，排列在《北齐书》之后，《隋书》之前，有点历史常识的读者就一定会说这是讲述北周历史的史书。

　　这话是讲对了，但还不完全对，因为这部《周书》还不仅仅讲述北周的历史。有点历史常识的读者都知道，南北朝的北朝先是少数民族鲜卑族人做皇帝，建立的朝代叫魏，后人为了区别于以

①"二十四史"：在南宋时是"十七史"，即《史记》、《汉书》、《后汉书》、《三国志》、《晋书》、《宋书》、《南齐书》、《梁书》、《陈书》、《魏书》、《北齐书》、《周书》、《隋书》、《南史》、《北史》、《新唐书》、《新五代史》十七种。明代加上《宋史》、《辽史》、《金史》、《元史》叫"二十一史"。清乾隆四年（1739）加上新修的《明史》和原有的《旧唐书》一式刊刻成"二十三史"，乾隆四十九年（1784）又加刻《旧五代史》成为"二十四史"。民国时北洋政府承认柯劭忞编写的《新元史》为正史，北洋政府自己又编写了《清史稿》。以后把《新元史》或《清史稿》加上去叫"二十五史"，两种全加上叫"二十六史"。

前三国时曹家的魏也称它为北魏。这个北魏后来迭经战乱政权落到了军人高欢的手里。北魏永熙三年(534)孝武帝元修从京城洛阳西逃长安,投靠在西边掌权的另一个军人宇文泰。高欢就另立了个元氏宗室元善见做皇帝,并且迁都到邺城,这样一个魏就分裂成东、西。东魏孝静帝元善见做了十七年傀儡皇帝,在武定八年(550)为高欢次子高洋所取代,由高家的北齐朝代替了东魏。西魏的寿命稍为长一点,经历了文帝元宝炬、废帝元钦、恭帝拓跋廓三个傀儡皇帝,到宇文泰死后恭帝三年(556)冬天才为宇文氏的北周所取代。这样,后来撰写北周和北齐史书的人就不好只写北周、北齐正式建立以后,因为这样写就无法把两个政权初期的历史写进去,会成为有身子缺脑袋的东西。所以编进"二十四史"里的《周书》和《北齐书》都分别从宇文泰和高欢写起,包括在西魏、东魏很活跃但到北周、北齐已去世的人物也写进书里。《北齐书》写到幼主高恒承光元年(577)北周灭北齐,《周书》写到静帝宇文阐大定元年(581)杨坚建立隋朝取代北周。这么做看起来内容和书名有点矛盾,但从保持史事的完整性来讲,倒不失为一种妥善的方法。

讲了《周书》起讫,再给读者讲《周书》的编写。我国古代史书的编写一般用两种体裁。一种叫编年体,现存最早的是《春秋》,是按照春秋时鲁国各个国君在位的年月日编写的史书。后来最有影响的大型编年史书是北宋时司马光的《资治通鉴》,是从东周威烈王二十三年(前403)到五代后周世宗显德六年(959)一千三百六十二年之间按年月日编写的史书。这是一种体裁。再一种体裁叫纪传体,创始于西汉时司马谈、司马迁父子的《史记》,其中有本纪、表、书、世家和列传。接着东汉时班固撰写《汉书》,把书改称志,把世家也写成列传,成为了本纪、志、表、列传四个部分,后来历代修史的多数按照这个模式写下去。这四部分中又以本纪和列传最占地位。本纪也简称为纪，一般一个皇帝一个纪，但除开国皇帝外很少写皇帝自身的事情，实际上是用皇帝年号来纪年的编年史，和上面所说的《资治通鉴》差不多，只是不可能记载得那么详细。列传也简称为传，多数是给政治上的重要人物如宰相、大臣、大将等写传，另外后妃、皇子也得写传，最后还要写类传和四裔传，类传如儒林传、循吏传之类，四裔传记述少数民族和外国的事情。至于志，是对天文地理、典章制度等多方面的记述。表，是把文字叙述不方便的史实用表的形式列出来，如年表、职官表之类。但有的史书不编写表，有的连志也缺掉不曾写，纪和传则总是有的，所以习惯上称这种史书为纪传体史书。这种纪传体史书比单纯编年的内容更完备，所以人们又常把它称为"正史"。前面说的"二十四史"包括《周书》在内就是这种纪传体的"正史"。

　　讲了《周书》编写的体裁，再介绍编写者和编写的过程。编写者是谁？打开《周书》，上面写着"唐令狐德棻等撰"①。但这位令狐德棻是在北周灭亡后才出生的，怎么能够把北周以至西魏的事情知道得那么清楚，来写成这部《周书》呢？不要紧，因为在这以前早有人给他们准备好素材了。原来我们祖先有个重视历史记载的好习惯，统治者很早就知道要设置史官来记录自己的历史。前面说过的编年体史书《春秋》，就是鲁国史官记录编写的，撰写纪传体史书《史记》的司马谈、司马迁父子，也都是西汉的太史令。到了东汉时候，这种设置史官记录编写本朝历史——即所谓国史

————————

① 令狐德棻(fēn 分)：《旧唐书》有传，说他在唐高宗乾封元年(666)去世，享年八十四岁，推算起来，隋文帝开皇三年(583)也就是北周灭亡后的第三年他才出生。

的一套制度更加健全起来,以后各个朝代都设有秘书监、秘书省来编写国史。西魏、北周自不例外,也设置了秘书省,任命了主管秘书省的秘书监、秘书丞,下面还任命了几位著作郎和著作佐郎,从大统十四年(548)柳虬出任秘书丞后就承担起编写国史的工作①。后来实行官制改革,把著作郎改称著作上士,著作佐郎改称著作中士,归春官府的外史下大夫领导,编写国史的工作仍旧没有停顿。这就给以后的北周纪传体"正史"准备好素材,以后正式编写可以这些素材为基础作加工补充。正式编写是在杨坚取代北周建立隋朝以后,编写者是隋朝著名的文臣牛弘②。牛弘在隋文帝杨坚开皇初年出任秘书监,以后又历任礼部尚书、吏部尚书等要职,编写的纪传体《周史》有十八卷,可惜并没有写完。唐高祖李渊武德五年(622),前面所说的令狐德棻出任秘书丞,他向李渊建议编写南朝梁、陈、北朝北齐、北周以及隋的纪传体"正史",因为这五个朝代的纪传体"正史"都还没有编写成功。李渊接受了这个建议,还安排了编写人员,周史就叫令狐德棻和侍中陈叔达、太史令庾俭承担③。到武德九年(626)李渊退位、唐太宗李世民即位还不曾编写好。于是在贞观三年(629)李世民再下诏编写这五部"正史",周史仍叫令狐德棻编写,不过合作者换了秘书郎岑文本④,令狐德棻还奏请殿中侍御史崔仁师来协助⑤,此外,李世民又叫令狐德棻统一协调这五史的编写工作。贞观六年

---

① 柳虬:《周书》有传。

② 牛弘:《隋书》有传。

③ 陈叔达:《旧唐书》有传。庾俭:《隋书》有传。

④ 岑文本:《旧唐书》有传。

⑤ 崔仁师:《旧唐书》有传。

(632)令狐德棻升任礼部侍郎,岑文本也升任了中书侍郎,但编写周史的工作仍由他们继续承担,到贞观十年(636)和其他四史同时编写完成进呈给李世民。正式的书名和此前的"正史"一样都叫"书",所以这部周史就叫《周书》。全书一共五十卷,包括本纪八卷和列传四十二卷,本纪依次记了文帝宇文泰、孝闵帝宇文觉、明帝宇文毓、武帝宇文邕、宣帝宇文赟、静帝宇文阐,文帝宇文泰、武帝宇文邕事情多各占二卷,其余诸帝人各一卷。列传则从皇后、诸王开始,以儒林、孝义、艺术三个类传和附庸萧詧政权以及记载少数民族和外国的异域传结束,中间是将相和其他重要人物的列传。没有编表,也没有写志。这五史的志是在贞观十五年(641)李世民下诏叫于志宁等统一编写①,到高宗李治永徽元年(650)令狐德棻也奉命监修这五史的志。一共写了礼仪、音乐、律历、天文、五行、食货、刑法、百官、地理、经籍十个志计三十卷,在高宗显庆元年(656)由长孙无忌进呈②,称为《五代史志》,后来编进《隋书》里。要查北周的志应到《隋书》里去查,不好把没有志算作《周书》的缺漏。

　　《周书》这五十卷纪传写得怎么样? 这要看从哪个角度来讲。从是否符合今天的要求,也就是说是否符合马克思主义的史学观点来讲,是否重视经济基础和文化等上层建筑来讲,旧时代编写的《周书》当然是不够格的,而且还可以说所有旧时代编写的史书包括《史记》、《资治通鉴》等名著也都是不够格的。但从保存史料、整理史料来讲,尤其从政治史的记述来讲,则不仅《史记》、《资治通鉴》堪称名著绝无愧色,即《周书》等其他旧史书也有其存在、

---

① 于志宁:《旧唐书》有传。
② 长孙无忌:《旧唐书》有传。

有其流传的价值。对此,可分两个层次来说。

第一个层次,这些旧史书至少给我们保存了大量的史料。历史这门科学研究起来是和多数科学不一样的。多数科学像自然科学、技术科学都是研究可以看得见甚至摸得到的东西,社会科学里的经济、政治也多数是研究当前现实的东西,而历史科学却需要研究已经过去了的人类社会现象。尤其是古代史,研究对象和现实生活距离得更远,这就必须凭借古人留下来的文字记载和实物来研究。实物包括考古发掘所得和流传下来的古建筑、古文物,但用来研究当时的历史总嫌零星欠系统,文字记载中的古诗文、古文书等也免不了这个毛病。要讲有系统,有条理,而且内容丰富,不能不首推旧史书,尤其是“二十四史”这样的纪传体“正史”。就《周书》来说,自从令狐德棻等人把它写成后,就再没有一部记载西魏、北周历史比它更详细的专书。《资治通鉴》自然写得不差,但西魏、北周这部分主要还是凭借《周书》的记载。今天我们运用马克思主义可以对西魏、北周写出精湛的研究成果,而根据的史料主要还得来自《周书》。中国历史记载近三千年来不曾中断过,其中也有《周书》的一份功绩。

进一个层次来说,这些旧史书的编写者虽然不可能懂得马克思主义,却至少接受过传统史学的熏陶和训练。因此在保存大量史料的同时,还知道怎样把这些史料编写得更有条理,更能体现出历史的真实,使人们读了可以把这段历史的基本面貌掌握住,尤其把这段历史的政治动态掌握住。《周书》在这方面就做得很成功。例如,读了它的文帝纪和有关列传,就能知道宇文泰一生主要做了两件事。一件是稳固内部,在获得赵贵等人的拥戴,并打掉侯莫陈悦而掌握关中地区军政领导权后,尽量对原先地位和他相等的赵贵、独孤信、于谨等人搞好关系。再一件是以攻为守,和实力远过于自己的高欢打了几次大仗，稳定了东西对峙的局面。宇文泰死时儿子都太小，不能不把实权交付给侄儿宇文护。读晋荡公宇文护传和孝闵帝纪、明帝纪，可以知道尽管孝闵帝宇文觉、明帝宇文毓这两个宇文泰的亲儿子都先后被宇文护杀害，宇文护却真能继承宇文泰的遗志，拉拢于谨，剪除赵贵、独孤信、侯莫陈崇，进一步把权力集中到宇文氏手里。明帝以后即位的是宇文泰的第四子武帝宇文邕，看武帝纪和有关列传，可以知道这是又一位能够继承宇文泰遗志的皇帝。他培植了尉迟运、王轨、宇文神举、宇文孝伯等亲信，齐心协力除掉了宇文护，把政权收归宇文泰嫡系。接着又整军经武攻取北齐，而且吸取了宇文泰进攻洛阳一再失利的教训，改从攻取晋州下手，获胜后一鼓作气拿下了齐都邺城，完成统一北方的大业。宇文邕死后传位长子宣帝宇文赟。看王轨、宇文孝伯等人的传，可以知道当年宇文邕的亲信王轨、宇文孝伯等人在宇文赟即位后就被一一剪除。再看宣帝纪，还可知道这个宇文赟在政治上除乱来一通外毫无建树。到他死后政权就落入他岳父杨坚之手，过不久杨坚就废掉八岁的静帝宇文阐让自己成为隋朝开国的隋文帝，而原先是宣帝亲信的郑译却摇身一变充当了杨坚灭周的好帮手。如果不依靠《周书》这些纪传的陈述，要弄清楚这么复杂的政治斗争史怕不会如此容易。尽管它还缺乏点马克思主义的剖析和解说，如指出这种权力之争是剥削阶级本性所决定，多数无关于个人品德的高下，如指出这种斗争没有多少是非可说，不必经常去比较双方孰优孰劣。但这都是今天的史学工作者应做的事情，不该以此去苛求古人。

　　以上还都是讲内容。讲文笔，《周书》也大体上够水平。例如王罴传里说："沙苑之役，齐神武士马甚盛。太祖以华州冲要，遣使劳罴，令加守备。罴语使人曰：'老罴当道卧，貆子那得过！'太祖闻而壮之。及齐神武至城下，谓罴曰：'何不早降？'罴乃大呼曰：'此城是王罴冢，生死在此，欲死者来！'齐神武遂不敢攻。"寥寥数语就写出了这位将军在强敌面前的英勇气概。宇文孝伯传里说宣帝做太子时西征吐谷浑，"在军有过行，郑译时亦预焉。军还，孝伯及王轨尽以白。高祖怒，挞帝数十，仍除译名"。到宣帝即位，"译又被帝昵。帝既追憾被杖，乃问译曰：'我脚上杖痕，谁所为也？'译答曰：'事由宇文孝伯及王轨。'"又活画出郑译的小人嘴脸。在记述战事上，《周书》也有它高明的手法。如文帝纪记述潼关斩窦泰一役，先说"东魏寇龙门，屯军蒲阪，造三道浮桥度河，又遣其将窦泰趣潼关，高敖曹围洛州"。讲了形势的严重。然后用大段文字讲述太祖文皇帝宇文泰的对策，说："太祖出军广阳，召诸将曰：'贼今掎吾三面，又造桥于河，示欲必渡，是欲缀吾军，使窦泰得西入耳！久与相持，其计得行，非良策也。且欢起兵以来，泰每为先驱，其下多锐卒，屡胜而骄。今出其不意，袭之必克，克泰则欢不战而自走矣。'诸将咸曰：'贼在近，舍而远袭，事若蹉跌，悔无及也。'太祖曰：'欢前再袭潼关，吾军不过霸上，今者大来，兵未出郊，贼顾谓吾但自守耳，无远斗意。又狃于得志，有轻我之心。乘此击之，何往不克？贼虽造桥，不能径渡。此五日中，吾取窦泰必矣，公等勿疑。'"讲清楚了战略，下面打的过程就很简单。"庚戌，太祖率骑六千还长安，声言欲保陇右。辛亥，谒帝而潜出军。癸丑旦，至小关。窦泰卒闻军至，惶惧，依山为阵。未及成列，太祖纵兵击破之，尽俘其众万余人，斩泰，传首长安。高敖曹适陷洛州，执刺史泉企，闻泰之殁，焚辎重弃城走。齐神武亦撤桥而退。"一如宇文泰之所预料。这种该详则详，当简则简，文字既洁净又生动的写法，和公认为记叙文佳作的《左传》城濮之战、《史记·淮阴侯列传》井陉之战等完全可以比美。足见这部旧史书在今天还颇有其可读性,这也是要选它译它的一个原因。

最后给读者谈谈这本《周书选译》的选和注译。

先说选。入选的标准一是要人物比较重要比较知名,二是要照顾到各个方面各种类型,当然还得适当顾及点可读性。这样首先选了宇文泰的文帝纪,因为他是北周政权的创建者,读了他的本纪可以了解这个政权怎样建立并得到巩固。这个政权的建立巩固主要靠军事,所以接着选了几位大将的列传。于谨传的传主于谨始终服从宇文氏政权得保其富贵,赵贵传的传主赵贵则不服从宇文护而被翦除,王罴传的传主王罴体现了英勇忠贞的好品德,尉迟迥传的传主尉迟迥是伐蜀有功却又成为反对杨坚而牺牲的代表人物,这四位武将各有其特色。武将之后选了两位文臣的传记——苏绰传和卢辩传,他俩都是为宇文泰出谋划策改革制度的重要人物。后面再选一位大臣的传——宇文孝伯传,从传主宇文孝伯的升沉荣辱可以看出北周由盛而衰的变化。《周书》不像《北齐书》那样在类传里编写文苑传,幸好在其他列传里还有王褒传、庾信传可入选。王、庾都是大文学家,但又都是从南朝来到关中,不好算北周本地土生土长的人才。类传里从儒林传选了熊安生的传,从艺术传选了赵文深的传,但前者又是从邺城西去关中的,后者的书法在王褒入关后也相形见绌,这些都反映了北周在文化上居于后进这一事实。以上一共选了一个纪十一个传。其中王罴传、尉迟迥传、卢辩传三个传,在有些地方叙事比较简略,有些该记载的没有记载,很可能原本已经缺失,现在传下来的是北宋初年人根据某些删节的本子抄补进去的。但这些删节本既仍源出于《周书》,今天自也可以把它和《周书》原本同等看待,同样选。选时以中华书局出版的点校本为底本,当然在文字上也参用其他旧刻本而不全遵这中华本。中华本的标点、分段有欠允当处,我也重新点过、分过。为简省计这些都不再作说明。

《周书》和很多"正史"一样前人都没有作过注,现在对选出的作注自然颇费气力。其中除一般词语外要注的以人、地名和职官名称居多。地名中州郡只注治所所在和相当于今某省某县,让读者对该州郡的方位得个大体的概念,不再详注全境。职官详注也太占篇幅,只大体注出所属机构和职掌,有时还说明是实职抑虚衔。人名则《周书》和其他"正史"有传的注个某书有传,欲知其详可自行查阅。再是前面已注过的在后面也不再重出。

今译则原则上都用直译,因为读者要读的是原文,译文只对阅读原文起帮助作用,而不是让读者脱离了原文光去欣赏译文。

黄永年(陕西师范大学古籍所)

文帝纪

　　宇文泰在世时并没有做皇帝,而《周书》里仍给他写《文帝纪》并放在全书最前面,是因为他实际上是北周政权的前身——西魏政权的创建者,而且身后被追尊为周朝的文皇帝。这个本纪很长,占了两卷之多。这里只选译了宇文泰创建西魏政权的过程,西魏政权建立后则选译宇文泰和东魏政权的掌握者高欢之间的几次大战争,这些都较有趣味性,可读性。其他过于繁琐的,或流水账式的纪事,就概从节略。(选自卷一至二)

　　太祖文皇帝姓宇文氏①,讳泰,字黑獭②,代武川人也③。其

---

①太祖文皇帝:太祖是周朝给宇文泰的庙号。文皇帝是后来追尊的谥。

②讳泰,字黑獭:黑獭本是宇文泰的胡名,和唐初人刘黑闼(tà 榻)、吴黑闼的"黑闼"是同名异写,汉名"泰"只是胡语"獭"的对音,把胡名"黑獭"雅译成"泰"这个汉名,以后史官又把"黑獭"说成是宇文泰的字。

③代:北魏在道武帝拓跋珪登国元年(386)始称魏,其前从西晋愍帝建兴三年(315)拓跋猗(yī 衣)卢被封为代王起一直称为代。武川:北魏初年为防御北边少数民族柔然的侵扰,在京城平城(在今山西大同东)以北、阴山(内蒙古中部、东西走向、长约 1200 公里的大山脉)南北,自西而东设置沃野(在今内蒙古五原北)、怀朔(在今内蒙古固阳西南)、武川(在今内蒙古武川的西土城)、抚冥(在今内蒙古四子王旗东南的土城子)、柔玄(转下页)

先出自炎帝神农氏，为黄帝所灭①，子孙遁居朔野②。有葛乌菟者，雄武多算略，鲜卑慕之，奉以为主③，遂总十二部落，世为大人④。其后曰普回，因狩得玉玺三纽，有文曰"皇帝玺"，普回心异之，以为天授⑤，其俗谓天曰宇，谓君曰文，因号宇文国，并以为氏焉。

　　普回子莫那，自阴山南徙⑥，始居辽西⑦。……九世至侯豆归，为慕容晃所灭⑧。其子陵仕燕。……魏道武将攻中山⑨，陵从慕容宝御之⑩，宝败，陵率甲骑五百归魏。……天兴初⑪，徙豪杰

（接上页）（在今内蒙古兴和的台基庙东北）、怀荒（在今河北张北）六个军镇称为"六镇"，这里说代武川也就是魏武川镇的意思。后来东魏、西魏的武力主要来自六镇，杨隋、李唐的先人也都和这武川镇有关。

①其先……所灭：《史记》的五帝本纪里说黄帝打败炎帝，代神农氏而为天子，这只是一种神话传说，宇文氏借此自夸是炎帝的后裔，就更不可信。据研究，这宇文氏是我国古代北方少数民族鲜卑的一支，其君长本是更早见于史书的北方少数民族匈奴的贵族，东汉后期鲜卑分为东、中、西三部，宇文氏世代做东部大人即东部的首领。

②朔野：朔是北方，朔野是北边旷野之地。

③葛乌菟（tú）……为主：这也是宇文君长本非鲜卑的证据。

④大人：古代鲜卑、乌桓、契丹等族的部落首领都称大人。

⑤因狩……天授：这当然也是编造的神话。

⑥徙（xǐ）：迁移。

⑦辽西：辽指辽河，在今辽宁省内由东北流向西南入渤海的大河。秦汉时曾设辽西郡，治所阳乐在今辽宁义县西，以后逐渐缩小。这里的辽西泛指辽河河西地区，包括今辽宁西南部和河北东部。

⑧慕容晃（huǎng 谎）：一般作慕容皝（huǎng 谎），十六国时期前燕国君，333—348 年在位。

⑨魏道武：北魏道武帝拓跋珪，386—409 年在位。中山：原为中山郡，治所卢奴即今河北定州，后燕建立者慕容垂以此为都城。

⑩慕容宝：慕容垂之子，后燕国君，396—398 年在位。

⑪天兴：北魏道武帝拓跋珪的年号（398—404）。

于代都①,陵随例迁武川焉。陵生系,系生韬②,并以武略称。

韬生肱③,肱任侠有气干④。正光末⑤,沃野镇人破六汗拔陵作乱⑥,远近多应之。其伪署王卫可孤徒党最盛⑦,肱乃纠合乡里斩可孤,其众乃散。后避地中山⑧,遂陷于鲜于修礼⑨,修礼令肱还统其部众。后为定州军所破,殁于阵⑩。武成初⑪,追尊曰德皇帝。

太祖,德皇帝之少子也。……少随德皇帝在鲜于修礼军。及葛荣杀修礼⑫,太祖时年十八,荣遂任以将帅。太祖知其无成,与

①代都:北魏代郡的治所平城,北魏道武帝皇始三年(398)迁都到这里,所以称代都。

②韬:音 tāo(滔)。

③肱:音 gōng(工)。

④任(rèn)侠:以抑强扶弱为己任称任侠。

⑤正光:北魏孝明帝元诩(xǔ许)的年号(520—525)。

⑥破六汗拔陵:也写作破六韩,北魏孝明帝正光四年(523)在沃野镇起义,得六镇士兵响应,孝明帝孝昌元年(525)战败被杀。

⑦伪署王:站在北魏的立场自然要否定破六汗拔陵的起义,所以不承认破六汗拔陵所封的王爵而称之为"伪署王"。

⑧避地:迁居到某处以避祸患。

⑨鲜于修礼:本是怀朔镇兵,少数民族,鲜于是姓,六镇起义失败后,部众二十余万被安置在冀州(治所与所属长乐郡的治所同在信都,郡今河北冀州)、定州(治所与所属中山郡治所同在卢奴,即今河北定州)和瀛州(治所在赵都军城,即今河北河间),孝昌二年(526)鲜于修礼在定州率这些"降户"起义。

⑩殁(mò末):死亡。

⑪武成:北周明帝宇文毓的年号(557—559)。

⑫葛荣:本是怀朔镇将,参加鲜于修礼起义,鲜于修礼被元洪业所杀,他又杀元洪业,继续斗争,这里说他"杀修礼"是错的。他在这年称天子,国号齐,北魏孝明帝武泰元年(528)他兼并了另一支由柔玄镇兵杜洛周率(转下页)

诸兄谋欲逃避①,计未行。会尔朱荣擒葛荣②,定河北③,太祖随例迁晋阳④。荣以太祖兄弟雄杰,惧或异己,遂托以他罪,诛太祖第三兄洛生。复欲害太祖,太祖自理家冤,辞旨慷慨,荣感而免之,益加敬待。

孝昌二年,燕州乱⑤,太祖始以统军从荣征之⑥。先是,北海

(接上页)领的六镇降户起义军,杀杜洛周,尽有冀、定、瀛、沧(治所饶安,在今河北盐山西南)、殷(治所在南赵郡,在今河北隆尧西)五州之地,但南攻相州(治所与所属魏郡的治所同在邺县,在今河南安阳北)失败,为魏尔朱荣擒杀。

① 诸兄:宇文肱娶妻王氏,生四子,长子宇文颢(hào 号),次子宇文连,三子宇文洛生,四子宇文泰,《周书》都有传,这里的"诸兄"即指颢、连、洛生。

② 尔朱荣:北秀容(在今山西朔县北)的契胡族世袭酋长,尔朱是姓,北魏末年成为最强大的军事集团首领。武泰元年(528)北魏孝明帝为母胡太后毒死,胡太后立孝明帝堂侄元钊为帝,尔朱荣拥立孝庄帝元子攸,进入京城洛阳(在今河南洛阳东),杀胡太后、元钊及王公百官二千多人,后又消灭葛荣等起义军,一度统一北方,永安三年(530)在洛阳被孝庄帝袭杀,尔朱氏残余势力为高欢所消灭。尔朱荣《魏书》有传。

③ 河北:地理上的习惯用语,多数指潼关以东、黄河以北直到海边的广大地区。

④ 晋阳:并州及所属太原郡的治所,在今山西太原西南。

⑤ 燕州:治所及所属广宁郡的治所同在广宁,即今河北涿鹿。燕州在孝昌元年(525)被杜洛周围困,这年五月北魏燕州刺史崔秉弃州城广宁南逃定州,所谓"燕州乱"似指此事,但这年宇文泰尚在葛荣军中,不可能跟随尔朱荣去征讨燕州;这以后孝庄帝永安二年(529)二月有燕州民王庆祖聚众于上党郡(治所壶关城,在今山西长治北),而为尔朱荣讨擒的事情,但上党郡属于并州,不能说"燕州乱"。北魏末年史事记载颇多混乱,像这类事情已难于考订清楚。

⑥ 统军:这里只是统带一支军队的意思,不是正式官职名称,和唐初政府兵的骠骑将军为统军不是一回事。

王颢奔梁①,梁人立为魏主,令率兵入洛,魏孝庄帝出居河内以避之②。荣遣贺拔岳讨颢③,仍迎孝庄帝。太祖与岳有旧④,乃以别将从岳⑤。及孝庄帝反正⑥,以功封宁都子⑦,邑三百户⑧,迁镇远将军、步兵校尉⑨。

万俟丑奴作乱关右⑩,孝庄帝遣尔朱天光及岳等讨之⑪,太祖

---

① 北海王颢:北魏献文帝拓跋弘的孙儿元颢,袭封北海王,反对尔朱荣支持的孝庄帝而逃往南朝,在南朝梁武帝萧衍的支持下进军北上,永安二年(529)曾打进洛阳,后在孝庄帝和尔朱荣进攻下战败被杀,《魏书》有传。又北海王的北海是郡名,这时有王和公、侯、伯、子、男六个封爵等级,上面虽都加个地名,实际上并不真往该处称王称公,所以遇到某某王、某某公时,对所加地名某某就一概不加注,因为注了并无实际意义。

② 河内:司州河内郡,治所野王即今河南沁阳。

③ 贺拔岳:出身武川镇的鲜卑族武将,贺拔是姓,《周书》有传。

④ 有旧:旧是故旧、旧交、旧友,有旧指原先就相识有往来。

⑤ 别将:指另带一支非主力的军队的将领,和唐初政府兵的车骑将军为别将不是一回事。

⑥ 反正:回到原来正常的位置上来,这里指回京城重新做皇帝。

⑦ 子:当时第五等封爵。

⑧ 邑:食邑。这时受了封爵的一般不像先秦和西汉时真到封地去做统治者,而另行规定食邑若干户,即把若干户应缴的赋税作为受封爵者的收入。

⑨ 镇远将军:这是用来酬赏功勋的官品稍高的所谓杂号将军,并无实际职掌。步兵校尉:东汉时设置屯骑、越骑、步兵、长水、射声五校尉,统带禁卫武装,魏晋以来仍设置,北魏这五校尉各设置二十人,算是官品稍高的武职。

⑩ 万俟(mò qí)丑奴:鲜卑族,万俟是姓,万俟丑奴是北魏末年关陇各族起义军首领,孝庄帝建义元年(528)称天子,永安三年(530)战败被俘,送洛阳杀害。关右:古人以西为右,关右也就是关西,这时的关西是指潼关以西地区,主要指关陇即关中、陇西而言,关中即今陕西中部北部,陇西即陕西陇山以西、黄河以东,今甘肃的东南部。

⑪ 尔朱天光:尔朱荣从祖兄之子,后参与尔朱家族对高欢作战,在邺(转下页)

遂从岳入关①,先锋破伪行台尉迟菩萨等③。及平丑奴,定陇右④,太祖功居多,迁征西将军、金紫光禄大夫④,增邑三百户,加直阁将军⑤,行原州事⑥。时关陇寇乱,百姓雕残⑦,太祖抚以恩信⑧,民皆悦服,咸喜曰:"早值宇文使君⑨,吾等岂从逆乱!"……

　　普泰二年⑩,尔朱天光东拒齐神武⑪,留弟显寿镇长安⑫。秦

(接上页)城的韩陵战败被擒杀,《魏书》有传。

① 关:潼关。

② 伪行台:行台是尚书行台的简称,是中央最高行政机构尚书省的临时性地方分支机构,中央尚书省的长官是尚书令,行台的长官也叫行台尚书令,但常省称为行台。这个行台是万俟丑奴任命的,站在北魏的立场自然要称之为"伪"。

③ 陇右:即陇西。

④ 征西将军:汉魏以来设置征东、征西、征南、征北四征将军,这时是用来酬赏功勋的高级武职,并无实际职掌。金紫光禄大夫:金紫指金章紫绶,即用金的印章并在印纽上穿上紫色的绶带来佩带,汉代的光禄大夫本只是银章青绶即用银的印章穿上青色绶带,后来才加金章紫绶的,北魏时分左右光禄大夫、金紫光禄大夫、银青光禄大夫三个等级,都是高级的荣誉性文职。

⑤ 直阁将军:职掌禁卫的左右卫府的属官。

⑥ 行原州事:做原州刺史的工作。原州治所在高平城,即今宁夏固原。

⑦ 雕残:凋零残损。

⑧ 恩信:恩德,信义。

⑨ 使君:汉代称刺史为使君,以后相沿作为州长官刺史和郡长官太守的尊称。

⑩ 普泰:北魏节闵帝即前废帝元恭的年号(531—532)。

⑪ 齐神武:即高欢,东魏政权的实际创立者,次子高洋改魏为齐正式称帝(北齐显祖文宣帝),追尊高欢为皇帝,追谥献武,庙号太祖,后来又改谥神武,所以这里称高欢为齐神武,《北齐书》有纪。

⑫ 长安:雍州及所属京兆郡的治所长安,即今陕西西安。

州刺史侯莫陈悦为天光所召①,将军众东下。岳知天光必败,欲留悦共图显寿,而计无所出。太祖谓岳曰:"今天光尚迩②,悦未有二心③,若以此事告之,恐其惊惧。然悦虽为主将,不能制物④,若先说其众⑤,必人有留心。进失尔朱之期⑥,退恐人情变动,乘此说悦,事无不遂。"岳大喜,即令太祖入悦军说之,悦遂不行。乃相率袭长安⑦,令太祖轻骑为前锋⑧。太祖策显寿怯懦,闻诸军将至,必当东走,恐其远遁,乃倍道兼行⑨。显寿果已东走,追至华山⑩,擒之。

太昌元年⑪,岳为关西大行台⑫,以太祖为左丞⑬,领岳府司

---

① 秦州:治所及所属天水郡的治所同在上邽(guī 龟),即今甘肃天水。侯莫陈悦:少数民族将领,侯莫陈是姓,尔朱天光入关时以贺拔岳为左大都督,侯莫陈悦为右大都督,都充当尔朱天光的副手,侯莫陈悦的地位仅稍次于贺拔岳,《周书》有传。至于大都督或都督,都是魏晋南北朝在用兵时设置的领兵将帅,不在正式的职官编制之列。

② 迩(ěr 尔):近。

③ 二心:异心,不忠实。

④ 制物:这里的物是指的人,制物就是控制部众。

⑤ 说(shuì 税):用话劝说别人使听从自己的意见,下文用"说"字处也同此音义。

⑥ 期:约定的日期、期限。

⑦ 相率:相将,相共,相随。

⑧ 轻骑:轻装的骑将骑兵。

⑨ 倍道兼行:兼程而行,一天走二天的路程。

⑩ 华(huà 华)山:秦岭东段的大山,同名主峰一称太华山,汉以来称为西岳,在今陕西华阴南。

⑪ 太昌:北魏孝武帝元修的年号(532)。

⑫ 关西大行台:这是关西地区的最高地方长官,是临时设置的官职。

⑬ 左丞:中央的尚书省在长官尚书令和左右仆射(yè)之下,设左右丞各一人作为主要助手,行台也仿照设左右丞。

马①,加散骑常侍②,事无巨细,皆委决焉。

　　齐神武既破尔朱,遂专朝政。太祖请往观之,……还谓岳曰:"高欢非人臣也③,逆谋所以未发者,惮公兄弟耳④!然凡欲立大功,匡社稷⑤,未有不因地势总英雄而能克成者也⑥。侯莫陈悦本实庸材,遭逢际会⑦,遂叨任委⑧,既无忧国之心,亦不为高欢所忌,但为之备,图之不难。今费也头控弦之骑不下一万⑨,夏州刺史解拔弥俄突胜兵之士三千余人⑩,及灵州曹泥⑪,并恃其僻远,

---

① 领岳府司马:贺拔岳当时还是雍州(治所及所属京兆郡的治所同在长安,在今陕西西安西北)刺史,按规定州刺史下边设长史、司马作为主要辅佐官,司马专管军事,宇文泰任司马是雍州刺史府的司马,所以这里说"领岳府司马",而任左丞则是做关右大行台的官。

② 散骑常侍:北魏有集书省,下设官员依次为散骑常侍、通直散骑常侍、谏议大夫、散骑侍郎、员外散骑侍郎、通直散骑侍郎、给事中、员外散骑侍郎、奉朝请各若干人,任务是向皇帝讽谏建议,实际上成为荣誉性的高级职称。

③ 人臣:做人家臣下的人。

④ 惮(dàn 但):怕,畏惧。公兄弟:指贺拔岳和兄贺拔胜,当时贺拔胜任荆州刺史(北魏的荆州,治所山北即今河南鲁山)加南道大行台尚书左仆射,后南投梁,不久又到长安归宇文泰,有战功,《周书》有传。

⑤ 匡:纠正,挽救。社稷:社本是社神,也就是后土、即土地神,稷本是谷物神,先秦时天子诸侯都祭社稷,就把社稷作为国家的代称。

⑥ 因:依据,凭借。地势:地理形势。总:这里是聚集、招集的意思。克:能够。

⑦ 际会:际遇,多指好的机遇、遭遇。

⑧ 叨(tāo):本是谦词,承受、辱承的意思,这里用来指承受了本不胜任的任务。

⑨ 费也头:当时生活在河西、即今山西吕梁山以西的黄河东西两岸地区的少数民族,颇有战斗力。控弦:弦是弓弦,控是开弓,控弦就是开弓射箭。

⑩ 夏州:治所及所属化政郡的治所同在岩绿,在今陕西靖边的白城子。解拔弥俄突:费也头族将领,解拔是姓。胜兵:战胜之兵,有战斗力的兵。

⑪ 灵州:治所在旧薄骨律镇,今宁夏灵武西南。曹泥:当时任灵州刺(转下页)

常怀异望。河西流民纥豆陵伊利等①,户口富实,未奉朝风②。今若移军近陇,扼其要害,示之以威,服之以德,即可收其士马,以实吾军。西辑氐、羌③,北抚沙塞④,还军长安,匡辅魏室,此桓、文之举也⑤!"岳大悦,复遣太祖诣阙请事⑥,密陈其状⑦。魏帝深纳之,加太祖武卫将军⑧,还令报岳。

岳遂引军西次平凉⑨,谋于其众曰:"夏州邻接寇贼,须加绥抚,安得良刺史以镇之?"众皆曰:"宇文左丞即其人也。"岳曰:"左丞,吾之左右手也,如何可废?"沉吟累日⑩,乃从众议。于是表太

(接上页)史,后受宇文泰围攻,据《周书·文帝纪》说曹泥降西魏,据《北齐书·神武纪》说被高欢派兵迎回东魏。

① 流民:离开本土流亡在外的人群。纥豆陵伊利:费也头族,纥豆陵是姓。

② 朝风:朝廷的风教,朝廷的教化。

③ 辑:辑睦,和睦。氐、羌:都是古代少数民族,两汉魏晋南北朝时氐分布在今陕西、甘肃、四川等省,羌分布在今陕西、青海、四川等省,这里用氐、羌来泛指西北各少数民族。

④ 沙塞(sài 赛):北边的边塞,因为多沙漠,可叫沙塞。

⑤ 桓、文之举:桓、文指春秋时霸主齐桓公和晋文公,他们尊崇天子、安定时局,后人就称这种事业为桓、文之举。

⑥ 诣(yì 意):前往。阙(què 却):阙本是古代宫殿、祠庙、陵墓前左右各一的高台状建筑物,因左右两阙之间是空缺,所以叫这建筑物为阙,后来就作为皇帝的宫门的代称,皇帝所居住之处以至京城的代称,也常称为"阙下"。

⑦ 状:情况。

⑧ 武卫将军:北魏左右卫府的长官是左右卫将军,副长官是武卫将军。

⑨ 次:在中途停留下来。平凉:泾州平凉郡,治所鹑(chún 淳)阴,在今甘肃华亭西。

⑩ 沉吟:犹豫迟疑。

祖为使持节、武卫将军、夏州刺史①。太祖至州，伊利望风款附②，
而曹泥犹通使于齐神武。

　　魏永熙三年春正月③，岳欲讨曹泥，遣都督赵贵至夏州与太
祖计事④。太祖曰："曹泥孤城阻远⑤，未足为忧。侯莫陈悦怙众
密迩⑥，贪而无信，必将为患，愿早图之。"岳不听，遂与悦俱讨泥。
二月，至于河曲⑦，岳果为悦所害。其士众散还平凉，唯大都督赵
贵率部曲收岳尸还营⑧。

　　于是三军未有所属⑨，诸将以都督寇洛年最长⑩，相与推洛以
总兵事。洛素无雄略，威令不行，乃谓诸将曰："洛智能本阙⑪，不

---

① 表：上表奏请。使持节：魏晋南北朝时地方军政长官往往加使持节的称
　　号，给予诛杀中级以下官吏之权；次一等称持节，可杀无官职的人；再次称
　　假节，可杀犯军令的人。到隋唐时刺史例加使持节则已成为虚衔。

② 望风：人的行动影响及于远方，有类于因风传送。因此把对方人虽未到而
　　这边已有所举动叫"望风"，也就是率先的意思。款附：款是诚恳，款附是
　　诚心归附。

③ 永熙：北魏孝武帝元修的年号(532—534)。

④ 赵贵：贺拔岳手下的高级将领，后成为宇文泰的大将，宇文泰死后反对掌
　　政的宇文护而被杀，《周书》有传。

⑤ 阻远：艰阻遥远。

⑥ 怙(hù户)：依靠，凭恃。密：靠近，贴近。

⑦ 河曲：古代地理上的习惯用语，指黄河河流曲折之处，这里是指灵州西南、
　　黄河东岸的富平，在今宁夏吴忠西南，黄河自西向东经过这里向北流，这
　　和辞书上所说今山西西南角风陵渡一带的河曲不是一个地方。

⑧ 部曲：本是古代军队中的编制，后来通称将领的直属部队为部曲。

⑨ 三军：春秋时大国多设上、中、下或左、中、右三军，后来就把"三军"作为军
　　队的统称。

⑩ 寇洛：后为宇文泰的将领，《周书》有传。

⑪ 阙(quē)：通"缺"。

宜统御①。近者迫于群议,推相摄领②。今请避位③,更择贤才。"
于是赵贵言于众曰:"元帅忠公尽节④,暴于朝野⑤,勋业未就⑥,
奄罹凶酷⑦,岂唯国丧良宰⑧,固亦众无所依。必欲纠合同盟⑨,
复仇雪耻,须择贤者,总统诸军。举非其人,则大事难集⑩,虽欲
立忠建义,其可得乎?窃观宇文夏州⑪,英姿不世⑫,雄谟冠时⑬,
远迩归心⑭,士卒用命⑮,加以法令齐肃,赏罚严明,真足恃也。今
若告丧,必来赴难⑯,因而奉之,则大事集矣。"诸将皆称善,乃命
赫连达驰至夏州⑰,告太祖曰:"侯莫陈悦不顾盟誓,弃恩背德,贼

---

①御:驾驭,治理。
②摄:代理。
③避位:退位,让位。
④元帅:全军或一支大军的最高长官通称为元帅,这里指贺拔岳。尽节:旧
  时所谓尽臣节,即做到臣下所应该做的。
⑤暴:暴露。朝野:朝廷和民间。
⑥就:成就。
⑦奄(yǎn):忽,遽。罹(lí离):遭遇,专指不幸的遭遇。凶酷:专指被杀害。
⑧宰:本是主持的意思,这里泛指国家的大臣。
⑨同盟:春秋时国与国之间订有盟约的叫"同盟",后来对为同一目的而联合
  行动的也称为"同盟"。
⑩集:把事情办成功。
⑪窃:私下,常用作表示个人意见的谦词。宇文夏州:当时宇文泰是夏州刺
  史,所以可称他为宇文夏州。
⑫不世:不是每个世代都有的,非常、非凡的意思。
⑬谟(mó摹):谋略。
⑭归心:心悦诚服地归附。
⑮用命:效命,尽力。
⑯赴难:前来解救危难。
⑰赫连达:匈奴族将领,赫连是匈奴族的一个姓氏,赫连达《周书》有传。

害忠良，群情愤惋①，控告无所。公昔居管辖②，恩信著闻，今无小无大③，咸愿推奉。众之思公，引日成岁④，愿勿稽留⑤，以慰众望也。"……

太祖乃率帐下轻骑⑥，驰赴平凉。时齐神武遣长史侯景招引岳众⑦，太祖至安定⑧，遇之，谓景曰："贺拔公虽死，宇文泰尚存，卿何为也⑨？"景失色⑩，对曰："我犹箭耳，随人所射，安能自裁⑪。"景于此即还。太祖至平凉，哭岳甚恸⑫。将士且悲且喜曰："宇文公至，无所忧矣！"

于时魏孝武帝将图齐神武⑬，闻岳被害，遣武卫将军元毗宣

---

① 惋（wǎn 宛）：惋惜，叹恨。
② 管辖：本是管领、掌管的意思，宇文泰曾任贺拔岳的行台左丞和司马，辅助贺拔岳管领全军，所以这里说他"昔居管辖"。
③ 无小无大：不论大小，不论官职大小。
④ 引日成岁：过一天等于过一年，形容心情迫切，现在多说"度日如年"而不说"引日成岁"。
⑤ 稽：留止，延迟。
⑥ 帐下：帐指军中大将的营帐，帐下指大将的直属官吏和战士。
⑦ 侯景：高欢的将领，高欢死后南投梁，又叛梁攻占都城建康（今江苏南京），称帝，后败逃被杀，《梁书》有传。
⑧ 安定：泾州及所属安定郡的治所安定县，在今甘肃泾川北。
⑨ 卿：本是古代君对臣、长辈对晚辈的称谓，朋友、夫妇间也以"卿"为爱称，这里是朋友间的爱称。
⑩ 失色：因恐惧而变了脸色。
⑪ 裁：决定，决断。
⑫ 恸（tòng 痛）：大哭，痛哭。
⑬ 魏孝武帝：北魏孝武帝元修，为高欢所立，532—534 年在位，534 年即永熙三年七月高欢进军洛阳，孝武帝西逃长安依靠宇文泰，闰十二月又被宇文泰杀害，《魏书》有纪，称出帝。

旨慰劳①,追岳军还洛阳。毗到平凉,会诸将已推太祖②。侯莫陈悦亦被敕追还③,悦既附齐神武,不肯应召。太祖谓诸将曰:"侯莫陈悦枉害忠良,复不应诏命,此国之大贼,岂可容之!"乃命诸军戒严④,将以讨悦。……

三月,太祖进军至原州⑤,众军悉集,谕以讨悦之意⑥,士卒莫不怀愤。……夏四月,引兵上陇⑦,留兄子导为都督⑧,镇原州。太祖军令严肃,秋毫无犯⑨,百姓大悦,识者知其有成。军出木峡关⑩,大雨雪⑪,平地二尺。太祖知悦怯而多猜⑫,乃倍道兼行,出其不意。悦果疑其左右有异志者⑬,左右亦不安,众遂离贰⑭。闻大军且至⑮,退保略阳⑯,留一万余人据守水洛⑰。太祖至水洛,

---

① 元毗(pí 皮):北魏宗室。

② 会:恰巧,适逢。

③ 敕(chì 斥):皇帝的诏书。

④ 戒严:警戒,作出战准备。

⑤ 原州:治所及所属高平郡的治所同在高平城,即今宁夏固原。

⑥ 谕:晓谕,使理解。

⑦ 上陇:陇指陇西,陇西地势高,所以称前往陇西为"上陇"。

⑧ 兄子导:宇文泰长兄宇文颢的第二子宇文导,《周书》有传。

⑨ 秋毫无犯:秋毫,指鸟兽在秋天新长出来的细毛,比喻极细小的事物。秋毫无犯,指军队纪律严明,丝毫不侵犯百姓。

⑩ 木峡关:在今宁夏固原西南。

⑪ 雨(yù)雪:下雪。

⑫ 怯(qiè)胆小。猜:猜疑。

⑬ 异志:异心,叛变的意图。

⑭ 离贰(èr):贰是有二心、背叛,离贰是有异志。

⑮ 且:将要。

⑯ 略阳:秦州略阳郡,治所陇城在今甘肃秦安东北。

⑰ 水洛:水洛城,在陇城东北,即今甘肃庄浪。

命围之,城降。太祖即率轻骑数百趣略阳①,以临悦军。悦大惧,乃召其部将议之。皆曰此锋不可当,劝悦退保上邽以避之②。时南秦州刺史李弼亦在悦军③,乃间道遣使④,请为内应。其夜悦出军,军中自惊溃,将卒或相率来降。太祖纵兵奋击,大破之,虏获万余人,马八千匹,悦与其子弟及麾下数十骑遁走⑤。太祖曰:"悦本与曹泥应接⑥,不过走向灵州。"乃令原州都督导邀其前⑦,都督贺拔颖等追其后。导至牵屯山追及悦⑧,斩之。太祖入上邽,收悦府库,财物山积,皆以赏士卒,毫厘无所取⑨。……

　　齐神武闻秦陇克捷,乃遣使于太祖,甘言厚礼,深相倚结,太祖拒而不纳。时齐神武已有异志,故魏帝深仗太祖,乃征二千骑镇东雍州⑩,助为声援,仍令太祖稍引军而东。太祖乃遣大都督梁禦率步骑五千镇河、渭合口⑪,为图河东之计⑫。……魏帝遣著

---

①趣(qū):通"趋"。

②上邽:秦州及所属天水郡的治所。

③南秦州:治所和所属仇池郡的治所同在今甘肃西和南。李弼:后为宇文泰的大将,《周书》有传。

④间(jiàn)道:偏僻的小路。

⑤麾(huī 挥)下:麾是古代用来指挥军队的旗帜。麾下,指主帅的直属部下,和"帐下"意义相同。

⑥应接:通声气,相呼应。

⑦邀(yāo 腰):拦阻。

⑧牵屯山:在今宁夏泾源北。

⑨毫厘:本都是古代长度单位,十丝为一毫,十毫为一厘,十厘为一分,十分为一寸,因而常用"毫厘"一词来指细微的事物或微小的数量。

⑩东雍州:治所及所属华山郡的治所同在今陕西华县。

⑪梁禦:《周书》有传。河、渭合口:渭河东流到潼关流入黄河,河、渭合口即指此处。

⑫河东:司州河东郡,治所蒲阪(bǎn)在今山西永济蒲州镇。

作郎姚幼瑜持节劳军①，进太祖侍中、骠骑大将军、开府仪同三司、关西大都督、略阳县公②，承制封拜③，使持节如故。……时魏帝方图齐神武，又遣征兵。太祖乃令前秦州刺史骆超为大都督，率轻骑一千赴洛。进授太祖兼尚书仆射、关西大行台④，余官封如故。

　　秋七月，太祖帅众发自高平⑤，前军至于弘农⑥，而齐神武稍逼京邑⑦。魏帝亲总六军⑧，屯于河桥⑨，令左卫元斌之、领军斛斯椿镇武牢⑩，遣使告太祖。太祖谓左右曰："高欢数日行八九百

①著作郎：秘书省所领著作省的官员，掌管修撰国史即本朝的史书。持节：节是符节，古代使者要持了节以作传达皇帝命令的凭证。刺史的加持节、使持节，本也是指他可以传达执行皇帝命令的意思。

②侍中：门下省的长官。门下省在当时是掌管进谏的中央机构，宇文泰这时任侍中只是挂名，并不真要去洛阳任职。骠骑大将军：荣誉性的高级武职。开府仪同三司：荣誉性的高级职称。

③承制封拜：承制，是秉承皇帝旨意。承制封拜，是授权此人在所管辖地区可以任命刺史等高级地方官，名义上是秉承皇帝旨意，实际并不需要先行奏请。

④尚书仆射：当时中央最高行政机构尚书省的长官是尚书令，副长官是尚书仆射，任尚书令、尚书仆射的都是宰相。

⑤帅（shuài）同"率"，带领。高平：原州高平郡的治所高平城。

⑥弘农：司州弘农郡，治所北陕在今河南三门峡市西。

⑦稍：已经。京邑：北魏京城洛阳。

⑧六军：《周礼·夏官·司马》说"王六军"，后来"六军"一词就成为天子所统军队的泛称。

⑨河桥：故址在今河南孟县西南、孟津东北黄河上，为洛阳外围戍守要地。

⑩左卫：左卫将军，左卫府的长官。元斌之：《魏书》有传。领军：领军将军，领军府的长官，掌管宫廷禁卫，下属有左右卫府、领左右府。斛斯椿：《魏书》有传，斛斯是姓。武牢：本称虎牢，避唐高祖李渊祖父李虎名讳也称武牢，在司州荥（xíng 形）阳郡成皋县，今河南荥阳汜（sì 巳）水镇，这里地处黄河南岸，汜水西岸，形势险要，是古代的军事重镇。

里,晓兵者所忌,正须乘便击之。而主上以万乘之重①,不能决战,方缘津据守②。且长河万里③,扦御为难,若一处得度④,大事去矣!"即以大都督赵贵为别道行台⑤,自蒲阪济,趣并州⑥,遣大都督李贤将精骑一千赴洛阳⑦。会斌之与斛斯椿争权不协,斌之遂弃椿还,绐帝云⑧:"高欢兵至!"

七月丁未⑨,帝遂从洛阳率轻骑入关。太祖备仪卫奉迎⑩,谒见东阳驿⑪,……乃奉帝都长安。披草莱⑫,立朝廷,军国之

---

① 万乘(shèng):先秦时一车四马为一乘,天子能有兵车一万乘,后来就用"万乘"作为帝位的代称。

② 方:正在。缘:沿。津:河的渡口。

③ 长河:指黄河。

④ 度:通"渡"。

⑤ 别道行台:当时行军常把从哪里走叫"出某某道",这别道行台,就是非从正面而出另一道的军队的统帅。

⑥ 并州:治所及所属太原郡的治同在晋阳,在今山西太原西南。

⑦ 李贤:《周书》有传。

⑧ 绐(dài怠):欺骗。

⑨ 七月丁未:我国古代除以干支纪年外还以干支纪日,即把甲、乙、丙、丁、戊、己、庚、辛、壬、癸十个天干和子、丑、寅、卯、辰、巳、午、未、申、酉、戌、亥十二个地支配成甲子、乙丑、丙寅……等六十组,用来纪日。这北魏永熙三年的七月丁未,查陈垣先生的《二十史朔闰表》是七月二十七日。以后遇到这类干支纪日处,为简省起见就不再注出是哪一天,因为一般读者不需要核实得那么精确。如要利用这类记载做研究工作,需要知道这是哪一天时,用《二十史朔闰表》便可查出。

⑩ 仪卫:古代对皇帝的仪仗、侍卫的统称。仪仗,就是用仪卫的兵仗。

⑪ 东阳驿(yì译):古代在交通要道上由官方设驿,作为递送公文者和往来官员住宿的场所,驿里还备了马供他们更换使用。这东阳驿在雍州京兆郡的新丰县东,东阳水流入渭河之处,是由潼关到达长安的必经之地。

⑫ 披草莱:草莱即草莽,是丛生的杂草。长安从417年后秦灭亡到(转下页)

政①,咸取太祖决焉。仍加授大将军、雍州刺史②,兼尚书令,进封略阳郡公,别置二尚书,随机处分③,解尚书仆射,余如故。……初,魏帝在洛阳,许以冯翊长公主配太祖④,未及结纳⑤,而帝西迁。至是,诏太祖尚之⑥,拜驸马都尉⑦。

　　八月,齐神武袭陷潼关,侵华阴⑧。太祖率诸军屯霸上以待之⑨。齐神武留其将薛瑾守关而退。太祖乃进军讨瑾,虏其卒七千,还长安,进位丞相⑩。

　　冬十月,齐神武推魏清河王亶子善见为主⑪,徙都于邺⑫,是

（接上页）这时已有一百多年没有作为都城,所以北魏孝武帝来到后要披草莱,披就是劈开、除掉的意思。

①军国:国家重大的军务和政事。

②大将军:当时以大司马和大将军为"二大",是最高的武职,居太尉、司徒、司空所谓"三公"之上,仅次于太师、太傅、太保所谓"三师"。

③别置……处分:宇文泰兼尚书令已成为尚书省的长官,但又不可能到尚书省处理日常行政,所以另外在尚书省内设置两名尚书,随时处理机要事务。

④冯(píng平)翊长公主:北魏孝武帝之妹,冯翊是她的封号,因为是皇帝之妹所以称长公主,后来宇文泰被追尊为文皇帝,她被追尊为皇后,《周书》有文帝元皇后传写她。

⑤结纳:纳采行聘,即男方送求婚的礼物与女方。

⑥尚:娶皇家的女儿叫"尚"。

⑦驸马都尉:驸本指副马,西汉武帝时设置驸马都尉,掌管皇帝的副车的马,是一种近侍官,魏晋以来皇帝的女婿照例加授此官,并无实职,以后就用驸马来称帝婿。

⑧华阴:雍州华山郡华阴县,在今陕西华阴东。

⑨霸上:也作灞上,因地处灞水西岸的原上而得名,在今陕西西安东,为古代咸阳、长安东边的军事要地。

⑩丞相:南北朝时丞相已不常设,多为加重权臣的地位而临时设置。

⑪亶:音dǎn(胆)。善见:东魏孝静帝元善见,534—550年在位。

⑫邺(yè夜):相州及所属魏郡的治所邺县,也称邺城,在今河南安阳北。

为东魏。

十一月,遣仪同李虎与李弼、赵贵等讨曹泥于灵州①,虎引河灌之。明年泥降,迁其豪帅于咸阳②。

闰十二月③,魏孝武帝崩④。太祖与群公定策⑤,尊立魏南阳王宝炬为嗣,是为文皇帝⑥。

魏大统元年春正月己酉⑦,进太祖督中外诸军事、录尚书事、大行台⑧,改封安定郡王,太祖固让王及录尚书声,魏帝许之,乃改封安定郡公。……

三年春正月,东魏寇龙门⑨,屯军蒲阪,造三道浮桥度河,又遣其将窦泰趣潼关⑩,高敖曹围洛州⑪。太祖出军广阳⑫,召诸将

①仪同:仪同三司,次于开府仪同三司的职称。李虎:宇文泰的大将,唐高祖李渊的祖父。

②豪帅:当地地方武装的将领。咸阳:雍州咸阳郡,治所池阳即今陕西泾阳。

③闰十二月:我国古代都用阴阳历即今天的所谓农历,不像阳历那样只在二月份增加一天叫闰年,而是三年闰一个月,五年闰两个月,十九年闰七个月,每逢闰年所加的一个月叫闰月,闰月加在某月之后就叫"闰某月"。

④魏孝武帝崩:实际是被宇文泰用毒酒药杀。

⑤定策:大臣主谋拥立皇帝叫定策。

⑥文皇帝:西魏文帝元宝炬,535—551年在位。

⑦大统:西魏文帝元宝炬的年号(535—551)。

⑧督中外诸军事:都督中外诸军事,是仅次于"三师"、"二大"、"三公"的高级武职。录尚书事:与尚书令同为尚书省的长官,而且地位还在尚书令之上,不常设。

⑨龙门:东雍州高凉郡龙门县,即今山西河津,有龙门山在县西北。

⑩窦泰:高欢的大将,《北齐书》有传。

⑪高敖曹:高昂字敖曹,高欢手下的著名勇将,《北齐书》有传。洛州:治所及所属上洛郡的治所同在上洛,即今陕西商州。

⑫广阳:雍州冯翊郡广阳县,在今陕西富平南。

曰:"贼今掎吾三面①,又造桥于河,示欲必渡,是欲缀吾军②,使窦泰得西入耳!久与相持,其计得行,非良策也。且欢起兵以来,泰每为先驱,其下多锐卒,屡胜而骄。今出其不意,袭之必克,克泰则欢不战而自走矣。"诸将咸曰:"贼在近,舍而远袭,事若蹉跌③,悔无及也。"太祖曰:"欢前再袭潼关,吾军不过霸上,今者大来,兵未出郊,贼顾谓吾但自守耳④,无远斗意。又狃于得志⑤,有轻我之心。乘此击之,何往不克?贼虽造桥,不能径渡⑥。此五日中,吾取窦泰必矣,公等勿疑。"庚戌,太祖率骑六千还长安,声言欲保陇右。辛亥,谒帝而潜出军。癸丑旦,至小关⑦。窦泰卒闻军至⑧,惶惧⑨,依山为阵。未及成列,太祖纵兵击破之,尽俘其众万余人,斩泰,传首长安。高敖曹适陷洛州,执刺史泉企⑩,闻泰之殁,焚辎重弃城走⑪。齐神武亦撤桥而退。企子元礼寻复洛州⑫,斩东魏刺史杜密。太祖还军长安。

---

①掎(jǐ己):拖住,牵制。

②缀(chuò):拘束。

③蹉(cuō搓)跌:失足跌倒,比喻失误。

④顾:但,特。

⑤狃(niǔ纽):习以为常,不复措意。得志:达到目的,这里指打胜仗。

⑥径:直;直捷了当。

⑦小关:潼关右边的小关门,在唐代叫做禁谷,黄巢的农民军曾从这里打进去而攻占了潼关。

⑧卒(cù):同"猝",突然。

⑨惶:恐怖,惊慌。

⑩泉企:《周书》有传。

⑪辎(zī资)重:军用器械、粮草、营帐、服装等的统称。

⑫企子元礼:泉元礼,《周书》有传。寻:旋即,不久。

六月，……太祖请罢行台，帝复申前命，太祖受录尚书事，余固让，乃止。……

八月丁丑，太祖率李弼、独孤信、梁御、赵贵、于谨、若干惠、怡峰、刘亮、王德、侯莫陈崇、李远、达奚武等十二将东伐①。至潼关，……遣于谨居军前，徇地至槃豆②。东魏将高叔礼守栅不下③，谨急攻之，乃降，获其戍卒一千，送叔礼于长安。戊子，至弘农，东魏将高干、陕州刺史李徽伯拒守④。于时连雨，太祖乃命诸军冒雨攻之。庚寅，城溃，斩徽伯，虏其战士八千，高干走度河，令贺拔胜追擒之⑤，并送长安。于是宜阳、邵郡皆来归附⑥。先是河南豪杰多聚兵应东魏⑦，至是各率所部来降。

齐神武惧，率众十万出壶口⑧，趋蒲阪，将自后土济⑨，又遣其将高敖曹以三万人出河南。是岁关中饥，太祖既平弘农，因馆谷五十余日⑩。时战士不满万人，闻齐神武将度，乃引军入关。齐

----

①　独孤信、于谨、若干惠、怡峰、刘亮、王德、侯莫陈崇、李远、达奚武：若干、怡、达奚都是姓，这些人《周书》都有传，于谨传已选译。

②　徇(xùn)地：略地。率军队巡行各地而使之降服。槃(pán 盘)豆：也作盘豆，弘农郡湖县之西的槃豆城，在今河南灵宝西。

③　栅：栅栏，用木材构成的防御物。

④　陕州：治所及所属弘农郡治所同在北陕，在今河南三门峡市西。

⑤　贺拔胜：贺拔岳之兄，《周书》有传。

⑥　宜阳：宜阳郡，治所宜阳即今河南宜阳。邵郡：治所白水在今山西垣曲东南。

⑦　河南：指洛阳以西、黄河以南地区。

⑧　壶口：在晋州平阳郡禽昌县东南，今山西临汾东南。

⑨　后土：蒲阪县北有后土祠，后土当即指此地。

⑩　馆谷：馆是寓居，馆谷是住下来吃当地的饭。

神武遂度河,逼华州①。刺史王罴严守②,知不可攻,乃涉洛③,军于许原西④。太祖据渭南,征诸州兵皆未会,乃召诸将谓之曰:"高欢越山度河,远来至此,天亡之时也,吾欲击之何如?"诸将咸以众寡不敌,请待欢更西,以观其势。太祖曰:"欢若得至咸阳,人情转骚扰。今及其新至,便可击之。"即造浮桥于渭,令军人赍三日粮⑤,轻骑度渭,辎重自渭南夹渭而西。

　　冬十月壬辰,至沙苑⑥,距齐神武军六十余里。齐神武闻太祖至,引军来会。癸巳旦,候骑告齐神武军且至⑦,太祖召诸将谋之。李弼曰:"彼众我寡,不可平地置陈,此东十里有渭曲⑧,可先据以待之。"遂进军至渭曲,背水东西为陈,李弼为右拒⑨,赵贵为左拒,命将士皆偃戈于葭芦中⑩,闻鼓声而起⑪。申时⑫,齐神武至,望太祖军少,竞驰而进,不为行列,总萃于左军⑬。兵将交,太

---

① 华州:治所华阴即今陕西华阴。

② 王罴(pí 皮):《周书》有传,已选译。

③ 洛:今陕西的北洛河,不是今河南的洛河。

④ 许原:在北洛河之南。

⑤ 赍(jī 基):行旅中携带衣食等物叫赍。

⑥ 沙苑:在今陕西大荔。

⑦ 候骑:候即斥候,侦察敌情,候骑即侦察敌情的骑兵。

⑧ 渭曲:渭水曲折之处。

⑨ 拒:通"矩",方阵。

⑩ 偃:卧倒。戈:是我国先秦时主要兵器,长柄安横刃,可以横击、钩援,后来常把"戈"作为一切兵器的代称。葭(jiā 家):初生的芦苇。

⑪ 鼓声:古代用击鼓声来发动进攻。

⑫ 申时:旧时以时辰为计时单位,一昼夜分为子、丑、寅、卯、辰、巳、午、未、申、酉、戌、亥十二个时辰。申时相当于今天的下午三时至五时。

⑬ 萃(cuì 粹):本是草丛生貌,引申为聚集。

祖鸣鼓，士皆奋起，于谨等六军与之合战，李弼等率铁骑横击之①，绝其军为二队，大破之，斩六千余级②，临阵降者二万余人。齐神武夜遁，追至河上，复大克获。前后虏其卒七万，留其甲士二万③，余悉纵归，收其辎重兵甲，献俘长安④。还军渭南，于是所征诸州兵始至，乃于战所，准当时兵士，人种树一株，以旌武功⑤。进太祖柱国大将军⑥，增邑并前五千户，李弼等十二将亦进爵增邑，并其下将士，赏各有差⑦。

遣左仆射冯翊王元季海为行台⑧，与开府独孤信率步骑二万向洛阳⑨。……初，太祖自弘农入关后，东魏将高敖曹围弘农，闻其军败，退守洛阳。独孤信至新安⑩，敖曹复走度河，信遂入洛阳。……四年……七月，东魏遣其将侯景、库狄干、高敖曹、韩轨、可朱浑元、莫多娄贷文等围独孤信于洛阳⑪，齐神武继其后。先

---

①铁骑：穿铁甲的骑兵。

②级：古代秦国规定斩到一个敌人的头，就赐爵一级，所以后来称斩下的人头为"首级"，也简称为"级"。

③甲士：穿着铠甲的战士。

④献俘：古代战胜归来，要把俘虏献于宗庙社稷，叫献俘。

⑤旌(jīng 精)：表彰，显示。

⑥柱国大将军：北魏孝庄帝曾拜尔朱荣为柱国大将军，位在丞相之上，这时西魏文帝又授宇文泰此职，以后李虎、李弼、独孤信、赵贵、于谨、侯莫陈崇和魏宗室广陵王元欣也得任此职，成为西魏的大贵族，号称"八柱国家"。

⑦差(cī)：分别等级。

⑧元季海：北魏宗室。

⑨开府：开府仪同三司的省称。

⑩新安：洛州新安郡的治所新安县，在今河南新安西。

⑪库(shè 社)狄干、韩轨、莫多娄贷文：《北齐书》有传。可朱浑元：《北史》有传。库狄、莫多娄、可朱浑都是少数民族的姓。

是,魏帝将幸洛阳拜园陵①,会信被围,诏太祖率军救信,魏帝
亦东。

　　八月庚寅,太祖至谷城②。莫多娄贷文、可朱浑元来逆。临
阵斩贷文,元单骑遁免,悉虏其众送弘农,遂进军瀍东③,是夕魏
帝幸太祖营。于是景等夜解围去,及旦太祖率轻骑追之,至于河
上。景等北据河桥、南属邙山为阵④,与诸军合战。太祖马中流
矢⑤,惊逸,遂失所之⑥,因此军中扰乱,都督李穆下马授太祖⑦,
军以复振。于是大捷,斩高敖曹及其仪同李猛、西兖州刺史宋显
等⑧,虏其甲士一万五千,赴河死者以万数。是日置阵既大,首尾
悬远⑨,从旦至未⑩,战数十合⑪,氛雾四塞⑫,莫能相知。独孤信、
李远居右,赵贵、怡峰居左,战并不利,又未知魏帝及太祖所在,皆弃
其卒先归。开府李虎、念贤等为后军⑬,遇信等退,即与俱还。由

----

① 园陵:帝王的墓地。北魏自孝文帝元宏迁都洛阳后,皇帝的陵墓都在
　　洛阳。
② 谷城:在今河南新安。
③ 瀍(chán 缠):瀍水,源出今河南洛阳西北,东南流经旧县城东入洛水。
④ 属(zhǔ 主):连接。邙(máng)山:邙山东段在当时洛阳城北的北邙山。
⑤ 流矢:没有确定目标的乱箭;飞箭。
⑥ 所之:之是去、到,所之是到的地方。
⑦ 李穆:《周书》有传。
⑧ 西兖州:治所及所属济阴郡的治所同在左城,在今山东定陶西。宋显:《北
　　齐书》有传。
⑨ 悬:遥远,远隔。
⑩ 未:下午一时至三时。
⑪ 合:古称两军交锋一次为一合。
⑫ 氛:尘雾。塞:充满。
⑬ 念贤:《周书》有传,念是姓。

是乃班师①,洛阳亦失守。大军至弘农,守将皆已弃城西走,所虏降卒在弘农者因相与闭门拒守②,进攻拔之,诛其魁首数百人。

　　大军之东伐也,关中留守兵少,而前后所虏东魏士卒,皆散在民间,乃谋为乱。及李虎等至长安,计无所出,乃与公卿辅魏太子出次渭北③。关中大震恐,百姓相剽劫④。于是沙苑所俘军人赵青雀、雍州民于伏德等遂反,青雀据长安子城⑤,伏德保咸阳,与太守慕容思庆各收降卒⑥,以拒还师。长安大城民皆相率拒青雀,每日接战。魏帝留止阌乡,遣太祖讨之。长安父老见太祖至,悲且喜曰:"不意今日复得见公!"士女咸相贺⑦。华州刺史导率军袭咸阳⑧,斩思庆,擒伏德,南度渭与太祖会攻青雀,破之。太傅梁景睿先以疾留长安⑨,遂与青雀通谋,至是亦伏诛⑩。关中于是乃定,魏帝还长安,太祖复屯华州。……

　　九年春,东魏北豫州刺史高仲密举州来附⑪,太祖帅师迎之,令开府李远为前军,至洛阳。……三月,齐神武至河北,太祖还军瀍上以引之。齐神武果度河,据邙山为阵,不进者数日。太祖留

---

①班师:班是还,班师就是还师、回军。

②相与:共同。

③次:这里指外出停留。

④剽(piāo 飘):抢劫。

⑤子城:大城中的小城,内城。

⑥太守:这里指咸阳郡的太守。

⑦士女:旧谓男女或未婚男女。

⑧华州刺史导:即前面任原州都督的宇文导,是宇文泰兄宇文颢之子。

⑨睿:音 ruì(锐)。

⑩伏诛:受死刑。

⑪北豫州:治所及所属成皋郡的治所同在虎牢,在今河南荥阳汜水镇。

辎重于瀍曲,士皆衔枚①,夜登邙山,未明击之。齐神武单骑为贺
拔胜所逐,仅而获免。太祖率右军若干惠等大破齐神武军,悉虏
其步卒。赵贵等五将军居左,战不利,齐神武军复合,太祖又不
利,夜乃引还。既入关,屯渭上。齐神武进至陕,开府达奚武等率
军御之,乃退。……

　　十二年……九月,齐神武围玉壁②,大都督韦孝宽力战拒
守③,齐神武攻围六旬不能下④,其士卒死者什二三。会神武有
疾,烧营而退。

　　十三年春正月,……齐神武薨⑤。其子澄嗣,是为文襄帝⑥。
与其河南大行台侯景有隙⑦,景不自安,遣使请举河南六州来附。
齐文襄遣其将韩轨、库狄干等围景于颍川⑧。

　　三月,太祖遣开府李弼率军援之,轨等遁去。景请留收辑河
南⑨,遂徙镇豫州⑩。于是遣开府王思政据颍川⑪,弼引军还。

_____

① 衔枚:枚的形状像箸,两端有带,可系于颈上,古代进军袭击敌人时,常令
　士兵衔在口中,以防喧哗。
② 玉壁:西魏南汾州的治所玉壁城,在今陕西合阳以东,汾水之南,黄河之东。
③ 韦孝宽:《周书》有传。
④ 旬:十天为一旬。
⑤ 薨(hōng 轰):先秦时诸侯死叫薨,以后显贵大官之死也叫薨。
⑥ 文襄帝:北齐文襄帝高澄,他并未做皇帝,只是在实际上执掌了东魏的政
　权,549 年被刺杀,其弟文宣帝高洋建立北齐朝后被追尊为文襄帝,《北齐
　书》有纪。
⑦ 隙(xì 戏):间隙,关系破裂。
⑧ 颍川:颍州颍川郡,治所同在长社,在今河南长葛东。
⑨ 收辑:收拾安辑。
⑩ 豫州:治所及所属汝南郡的治所同在悬瓠(hù 户)城,即今河南汝南。
⑪ 王思政:《周书》有传。

秋七月,侯景密图附梁。太祖知其谋,悉追还前后所配景将士。景惧,遂叛。……

十四年……夏五月,进授太祖太师。……是岁,东魏遣其将高岳、慕容绍宗、刘丰生等率众十余万围王思政于颍川①。

十五年春,太祖遣大将军赵贵帅军至穰②,兼督东南诸州兵以援思政③。高岳起堰④,引洧水以灌城⑤,自颍川以北皆为陂泽⑥,救兵不得至。

夏六月,颍川陷。初,侯景自豫州附梁,后遂度江,……克建业⑦。……

是岁,盗杀齐文襄于邺,其弟洋讨贼擒之,仍嗣其事,是为文宣帝⑧。

十六年……先是,梁雍州刺史、岳阳王詧与其叔父荆州刺史、湘东王绎不睦⑨,乃称蕃来附⑩。……

---

① 高岳、慕容绍宗、刘丰生:《北齐书》都有传。

② 穰(rǎng 壤):西魏荆州治所穰县,即今河南邓县。

③ 东南诸州:西魏的东南角诸州,今河南南阳周围地区。

④ 堰(yàn 宴):拦河堰。

⑤ 洧(wěi 委)水:即今河南双洎(jì 记)河,流经颍川治所长社。

⑥ 陂(bēi):池。泽:聚水的低洼地。

⑦ 建业:县名,在今江苏南京,西晋初改名建邺,西晋末又改名建康,东晋和南朝的宋、齐、梁、陈都在此建都。

⑧ 文宣帝:文宣帝高洋,北齐的第一个皇帝,550—559 年在位。

⑨ 梁雍州:治所及所属襄阳郡的治所同在襄阳,在今湖北襄阳。岳阳王詧(chá):南朝梁武帝之孙,武帝长子昭明太子萧统之第三子,《周书》有传。荆州:治所及所属南郡的治所同在江陵,即今湖北江陵。湘东王绎(yì 易):梁武帝第七子,后在江陵称帝。即梁元帝,552—555 年在位,《梁书》有纪。

⑩ 蕃(fán 凡):通“藩”,本是屏障,引申为藩属、属国。

夏五月,齐文宣废其主元善见而自立。

秋七月,太祖率诸军东伐。……九月丁巳,军出长安。时连雨,自秋及冬,诸军马驴多死。遂于弘农北造桥济河,自蒲阪还。于是河南自洛阳、河北自平阳以东[1],遂入于齐矣。

十七年春三月,魏文帝崩[2],皇太子嗣位[3]。……

魏废帝元年……侯景之克建业也,还奉梁武帝为主,居数旬,梁武以愤恚薨[4],景又立其子纲[5],寻而废纲自立。岁余,纲弟绎讨景擒之,……仍嗣位于江陵,是为元帝。

二年春,魏帝诏太祖去丞相、大行台,为都督中外诸军事。……冬十一月,尚书元烈谋作乱[6],事发伏诛。……

三年,……自元烈诛,魏帝有怨言。……于是太祖与公卿定议废帝,尊立齐王廓,是为恭帝[7]。

魏恭帝元年,……梁元帝遣使请据旧图以定疆界,又连结于齐,言辞悖慢[8]。太祖曰:“古人有言,‘天之所弃,谁能兴之’[9],其萧绎之谓乎!”冬十月壬戌,遣柱国于谨、中山公护、大将军杨忠、

---

① 平阳:晋州平阳郡,治所同在平阳,在今山西临汾西南。
② 崩:天子死叫崩。
③ 皇太子嗣位:即西魏废帝元钦,551—553 年在位。
④ 恚(huì 会):愤怒,怨恨。
⑤ 纲:梁武帝第三子梁简文帝萧纲,549—551 年在位,为侯景所杀,《梁书》有纪。
⑥ 元烈:魏宗室。
⑦ 恭帝:西魏恭帝拓跋廓,554—556 年在位。
⑧ 悖(bèi 背):荒谬。
⑨ 天之……兴之:《左传》襄公二十三年:“天之所废,谁能兴之。”

韦孝宽等步骑五万讨之①。十一月癸未,师济于汉②。中山公护
与杨忠率锐骑先屯其城下,据江津以备其逸③。丙申,谨至江陵,
列营围守。辛亥,进攻城,其日克之。擒梁元帝杀之,并房其百官
及士民以归,没为奴婢者十余万,其免者二百余家。立萧詧为梁
主④,居江陵,为魏附庸。……

三年春正月丁丑,初行《周礼》⑤,建六官,以太祖为太师、大
冢宰,柱国李弼为太傅、大司徒,赵贵为太保、大宗伯,独孤信为大
司马,于谨为大司寇,侯莫陈崇为大司空。初太祖以汉、魏官繁,
思革前弊,大统中,乃命苏绰、卢辩依周制改创其事⑥,寻亦置六

---

① 柱国:柱国大将军的省称。中山公护:太祖长兄宇文颢第三子宇文护,宇
　文泰死后由他执掌政权,556 年他逼迫西魏恭帝让位而建立周朝,宇文护
　第三子宇文觉为皇帝,是为北周孝闵帝,同年他又杀宇文觉而立宇文泰长
　子宇文毓,是为北周明帝,560 年他又毒死宇文毓而立宇文泰第四子宇文
　邕,是为北周武帝,572 年他为宇文邕所杀,《周书》有晋荡公护传写他。荡
　是他死后的谥。大将军:这不是原先“二大”之一的大将军,而是一个柱国
　大将军统辖二个大将军的大将军。杨忠:隋文帝杨坚之父,《周书》有传。
② 汉:汉水,源出今陕西西南,从江陵的东北流过,在今湖北武汉注入长江。
③ 江津:江指长江,从江陵城南边流过。津指这里的长江渡口。
④ 梁主:萧詧为后梁宣帝,555—562 年在位。萧詧死,第三子萧岿(kuī 亏)即
　位,是为后梁明帝,562—585 年在位。萧岿死,太子萧琮即位,587 年隋文
　帝废梁国。
⑤ 《周礼》:本名《周官》,是战国时人编写的政治制度书,把已有的官制加以
　整齐化、理想化,设立天官大冢宰、地官大司徒、春官大宗伯、夏官大司马、
　秋官大司寇、冬官大司空六个主要官职,下面再分设若干官职。这书后来
　和《仪礼》、《礼记》合称“三礼”,宋以来又成为“十三经”之一。
⑥ 苏绰、卢辩:《周书》都有传,都已选译。周制:当时人们都认为《周礼》是西
　周初年周公姬旦所制作,里面所说的真是周代的制度。

卿官①，然为撰次未成②，众务犹归台阁③，至是始毕，乃命行之。

夏四月，太祖北巡狩④。……

九月，太祖有疾，还至云阳⑤，命中山公护受遗辅嗣子。

冬十月乙亥，崩于云阳宫，还长安发丧，时年五十。十二月甲申，葬于成陵⑥，谥曰文公。孝闵帝受禅⑦，追尊为文王，庙曰太祖。武成元年⑧，追尊为文皇帝。……

【翻译】

太祖文皇帝姓宇文氏，名讳叫泰，字叫黑獭，是代的武川人。他的祖先源出炎帝神农氏，被黄帝灭掉，子孙逃到北边旷野之地住下来。有个叫葛乌菟的，雄武多谋略，鲜卑人敬慕他，奉他为主子，就此总统十二个部落，世代充当大人。后来出了个叫普回的，打猎时捡到三枚玉玺，印文有"皇帝玺"几个字，普回很惊异，认为是上天授予的，他们习俗称天为"宇"，称君为"文"，因此自号宇文国，并且把宇文作为姓氏。

①六卿官：指天、地、春、夏、秋、冬六官。

②撰次：撰写编排。

③台阁：指中央最高行政机构尚书省。

④巡狩：本指皇帝到地方上视察，宇文泰实际上等于皇帝，所以也可称巡狩。

⑤云阳：雍州咸阳郡的云阳县，在今陕西泾阳西北。

⑥成陵：从汉代开始，皇帝的陵墓都得加个好听的名称，如汉武帝的茂陵，唐太宗的昭陵，称宇文泰的陵墓为成陵也是这个道理。

⑦孝闵帝受禅：从三国魏文帝曹丕开始，夺取政权在表面上都用禅让的形式，说是上一朝的皇帝干不下去或不想干了，把皇帝位置禅让给新朝代的新皇帝。北周朝的建立表面上也采用禅让的形式，说是西魏恭帝干不下去把皇帝位置禅让给新皇帝北周孝闵帝宇文觉。

⑧武成：北周明帝宇文毓的年号（559—560）。

普回的儿子叫莫那，从阴山向南迁徙，开始居住到辽西。……传了九代传到叫侯豆归的，被慕容晃灭掉。侯豆归的儿子叫陵的在燕做官。……北魏道武帝将要进攻中山，宇文陵跟随慕容宝抵御，慕容宝战败，宇文陵率领五百披甲战骑归顺北魏。……天兴初年，把豪杰迁进代都，宇文陵按照规定迁到武川。宇文陵生子宇文系，宇文系生子宇文韬，都以能打仗见称。

宇文韬生子宇文肱，宇文肱任侠有气节。正光末年，沃野镇人破六汗拔陵作乱，远近多响应。他所伪署的王叫做卫可孤的徒众最多，宇文肱就纠合同乡里的人斩杀卫可孤，卫可孤的徒众才解散。以后宇文肱避祸迁居到中山，就失陷在鲜于修礼军中，鲜于修礼仍叫宇文肱统率原来的部众。后来宇文肱被定州官兵打败，阵亡。到武成初年，追尊为德皇帝。

太祖，是德皇帝的小儿子。……小时候跟随德皇帝在鲜于修礼军中。到葛荣杀掉鲜于修礼，太祖已十八岁，葛荣就任命太祖为将领。太祖知道葛荣成不了事，曾和哥哥们商量作逃走的打算，没有能实现。适逢尔朱荣擒获葛荣，平定河北，太祖按照规定迁到晋阳。尔朱荣看到太祖兄弟是英雄豪杰，怕他们有可能背叛自己，就借了别的罪名，杀害太祖的三哥宇文洛生。还想杀害太祖，太祖亲自申理宇文家的冤屈，话说得很慷慨，尔朱荣感动了不再追究他，反而对他更加尊敬礼貌。

孝昌二年(526)，燕州发生乱事，太祖开始以统军身份跟随尔朱荣去征讨。在这以前，北魏的北海王元颢出逃到梁，梁人立他为魏主，叫他带兵进入了洛阳，北魏孝庄帝退避到河内。尔朱荣派贺拔岳讨伐元颢，并迎回孝庄帝。太祖和贺拔岳是故旧，就以别将的身份跟随贺拔岳前往。到孝庄帝回京重做皇帝，太祖因功封为宁都子，食邑三百户，升任镇远将军、步兵校尉。

万俟丑奴在关右作乱，孝庄帝派尔朱天光和贺拔岳等去讨伐，太祖就跟随贺拔岳入关，充当先锋打败伪行台尉迟菩萨等人。到打败丑奴，平定陇右，太祖的功劳居多，升任征西将军、金紫光禄大夫，增添食邑三百户，加授直阁将军，行原州刺史事。当时关陇经寇盗破坏，百姓凋残，太祖用恩信来抚慰，百姓都心悦诚服，都高兴地说："如果早些逢上宇文使君，我们哪能跟着参与逆乱啊！"……

普泰二年(532)，尔朱天光东出抗拒齐神武，留下他的弟弟尔朱显寿镇守长安。秦州刺史侯莫陈悦得到尔朱天光的征召，带着兵众东下。贺拔岳知道尔朱天光必定失败，想留下侯莫陈悦一起收拾尔朱显寿，只是想不出好办法。太祖对贺拔岳说："如今尔朱天光还走得不远，侯莫陈悦没有异心，如果把这事情告诉他，怕他要惊慌恐惧。但侯莫陈悦虽名为主将，却不能控制部众，如果先说动他的部众，部众必然人人想留下。这样前进既赶不上尔朱天光约定的期限，退后又怕人情变动，趁此劝说侯莫陈悦，没有说不成的。"贺拔岳很高兴，立刻叫太祖到侯莫陈悦军中去劝说，侯莫陈悦就不再行动。于是共同进袭长安，派太祖率领轻骑为先锋。太祖估计尔朱显寿胆小，听到各路军队快来到，一定往东逃跑，怕他逃得远，太祖就兼程而行。尔朱显寿果然已经往东逃跑，太祖追到华山，把他擒获。

太昌元年(532)，贺拔岳任关西大行台，任太祖为行台左丞，兼领贺拔岳府的司马，加授散骑常侍，事无大小，都委托他裁决。

齐神武既已打败尔朱家族，就专擅北魏的朝政。太祖请前往看一看，……回来对贺拔岳说："高欢不是做人臣的，所以没有发动逆谋，是怕公兄弟啊！但凡要建立大功，匡扶社稷，没有不凭借地势招集英雄而能成功的。侯莫陈悦本是个庸材，碰上机会，才承受了本不能胜任的委任,此人既无忧国之心,也不为高欢所忌,只要作好准备,图谋他并不困难。如今费也头有骑兵不下一万,夏州刺史解拔弥俄突的精兵有三千多,还有灵州的曹泥,都凭着地处僻远,常心怀异志。河西流民纥豆陵伊利等,户口殷富,而未奉朝廷风教。目前如果移军近陇,控扼要害之地,示之以威,服之以德,就可收编他们的兵马,来充实我军。往西和睦氐、羌,向北抚绥边塞,回军长安,匡辅魏室,这才是齐桓、晋文的举动啊!"贺拔岳大为高兴,再派太祖进京请示政事,秘密报告了这个情况。魏帝深为赞同,加授太祖武卫将军,叫回报贺拔岳。

　　贺拔岳于是引军往西到平凉停留下来,和部众商量道:"夏州邻近贼寇,必须加以抚绥,从哪里找个好刺史来坐镇呢?"部众都说:"宇文左丞就是合适的人选。"贺拔岳说:"左丞,是我的左右手,怎么能离去?"迟疑了好几天,才听从大家的主张。于是表奏太祖为使持节、武卫将军、夏州刺史。太祖到了夏州,纥豆陵伊利率先诚心附归,只是曹泥还派使者和齐神武往来。

　　北魏永熙三年(534)春正月,贺拔岳想讨伐曹泥,派都督赵贵到夏州和太祖商量。太祖说:"曹泥孤城遥远,不足为虑。侯莫陈悦凭恃人多而且贴近,又贪而无信,必定成为大患,请及早收拾。"贺拔岳不听,就和侯莫陈悦一同讨伐曹泥。二月里,进军到河曲,贺拔岳果真被侯莫陈悦杀害。贺拔岳的兵众散回平凉,只有大都督赵贵率领部曲收得贺拔岳尸体回营。

　　这时三军没有归属,将领们因都督寇洛最年长,共同推举寇洛总领兵事。寇洛平素缺乏雄略,威令不能贯彻,就对将领们说:"我寇洛本来缺乏才能,不适合统率驾驭。最近迫于众议,推我暂时总领。现在请准我让位,另行选择贤才。"于是赵贵对大家说:"元帅的忠心国事竭尽臣节,已为朝野所共知,勋业尚未成就,忽然遭遇凶酷，岂止国家丧失良宰，也使大众无所依靠。真要结合同盟，报仇雪耻，必须推举贤能，来总统诸军。如果推举得不合适，就大事难成，虽想建立忠义，怎能达到目的？我私下观察宇文夏州，英姿不世，雄谋冠时，远近归心，士卒效命，加之法令整肃，赏罚严明，真可依靠。现今如果向他告丧，他一定会来赴难，因而推奉他，大事就成了。"将领们都说好，就派赫连达快马到夏州，报告太祖道："侯莫陈悦不顾同盟誓言，弃恩背德，杀害忠良，群情愤恨，无处控告。公从前位居管辖，久著恩信，如今无大无小，都愿意推奉。大家思念我公，度日如年，请不要滞留，来满足大家的要求。"……

　　太祖这就率领帐下轻骑，赶赴平凉。当时齐神武派长史侯景来招引贺拔岳的部众，太祖到达安定，碰上侯景，对侯景说："贺拔公虽死，宇文泰尚在，卿来干什么？"侯景惊恐失色，回答道："我犹如枝箭，随人家射向哪里，哪能自己裁决。"侯景于是就回去了。太祖到达平凉，哭贺拔岳极其悲痛。将士们且悲且喜道："宇文公来到，不用发愁了！"

　　这时北魏孝武帝准备图谋齐神武，知道贺拔岳被害，派武卫将军元毗传达旨意慰劳，把贺拔岳的兵众撤回洛阳。元毗到达平凉，正逢将领们已推举了太祖。侯莫陈悦也奉到诏敕要撤回，而侯莫陈悦已投靠齐神武，不肯应诏。太祖对将领们说："侯莫陈悦枉害忠良，又不应诏命，这是国家的大贼，怎能容忍！"就命令各路兵马戒严，准备讨伐侯莫陈悦。……

　　三月里，太祖进军到达原州，各军都到齐，太祖晓谕要讨伐侯莫陈悦的道理，士卒无不胸怀义愤。……夏天四月里，太祖引兵上陇，留下大哥的儿子宇文导为都督，镇守原州。太祖军令严肃，秋毫无犯，百姓大为喜悦，有识见的都知道他会成功。大军走出

木峡关,天下大雪,平地雪厚二尺。太祖知道侯莫陈悦胆小而多
疑,就兼程而行,使他出其不意。侯莫陈悦也果真疑心他左右有
怀异心的,他左右也不自安,部众就此离贰。听到太祖大军快到,
退守略阳,留下一万多人在水洛据守。太祖到达水洛,叫围城,水
洛城投降。太祖就率领几百轻骑直趋略阳,直逼侯莫陈悦军。侯
莫陈悦大为恐惧,就召部将们商量。部将们都说这次来势锋锐无
从抵挡,劝侯莫陈悦退避到上邽据守。当时南秦州刺史李弼也在
侯莫陈悦军中,就从小路派使者去太祖军,表示愿意充当内应。
当夜侯莫陈悦出兵,军中自相惊恐溃乱,将领士卒有的相随来投
降。太祖放手攻打,大破侯莫陈悦军,俘获一万多人,马八千匹,
侯莫陈悦和他的子弟以及麾下几十骑逃走。太祖说:"侯莫陈悦
本和曹泥通声气,不过逃往灵州罢了。"就命令原州都督宇文导在
前面拦截,都督贺拔颖等在后面追击。宇文导到牵屯山追上侯莫
陈悦,把他斩杀。太祖进入上邽,接收侯莫陈悦的府库,财物堆积
如山,都用来赏赐士卒,自己一丝一毫也不拿。……

　　齐神武知道太祖在秦陇打了胜仗,就派使者到太祖这边,用
美言厚礼,来和太祖结深交,太祖拒绝不接受。当时神武已有叛
逆的念头,所以魏帝要多依仗太祖,就向太祖征调二千骑兵来镇
守东雍州,作为声援,并叫太祖率领大军向东稍稍移动。太祖就
派大都督梁禦带上五千步兵骑兵到黄河、渭河会合处镇守,作为
进取河东的打算。……魏帝派著作郎姚幼瑜持节慰劳太祖军,进
太祖为侍中、骠骑大将军、开府仪同三司、关西大都督、略阳县公,
可以承制封拜,照旧使持节。……当时魏帝正想图谋齐神武,又
派使者向太祖征调兵马。太祖就派前任秦州刺史骆超为大都督,
率领轻骑一千前往洛阳。魏帝进授太祖兼尚书仆射、关西大行
台,其余官职封爵照旧。

秋天七月里,太祖率领兵众从高平出发,前军到达弘农,而齐神武已逼近京师。魏帝亲自统率六军,驻屯到河桥,叫左卫元斌之、领军斛斯椿镇守武牢,派使者通报太祖。太祖对左右说:"高欢几天功夫行军八九百里,是懂得军事者所忌,应该趁此机会出击高欢军。而主上以万乘之重,不能决战,正在沿渡口据守,况且长河万里,很难防御,如果一处渡过,大事就去了!"于是派大都督赵贵为别道行台,从蒲阪渡河,直趋并州,派大都督李贤率领精锐骑兵一千前往洛阳。适逢元斌之和斛斯椿争权不和,元斌之丢开斛斯椿回来,骗魏帝说:"高欢的兵来了!"

七月丁未这天,魏帝就从洛阳带了轻骑进关。太祖备好仪卫奉迎,在东阳驿谒见,……就奉魏帝定都长安。除草莽,立朝廷,军国大政,都取决于太祖。并加授太祖大将军、雍州刺史,兼尚书令,进封略阳郡公,另外设置两名尚书,随时处理机要事务,解除太祖的尚书仆射,其余照旧不动。……当初,魏帝在洛阳,要把冯翊长公主许配太祖,没有来得及纳采行聘,魏帝就西迁了。这时,下诏太祖娶这位长公主,拜太祖为驸马都尉。

八月里,齐神武袭取了潼关,入侵到华阴。太祖率领各军驻屯在霸上等待着。齐神武留下将领薛瑾守潼关,自己退回。太祖就进军攻打薛瑾,俘虏了七千士兵,返回长安,进位为丞相。

冬天十月里,齐神武拥立北魏清河王元亶的儿子元善见为主子,迁都到邺,这就成为了东魏。

十一月里,太祖派仪同李虎和李弼、赵贵等到灵州讨伐曹泥,李虎引黄河水灌州城。明年曹泥投降,把当地的豪帅迁到咸阳。

闰十二月里,北魏孝武帝驾崩。太祖和公卿们定策,尊立北魏的南阳王元宝炬即位,这就是西魏的文皇帝。

西魏大统元年(535)春正月己酉这天,进太祖为督中外诸军事、录尚书事、文行台,改封为安定郡王,太祖坚决辞让掉王和录尚书事,魏帝允许了,就改封他为安定郡公。……

大统三年(537)春天正月里,东魏入侵龙门,屯军在蒲阪,造了三道浮桥渡黄河,又派大将窦泰进取潼关,高敖曹围攻洛州。太祖出兵广阳,召集将领们说:"贼如今三面对我牵制,又在黄河造桥,表示一定要渡河,这是要拘住我军,使窦泰得以西入啊!长时间和他们相持,使他们的计划得以实施,可不是好办法。而且自从高欢起兵以来,每次都是窦泰充当前驱,他的手下多是精锐,屡次打胜仗,很骄傲。如今出其不意,袭击他一定能取胜,战胜了窦泰那高欢就不战自走了。"将领们都说:"贼就在眼前,却丢开而去远袭窦泰,事情如有蹉跌,就将悔之莫及。"太祖说:"高欢以前再次侵袭潼关,我军出动没有开过霸上,如今他们大举前来,我军还未开到郊外,贼以为我军只能自守,没有远出战斗的打算。又打惯了胜仗,有轻视我军之心。我军趁此出袭,将何往而不克?贼虽造桥,不能径直渡河。在这五天之内,我必然取得窦泰,公等毋庸怀疑。"庚戌这天,太祖率领六千骑兵回长安,放出空气说要退守陇右。辛亥这天,谒见了魏帝而暗地里出兵。癸丑这天清晨,到达小关。窦泰突然听到大军来到,惊慌起来,靠山摆阵。还没有摆好,太祖就放手攻打把他打败,一万多兵众统统俘虏过来,把窦泰斩杀,首级传送进长安。高敖曹这时正打进了洛州,擒获刺史泉企,听到窦泰的死讯,焚烧辎重弃城退走。齐神武也撤掉桥退回。泉企的儿子泉元礼不久收复洛州,斩杀东魏派的刺史杜密。太祖回军长安。

六月里,……太祖请求撤销行台,魏帝重申前命,太祖接受了录尚书事,其余的坚决辞让,魏帝才作罢。……

八月丁丑这天,太祖率领李弼、独孤信、梁御、赵贵、于谨、若干惠、怡峰、刘亮、王德、侯莫陈崇、李远、达奚武等十二将东伐。到达潼关，……派于谨在大军之前，略地到盘豆。东魏将领高叔礼守住栅不降，于谨猛攻，才投降，俘获了戍守的一千士卒，把高叔礼送往长安。戊子这天，大军到达弘农，东魏将领高干、陕州刺史李徽伯拒守。当时连下大雨，太祖就下令各军冒雨进攻。庚寅这天，弘农城崩溃，斩杀了李徽伯，俘虏了八千战士，高干逃走要去渡黄河，派贺拔胜追上把他擒获，一并送往长安。于是宜阳、邵郡都来归附。原先黄河以南的豪杰多聚兵和东魏通声气，这时各自带领部众来投降。

齐神武害怕了，率领兵众十万出壶口，趋蒲阪，准备以后土渡过黄河，又派将领高敖曹带三万人进入黄河以南。这年关中闹饥荒，太祖平定弘农后，就在那里吃住了五十多天。当时太祖手下的战士不到一万人，听到齐神武要渡过黄河，就引军退进潼关。齐神武就渡过了黄河，进逼到华州。华州刺史王罴防守严密，齐神武知道攻不下，就涉过洛河，在许原西边屯军。这边太祖据守渭河以南，征调各州兵马都还未来到，就召集将领们说："高欢越山渡河，从远处来到这里，这是天要他灭亡的时候了，我准备出击好不好？"将领们都认为寡不敌众，请等待高欢更向西进，那时再看形势。太祖说："高欢如果能到咸阳，人情反会骚动。现在趁他刚来，就可出击。"就在渭河上造了浮桥，叫军人带上三天口粮，轻骑渡过渭河，辎重在南岸和骑兵夹着渭河向西前进。

冬天十月壬辰这天，太祖军到达沙苑，距离齐神武军六十多里。齐神武知道太祖已到，引军前来会战。癸巳这天清晨，候骑报告齐神武军将到，太祖召集将领们商量。李弼说："彼众我寡，不可以在平地上摆阵，这里往东十里有渭曲，可先前往据守以等待敌人。"太祖就进军到渭曲，背着渭河东西摆阵，李弼为右拒，赵贵为左拒，叫将士都卧倒兵器埋伏在芦苇丛中，要听到鼓声再出动。申时，齐神武来到，望见太祖兵少，抢着跑马前进，不成行列，都去攻打太祖的左军。两军将交锋，太祖亲自击鼓，芦苇丛里的将士都奋勇出动，于谨等六军和齐神武军合战，李弼等带了铁骑横击齐神武军，把齐神武军切成二队，杀得大败，斩首六千多，临阵投降的二万多。齐神武连夜逃走，太祖军追赶到黄河边上，又大胜有大俘获。前后总共俘虏士卒七万人，留下甲士二万人，其余的都放了回去，收了对方的辎重兵器铠甲，到长安献俘。太祖回军渭河南边，这时所征调的各州兵马才来到，太祖就在作战的地方，按照当时兵士的数目，每人种树一棵，来显示武功。魏帝进太祖为柱国大将军，增加食邑和原先的一共五千户，李弼等十二将也进官爵增加食邑，还有以下的将士，都分等级赏赐。

太祖派左仆射冯翊王元季海为行台，和开府独孤信率领步兵骑兵二万人进军洛阳。……当初，太祖从弘农入关以后，东魏将领高敖曹围攻弘农，知道高欢大军战败后，退守到洛阳。独孤信到达新安，高敖曹再退走过了黄河，独孤信就进入了洛阳。……大统四年(538)……七月里，东魏派将领侯景、厍狄干、高敖曹、韩轨、可朱浑元、莫多娄贷文等把独孤信围困在洛阳，齐神武随后前来。在这以前，魏帝准备临幸洛阳拜谒园陵，碰上独孤信被围，下诏叫太祖领兵救援独孤信，魏帝也东进。

八月庚寅这天，太祖到达谷城。莫多娄贷文、可朱浑元来迎战。临阵斩杀莫多娄贷文，可朱浑元单骑脱逃，把兵众都俘虏了送往弘农，就此进军到瀍水东边，当晚魏帝临幸到太祖营里。于是侯景等连夜解围退走，到清晨太祖率领轻骑追赶，赶到了黄河边上。侯景等北据河桥、南连邙山结阵，和太祖各军合战。太祖的马中了流矢，惊恐乱跑，不知跑向哪处，因此军中扰乱，都督李穆下马把马给太祖骑,兵众才重新振作。于是打了个大胜仗,斩杀高敖曹和仪同李猛、西兖州刺史宋显等人,俘虏甲士一万五千,挤到河里淹死的也数万计。但这天摆的阵很大,头和尾隔得很远,从清晨到未时,打了几十合,到处尘雾充塞,战况互相不知道。独孤信、李远在右边,赵贵、怡峰在左边,都打得不好,又不知道魏帝和太祖在哪里,都丢了部众先后退回。开府李虎、念贤等是后军,碰上独孤信等后退,也和他们一起退回。由此就班师,洛阳也失守。大军回到弘农,守将都已弃城西走,所俘降卒在弘农的共同闭城拒守,大军攻进城,杀掉为首的几百人。

　　大军东出讨伐时,关中留守的兵众少,而前后俘虏的东魏士卒,都分散在民间,就图谋作乱。到李虎等回到长安,拿不出好办法,就和公卿们辅佐魏太子出居到渭水北边。关中大为震惊,百姓互相抢劫。于是沙苑俘虏的军人赵青雀、雍州百姓于伏德等就造反,赵青雀据守长安子城,于伏德保有咸阳,和咸阳太守慕容思庆各自招收降卒,抗拒返回的大军。长安大城的百姓都相随抗拒赵青雀,每天交战。魏帝这时停留在阌乡,派太祖去征讨。长安父老看到太祖回来,悲喜交集地说:"想不到今天还能见公!"士女们都相庆贺。华州刺史宇文导率领兵众进袭咸阳,斩杀慕容思庆,擒获于伏德,再向南渡过渭河和太祖会攻赵青雀把他打败。太傅梁景睿在这以前因病留住长安,和赵青雀通谋,这时也被诛杀。关中于是安定下来,魏帝返回长安,太祖重新屯军华州。……

　　大统九年(543)春天,东魏的北豫州刺史高仲密以全州来降归,太祖带兵迎接,派开府李远为前军,到达洛阳。……三月里,齐神武来到黄河北岸,太祖回军瀍水边来吸引对方。齐神武果真渡过黄河,据邙山摆阵,不再前进有好几天。太祖让辎重留在瀍曲,叫战士都衔上枚,乘夜登上邙山,不到天亮就进击齐神武军。齐神武单骑被贺拔胜追逐,幸而获免。太祖率领右军若干惠等大破齐神武军,把步卒都俘虏了。但赵贵等五将的兵众在左边,打得不好,齐神武军重新合战,太祖又打得不好,到夜间就退军。入潼关后,屯驻在渭河边。齐神武进军到陕州,开府达奚武等领兵抵御,齐神武就退回。……

大统十二年(546)……九月里,齐神武围攻玉壁,大都督韦孝宽力战拒守,齐神武围攻了六十天攻不下,士卒死掉十分之二三。适逢神武有病,烧掉营寨退兵。

大统十三年(547)春天正月里,……齐神武薨。儿子高澄继嗣,就是文襄帝。齐文襄和他们的河南大行台侯景有隙,侯景不能自安,派使者请求带了河南六州来归附。齐文襄派将领韩轨、厍狄干等把侯景围困在颍川。

三月里,太祖派开府李弼带兵救援侯景,韩轨等退走。侯景请求留下来收拾安辑河南,就徙镇到豫州。于是太祖派开府王思政据守颍川,李弼带兵返回。

秋天七月里,侯景秘密图谋归附梁朝。太祖知道了他的打算,把先后配备给侯景的将领士卒统统撤回来。侯景害怕了,就反叛。……

大统十四年(548)……夏天五月里,魏帝进授太祖太师。……这年,东魏派将领高岳、慕容绍宗、刘丰生等率领兵众十多万人把王思政围困在颍川。

大统十五年(549)春天,太祖派大将军赵贵率领兵众到穰县,兼督东南各州兵马救援王思政。高岳筑起了堰,引洧水来灌颍川郡城,从颍川以北都成为陂泽,救兵无法来到。

夏天六月里,颍川被攻陷。起初,侯景从豫州投梁,后来就渡过长江，……打进了建业。……

这年，盗在邺城把齐文襄杀死，文襄的弟弟高洋讨盗把盗擒杀，仍继承主持政事，这就是文宣帝。

大统十六年(550)……在这以前，梁的雍州刺史、岳阳王萧詧和他的叔父荆州刺史、湘东王萧绎不和，就称蕃来附归。……

夏天五月里，齐文宣废掉他的主子元善见而自立称帝。

秋天七月里，太祖统率各军东出讨伐。……九月丁巳这天，大军离开长安。当时接连下雨，从秋天到冬天，各路兵马的马驴多死去。就在弘农北边造桥过黄河，从蒲阪回军。于是黄河之南从洛阳以东，黄河之北从平阳以东，都入于北齐了。

大统十七年(551)春天三月里，西魏文帝驾崩，皇太子即位。……

魏废帝元年(552)……侯景攻克建业后，仍奉梁武帝为主，停了几十天，梁武帝因愤恨薨逝，侯景又立梁武帝的儿子萧纲，不久废掉萧纲自立。过了一年多，萧纲的弟弟萧绎讨伐侯景，把侯景擒杀，……并在江陵即帝位，这就是梁元帝。

废帝二年(553)春天，魏帝下诏叫太祖去掉丞相、大行台，任都督中外诸军事。……冬天十一月里，尚书元烈图谋作乱，事情败露被诛杀。……

废帝三年(554)，……自从元烈被诛杀，魏帝有抱怨的话。……于是太祖和公卿们定议废掉魏帝，尊立齐王拓拔廓，这就是恭帝。

魏恭帝元年(554)，……梁元帝派使者请依据旧地图来划定两国的疆界，又和北齐连结，言辞荒谬傲慢。太祖说："古人有句话，叫'天之所弃，谁能兴之'，就是讲萧绎这种人吧！"冬十月壬戌这天，派柱国于谨、中山公宇文护、大将军杨忠、韦孝宽等步兵骑兵五万人讨伐梁。十一月癸未这天,大军渡过汉水。中山公宇文护和杨忠率领精锐骑兵抢先屯集到江陵城下,占据了长江渡口防备对方逃走。丙申这天,于谨来到江陵,排下营寨围城。辛亥这天,进攻江陵城,当天破城。擒获梁元帝并把他杀死,还把百官和士人百姓俘虏回去,沦没为奴婢的有十多万,幸免的只二百多家。把萧詧立为梁主,住在江陵,作为西魏的附庸。……

恭帝三年(556)春正月丁丑这天,开始实施《周礼》,建立六官,以太祖为太师、大冢宰,柱国李弼为太傅、大司徒,赵贵为太保、大宗伯,独孤信为大司马,于谨为大司寇,侯莫陈崇为大司空。起初太祖鉴于汉、魏设官繁杂,想革除前弊,大统年间,就叫苏绰、卢辩依照周制改革创造,不久也设置了六卿官,只因撰次未成,各项政务还由尚书省处理,这时已完成了,才叫实施。

夏天四月里,太祖北上巡狩。……

九月里,太祖有病,回到云阳,叫中山公宇文护受遗嘱辅佐嗣子。

冬十月乙亥这天,太祖崩于云阳宫,回到长安发丧,时年五十岁。十二月甲申这天,葬于成陵,谥为文公。孝闵帝受禅后,追尊他为文王,庙号太祖。武成元年(559),追尊他为文皇帝。……

于谨传

　　宇文泰的江山，是靠将领们打出来的，所以这里选译了于谨的传，因为这位将军不仅资格老，战功多，而且是宇文泰身后已成为大臣中的领袖人物。但这个传对于谨本人也有美化之处，如他任统帅攻克江陵，把十多万人俘为奴婢，实在够野蛮，在这个传里却写得平淡，甚至在不少地方把他说得颇为文雅。这是因他的后裔一直显贵，在修《周书》时曾孙于志宁正任中书省副长官中书侍郎的要职，写起来难免有所迁就的缘故。（选自卷一五）

　　于谨，字思敬，河南洛阳人也①，小名巨弥②。曾祖婆，魏怀荒镇将。祖安定，平凉郡守、高平郡将。父提，陇西郡守、茌平县伯③，

---

①河南洛阳人：北魏孝文帝拓跋宏在太和十八年（494）自平城迁都洛阳，大力推行汉化，朝廷上禁止说鲜卑语，把鲜卑姓都改成汉姓，他带头把姓拓跋改成姓元，还规定鲜卑等族南迁洛阳的都作为河南洛阳人。于谨的上代本是鲜卑族，姓万忸（niǔ纽）于，南迁洛阳后才奉命改用汉姓于，并成为了河南洛阳人。洛阳当时属司州，也是司州的治所，又设河南尹，所以称河南洛阳人。
②巨弥：是鲜卑语，也许是于谨的鲜卑语本名。
③陇西郡：秦州陇西郡，治所襄武，在今甘肃陇西县南。茌：音 rěn（忍）。

保定二年以谨著勋①,追赠使持节、柱国大将军、太保、建平郡公。

　　谨性沉深,有识量,略窥经史②,尤好《孙子》兵书③。……及破六汗拔陵首乱北境,引茹茹为援④,大行台仆射元纂率众讨之⑤。宿闻谨名,辟为铠曹参军事⑥,从军北伐。茹茹闻大军之逼,遂逃出塞,纂令谨率二千骑追之,至郁对原,前后十七战,尽降其众。后率轻骑出塞觇贼⑦,属铁勒数千骑奄至⑧,谨以众寡不敌,退必不免,乃散其众骑,使匿丛薄之间⑨,又遣人升山指麾,若分部军众者⑩。贼望见,虽疑有伏兵,既恃其众,不以为虑,乃进军逼谨。谨以常乘骏马一紫一骀⑪,贼先所识,乃使二人各乘一

----

① 保定:北周武帝宇文邕的年号(561—565)。
② 经史:经,指当时流行的《周易》、《尚书》、《毛诗》、《礼记》、《春秋左传》五经;史,指《史记》、《汉书》、《东观汉纪》三史。
③ 《孙子》:我国现存最早最完整的一部兵家著作,相传是春秋后期孙武所著,其实应是战国时人的作品。汉魏以来它一直是学习研究军事的必读书,曹操等都给它作过注,其中多数理论在今天仍用得上,在国际上也颇受重视。
④ 茹茹:柔然的异译,有时还译作蠕蠕、芮芮,是我国古代北方的少数民族,源出于东胡,后成为北魏北边的强敌,后渐衰微,西魏废帝元年(552)并入突厥。
⑤ 元纂:北魏宗室,《魏书》有传。
⑥ 铠曹参军事:府里分管铠甲兵仗的官员。
⑦ 觇(chān):看,窥测。
⑧ 属(zhǔ 主):这里是适值的意思。铁勒:我国古代北方的少数民族,汉时称丁零,后音变为狄历、敕勒、铁勒等,又因所用车高大,也称高车。隋代分属东西突厥,唐初的薛延陀和后来的回纥都是铁勒的一部而发展强大的。
⑨ 丛薄(bó):草木丛生的地方。
⑩ 分部:分派,部署。
⑪ 骀(guā 瓜):黑嘴的黄马。

马,突阵而出。贼以为谨也,皆争逐之,谨乃率余军击之,其追骑遂奔走,因得入塞。

　　正光四年,行台广阳王元深治兵北伐①,引谨为长流参军②,特相礼接,所有谋议,皆与谨参之,乃使其子佛陁拜焉③,其见待如此。遂与广阳王破贼主斛律野谷禄等④。时魏末乱,群盗蜂起,谨乃从容谓广阳王曰⑤:"自正光以后,海内沸腾⑥,郡国荒残⑦,农商废业。今殿下奉义行诛⑧,远临关塞⑨,然丑类蚁聚⑩,其徒实繁,若极武穷兵⑪,恐非计之上者。谨愿禀大王之威略⑫,驰往喻之,必不劳兵甲,可致清荡⑬。"广阳王然之。谨兼解诸国语⑭,乃单骑入贼,示以恩信。于是西部铁勒酋长乜列河等领三万余户并款附⑮,相率南迁。广阳王欲与谨至折敷岭迎接之,谨

①广阳王元深:北魏宗室,《魏书》有传。治兵:古礼军队出征叫"治兵",回来叫"振旅"。
②长流参军:府里分管刑狱的官员。
③陁(tuó):同"陀"。
④斛律野谷禄:斛律是铁勒的姓,此人应是铁勒人。
⑤从容:舒缓不迫。
⑥沸腾:本是水涌起貌,这里引申为纷扰。
⑦郡国:汉初郡和王国同为地方高级行政区划,以后王国名存实亡,南北朝时虽沿用过郡国并置之制,但郡和王国实已没有区别。
⑧殿下:汉以后对太子、亲王的尊称。诛:这里是讨伐的意思。
⑨关塞:指边境的关隘、要塞。
⑩丑类:丑是恶的意思,丑类指坏的一伙人。蚁聚:像蚂蚁一样聚集到一起。
⑪极武穷兵:穷极武力,好战无厌,今多写作"穷兵黩(dú 渎)武"。
⑫威略:声威才略。
⑬清荡:涤荡,把坏的东西清除干净。
⑭诸国语:指各少数民族的语言。
⑮乜:音 miē。款附:款是诚恳,款附是诚心归附。

曰：“破六汗拔陵兵众不少，闻乜列河等归附，必来要击①。彼若先据险要，则难与争锋②。今以乜列河等饵之③，当竞来抄掠④，然后设伏以待，必指掌破之⑤。”广阳然其计。拔陵果来要击，破乜列河于岭上，部众皆没⑥。谨伏兵发，贼遂大败，悉收得乜列河之众。魏帝嘉之，除积射将军⑦。

孝昌……二年，梁将曹义宗据守穰城，数为边患，乃令谨与行台尚书辛纂率兵讨之⑧，相持累年，经数十战。进拜都督、宣威将军、冗从仆射⑨。孝庄帝即位，除镇远将军，寻转直寝⑩。又随太宰元天穆讨葛荣⑪，平邢杲⑫，拜征虏将军⑬。从尔朱天光破万俟丑奴，封石城县伯，邑五百户。普泰元年，除征北大将军、金紫光

①要：通“邀”，中途拦截。

②争锋：争胜。

③饵（ěr 耳）：引鱼上钩的食物，引申为引诱、利诱。

④抄掠：掠夺，抢掠。

⑤指掌：比喻事情容易做。

⑥没：这里指被抄没，即被抢走、虏走。

⑦积射将军：左右卫府的中级武职。

⑧辛纂：《魏书》有传。

⑨宣威将军：中级的杂号将军，并无实际执掌。冗（rǒng）从仆射：左右卫府的高级属官。

⑩直寝：左右卫府下属直阁的属官。

⑪太宰元天穆：北魏宗室，却成为尔朱荣的党羽，《魏书》有传，太宰是专为他设置的，是最高级官职之一。

⑫邢杲（gǎo 搞）：北魏孝庄帝建义元年（528）河北流民起义的领导者，自称汉王，曾攻占光州（治所及所属东莱郡的治所同在掖县，今山东莱州）等地，次年在历城（齐州及所属济南郡的治所，即今山东济南）被元天穆等击败，邢杲投降被杀。

⑬征虏将军：高级的杂号将军。

禄大夫、散骑常侍①。又随天光平宿勤明达②,别讨夏州贼贺遂有伐等平之③,授大都督。从天光与齐神武战于韩陵山,天光既败,谨遂入关。贺拔岳表谨留镇,除卫将军、咸阳郡守④。

太祖临夏州,以谨为防城大都督,兼夏州长史。及岳被害,太祖赴平凉,谨乃言于太祖曰:"魏祚陵迟⑤,权臣擅命⑥,群盗蜂起,黔首嗷然⑦。明公仗超世之姿⑧,怀济时之略,四方远近,咸所归心,愿早建良图,以副众望⑨。"太祖曰:"何以言之?"谨对曰:"关右,秦汉旧都,古称天府,将士骁勇,厥壤膏腴⑩,西有巴蜀之饶⑪,北有羊马之利⑫。今若据其要害,招集英雄,养卒劝农,足观时变。且天子在洛,逼迫群凶⑬,若陈明公之恳诚,算时事之利害,请都关右,帝必嘉而西迁。然后挟天子而令诸侯⑭,奉王命以讨

---

① 征北大将军:这是所谓四征将军加"大"的,仍是用来酬赏功勋的高级武职,比不加"大"的更高一点。
② 宿勤明达:反北魏武装领袖之一,少数民族。
③ 贺遂有伐:反北魏武装领袖之一,少数民族。
④ 卫将军:高级武职,仅次于大将军,但当时已仅用来酬赏功勋。
⑤ 祚(zuò 做):福命,国运。陵迟:衰颓。
⑥ 权臣:指高欢。
⑦ 黔(qián 钱)首:战国及秦代对百姓的称呼,后成为百姓的通称。嗷(áo 熬):哀号声。
⑧ 明公:古代对有名位者的尊称。
⑨ 副:符合,相称。
⑩ 厥:其。
⑪ 巴蜀:这里指益州的巴郡和蜀郡,巴郡治所垫江即今重庆,蜀郡和益州的治所同在成都即今四川成都。
⑫ 北有羊马之利:北指今陕西的北部,可以放羊牧马,所以说有羊马之利。
⑬ 群凶:仍指高欢及其一伙。
⑭ 挟天子而令诸侯:挟制着皇帝,用皇帝名义发号施令,指挥各个地方势力。

暴乱,桓、文之业,千载一时也!"太祖大悦。会有敕追谨为阁内大都督①,谨因进都关中之策,魏帝纳之。

寻而齐神武逼洛阳,谨从魏帝西迁。仍从太祖征潼关,破回洛城②,授使持节、车骑大将军、仪同三司、北雍州刺史③,进爵蓝田县公,邑一千户。大统元年,拜骠骑大将军、开府仪同三司。三年④,夏阳人王游浪聚据杨氏壁谋逆⑤,谨讨擒之。是岁,大军东伐,谨为前锋,至盘豆⑥,东魏将高叔礼守险不下,攻破之,拔虏其卒一千。因此拔弘农,擒东魏陕州刺史李徽伯。齐神武至沙苑,谨从太祖与诸将力战破之,进爵常山郡公,增邑一千户。又从战河桥,拜大丞相府长史,兼大行台尚书。稽胡帅夏州刺史刘平叛⑦,谨率众讨平之,除大都督、恒并燕肆云五州诸军事、大将军、恒州刺史⑧。入为太子太师⑨。九年,复从太祖东征,别攻柏谷

---

①阁(gé)内大都督:职掌禁卫的武职。
②回洛城:位置不明,当是潼关附近、洛水边上的城镇。
③车骑大将军:荣誉性的高级武职。北雍州:治所宜君,即今陕西耀县。
④三年:本误作"其年",据《文帝纪》改正。
⑤夏阳:华州华山郡夏阳县,在今陕西韩城南。杨氏壁:在今陕西韩城,壁是壁坞,据险修筑的堡垒,魏晋南北朝时常有人带了宗族乡里修筑壁坞以避乱。
⑥盘豆:即槃豆。
⑦稽胡:我国古代少数民族,又称山胡、步落稽,源出南匈奴,居今山西、陕西北部山谷间,务农,与汉人杂处,隋唐以来与汉人融合。
⑧恒并燕肆云五州诸军事:当时有任一个州的刺史兼督邻近各州诸军事的制度。恒是恒州,治所平城即今山西大同。肆是肆州,治所九原城在今山西忻县。云是云州,治所约在今山西祁县西。
⑨太子太师:和太子太傅、太子太保、太子少师、太子少傅、太子少保都是皇太子东宫的高级辅佐官。

坞①,拔之。邙山之战,大军不利,谨率其麾下伪降,立于路左,齐神武军乘胜逐北②,不以为虞③,追骑过尽,谨乃自后击之,敌人大骇,独孤信又集士于后奋击,齐神武军遂乱,以此大军得全。十二年,拜尚书左仆射,领司农卿④。及侯景款附,请兵为援,太祖命李弼率兵应之。谨谏曰:"侯景少习兵权,情实难测。且宜厚其礼秩⑤,以观其变,即欲遣兵,良用未可。"太祖不听。寻复兼大行台尚书、丞相府长史,率兵镇潼关,加授华州刺史,赠秬鬯一卣⑥,圭瓒副焉⑦。俄拜司空,增邑四百户。十五年,进位柱国大将军。齐氏称帝,太祖征之,以谨为后军大都督,别封一子盐亭县侯,邑一千户。魏恭帝元年,除雍州刺史。

初,梁元帝平侯景之后,于江陵嗣位,密与齐氏通使,将谋侵轶⑧。其兄子岳阳王詧时为雍州刺史⑨,以梁元帝杀其兄誉⑩,遂结仇隙,据襄阳来附,仍请王师。乃令谨率众出讨,太祖饯于青泥

---

① 柏谷坞:在今河南偃师南。
② 逐北:逐击败逃的敌人,北是败北,即败逃。
③ 虞:戒备。
④ 领:兼任较低的职务叫"领"。司农卿:司农寺的长官,掌管粮食、钱帛。
⑤ 秩:官员的俸禄。
⑥ 秬鬯(jù chàng 巨唱)一卣(yǒu 友):秬是黑黍,鬯是香草,秬鬯是用黑黍和香草酿造的酒,作为祭祀降神之用,卣是古代的盛酒器。魏晋南北朝时皇帝赏赐权臣"九锡"中就有"秬鬯",现在赐给于谨,算是特殊的赏赐了。
⑦ 圭瓒(zàn 赞):圭是长形的玉,圭瓒是古代以圭为柄的灌酒器。副:附带上。
⑧ 侵轶(yì 逸):侵犯。
⑨ 雍州:梁的雍州,治所襄阳。
⑩ 誉:梁河东王萧誉,昭明太子萧统的第二子,《梁书》有传。

谷①。长孙俭问谨曰②："为萧绎之计,将欲如何?"谨曰:"耀兵汉沔③,席卷渡江④,直据丹阳⑤,是其上策;移郭内居民⑥,退保子城,峻其陴堞⑦,以待援至,是其中策;若难于移,据守罗郭⑧,是其下策。"俭曰:"揣绎定出何策⑨?"谨曰:"必用下策。"俭曰:"彼弃上而用下,何也?"对曰:"萧氏保据江南,绵历数纪⑩。属中原多故⑪,未遑外略⑫。又以我有齐氏之患,必谓力不能分。且绎懦而无谋⑬,多疑少断,愚民难与虑始⑭,皆恋邑居⑮,既恶迁移⑯,当保罗郭。所以用下策也。"谨乃令中山公护及大将军杨忠等,率精

_____

①饯(jiàn 荐):以酒食送行。青泥谷:在长安东南,在今陕西蓝田。

②长孙俭:鲜卑族,本姓拓跋,南迁洛阳改姓长孙,宇文泰的大将,讨伐江陵的主谋,取得江陵后委他镇守,《周书》有传。

③汉沔(miǎn 免):汉水和沔水源出虽不同,但合流后或称沔水或称汉水,所以这里称汉沔。

④席卷:像卷席子一样包括无余,这里指把江陵的官员军民财物统统带走。

⑤丹阳:扬州丹阳郡,治所同在建康即今江苏南京。

⑥郭:外郭城,外城。

⑦陴(pí 皮):城上的女墙即矮墙。堞(dié 迭):也是城上的女墙。

⑧罗:罗城,为加强防守,在城墙外加建的凸出的小城圈。

⑨揣(chuǎi):估计,猜测。

⑩纪:我国古代以十二年为一纪。

⑪中原:指北方黄河流域中下游地区,与"江南"相对而言。

⑫遑(huáng 皇):暇。

⑬懦(nuò 糯):怯懦。

⑭虑始:谋划创始的事情。原先长期住在江陵,现在要迁往丹阳,对江陵百姓讲是件创始的事情。

⑮邑:城邑,城市。

⑯恶(wù 误):讨厌,不愿意。

骑先据江津,断其走路。梁人竖木栅于外城,广轮六十里①。寻而谨至,悉众围之②。梁主屡遣兵于城南出战,辄为谨所破。旬有六日,外城遂陷,梁主退保子城。翌日③,率其太子以下,面缚出降④,寻杀之。虏其男女十余万人,收其府库珍宝,得宋浑天仪,梁日晷铜表,魏相风乌铜蟠螭趺,大玉径四尺围七尺,及诸舆辇法物以献⑤,军无私焉⑥。立萧詧为梁主,振旅而旋⑦。太祖亲至其第,宴语极欢⑧。赏谨奴婢一千口,及梁之宝物,并金石丝竹乐一部⑨,别封新野郡公,邑二千户。谨固辞,太祖不许。又令司乐作《常山公平梁歌》十首,使工人歌之。

---

①广(guàng)轮:广袤(mào 冒),周长,周围。

②悉:全部;尽其所有。

③翌(yì 翼)日:明天。

④面缚:两手反绑。

⑤宋浑天仪:浑天仪,也叫浑象,我国古代用来表示天象的仪器,类似今天球仪。这个浑天仪是南朝宋文帝时制造的。梁日晷(guǐ 鬼)铜表:日晷铜表也就是日晷,我国古代用来测时的仪器。这个日晷铜表是南朝梁武帝时制造的。魏相(xiàng)风乌:我国古代铜制的乌形风向器,这个相风乌是三国魏时制造的。铜蟠螭趺(chī fū 痴夫):螭是神话中的龙形动物,趺在这里指座子,铜蟠螭趺就是铜制的蟠螭形的座子,当是指相风乌的座子。舆:车子,这里指皇帝用的车子。辇(niǎn 捻):用人推挽的车子,这里也专指皇帝用的。法物:指宗庙的乐器和皇帝的舆辇、仪仗等。

⑥私:私取。

⑦旋:凯旋。

⑧宴语:闲谈,谈笑。

⑨金石丝竹乐一部:《隋书·音乐志》里有隋初牛弘关于音乐的奏章,其中说到克江陵时得到梁家的雅乐,应该就是这里所说的金石丝竹乐,金是钟,石是磬(qìng 庆),丝是琴、筝之类,竹是箫、笛之类。一部,就是一套音乐班子。

谨自以久当权势,位望隆重,功名既立,愿保优闲①,乃上先所乘骏马及所着铠甲等。太祖识其意,乃曰:"今巨猾未平②,公岂得便尔独善。"遂不受。六官建,拜大司徒。

及太祖崩,孝闵帝尚幼,中山公护虽受顾命③,而名位素下,群公各图执政,莫相率服④。护深忧之,密访于谨。谨曰:"夙蒙丞相殊眷⑤,情深骨肉⑥,今日之事,必以死争之。若对众定策,公必不得辞让。"明日,群公会议,谨曰:"昔帝室倾危,人图问鼎⑦。丞相志在匡救,投袂荷戈⑧,故得国祚中兴⑨,群生遂性⑩。今上天降祸,奄弃庶寮⑪。嗣子虽幼,而中山公亲则犹子⑫,兼受顾

---

① 优闲:闲暇自得。

② 巨猾(huá 滑):大奸猾,大捣乱的。这里指北齐。

③ 顾命:天子临死前的遗命;遗诏。这里指《太祖纪》里所说的"命中山公护受遗辅嗣子"。

④ 率服:率是遵循、顺服的意思,率服就是顺服。

⑤ 夙(sù 速):素常,一向。丞相:指宇文泰。眷(juàn):关怀。

⑥ 骨肉:比喻兄弟等至亲。

⑦ 问鼎:春秋时楚王用兵经过周,曾问周鼎的轻重,有企图取代周室之意,后人就把"问鼎"一词作为篡夺帝位的代称。

⑧ 投袂(mèi 妹):挥袖,甩袖,表示立即行动。荷(hè)戈:荷是扛着,扛着戈表示从军作战。

⑨ 中兴:一个朝代经衰乱后又重新兴盛。这是指魏在长安又建立了朝廷,表面上也可算是中兴。

⑩ 群生遂性:遂是穷尽,性是生命,群生遂性就是说百姓能安其生,不因战乱而伤残夭折。

⑪ 奄弃庶寮(liáo 辽):奄是忽,弃是抛弃,庶是众多,寮通"僚",同官为僚。奄弃庶寮,就是忽然抛弃百官,指当政者死去。

⑫ 犹子:侄儿,因为侄儿如同自己的儿子一样,所以称侄儿为犹子。

托①,军国之事,理须归之。"辞色抗厉②,众皆悚动③。护曰:"此是家事,素虽庸昧,何敢有辞。"谨既太祖等夷④,护每申礼敬⑤,至是,谨乃趋而言曰:"公若统理军国,谨等便有所依。"遂再拜。群公迫于谨,亦再拜。因是众议始定。

孝闵帝践阼⑥,进封燕国公,邑万户,迁太傅、大宗伯,与李弼、侯莫陈崇等参议朝政。……

保定……三年四月,诏曰:"……太傅、燕国公谨,……可为三老⑦。……"谨上表固辞,诏答不许,又赐延年杖。……

及晋公护东伐⑧,谨时老病,护以其宿将旧臣⑨,犹请与同行,询访戎略。军还,赐钟磬一部。天和二年⑩,又赐安车一乘⑪,寻授雍州牧⑫。三年,薨于位,年七十六。高祖亲临⑬,诏谯王俭监

---

①顾托:顾命托付。

②抗厉:抗通"亢",亢直的意思,抗厉就是严厉。

③悚(sǒng 耸)动:惊恐震动。

④等夷:夷是侪辈,同一辈,同样辈分。等夷就是指资历地位相等。

⑤申:表明;表示。

⑥践阼(zuò 做):也作"践祚",即位,旧时多指帝王即位。

⑦三老:先秦时有把年老不任官职尊为"三老"或"五更"的做法,到汉代仍有天子"尊事三老,兄事五更"的说法。因为北周讲究复古,所以有尊于谨为三老的做法。

⑧晋公护东伐:指北周武帝保定四年(564)十月宇文护讨伐北齐的战役,结果并未获胜。

⑨宿将:有丰富经验的老将。

⑩天和:北周武帝宇文邕的年号(566—572)。

⑪安车:先秦时的一种小车,专给年老的贵族乘坐,很安适,所以叫安车。北周复古,所以也赐于谨安车。

⑫雍州牧:雍州是北周京师长安所在地,所以在明帝二年(558)改雍州刺史为雍州牧,以提高其品级。

⑬高祖:北周武帝宇文邕死后谥为武皇帝,庙号高祖。

护丧事①，赐缯彩千段②，粟麦五千斛③，赠本官，加使持节、太师、雍恒等二十州诸军事，雍州刺史，谥曰文。及葬，王公已下，咸送出郊外。配享于太祖庙庭④。

谨有智谋，善于事上，名位虽重，愈存谦挹⑤，每朝参往来⑥，不过从两三骑而已。朝廷凡有军国之务，多与谨决之，谨亦竭其智能，弼谐帝室⑦。故功臣之中，特见委信，始终若一，人无间言⑧。每教训诸子，务存静退。加以年齿遐长⑨，礼遇隆重，子孙繁衍⑩，皆至显达，当时莫与为比焉。……

【翻译】

于谨，字叫思敬，是河南洛阳人，小名叫巨弥。曾祖名叫婆，是北魏的怀荒镇将。祖名叫安定，是平凉郡守、高平郡将。父名叫提，是陇西郡守，封茌平县伯，到北周保定二年(562)由于于谨有大功勋，追赠为使持节、柱国大将军、太保、建平郡公。

于谨秉性深沉，有识见，读过点经史，尤其爱好《孙子》兵

---

①谯(qiáo 樵)王俭：宇文俭，也是宇文泰之子，武帝宇文邕之弟，《周书》有传。

②缯(zēng 增)：古代丝织品总称为缯。彩：彩色丝织品。

③斛：我国古代容量单位，十斗为一斛。

④配享：在庙里受到陪祭的叫配享，皇帝宗庙里常选择已故的功臣配享。

⑤挹(yì 邑)：通"抑"，谦退。

⑥朝参：臣下朝见皇帝叫"朝参"。

⑦谐(xié)：调和。

⑧间言：不满的话，说闲话。

⑨年齿遐(xiá 霞)长：年齿是年龄，遐也是长，年齿遐长就是高龄、高年。

⑩繁衍：衍是水长流的意思，繁衍就是绵延。

书。……到破六汗拔陵带头在北边造反,勾引茹茹作为声援,大行台仆射元纂带兵讨伐。他一向听说过于谨这个人,就召用他做铠曹参军事,让他从军北伐。茹茹知道大军压过来,就逃出边塞,元纂派于谨带上二千骑兵去追赶,赶到叫郁对原的地方,前后打了十七仗,把茹茹的兵众统统招降过来。后来又带上轻骑到塞外窥看敌人,碰上铁勒的几千骑兵突然来到,于谨认为寡不敌众,要退走必然走不脱,就分散他的骑兵,叫在草木丛生的地方躲藏起来,再派人登山指挥,好像部署兵马的模样。贼兵望见了,虽疑心有伏兵,但靠人多,不怕出问题,就进逼于谨。于谨常骑的好马一匹紫色一匹黑嘴黄色,贼兵以前都认得,于谨就派两个人各骑一匹,冲阵而去。贼兵以为是于谨,抢着追赶,于谨就带上其余的人马杀过去,追的贼兵奔逃,于谨得以进入了边塞。

北魏正光四年(523),行台广阳王元深出兵北伐,引用于谨为长流参军,对他特别礼貌,所有谋议,都让他参与,还叫儿子佛陁拜见,亲近到如此程度。于谨就和广阳王打败贼兵头领斛律野谷禄等。这时已到北魏末年动乱的时候,群盗蜂起,于谨从容地对广阳王说:"自从正光以后,海内纷扰,郡国残破,农商废业。如今殿下奉义诛讨,远来关塞,但丑类蚁聚,徒众实多,如果穷兵黩武,怕不是上策。我于谨请凭借大王的威略,快马前去开导,一定可以不用兵甲,达到清荡的目的。"广阳王认为很对。于谨还懂得各国语言,就单骑进入贼中,宣示恩信。于是西部铁勒的酋长纥列河等带了三万多户一起归附,相随着往南边迁徙。广阳王准备和于谨去折敷岭迎接,于谨说:"破六汗拔陵的兵众不少,知道纥列河等归附,一定会来拦击。他如果先占据了险要,就难和他争胜。如今用纥列河等来引诱他,他必然争着来抢掠,然后埋下伏兵等待着,一定很容易地把他打败。"广阳王同意这个计策。破六汗拔陵果真前来拦击,在岭上把乜列河打败,乜列河的部众都被他抢走。这时于谨的伏兵冲来,贼兵就此被杀得大败,乜列河的部众都被收留过来。魏帝嘉赏于谨,除授他为积射将军。

北魏孝昌……二年(527),南朝梁将曹义宗据守穰城,多次在边境侵扰,魏帝就叫于谨和行台尚书辛纂率兵去征讨,相持了几个年头,打了几十仗。进拜于谨为都督、宣威将军、冗从仆射。孝庄帝即位,除授于谨为镇远将军,不久转任直寝。又跟随太宰元天穆讨伐葛荣,平定邢杲,拜为征虏将军。跟随尔朱天光打败万俟丑奴,封为石城县伯,食邑五百户。普泰元年(531),除授征北大将军、金紫光禄大夫、散骑常侍。又跟随尔朱天光平定宿勤明达,另外再讨伐夏州贼贺遂有伐等把他们打平,授为大都督。跟随尔朱天光和齐神武在韩陵山作战,尔朱天光战败,于谨就进了潼关。贺拔岳上表把于谨留在自己镇上,除授于谨卫将军、咸阳郡守。

太祖到了夏州,任命于谨为防城大都督,兼任夏州的长史。到贺拔岳被害,太祖前往平凉,于谨就对太祖说:"魏朝的国运已不行了,权臣专擅,群盗蜂起,百姓嗷嗷。明公伏不世之英姿,怀济时之才略,四方远近都已归心,请早作打算,不负众望。"太祖说:"怎么讲呢?"于谨对答道:"关右,是秦汉的旧都,古人称之为天府,将士骁勇,土地肥沃,西边有巴蜀之饶,北面有羊马之利。当今如果占据要害,招集英雄,养兵劝农,足以坐观时局变化。况且天子在洛阳,为群凶所逼迫,如果陈说明公的诚意,计算时事的利害,请求建都关右,天子必定嘉许而西迁。然后挟天子以令诸侯,奉王命以讨暴乱,这是齐桓、晋文的事业,千载一时的机会啊!"太祖大为高兴。正好有敕把于谨调回任閤内大都督,于谨趁此献上迁都关中的办法,得到魏帝的采纳。

不久齐神武进逼洛阳,于谨跟随魏帝西迁。又跟着太祖出征潼关,攻下回洛城,被授为使持节、车骑大将军、仪同三司、北雍州刺史,进封爵为蓝田县公,食邑一千户。西魏大统元年(535),拜为骠骑大将军、开府仪同三司。大统三年(537),夏阳人叫王游浪的在杨氏壁聚众叛乱,于谨出兵讨伐把他擒获。这年,大军东出征伐,于谨充当先锋。进军到盘豆,东魏将领高叔礼据险守御不降,于谨打了进去,俘虏兵众一千人。趁此又攻下弘农,擒获东魏的陕州刺史李徽伯。齐神武到达沙苑,于谨跟随太祖和将领们奋力战斗把他打败,进封爵为常山郡公,增加食邑一千户。又跟随着大战河桥,拜授大丞相府长史,兼大行台尚书。稽胡的将帅夏州刺史刘平叛乱,于谨带兵把他打平,除授大都督、恒并燕肆云五州诸军事、大将军、恒州刺史。调进京任太子太师。大统九年(543),再跟随太祖东出征讨,另带兵攻柏谷坞,打了下来。邙山之战,大军打得不好,于谨率领手下的兵马假装投降,站在路边,齐神武的兵马乘胜追逐,不曾戒备,等追骑过完了,于谨就从后面出击,敌人大为惊骇,独孤信又聚集了兵众在后面奋力冲杀,齐神武军乱了起来,大军才得以保全。大统十二年(546),拜授尚书左仆射,领司农卿。到侯景附归,请求派援兵,太祖派李弼带兵接应。于谨劝谏道:"侯景年轻时就惯于在军事上弄权变,真情很难窥测。应该先对他厚加礼秩,看他有什么变化,现在马上派兵,大为不可。"太祖没有听从。不久又让谨兼任大行台尚书、丞相府长史,带兵镇守潼关,加授华州刺史,赠给他秬鬯一卣,附带上圭瓒。不久拜授司空,增加食邑四百户。大统十五年(549),进位柱国大将军。齐氏称帝,太祖出兵征讨,任于谨为后军大都督,另封他一个儿子为盐亭县侯,食邑一千户。西魏恭帝元年(554),除授雍州刺史。

　　当初,梁元帝萧绎平定侯景以后,在江陵即位,和北齐秘密通使,打算前来侵犯。梁元帝哥哥的儿子岳阳王萧詧当时任雍州刺史,因为梁元帝杀害他的哥哥萧誉,就结了仇,据有着襄阳来归附,并请派王师。于是派于谨率领大军出征,太祖在青泥谷给饯行。长孙俭问于谨道:"给萧绎打算,将怎么办?"于谨说:"到汉沔炫耀兵威,把江陵的军民财物统统带上渡过长江,直前据守丹阳,这是他的上策;迁移郭内的居民,退守子城,加高女墙,等待外援,这是他的中策;如果怕迁移,据守外城,是他的下策。"长孙俭说:"估计萧绎会采用什么?"于谨说:"一定采用下策。"长孙俭说:"他不用上策而用下策,为什么?"于谨回答说:"萧氏据有江南,经历了好几十年。正逢中原多事,没有顾得上对外经略。又认为我们有齐氏为患,一定不能分出兵力。加上萧绎懦而无谋,多疑虑而少决断,愚民则因循而不愿创始,都留恋着城里原来的住宅,既不愿迁移,就得据守外城。所以说他用下策。"于谨于是派中山公宇文护和大将军杨忠等人,率领精锐骑兵先占据长江渡口,把梁人出逃的路切断。梁人在外城竖立木栅,周围六十里。很快于谨来到,把大军全部调上把城围起来。梁元帝多次派兵在城南出战,都被于谨打败。围困了十六天,就打进外城,梁元帝退守子城。第二天,梁元帝带了他太子以下的臣民,面缚出城投降,过不久被杀死。俘虏了江陵的男女十多万人,收取府库里的珍宝,得到宋的浑天仪,梁的日晷铜表,魏的相风乌有铜的蟠螭座,大玉直径四尺周围七尺,还有那些舆辇法物都带回献上,军中没有私自携取的。立萧詧为梁主,振旅凯旋。太祖亲自来到于谨的第宅,和于谨谈笑极为欢洽。赏赐于谨奴婢一千口,还有梁的宝物,以及金石丝竹乐一部,另外加封新野郡公,食邑二千户。于谨坚决辞谢,太祖不准许。又叫管音乐的做了十首《常山公平梁歌》,叫乐工歌唱。

于谨自认为长期掌握权势,地位声望隆重,功名既已建立,情愿退下来过优闲的生活,就把原先所乘坐的骏马和所穿着的铠甲等献上。太祖清楚他的意思,就说:"如今巨猾还未削平,公岂能就此独善其身。"没有接受。六官建立,拜于谨为大司徒。

到太祖崩逝,孝闵帝还幼小,中山公宇文护虽受了顾命,但名位向来低下,大臣们各自图谋执掌政权,不相顺服。宇文护很是担忧,私下找于谨谈。于谨说:"我一向承蒙丞相特别关怀,感情深同骨肉,今天的事情,我一定出死力相争。如果当众定策,公一定不要辞让。"第二天,群公会议,于谨说:"当初帝室倾危,人人企图问鼎,丞相有志匡救,投袂荷戈,才使国祚得以中兴,百姓能够安生。如今上天降祸,丞相忽然离弃庶寮。嗣子虽然年幼,中山公则有犹子之亲,并受顾命托付,军国大事,理当归中山公主持。"说的时候言语颜色很严厉,使大家惊恐震动。宇文护紧接着说:"这是我家家事,我平素虽然庸劣愚昧,也怎敢推辞。"于谨既和太祖资历地位相等,宇文护对他常表示礼貌尊敬,这时候,于谨走上前说:"公果真统理军国,于谨等就有依靠了。"于是向宇文护再拜。群公迫于于谨的表态,也都再拜。因而大家的议论才平息下来。

孝闵帝即位,进封于谨为燕国公,食邑一万户,迁任太傅、大宗伯,和李弼、侯莫陈崇等参议朝政。……

北周保定……三年(563)四月,下诏说:"……太傅、燕国公谨,……可任三老。……"于谨上表坚决辞谢,诏答复不准许,又赐给他延年杖。……

到晋公宇文护东出征伐,于谨当时已经老病,宇文护考虑他是宿将旧臣,还请他一同前往,在军机战略上向他请教。大军回来,赐给于谨钟磬一部。北周天和二年(567),又赐给于谨安车一乘,不久授为雍州牧。天和三年(568),于谨在位上薨逝,享年七十六岁。高祖亲自驾临,下诏叫谯王宇文俭监护丧事。赐给缯彩一千段,粟麦五千斛,追赠本官,加上使持节、太师、雍恒等二十州诸军事、雍州刺史,谥为文。到葬的这天,王公以下,都送出郊外。配享在太祖的庙庭。

于谨有智谋,善于为上边尽力,名位虽重,愈加谦抑,每当朝参往来,只让两三骑跟随而已。朝廷凡有军国大事,多找于谨商议决断,于谨也竭尽智能,对皇室辅佐调和。所以在功臣之中,特别受到信任,始终如一,人们没有说闲话的。常教训儿子们,务必恬静谦退。加以享有高年,礼遇隆重,子孙绵延,都官位显达,当时没有人能和他比。……

赵贵传

　　赵贵与于谨、李虎、李弼、独孤信、侯莫陈崇,本来都是和宇文泰资历地位相等的人物,所以在西魏文帝大统十六年(550)以前都成为分掌兵权的柱国大将军。大统十七年(551)李虎先死,恭帝三年(556)宇文泰死后政权由宇文护掌握,李弼、于谨支持宇文护才能以功名终;赵贵、独孤信、侯莫陈崇则对宇文护不服被先后剪除,当然这在统一国家的兵权上大有好处。前面已译了于谨的传,这里再把赵贵的传译出来,让读者对这另一路子的人物有所了解。(选自卷一六)

　　赵贵,字元贵,天水南安人也①。曾祖达,魏库部尚书②、临晋子。祖仁,以良家子镇武川③,因家焉。

---

①天水南安:秦州天水郡内并无南安县,另有渭州所属南安郡,治所桓道在今甘肃陇西县东南,这里说赵贵是天水南安人,当有脱误。
②库部尚书:北魏时尚书省下只设度支尚书,度支尚书所统六曹中有一曹是库部,掌管兵仗器用,库部的长官叫郎中,这里说库部尚书有错误。
③良家子:旧时所谓清白人家以至名门贵族的子弟,北魏设置武川等六镇时多派拓跋氏族成员或中原强宗大族的子弟,这里的良家子就指这类不同于一般百姓的人。

贵少颖悟①，有节概②。魏孝昌中，天下兵起，贵率乡里避难南迁。属葛荣陷中山，遂被拘逼。荣败，尔朱荣以贵为别将，从讨元颢有功，赐爵燕乐县子，授伏波将军、虎贲中郎将③。从贺拔岳平关中，赐爵魏平县伯，邑五百户。累迁镇北将军、光禄大夫、都督。

及岳为侯莫陈悦所害，将吏奔散，莫有守者。贵谓其党曰："……吾等荷贺拔公国士之遇④，宁可自同众人乎?"涕泣歔欷⑤，于是从之者五十人。乃诣悦诈降，悦信之，因请收葬岳，言辞慷慨，悦壮而许之⑥。贵乃收岳尸还，与寇洛等纠合其众奔平凉，共图拒悦。贵首议迎太祖，语在《太祖纪》。太祖至，以贵为大都督，领府司马。悦平，以本将军持节行秦州事、当州大都督⑦，为政清静，民吏怀之⑧。

齐神武举兵向洛，使其都督韩轨进据蒲阪。太祖以贵为行台，与梁御等讨之，未济河而魏孝武已西入关，拜车骑大将军、仪同三司、兼右卫将军。时曹泥据灵州拒守，以贵为大都督，与李弼等率众讨之，进爵为侯，增邑五百户。又以预立魏文帝勋，进爵为公，增邑通前一千五百户。寻授岐州刺史，时以军国多务，借贵力

────────

① 颖悟：小时候聪明、思路敏捷叫颖悟。

② 节概：志节度量。

③ 伏波将军：刚够高级荣誉性杂号将军。虎贲中郎将：领军府所属左右卫府的中级武职。

④ 国士：旧称一国杰出的人物为"国士"。

⑤ 歔欷（xū xī 虚希）：哭泣抽咽声。

⑥ 壮：认为对方很壮烈，是个好汉。

⑦ 当州：本州。

⑧ 怀：这里是归向的意思。

用,遂不之部①,仍领大丞相府左长史,加散骑常侍。梁仚定称乱河右②,以贵为陇西行台率众讨破之。从太祖复弘农,战沙苑,拜侍中、骠骑大将军、开府仪同三司,进爵中山郡公,除雍州刺史。从战河桥,贵与怡峰为左军,战不利,先还。又从援玉壁,齐神武遁去。高仲密以北豫州降,太祖率师迎之,与东魏人战于邙山,贵为左军,失律③,诸军因此并溃,坐免官④,以骠骑、大都督领本军。寻复官爵,拜御史中尉⑤,加大将军。东魏将高岳、慕容绍宗等围王思政于颍川,贵率军援之,东南诸州兵亦受贵节度,东魏人遏洧水灌城⑥,军不得至,思政遂没,贵乃班师。寻拜柱国大将军,赐姓乙弗氏⑦。茹茹寇广武⑧,贵击破之,斩首数千级,收其辎重,振旅而还。六官建,以贵为太保、大宗伯,改封南阳郡公。孝闵帝践祚,迁太傅、大冢宰,进封楚国公,邑万户。

初,贵与独孤信等皆与太祖等夷。及孝闵帝即位,晋公护摄政⑨,

---

① 部:西汉初设州时称某州为某州刺史部,后来就把州所统治区称为某州部。

② 梁仚(xiān 先)定:羌族的一个首领。河右:就是河西。

③ 失律:作战失利。

④ 坐:特指受处分或受罪的缘由。

⑤ 御史中尉:职掌监察的御史台的长官。

⑥ 遏(è):阻止,堵。

⑦ 赐姓乙弗氏:宇文泰为了适应需要,曾在西魏恭帝元年(554)赐将领们以鲜卑姓,并叫所统率的部众也都改从这鲜卑姓,这乙弗就是当时赐给赵贵的鲜卑姓。

⑧ 广武:这是延州及所属偏城郡的治所广武,在今陕西延安东北。

⑨ 摄政:古代帝王年幼不能听政,由亲近的亲属或戚属暂时代行职务,叫"摄政"。

贵自以元勋佐命①,每怀怏怏②,有不平之色,乃与信谋杀护。及期,贵欲发,信止之。寻为开府宇文盛所告③,被诛。

【翻译】

　　赵贵,字叫元贵,是天水南安人。曾祖名叫达,是北魏的库部尚书,封临晋子。祖名叫仁,以良家子去镇守武川,就此在武川安下家来。

　　赵贵从小颖悟,有节概。北魏孝昌年间,天下兵起,赵贵率领同乡里的人避难南迁。碰上葛荣攻陷中山,赵贵被逼拘留葛荣军中。葛荣失败,尔朱荣任命赵贵为别将,跟着征讨元颢有功,赐封爵燕乐县子,授为伏波将军、虎贲中郎将。跟随贺拔岳平定关中,赐封爵魏平县伯,食邑五百户。几次升迁为镇北将军、光禄大夫、都督。

　　到贺拔岳被侯莫陈悦杀害,手下将领官吏逃散,没有留下守护的。赵贵对他的党羽说:"……我等承蒙贺拔公以国士相待,能像一般人那样吗?"说着哭泣抽咽,于是有五十个人跟赵贵行动。赵贵就前往侯莫陈悦处诈降,侯莫陈悦相信了,赵贵提出给贺拔岳收葬,话说得很慷慨,侯莫陈悦看到他是个好汉就允许了。赵贵就收了贺拔岳的尸体回去,和寇洛等人集合部众跑到平凉,一起商量抵抗侯莫陈悦。赵贵首先提出迎立太祖,事情见于《太祖纪》中。太祖到达后,任赵贵为大都督,领府司马。打平侯莫陈悦后,赵贵以本将军持节行秦州刺史事、任当州大都督,为政清静,

_____

①佐命:辅佐皇帝创业的人叫"佐命"。
②怏(yàng)怏:因不平而郁郁不乐。
③宇文盛:《周书》有传。

百姓官吏都归向他。

　　齐神武举兵进逼洛阳,派他的都督韩轨进据蒲阪。太祖派赵贵为行台,和梁御等去讨伐,还没有渡过黄河魏孝武帝已西迁入关,赵贵拜授为车骑大将军、仪同三司、兼右卫将军。这时曹泥在灵州据守,派赵贵为大都督,和李弼等领兵去讨伐,进赵贵的封爵为侯,增加食邑五百户。又因参预拥立西魏文帝的功勋,进封爵为公,增加食邑连以前的一共一千五百户。不久授为岐州刺史,因当时军国大事多,要凭借赵贵的力量,就不叫去州部,并叫领大丞相府左长史,加授散骑常侍。梁仚定在河西作乱,派赵贵为陇西行台领兵把他打败。又跟随太祖收复弘农,作战沙苑,拜授侍中、骠骑大将军、开府仪同三司、进封爵中山郡公,除授雍州刺史。跟随作战河桥,赵贵和怡峰为左军,打得不好,先退回。又跟随去援救玉壁,齐神武退走。高仲密据北豫州投降,太祖统率大军去迎接,和东魏在邙山作战,赵贵为左军,失利,各军由此一齐崩溃,赵贵因这事免官,以骠骑大将军、大都督带领本军。不久又恢复官爵,拜授御史中尉,加授大将军。东魏将领高岳、慕容绍宗等把王思政围困在颍川,赵贵领兵救援,东南各州兵也受赵贵节度,东魏人堵住洧水来灌颍川城,赵贵军无法到达,王思政被东魏俘虏,赵贵于是班师。不久拜授柱国大将军,赐姓乙弗氏。茹茹入侵广武,赵贵出击得胜,斩首几千级,虏获辎重,振旅而回。六官建立,以赵贵为太保、大宗伯,改封南阳郡公。孝闵帝即位,迁任太傅、大冢宰,进封爵楚国公,食邑一万户。

　　当初,赵贵与独孤信等都和太祖资历地位相等。到孝闵帝即位,晋公宇文护摄政,赵贵自以为元勋佐命,常心怀怏怏,有不平的神气,就和独孤信商量要把宇文护杀掉。到了约定的时间,赵贵准备动手,被独孤信制止了。不久开府宇文盛告密,赵贵被诛杀。

王罴传

赵贵、于谨都是做到柱国大将军，可说是关系全局的人物，但因此在他们的列传里也就较少地对他们作细节上的描绘，所记历次战功叫人读了难免有流水账的感觉。为了弥补这个缺失，这里选译了王罴的传，让读者看看这位将军在强敌面前是如何奋勇作战，不怕牺牲。这种不怕牺牲的精神正是中华民族的优秀传统，时至今日仍值得我们发扬光大。另外这篇传里还讲了王罴节约粮食的故事，这对今天习惯大手大脚的人也应是对得上口径的教育材料。（选自卷一八）

王罴，字熊罴，京兆霸城人①，汉河南尹王遵之后②，世为州郡著姓③。罴刚直木强④，处物平当，州郡敬惮之⑤。

①京兆霸城：雍州京兆郡霸城县，在今陕西西安东北。
②汉河南尹：东汉在京师洛阳及周围地区设河南尹为地方长官。王遵：《后汉书》里出现过两个叫王遵的，但都不是做河南尹的，西汉时有个叫王尊的好官，《汉书》有传，但只做过以长安为治所的京兆尹，魏晋南北朝时重视门阀，家谱里记述先人时常胡乱编造，王罴家只是当地的土豪，这"汉河南尹王遵之后"当也出于编造。
③州郡著姓：州郡里的大姓、大宗族。
④木强（jiàng）：性格质直刚强。
⑤惮（dàn 但）：畏惧。

　　魏太和中①，除殿中将军②。先是南岐、东益氐羌反叛③，王师战不利，乃令黑领羽林五千镇梁州④，讨平诸贼。还，授右将军、西河内史⑤，辞不拜。时人谓之曰："西河大邦，俸禄殷厚，何为致辞？"黑曰："京洛材木⑥，尽出西河，朝贵营第宅者，皆有求假⑦，如其私办，即力所不堪，若科发民间⑧，又违法宪⑨，以此辞耳！"

　　梁将曹义宗围荆州⑩，敕黑与别将裴衍率兵赴救，遂与梁人战，大破之。于时诸方鼎沸⑪，所在雕残，荆州新经寇难，尤借慰抚，以黑为荆州刺史，进号抚军将军⑫。梁复遣曹义宗众数万围

---

① 太和：北魏孝文帝元宏的年号(477—499)。

② 殿中将军：领军府所属左右卫府里的武职。

③ 南岐：南岐州，治所在固道郡，在今甘肃两当西。东益：东益州，治所和所属武兴郡的治所同在武兴县，即今陕西略阳。

④ 羽林：北魏设置羽林监，是掌管禁兵的机构，所管禁兵就叫羽林。梁州：治所及所属仇池郡治所同在骆谷城，在今甘肃西和南。

⑤ 右将军：北魏设前后左右将军，都是高级武职。西河：汾州西河郡，治所隰(xí 席)城即今山西汾阳。

⑥ 京洛：当时的京师在洛阳，所以称洛阳为京洛。

⑦ 求假：假是借，求假就是求借，当然这种借以后未必会归还，实际上就是求取、讨索。

⑧ 科发：也就是科差(chāi)，我国封建时代政府对百姓财物或劳役的征发。

⑨ 法宪：宪是法令，法宪也就是法纪。

⑩ 梁将……荆州：荆州是北魏的荆州，治所在所属新野郡的穰县，即今河南邓州。据《迪鉴》王黑任荆州刺史是在北魏孝昌元年(525)，大约孝昌二年(526)梁将曹义宗才围攻荆州州城，并非曹义宗先围了荆州州城王黑再去救，这里的记载怕有错误。

⑪ 鼎沸：三足的鼎，本是煮食物、煮水用的，鼎沸指鼎里的水已煮得沸腾起来，形容局势的混乱不安。

⑫ 抚军将军：用来酬勋的荣誉性高级武职。

荆州,堰水灌城,不没者数板①。时既内外多虞,未遑救援,乃遗罴铁券②,云城全当授本州刺史③。城中粮尽,罴煮粥,与将士均分而食之。每出战,尝不擐甲胄④,大呼曰:"荆州城,孝文皇帝所置⑤。天若不祐国家,使贼箭中王罴;不尔,王罴须破贼!"屡经战阵,亦不被伤。弥历三年⑥,义宗方退⑦。进封霸城县公。寻迁车骑大将军、泾州刺史⑧。未及之部,属太祖征兵为勤王之举⑨,请前驱效命⑩,遂为大都督,镇华州。

魏孝武西迁,拜骠骑大将军,加侍中、开府。尝修州城未毕,梯在外。齐神武遣韩轨、司马子如从河东宵济袭罴⑪,罴不之觉,比晓⑫,轨众已乘梯入城。罴尚卧未起,闻阁外汹汹有声⑬,便袒

---

① 不设者数板:我国宋代以前的城都不是砖砌的而是土筑的,筑好后表面留下一道道横的木板的痕迹。不设者数板,是说城外的水已沿城墙升上来,只剩下几道板痕还没有被水淹到。

② 铁券:皇帝颁赐功臣授以某种权利的凭证,用铁铸造。

③ 城全……刺史:上文已说"以罴为荆州刺史"来守荆州城,这里怎么又说"城全当为本州刺史",记载必有错误。

④ 尝:通"常"。擐(huàn):套、穿着。胄(zhòu 宙):作战时戴的头盔(这和解释为帝王贵族后裔的"胄"不是一个字)。

⑤ 荆州……所置:北魏孝文帝太和年间把穰县作为荆州的治所。

⑥ 弥历:弥是久远,弥历就是经历。

⑦ 义宗方退:据《通鉴》,北魏永安元年(528)十月费穆率兵至荆州救援,梁曹义宗兵败,为魏所擒,荆州之围始解,这里说曹义宗退兵恐也有错误。

⑧ 泾州:治所及所属安定郡的治所同在安定,即今甘肃泾川。

⑨ 勤王:起兵救援天子,为天子尽力。

⑩ 效命:奋力以赴,即使献出生命也愿意。

⑪ 司马子如:《北齐书》有传。宵济:宵是夜,宵济是连夜渡过河。

⑫ 比:这里是及、等到的意思。

⑬ 阁:这里指卧室。汹(xiōng)汹:喧抚声。

身露髻徒跣①，持一白梃②，大呼而出，敌见之惊。逐至东门，左右稍集，合战破之，轨众遂投城遁走③。时关中大饥，征税民间谷食，以供军费，或隐匿者④，令递相告⑤，多被笞棰⑥，以是人有逃散。唯罴信著于人，莫有隐者，得粟不少诸州，而无怨讟⑦。

沙苑之役，齐神武士马甚盛。太祖以华州冲要，遣使劳罴，令加守备。罴语使人曰："老罴当道卧，貆子安得过⑧！"太祖闻而壮之。及齐神武至城下，谓罴曰："何不早降？"罴乃大呼曰："此城是王罴冢，生死在此，欲死者来！"齐神武遂不敢攻。

时茹茹渡河南寇⑨，候骑已至豳州⑩。朝廷虑其深入，乃征发士马，屯守京城，堑诸街巷⑪，以备侵轶。左仆射周惠达召罴议之⑫，罴不应命，谓其使曰："若茹茹至渭北者，王罴率乡里自破

---

① 袒(tǎn 坦)：光着上身。露髻(jì 计)：我国古代男子也把头发挽起来梳成发髻，平时戴上巾帽之类把髻遮盖着，这时匆忙顾不上用巾帽，就露着髻。徒跣(xiǎn 显)：赤脚步行。

② 白梃(tǐng 挺)：梃是木棍，白是不加油漆，白梃即白木棍棒。

③ 投城：从城墙上跳下去或挂下去。

④ 匿(nì)：隐藏。

⑤ 递：辗转。

⑥ 笞(péng 朋)：捶打。棰：杖刑。

⑦ 讟(dú 毒)：怨言。

⑧ 貆(huán 环)：幼小的貉(hé 河)，貉是一种犬科动物，俗称狗獾(huān 欢)。

⑨ 茹茹渡河南寇：这是大统六年(540)夏天的事情。

⑩ 豳(bīn 宾)州：这是北魏太和时改邠(bīn)州为豳州的豳州，治所及其所属赵兴郡的治所同在定安，即今甘肃宁县。

⑪ 堑(qiàn 欠)：本是壕沟、战壕，这里是挖战壕。

⑫ 周惠达召罴议之：王罴这时已调任雍州刺史，治所就在长安，所以周惠达要找他商议，《周书》这个传把调任雍州刺史事漏记了。周惠达，《周书》有传。

之①,不烦国家兵马。何为天子城中,遂作如此惊动,由周家小儿恇怯致此②。"罴轻侮权势,守正不回③,皆此类也。未几,还镇河东④。

罴性俭率⑤,不事边幅⑥。尝有台使⑦,罴为其设食。使乃裂其薄饼缘⑧,罴曰:"耕种收获,其功已深⑨,春爨造成⑩,用力不少,乃尔选择,当是未饥。"命左右撤去之。使者愕然大惭⑪。又有客与罴食瓜⑫,客削瓜侵肤稍厚,罴意嫌之。及瓜皮落地,乃引手就地,取而食之。客甚有愧色。性又严急,尝有吏挟私陈事者,罴不暇命捶扑,乃手自取靴履,持以击之。每至享会,亲自秤量酒肉⑬,分给将士。时人尚其均平,嗤其鄙碎⑭。

---

①率乡里自破之:王罴家乡霸城就在渭水南边,所以说如果茹茹到了渭水北岸,他会带了乡里的人自行破敌。

②周家小儿:骂周惠达,小儿,就是今人所谓"小子"。恇(kuāng 匡)怯:恇是恐惧,恇怯是胆小畏缩。

③守正:坚持正道。不回:不违背,不屈。

④还镇河东:王罴在沙苑战后,曾移镇河东,即是任泰州刺史,泰州治所和所属河东郡的治所同在蒲阪,所以说移镇河东,但在这《周书》的传里漏掉了,这样,这里"还镇河东"的"还镇"就没有着落了。

⑤率:这里是随便、马虎的意思。

⑥不事边幅:即不修边幅,不注意衣着、仪表。

⑦台使:中央最高行政机构尚书省派出的使者。

⑧薄饼缘:缘是边,薄饼的边较易变硬,这个台使嫌不好吃,要把它撕掉。

⑨功:功夫,花的气力。

⑩春(chōng 冲):用杵臼捣去谷物的皮壳。爨(cuàn 窜):生火烤饼煮饭。

⑪愕(è 厄):陡然一惊。

⑫瓜:当时黄河流域以至长江流域还只有甜瓜,要削皮吃,至于西瓜是宋以后才在这里种植的。

⑬秤(chēng):通"称",用秤衡计重量。

⑭嗤(chī 痴):讥笑。鄙:鄙俗。碎:琐碎,琐屑,只管些不必过问的细小事情。

大统七年卒于镇，赠太尉。

【翻译】

王罴，字叫熊罴，是京兆霸城人，东汉时河南尹王遵的后人，世代是州郡的著姓。王罴秉性刚直木强，待人公道得当，州郡里的人很敬畏他。

北魏太和年间，王罴除授殿中将军。在这以前南岐州、东益州的氐羌反叛，官兵作战失利，就派王罴带领羽林五千人镇守梁州，讨平各路贼兵。回来后，被任命为右将军、西河内史，王罴辞谢不拜受。当时有人对他说："西河是个大地方，俸禄丰厚，为什么推辞呢？"王罴说："京洛用的木材，都出在西河，朝廷显贵要营建第宅的，都会来讨索，如果由我私人来买了赠送，财力上承受不起，如果向民间征发，又违犯了法纪，因此我得推辞啊！"

梁将曹义宗围攻荆州，敕令王罴和别将裴衍带兵前往救援，就和梁人交战，把梁人打得大败。这时各地局势混乱，到处残破，荆州刚经过兵灾，更需要抚慰，就任王罴为荆州刺史，进号抚军将军。梁又派曹义宗带了几万兵马来围攻荆州，堵住水来灌州城，城没有淹没的只剩下几板。当时既因内外多有忧患，顾不上派救兵，就送王罴铁券，说州城保全了就授予本州刺史。城里粮吃完，王罴煮了粥，和将士们均分了吃。每当出战，王罴常不披戴甲胄，大声叫道："荆州城，是孝文皇帝置下的。上天如果不保佑国家，那就叫贼兵的箭射中王罴；不是这样，那王罴一定会打败贼兵！"经历多次战阵，也真没有负伤。这样过了三年，曹义宗才退兵。王罴进封为霸城县公。不久迁任车骑大将军、泾州刺史。还没有来得及去泾州，碰上太祖征集兵马要干勤王的事业，王罴自愿前驱效命，就被任为大都督，镇守华州。

　　北魏孝武帝西迁，王罴拜授骠骑大将军，加授侍中、开府。有一次修筑州城没有完毕，梯子留在城外。齐神武派韩轨、司马子如从河东连夜过河奔袭王罴，王罴没有发觉，到天刚亮，韩轨的兵众已爬上梯子进了城。这时王罴还躺着没有起身，听到閤外喧扰的声音，就光着上身露着髻赤着脚，拿起一根白木棒，大声叫嚷着冲出去，敌兵看到了大为吃惊。一直赶到城东门，王罴手下的人逐渐汇合起来，把敌兵打败，敌兵越过城墙逃走。这时关中闹大饥荒，得从民间食粮中征税，来供给军费，有隐藏起来，叫辗转告发，多被捶打，弄得百姓有逃亡的。只有王罴在人们中一向有威信，没有人隐藏粮食，得到的粮食不比别的州少，却听不到抱怨的声音。

　　沙苑之役，齐神武兵马很多。太祖考虑到华州是冲要之地，派使者慰劳王罴，叫加意守备。王罴对使者说："当路有老罴躺着，貆子哪能过得去！"太祖听到认为真是个好汉。到齐神武抵达城下，对王罴说："为什么不早投降啊？"王罴就大声叫道："这城就是王罴的坟墓，生死都在这里，要想死的快过来！"齐神武不再敢进攻。

　　后来茹茹渡过黄河南下侵扰，候骑已到了豳州。朝廷担心还会深入，就征发兵马，来驻守京城，还在街巷上挖掘战壕，防备敌人冲突。左仆射周惠达召王罴商议军机，王罴不去，对派来的使者说："如果茹茹到了渭北，王罴会率领乡里自动把他们打败，不麻烦国家动用兵马。为什么在天子的京城里，却这么大惊小怪，都是由于周家小儿胆小畏缩才弄得如此。"王罴的轻侮权势，守正不屈，都像这样。不久，让王罴再出镇河东。

　　王罴秉性俭朴随便，不修边幅。曾有个台使前来，王罴给他拿上吃的。这个台使却把薄饼的边缘撕掉，王罴说："耕种收获，花了很多功夫,舂壳炊制,用了不少气力,你却要挑拣,应是肚子不饿。"叫左右把吃的都撤掉。这个台使陡然一惊,大大地感到惭愧。又有一次客人和王罴一起吃瓜,客人削瓜皮削得厚了一点,王罴厌恶起来。等瓜皮落到地上,王罴就伸出手来,从地上拾了瓜皮吃下去。客人弄得满面羞惭。王罴性子又很严急,曾有个吏怀着私意向王罴陈说事情,王罴顾不上叫人捶打,就自己拿起靴子,把他狠打。每逢宴会,王罴亲自称量酒肉,分给将士。人们赞赏他的均平,但也讥笑他的鄙俗琐碎。

西魏大统七年(541)王罴死在河东镇上,追赠为太尉。

尉迟迥传

　　上面所译几位将军的传记中,除于谨兼有平定江陵的劳绩外,多是与东魏北齐争雄而知名的。所以这里另译一位以伐蜀知名的将军——尉迟迥的传记。从他战胜后"唯收僮隶及储积以赏将士"这点来看,应该比没江陵官民十余万为奴婢的于谨要文明。可惜这位将军晚年卷入了宇文氏和杨坚的斗争,败在另一位将军韦孝宽手里,而这位韦将军的凶残也正不亚于于谨。看来北周的将军似乎多数脱不了这种欠文明的毛病。(选自卷二一)

　　尉迟迥,字薄居罗①,代人也。其先魏之别种②,号尉迟部③,因而姓焉。父俟兜④,性弘裕⑤,有鉴识⑥,尚太祖姊昌乐大长公

①迥:音 jiǒng(窘)。字薄居罗:薄居罗本是尉迟迥的胡名,以后起了"迥"这个汉名,就把"薄居罗"说成是尉迟迥的字。
②别种:乙少数民族归附到甲少数民族名下,称乙少数民族为甲少数民族的"别种"。
③尉迟部:古西域于阗(tián 田)国(在今新疆和田一带)的王族姓尉迟,这尉迟部就是从于阗国进入中原的少数民族。
④兜:音 dōu。
⑤弘裕:宽弘。
⑥鉴识:精辟的见识,多指识别人才。

主①,生迥及纲②。……

迥少聪敏,美容仪。及长,有大志,好施爱士。稍迁大丞相帐内都督。尚魏文帝女金明公主,拜驸马都尉。从太祖复弘农,破沙苑,皆有功。累迁尚书左仆射,兼领军将军③。迥通敏有干能,虽任兼文武,颇允时望④,太祖以此深委仗焉。后拜大将军。

侯景之渡江,梁元帝时镇江陵,既以内难方殷⑤,请修邻好。其弟武陵王纪⑥,在蜀称帝,率众东下,将攻之。梁元帝大惧,乃移书请救,又请伐蜀。太祖曰:"蜀可图矣!取蜀制梁,在此一举。"乃与群公会议,诸将多有异同⑦,唯迥以为纪既尽锐东下,蜀必空虚,王师临之,必有征无战⑧。太祖深以为然,谓迥曰:"伐蜀之事,一以委汝,计将安出?"迥曰:"蜀与中国隔绝百有余年⑨,恃

---

① 姊(zǐ):姊妹的姊。大长公主:皇帝之姑叫长公主。太祖宇文泰生前未做皇帝,所以他的姊在当时不能称长公主,到宇文泰之子北周孝闵帝宇文觉、明帝宇文毓、武帝宇文邕做皇帝时,宇文泰之姊已成为他们的姑,就只能称大长公主了。

② 纲:尉迟纲,《周书》有传。

③ 领军将军:职掌宫廷禁卫的领军府的长官。

④ 允:这里是相称、相副的意思。时望:当时有声望。

⑤ 殷:这里是众多的意思。

⑥ 武陵王纪:梁武帝第八子萧纪,封武陵郡王,后任益州刺史(治所及所属蜀郡的治所同在成都,即今四川成都),552 年在成都称帝,改元天正,东下企图进攻江陵,553 年萧纪在中途被杀,后方成都也为尉迟迥攻克,《梁书》有传。

⑦ 异同:不同。

⑧ 有征无战:出兵征伐不经过战斗就取胜。

⑨ 蜀与……余年:东晋太元十年(385)淝水战后东晋收复益州,从此益州由东晋南朝管辖,到西魏废帝二年(553)尉迟迥伐蜀,已有 168 年。中国,在这里是指中原即黄河中下游地区而言。

其山川险阻,不虞我师之至。宜以精甲锐骑,星夜袭之①,平路则倍道兼行,险途则缓兵渐进,出其不意,冲其腹心。蜀人既骇官军之临速,必望风不守矣②。"于是乃令迥督开府元珍、乙弗亚、俟吕陵始、叱奴兴、綦连雄、宇文昇等六军③,甲士一万二千,骑万匹,伐蜀。以魏废帝二年春,自散关由固道出白马④,趣晋寿⑤,开平林旧道⑥。前军临剑阁⑦,纪安州刺史乐广以州先降⑧,纪梁州刺史杨乾运时镇潼州⑨,又降。六月,迥至潼州,大飨将士⑩,引之而西。纪益州刺史萧㧑不敢战⑪,遂婴城自守⑫,进军围之。初,纪至巴郡,闻迥来侵,遣谯淹回师,为㧑外援。迥分遣元珍、乙弗亚等以轻骑破之,遂降。㧑前后战数十合,皆为迥所破。㧑与纪子

---

① 星夜:夜间,多用于连夜赶路。
② 望风不守:听到风声就不敢拒守。
③ 元珍:可能是魏宗室,《魏书》里有元珍的传,但不是这个元珍。乙弗亚、俟吕陵始、叱奴兴、綦(qí其)连雄:都是鲜卑等少数民族将领,乙弗、俟吕陵、叱奴、綦连都是姓。宇文昇:鲜卑族将领,是否宇文泰亲属已不可考知。
④ 散关:在今陕西宝鸡西南大散岭上,当秦岭咽喉,是由关中入蜀的交通孔道。固道:固道镇,在今陕西凤县东北。白马:白马戍,在今陕西勉县西。
⑤ 晋寿:梁晋寿郡治所晋寿县,在今四川剑阁县西北。
⑥ 平林旧道:当是出散关到剑阁的旧通道,其详已不可考。
⑦ 剑阁:在晋寿西北,即今四川剑门关,在今四川剑阁县东北。
⑧ 安州:治所及所属普安郡的治所同在普安,即今四川剑阁县。
⑨ 梁州刺史:这是萧纪所授梁州刺史,实际上以潼州州治为治所,并不真去梁州。杨乾运:《周书》有传。潼州:治所及所属巴西梓潼二郡的治所同在涪(fú扶)县,即今四川绵阳。
⑩ 飨(xiǎng):用酒食款待人。
⑪ 萧㧑(huī):梁武帝弟萧秀之子,降北周后以有文学仍被任用,《周书》有传。
⑫ 婴城:据城。

宜都王肃及其文武官属①，诣军门请见。迥以礼接之，其吏人等各令复业，唯收僮隶及储积以赏将士②，号令严肃，军无私焉。诏迥为大都督、益潼等十八州诸军事、益州刺史，以平蜀功封一子为公，自剑阁以南得承制封拜及黜陟③。迥乃明赏罚，布恩威，绥缉新邦④，经略未附，夷夏怀而归之⑤。

迥性至孝，色养不怠⑥，身虽在外，所得四时甘脆⑦，必先荐奉，然后敢尝。大长公主年高多病，迥往在京师，每退朝参候起居⑧，忧悴形于容色⑨，大长公主每为之和颜进食，以宁迥心。太祖知其至性⑩，征迥入朝，以慰其母意。遣大鸿胪郊劳⑪，仍赐迥衮冕之服⑫。蜀人思之，立碑颂德。孝闵践阼，进位柱国大将军，又以迥有平蜀之功，同霍去病冠军之义，封宁蜀公⑬，进蜀公，爵邑万户。

①宜都王肃：萧圆肃，后以文学在北周和隋任职，《周书》有传。
②僮（tóng）隶：奴婢，指原先梁人所蓄的奴婢。储积：积聚的财物。
③黜陟（chù zhì）：黜是贬，陟是升，黜陟就是指官员的降罢和提升。
④新邦：这里指新取得的地方。
⑤夷夏：夷指少数民族，夏指汉族。
⑥色养（yàng）：和颜悦色地对父母尽孝养之道。
⑦甘脆：美味，好吃的东西。
⑧起居：本指人的作息、生活，后因小辈要问候长辈的生活怎样，也把"起居"作为向长辈请安、问候的代称。
⑨悴（cuì萃）：忧。
⑩至性：本指性情纯笃，这里和上面所说的"至孝"是一个意思。
⑪大鸿胪：掌管接待宾客蕃客的鸿胪寺的长官。
⑫衮冕：衮是画上卷龙的衣服，冕是礼冠，古代帝王、上公所穿戴。
⑬同霍……宁蜀公：西汉武帝时霍去病参加讨伐匈奴有功为诸军之冠，因而封为冠军侯。这里援引此先例，因尉迟迥有平蜀之功，封为宁蜀公，"宁蜀"就是安宁蜀地的意思。

　　宣帝即位,以迥为大前疑①,出为相州总管②。宣帝崩,隋文帝辅政③,以迥望位夙重,惧为异图④,乃令迥子魏安公惇赍诏书以会葬征迥⑤,寻以郧公韦孝宽代之为总管⑥。迥以隋文帝当权,将图篡夺,遂谋举兵,留惇而不受代。隋文帝又使候正破六汗裒诣迥喻旨⑦,密与总管府长史晋昶等书,令为之备。迥闻之,杀长史及裒,乃集文武士庶,登城北楼而令之曰:"杨坚以凡庸之才,借后父之势,挟幼主而令天下,威福自己,赏罚无章⑧,不臣之迹⑨,暴于行路⑩。吾居将相,与国舅甥⑪,同休共戚⑫,义由一体⑬。

――――――――――

①大前疑:北周宣帝设置大前疑、大右弼、大左辅、大后丞各一人称"四辅",地位仅次于"三师"。

②相州:本为北魏所设置,治所及所属魏郡的治所在邺县,在今河南安阳北。东魏迁都邺,改相州为司州,改魏郡太守为魏尹,北齐改为清都尹,北周灭北齐后恢复原来相州、魏郡的名称。总管:北周明帝时改都督诸州军事为总管。

③隋文帝:隋高祖文皇帝杨坚,北周柱国大将军杨忠长子,杨坚长女为北周宣帝宇文赟皇后,大象元年(579)宣帝传位长子静帝宇文阐,二年(580)宣帝死,杨坚以左大丞相主持朝政,大定元年(581)杨坚称帝建立隋朝,《隋书》有纪,杨忠《周书》有传。

④异图:另有打算,指有叛变的意图。

⑤惇:音 dūn(敦)。

⑥郧:音 yún(云)。

⑦候正:仿照《周礼》所设,职掌斥候即侦察。裒:音 póu(抔)。

⑧章:章法,条理。

⑨不臣:这里指反叛。

⑩暴于行路:行路指路上行走的人,暴是暴露,暴于行路也就是常说的"路人皆知"。

⑪与国舅甥:宇文泰是尉迟迥的舅父,尉迟迥是宇文泰的外甥。

⑫休:吉庆,享乐。戚:悲伤,担忧。

⑬一体:比喻关系密切,如同一个整体。

先帝处吾于此，本欲寄以安危，今欲与卿等纠合义勇，匡国庇人①，进可以享荣名②，退可以终臣节③。卿等以为何如?"于是众咸从命，莫不感激④。乃自称大总管，承制署置官司。于是赵王招已入朝⑤，留少子在国⑥，迥又奉以号令。迥弟子勤时为青州总管⑦，亦从迥。迥所管相、卫、黎、毛、洺、贝、赵、冀、瀛、沧⑧，勤所统青、胶、光、莒诸州皆从之⑨，众数十万。荥州刺史邵公宇文胄、申

---

①庇人：庇是庇荫、救护，庇人就是救护百姓，这"人"本应作"民"，唐人为避太宗李世民名讳而改写为"人"。

②进：这里指成功。

③退：这里指失败。终：尽。臣节：封建时代认为做臣下应守的节操。

④感激：感动奋发。

⑤赵王招：宇文泰之子宇文招，封赵王，宣帝时以洺(míng)州襄国郡(州和郡的治所同在广年，即今河北永年，在邺县北边)为赵国，宇文招到赵国为王，宣帝得病，召招等回长安，尉迟迥起兵后招在长安要谋杀杨坚，不成，为杨坚所杀，《周书》有传。

⑥国：指赵国国都广年。

⑦迥弟子勤：尉迟迥弟尉迟纲次子尉迟勤。青州：治所及所属北海郡治所同在益都，即今山东青州。

⑧卫：卫州，治所及所属汲郡的治所同在汲县，在今河南汲县西。黎：黎州，治所及所属黎阳郡的治所同在黎阳，在今河南浚县东。毛：毛州，尉迟迥失败后杨坚分相州设毛州，治所馆陶即今河北馆陶，这里提前说到毛州，有错误。贝：贝州，治所及所属清河郡治所同在清河，在今山东临清东北。赵：赵州，治所及所属赵郡的治所同在大陆，在今河北隆尧东。冀：冀州，治所及所属长乐郡的治所同在信都，即今河北冀州。瀛：瀛州，治所及所属河间郡的治所同在赵都军城，即今河北河间。沧：沧州，治所及所属勃海郡的治所同在饶安，在今河北盐山西南。

⑨胶：胶州，治所及所属高密郡的治所同在东武，即今山东诸城。光：光州，治所及所属东莱郡的治所同在掖县，即今山东莱州。莒(jǔ 举)：莒州，治所及所属东安郡的治所同在东莞(guǎn 管)，即今山东沂水。

州刺史李惠、东楚州刺史费也利进、东潼州刺史曹孝达各据州以应迥①。迥又北结高宝宁以通突厥②，南连陈人许割江、淮之地。

　　隋文帝于是征兵讨迥，即以韦孝宽为元帅。惇率众十万入武德③，军于沁东④。孝宽等诸军隔水相持不进，隋文帝又遣高颎驰驿督战⑤。惇布兵二十里，麾军小却，欲待孝宽军半度击之。孝宽因其小却，鸣鼓齐进，惇大败，孝宽乘胜进至邺。迥与子惇、祐等又悉其卒十三万陈于城南，迥别统万人，皆绿巾锦袄⑥，号曰黄龙兵。勤率众五万，自青州赴迥，以三千骑先到。迥旧习军旅，虽老犹被甲临阵，其麾下千兵皆关中人，为之力战，孝宽等军失利而却。邺中士女观者如堵⑦，高颎与李询整阵先犯观者⑧，因其扰而

────────────

① 荥(xíng 形)州：治所及所属荥阳郡的治所同在汜水，在今河南荥阳。宇文胄：宇文泰长兄宇文颢之孙，《周书》有传。申州：治所及所属义阳郡的治所平阳，即今河南信阳。东楚州：治所及所属琅邪郡的治所同在即丘，在今山东临沂东南。东潼州：治所及所属夏丘郡的治所同在晋陵，即今安徽泗县。

② 高宝宁：原北齐的营州(治所昌黎城即今辽宁朝阳)刺史，北齐亡后投靠突厥抗拒北周。突厥：我国古代北方的少数民族，公元六世纪时游牧在今阿尔泰山一带，初附属于柔然，西魏文帝大统十二年(546)击败铁勒，废帝元年(552)击败柔然，建政权于今鄂尔浑河流域，隋开皇二年(582)分裂为东突厥、西突厥。东突厥在唐贞观四年(630)为唐所灭，到唐永淳元年(682)复兴，天宝三载(744)为回纥所破灭。西突厥在唐显庆四年(659)为唐所灭。

③ 武德：怀州武德郡，治所州县在今河南温县北。

④ 沁(qìn)：沁水，黄河下游支流，源自太行山东麓，流经今山西东南进今河南流入黄河，在武德郡治北边流过。

⑤ 高颎(jiǒng 窘)：《隋书》有传。

⑥ 袄(ǎo)：有衬里的上衣。

⑦ 堵：墙壁。

⑧ 李询：当时任元帅长史，《隋书》有传。

乘之,迥大败,遂入邺。迥走保北城,孝宽纵兵围之,李询、贺楼子干以其属先登①。迥上楼,射杀数人,乃自杀。勤、惇等东走,并追获之。余众月余皆斩之②。……迥自起兵至败,六十八日。

武德中③,迥从孙库部员外郎著福上表请改葬④,朝议以迥忠于周室,有诏许之。

【翻译】

尉迟迥,字叫薄居罗,是代人。祖先是魏的别种,号为尉迟部,因此也姓了尉迟。父尉迟俟兜,秉性宽弘,具有鉴识,娶太祖姊昌乐大长公主,生尉迟迥和尉迟纲。……

尉迟迥自小聪敏,容貌仪表很美。到长大后,胸有大志,好施爱士。逐渐升迁为大丞相帐内都督。娶北魏文帝女金明公主,拜为驸马都尉。跟随太祖收复弘农,破敌沙苑,都立了功。几次升迁为尚书左仆射,兼任领军将军。尉迟迥通敏有才干,虽是兼任文武,却颇副时望,太祖因此对他深为依仗。后来拜授大将军。

侯景渡江时,梁元帝在江陵镇守,由于内难正多,请求修好。梁元帝的弟弟武陵王萧纪,在蜀自称皇帝,率领兵众东下,要进攻梁元帝。梁元帝大为恐惧,就来书求救,并请求伐蜀。太祖说:"蜀可以谋取了! 取蜀制梁,就在此一举。"就和群公会议,将领们

---

① 贺楼子干:也写作贺娄子干,少数民族将领,贺楼是姓,《隋书》有传。
② 余众……斩之:据韦孝宽传,韦孝宽把尉迟迥"兵士在小城中者尽坑于游豫园",坑就是活埋。又据静帝纪,这次战后把相州的州治移到安阳(今河南安阳),把邺城全部破坏干净。这些做法都极不文明。
③ 武德:唐高祖李渊的年号(618—626)。
④ 从孙:兄弟的孙儿,即尉迟纲的孙儿。库部员外郎:库部在唐代是兵部所属的司,员外郎是司的副长官。

多不赞同,只有尉迟迥认为萧纪既已把精锐都带了东下,蜀中必然空虚,王师前往,一定有征无战。太祖认为很对,对尉迟迥说:"伐蜀这件事,全部委托你了,你准备怎么打法?"尉迟迥说:"蜀和中国已隔绝了一百多年,凭借山川险阻,不会料到我军前去。该用精甲锐骑,连夜进袭,平路则兼道而行,路险就缓兵渐进,出其不意,直冲他们的腹心。蜀人既惊骇官军来得迅速,一定望风不守了。"于是派尉迟迥督率开府元珍、乙弗亚、俟吕陵始、叱奴兴、綦连雄、宇文昇等六军,甲士一万二千,战骑一万匹,出师伐蜀。在西魏废帝二年(553)春天,从散关经固道出白马,向晋寿进军,开通了平林旧道。前军到达剑阁,萧纪的安州刺史乐广举州先行投降,萧纪的梁州刺史杨乾运这时镇守潼州,也接着投降。六月里,尉迟迥到达潼州,大宴将士,引军西进。萧纪的益州刺史萧㧑不敢出战,据城自守,尉迟迥就进军围城。在这以前,萧纪已到达巴郡,听到尉迟迥前来侵犯,派谯淹回师,作为萧㧑的外援。尉迟迥分派元珍、乙弗亚等带轻骑把谯淹打败,谯淹就投降了。萧㧑前后打了几十回合,又都被尉迟迥打败。萧㧑就同萧纪的儿子宜都王萧肃以及文武百官,来到尉迟迥的军门求见。尉迟迥以礼相待,原有的吏人都让复职,只把奴婢和积聚的财物分赏给将士,号令严肃,军中没有私自携取的。下诏任尉迟迥为大都督、益潼等十八州诸军事、益州刺史,以平蜀的功劳封一个儿子为公,从剑阁以南都可以承制封拜和黜陟官吏。尉迟迥就彰明赏罚,广布恩信,安集已取得的新邦,经略未投顺的地方,夷夏都来归附。

　　尉迟迥天性至孝,能色养而不懈怠,虽然身在外边,得到了四时甘脆,一定先行进奉,然后才敢入口。大长公主年高多病,尉迟迥以往在京师的时候,每当退朝后问候起居,忧悴见于容色,大长公主常为此颜色安和地进食,来使尉迟迥安心。太祖知道尉迟迥孝心纯笃,就把他征召回朝,使他的母亲得到安慰。派大鸿胪到郊外迎接慰劳,并赏赐尉迟迥衮冕。蜀人仍对尉迟迥怀念,立了碑歌颂他的功德。孝闵帝即位,进授尉迟迥为柱国大将军,又因尉迟迥有平蜀的功勋,按照当年霍去病为诸军之冠而封冠军侯的做法,封他为宁蜀公,再进封蜀公,食邑一万户。

宣帝即位,任尉迟迥为大前疑,出任相州总管。宣帝崩逝,隋文帝辅政,因尉迟迥一向声望大地位高,怕有叛变的意图,就派他的儿子魏安公尉迟惇送诏书去,用会葬宣帝的名义把他征召回京,接着派郧公韦孝宽去替代他任总管。尉迟迥看到隋文帝当权,要图谋篡夺,就准备起兵,把尉迟惇留下而不受替代。隋文帝又派侯正破六汗哀到尉迟迥那里去晓喻意旨,同时秘密给总管府长史晋昶等人书信,叫防备尉迟迥。尉迟迥知道了,把长史和破六汗哀杀掉,召集文武百官士人百姓,亲自登上城的北楼号令道:"杨坚凭他庸凡之才,依仗后父之势,挟幼主而令天下,威福出于个人,赏罚全无章法,不臣的行迹,已暴露于行路。我位居将相,和国家是甥舅之亲,同休共戚,犹如一体。先帝派我来到这里,本为了寄托国家安危,如今我要和卿等纠合义勇,扶国庇民,进可以享受荣名,退可以竭尽臣节。卿等认为怎样?"当时大家都愿听从,没有人不感动奋发。尉迟迥就自称大总管,承制设置官员。这时赵王招已经入朝,留下小儿子在国中,尉迟迥又拥戴他来发号施令。尉迟迥弟弟的儿子尉迟勤当时任青州总管,也跟随尉迟迥。尉迟迥所管相、卫、黎、毛、洺、贝、赵、冀、瀛、沧各州,尉迟勤所管青、胶、光、莒各州都听从,兵众有几十万。荥州刺史邵公宇文胄、申州刺史李惠、东楚州刺史费也利进、东潼州刺史曹孝达也各自据州响应尉迟迥。尉迟迥又联结了高宝宁来北通突厥,南连陈人允许割让江、淮的领土。

隋文帝于是征调兵马讨伐尉迟迥,就派韦孝宽为元帅。这边尉迟惇率领兵马十万进入武德,在沁水东边摆阵。韦孝宽等各军隔着沁水相持不进,隋文帝又派高颎驰驿前来督战。尉迟惇摆开兵马二十里,指挥军队稍稍后退,准备等韦孝宽军渡水渡到一半才出击。韦孝宽却趁对方后退,打响鼓一齐进攻,尉迟惇被打得大败,韦孝宽乘胜进逼到邺城。尉迟迥和儿子尉迟惇、尉迟祐等又把兵马悉数调出来,有十三万,在邺城城南摆阵,尉迟迥另外统率上万人,都穿戴绿巾锦袄,号称黄龙兵。尉迟勤率领兵马五万,从青州赶来,其中三千骑兵已先赶到。尉迟迥早年熟悉军旅,现在虽年老还披甲上阵,他手下的一千人都是关中来的,替他奋力死战,韦孝宽等军失利后退。邺城里的男女观战的多得像墙壁一般,高颎和李询整顿了队伍先进犯这些观战的,趁对方惊扰而冲杀过去,把尉迟迥杀得大败,就此打进了邺城。尉迟迥退守北城,韦孝宽指挥兵众包围,李询、贺楼子干带了队伍抢先登城。尉迟迥退到城楼上,射杀了好几个人,然后自杀。尉迟勤、尉迟惇等往东退走,都被追上擒获。余下的兵众一个多月后都被斩杀。……尉迟迥从起兵到失败,经历了六十八天。

唐武德年间,尉迟迥的从孙库部员外郎尉迟耆福上表请求改葬,朝廷商议认为尉迟迥忠于周室,下诏允许。

苏绰传

　　打天下要依靠武将,治天下要依靠文人,这至少是我国封建社会的一个规律。因此在选译了几位功勋卓著的武将后,得再选译几位知名的文人。当时文人中最知名而且最起作用的自然首推苏绰。宇文泰正是用他提出的六条诏书里的儒家政治理论,来约束鲜卑化的宿将功臣,使新建立的封建政权能够稳步地踏上正轨。至于他模仿《尚书》周诰的文体来撰写当时的诏令①,则仅是在形式上玩花样,对现实的政治并没有影响。(选自卷二三)

　　苏绰,字令绰,武功人②,魏侍中则之九世孙也③。累世二千

---

①《尚书》周诰:《尚书》也就是通常所说的《书经》,列入"五经"、"十三经"之中,但通行"十三经"里的《尚书》是今文二十八篇和另一些后人伪造的《伪古文尚书》混杂在一起的。在这今文二十八篇中西周统治者的文告如《大诰》、《康诰》、《酒诰》、《梓材》、《召诰》、《洛诰》、《多士》、《无逸》、《君奭(shì)》、《多方》、《立政》、《顾命》等统称为周诰,后人读起来极为晦涩难懂。但苏绰偏要模仿这种文体来写他的《大诰》等文告,宇文泰还要让所有文告都得这么写,这自然是开倒车的做法,到宇文泰的儿子们当皇帝后就再没有人照办了。
②武功:岐州武功郡,治所美阳在今陕西武功西。
③魏侍中则:三国时魏人苏则,曾任侍中,《三国志》有传。

石①。父协,武功郡守。

　　绰少好学,博览群书,尤善算术②。从兄让为南汾州刺史③,太祖饯于东都门外④,临别谓让曰:"卿家子弟之中,谁可任用者?"让因荐绰,太祖乃召为行台郎中⑤。在官岁余,太祖未深知之。然诸曹疑事,皆询于绰而后定,所行公文,绰又为之条式⑥,台中咸称其能。后太祖与仆射周惠达论事,惠达不能对,请出外议之。乃召绰,告以其事,绰即为量定。惠达入呈,太祖称善,谓惠达曰:"谁与卿为此议者?"惠达以绰对,因称其有王佐之才⑦。太祖曰:"吾亦闻之久矣。"寻除著作佐郎⑧。

　　属太祖与公卿往昆明池观渔⑨,行至城西汉故仓池⑩,顾问左右,莫有知者。或曰:"苏绰博物多通⑪,请问之。"太祖乃召绰,具以状对。太祖大悦,因问天地造化之始⑫,历代兴亡之迹,绰既有

---

①二千石:汉代郡的长官太守俸禄为二千石粮食,因而后世通称郡的太守为"二千石"。

②算术:我国古代称数学为算术,古数学书中就有《九章算术》等名称。

③从兄让:苏绰伯父苏祐之子,《周书》有传。南汾州:原误作汾州,据《苏让传》改正。南汾州的治所玉壁城,在今陕西合阳以东,汾水之南,黄河之东。

④东都门:都城的东门,不是东都的城门。

⑤行台郎中:行台的组织仿照中央的尚书省,也设有各曹,曹的长官是郎中。

⑥条式:条例格式。

⑦王佐之才:辅佐帝王之才。

⑧著作佐郎:著作省的官员,有著作郎、著作佐郎,职掌修史。

⑨昆明池:在长安西郊,西汉武帝曾在这里演习水战,唐以后已淤浅成为民田。

⑩仓池:原误作"仓地",在长安西边西汉的未央宫里边,也写作"沧池"。

⑪博物:能辨识许多事物。

⑫造化:也是指天地。

口辩①,应对如流。太祖益喜,乃与绰并马徐行至池,竟不设网罟
而还②。遂留绰至夜,问以治道,太祖卧而听之。绰于是指陈帝
王之道,兼述申韩之要③。太祖乃起,整衣危坐④,不觉膝之前
席⑤,语遂达曙不厌。诘朝⑥,谓周惠达曰:"苏绰真奇士也!吾方
任之以政。"即拜大行台左丞,参典机密。自是宠遇日隆。绰始制
文案程式⑦,朱出墨入,及计帐户籍之法⑧。

大统三年,齐神武三道入寇。诸将咸欲分兵御之,独绰意与
太祖同。遂并力拒窦泰,擒之于潼关⑨。四年,加卫将军、右光禄
大夫,封美阳县子,邑三百户。加通直散骑常侍,进爵为伯,增邑
二百户。十年,授大行台度支尚书,领著作⑩,兼司农卿。

太祖方欲革易时政,务弘强国富民之道,故绰得尽其智能,赞
成其事。……为六条诏书,奏施行之,其一先治心,……其二敦教

①口辩:口才,能言善辩。
②不设网罟(gǔ 古):罟是网的总名,不设网罟就是不再捕鱼。
③申韩:申是申不害,韩是韩非,都是战国时法家,后世就把申韩或申韩之学
　作为法家之学的代称。
④危坐:我国黄河长江流域从先秦到唐代的坐式都是跪坐,臀部坐在脚跟
　上,危坐即端坐,指跪坐得端正,这和上面的整衣都是恭敬的表示。
⑤膝之前席:我国最早席地而坐,后来也坐在床上,坐在地上时如果要听得
　仔细,就要往前移,叫"前席",因为是跪坐,膝着地,所以可叫"膝之前席"。
⑥诘朝(zhāo):明日。
⑦义案程式:公义案卷的格式,如卜文所说的"朱出墨入"(红色笔记出,黑色
　笔记入)之类都是。
⑧计帐户籍:我国先秦以来就有登记户口的措施,这时的办法是先登记当地
　的户口编成"计帐",再汇集到尚书省编造"户籍"。
⑨擒之于潼关:据《北齐书》的神武纪、窦泰传,窦泰是"军败自杀"的。
⑩著作:指著作省。

化，……其三尽地利，……其四擢贤良，……其五恤狱讼①，……其六均赋役。……太祖甚重之，常置诸座右，又令百司习诵之。其牧守令长②，非通六条及计帐者，不得居官。

自有晋之季③，文章竞为浮华，遂成风俗。太祖欲革其弊，因魏帝祭庙，群臣毕至，乃命绰为《大诰》奏行之。……自是之后，文笔皆依此体④。

绰性俭素，不治产业，家无余财。以海内未平，常以天下为己任，博求贤俊，共弘治道，凡所荐达，皆至大官。太祖亦推心委任⑤，而无间言。太祖或出游，常预署空纸以授绰⑥，若须有处分，则随事施行，及还，启之而已⑦。绰尝谓治国之道，当爱民如慈父，训民如严师。每与公卿议论，自昼达夜，事无巨细，若指诸掌⑧。积思劳倦，遂成气疾⑨。十二年，卒于位，时年四十九。太祖痛惜之，哀动左右。……至葬日，又遣使祭以太牢⑩，太祖自为其文。……明帝二年，以绰配享太祖庙庭。

①恤（xù）狱讼：处理刑狱慎重不滥。
②牧守令长：指州牧、州刺史，即太守和县令。
③季：一个朝代的末了叫“季”。
④文笔：南北朝时称有韵的文章叫“文”，无韵的文章叫“笔”。这里的文笔则应是文章的一般代称。
⑤推心：推心置腹，真心真意地对待。
⑥预署空纸：在空白的纸上预先署上名，因为当时发布命令要宇文泰署名，预先署上了名交给苏绰，就可让苏绰以宇文泰的名义发号施令。
⑦启：陈达，报告。
⑧若指诸掌：比喻事理清楚得犹如看自己的手掌。
⑨气疾：呼吸系统的疾病。
⑩太牢：祭祀时用牛、羊、猪三牲叫“太牢”，这本是古代帝王祭社稷时用的，祭苏绰用太牢是特殊待遇了。

【翻译】

　　苏绰,字叫令绰,是武功人,魏侍中苏则的九世孙。世代任二千石。父苏协,任武功郡太守。

　　苏绰从小好学,博览群书,尤其擅长算术。他的从兄苏让出任南汾州刺史,太祖在东都门外给饯行,临别时对苏让说:"卿家子弟之中,有谁可以任用的?"苏让就推荐苏绰,太祖召苏绰任行台郎中。在任一年多,太祖对他还不很了解。但行台各曹有弄不清楚的事情,都向苏绰请教过才决定怎么办,所施行的公文,苏绰也给制订了条例格式,行台里都称赞苏绰有才能。后来太祖和仆射周惠达讨论事情,周惠达回答不了,提出到外边去商议。就把苏绰召来,告诉了这事情,苏绰马上斟酌决定。周惠达再进入呈上,太祖很赞赏,对周惠达说:"是谁给卿商议的?"周惠达说是苏绰,并就此说他有王佐之才。太祖说:"我也听说好久了。"不久除授苏绰为著作佐郎。

　　一次太祖和公卿去昆明池看捕鱼,走到城西的汉代旧仓池,太祖询问左右,没有人能知道。有人说:"苏绰博物通识,可以问他。"太祖就把苏绰召来,苏绰把事情说得很清楚。太祖大为高兴,就问他天地造化的由来,历代兴亡的事迹,苏绰既有口才,对答如流。太祖更加喜悦,就和苏绰并马徐行到昆明池,终于没有顾得上设网打渔就回去。把苏绰留到晚上,询问他治理天下的方法,太祖躺着听。苏绰于是陈说帝王的道术,兼讲申韩的要旨。太祖听了一会就起身,整衣危坐,不觉膝盖向前移动,话说到大亮还不觉厌倦。第二天,太祖对周惠达说:"苏绰真是奇士啊!我将任用他来办政事。"立即拜苏绰为大行台左丞,参与掌管机密。从此恩遇日益隆重。苏绰开始创制文案程式,朱出墨入,还创制了计帐户籍的办法。

　　西魏大统三年(537)，齐神武三路入侵。将领们都想分兵抵敌，只有苏绰的主张和太祖相同。于是合力对付窦泰，在潼关把他擒获。大统四年(538)，加苏绰卫将军、右光禄大夫，封爵美阳县子，食邑三百户。又加授通直散骑常侍，进封爵为伯，增加食邑二百户。大统十年(544)，授苏绰为大行台的度支尚书，领著作省，兼司农卿。

　　太祖这时正想改革政治，致力于强国富民之道，所以苏绰能够施展全部的智慧才能，支持这项事情把它办成。……苏绰拟了六条诏书，奏请后施行，第一条是先治心，……第二条是敦教化，……第三条是尽地利，……第四条是擢贤良，……第五条是恤狱讼，……第六条是均赋役。……太祖对这六条极其重视，经常放在座位右边，还叫百官都学习背诵。牧守令长，如果不通晓这六条和计帐的，官不能做下去。

　　自从西晋末年，文章都讲究浮华，就此成为了风俗。太祖要革除这流弊，就趁魏帝祭庙，群臣都来到的时候，叫苏绰撰写了篇《大诰》奏请施行。……从此以后，文笔都得依照这《大诰》的体裁来写。

　　苏绰秉性俭素，不经营产业，家里没有多余的钱财。因海内尚未平定，常以天下为己任，广事访求贤才，共同办好政治，凡是他所推荐上去的，都做到大官。太祖对他也真心信任，从没有说过不满意的话。太祖有时出游，常预先在空白纸上署好名交给苏绰，让苏绰需要处理事情，可以随时施行，等回来时，报告一下就行。苏绰常说治国的方法，应当爱护百姓像慈父，训导百姓像严师。他每和公卿议论，从白天到黑夜，事无大小，都清楚得犹如指掌。这样长期地操劳困乏，就成了气疾。大统十二年(546)，死在职位上，时年四十九岁。太祖对他的死极为痛惜，悲哀得感动左右。……到下葬那天,还派使者用太牢祭祀,太祖亲自做了祭文。……北周明帝二年(558),让苏绰配享在太祖庙庭。

卢辩传

　　卢辩之所以知名，是因为他秉承宇文泰的意旨，把西魏的官制模仿《周礼》作了一番改革。这种形式主义的改革在当时也自有其苦衷，因为同时南朝的政权一直以华夏文化的正统自居，东边的北齐继承了北魏的洛阳文化，也远非久经破坏的关中地区之所能企及，宇文泰为了寻找精神支柱，不得不借重更古雅的《周礼》来为自己的政权作粉饰。当然这种粉饰并无补于现实的政治，所以为时不久又逐渐回复到原来的旧官制了。（选自卷二四）

　　卢辩，字景宣，范阳涿人①，累世儒学。父靖，太常丞②。辩少好学，博通经籍，举秀才③，为太学博士④。以《大戴礼》

①范阳涿：范阳郡治所涿县，即今河北涿州。范阳卢氏是魏晋南北朝时著名的世家大族。
②太常丞：太常寺是中央掌管宗庙祭祀、礼乐仪制的机构，长官是卿，以少卿为副，以丞为辅佐。
③秀才：自西汉武帝以来，各个朝代都有由州郡推荐秀才、孝廉的办法，送中央考核合格后任用，到隋唐才被正式的科举制度所代替。
④太学博士：当时的中央教育机构国子寺下面有太学，设太学博士、助教各若干人。

未有解诂①,辩乃注之②。其兄景裕为当时硕儒③,谓辩曰:"昔侍中注《小戴》④,今尔注《大戴》,庶纂前修矣⑤。"

及帝入关,事起仓卒⑥,辩不及至家,单马而从。或问辩曰:"得辞家不⑦?"辩曰:"门外之治,以义断恩⑧,复何辞也。"孝武至长安,授给事黄门侍郎⑨,领著作。太祖以辩有儒术⑩,甚礼之,朝廷大议,常召顾问。赵青雀之乱,魏太子出居渭北,辩时随从,亦不告家人。其执志敢决⑪,皆此类也。寻除太常卿、太子少傅。魏太子及诸王等皆行束脩之礼⑫,受业于辩。进爵范阳公,转少

①《大戴礼》:即《大戴礼记》。西汉时戴德及其侄戴圣都研究礼,后人把传为戴圣所编定的先秦西汉时人礼学文章文献称为《小戴礼记》,把传为戴德所编定的称为《大戴礼记》,《小戴礼记》也就是"五经"、"十三经"中的《礼记》。解诂:解是解释,诂是训诂,解诂就是给古书所作的注的一种名称。
②辩乃注之:流传到今天的《大戴礼记》仍是卢辩作注的本子。
③硕儒:硕是大,硕儒就是大儒。
④侍中注《小戴》:侍中指东汉末年的卢植,卢植也是涿人,曾任侍中,给《小戴礼记》作过注。
⑤庶:庶几,差不多。纂:继承。前修:前贤。
⑥仓卒(cù):卒同"猝",仓卒,是匆忙、急遽的意思。
⑦不(fǒu):同"否"。
⑧以义断恩:用大义来割断私恩,也就是说为了君臣大义,顾不上家庭的骨肉私情。
⑨给事黄门侍郎:门下省里仅次于侍中的重要官职。
⑩儒术:儒家的学问。
⑪执志:坚持自己的主见。
⑫束脩:脩在这里是干肉,束脩是束在一起的十条干肉,古代以此送礼,孔子得了束脩之礼就收人家为学生,因此后来就把束脩作为向老师所送礼物的代称,并非真送一束干肉。

师①。

自魏末离乱，孝武西迁，朝章礼度，湮坠咸尽②。辩因时制宜③，皆合轨度④。性强记默契⑤，能断大事，凡所创制，处之不疑⑥。累迁尚书右仆射。世宗即位⑦，进位大将军。帝尝与诸公幸其第，儒者荣之。出为宜州刺史⑧。薨，配食太祖庙庭。……

初，太祖欲行周官，命苏绰专掌其事，未几而绰卒，乃令辩成之。于是依《周礼》建六官，置公、卿、大夫、士，并撰次朝仪，车服器用，多依古礼，革汉魏之法。……太祖以魏恭帝三年始命行之。自兹厥后，世有损益⑨。宣帝嗣位⑩，事不师古，官员班品⑪，随意变革，……又兼用秦汉等官。……

【翻译】

卢辩，字叫景宣，是范阳涿县人，世代传授儒学。父卢靖，任太常丞。

卢辩从小好学，博通经籍，被举为秀才，任太学博士。考虑到

---

① 少师：西魏时除设置太师、太傅、太保所谓"三师"外，还增设了略次于"三师"的少师、少傅、少保所谓"三孤"，都是荣誉性高级职称。

② 湮(yān)：埋没。坠：这里是失去的意思。

③ 因时制宜：根据不同时期的具体情况，采取适宜的措施。

④ 轨度：规矩法度。

⑤ 强(qiǎng)记：记忆力强，记得的东西多。默契：在心里领会。

⑥ 处：这里是决断、决定的意思。

⑦ 世宗：北周明帝宇文毓，庙号世宗。

⑧ 宜州：治所泥阳，即今陕西耀县。

⑨ 损益：增减，增损。

⑩ 宣帝：北周宣帝宇文赟(yūn 氲)，578—579 年在位。

⑪ 班：班次，位次。

《大戴礼记》还没有解诂，卢辩就给它作了注。他的哥哥卢景裕是当时的大儒，对卢辩说："从前侍中注了《小戴礼记》，你现在注了《大戴礼记》，当可继承前贤了。"

到北魏孝武帝入关，事情发生得很仓猝，卢辩来不及回家，单身匹马跟随前往。有人问卢辩："给家里告别没有？"卢辩说："处理家门以外的事情，该用大义来割断私情，告别干什么。"孝武帝到了长安，授卢辩为给事黄门侍郎，领著作省。太祖看到卢辩有儒术，对他很礼貌，朝廷有大议论，常召他来备顾问。赵青雀之乱，魏太子出居到渭水北边，卢辩当时跟随着，也没有告诉家里的人。他坚持主见敢于决断，都是这样。不久除授太常卿、太子少傅。魏太子和亲王等都行束脩之礼，在卢辩门下受业。卢辩进封爵为范阳公，转任少师。

自从魏末战乱，孝武帝西迁，朝廷的典章制度破坏得一干二净。卢辩因时制宜，都合于规矩法度。他秉性强记善于领会，能判断大事，凡所创制，决定了再不动摇。多次升迁到尚书右仆射。北周世宗明帝即位，卢辩进位大将军。明帝曾和公卿们临幸他的第宅，儒者都引以为荣。出任宜州刺史。薨逝后，配享在太祖庙庭。……

当初，太祖要实行周朝的官制，叫苏绰专管其事，不久苏绰去世，就叫卢辩来完成。于是依照《周礼》建立了六官，设置公、卿、大夫、士各级职官，同时制定朝廷礼仪，车服器用，多依照古礼，改变了汉魏时候的法制。……太祖在西魏恭帝三年（556）命令实施。在这以后，世代都有增损。到北周宣帝即位，不再师法古人，官员的班次品级，随意变革，……又同时用上秦汉时候的职官名称。……

宇文孝伯传

　　自从宇文泰去世，北周朝建立以后，统治集团内部的矛盾斗争就没有间断。最早是晋公宇文护摄政，先后杀掉宇文泰第三子孝闵帝宇文觉和宇文泰长子明帝宇文毓，宇文泰第四子武帝宇文邕即位后杀宇文护而自己掌权。但武帝后期又出现反对皇太子宇文赟和支持宇文赟的两派，后来宇文赟即位成为北周宣帝而反对派失败。宇文孝伯就是参与这些斗争的重要人物，起初以支持武帝杀宇文护而显达，最终以反对宣帝而被杀。（选自卷四〇）

　　宇文孝伯，字胡三①，吏部安化公深之子也②。其生与高祖同日，太祖甚爱之，养于第内。及长，又与高祖同学。武成元年，拜宗师上士③，时年十六。

────────────

①字胡三：胡三本是宇文孝伯的胡名，以后起了"孝伯"这个汉名，就把"胡三"说成是宇文孝伯的字。

②吏部安化公深：宇文深，是宇文泰同族里的子侄辈，依《周礼》改革官制后曾任夏官府的吏部中大夫，即掌管选用官员的吏部的长官，又封安化县公，所以这里说"吏部安化公深"。

③宗师上士：改革官制后的天官府下属的官，应作小宗师上士，宗师是管理皇室的机构。

孝伯性沉正謇谔①,好直言,高祖即位,欲引置左右。时政在冢臣②,不得专制③,乃托言少与孝伯同业受经,思相启发,由是晋公护弗之猜也,得入为右侍上士④,恒侍读书。天和元年⑤,迁小宗师⑥,领右侍仪同⑦。及遭父忧⑧,诏令于服中袭爵⑨。高祖尝从容谓之曰:"公之于我,犹汉高之与卢绾也⑩!"乃赐以十三环金带⑪。自是恒侍左右,出入卧内,朝之机务,皆得预焉。孝伯亦竭力尽心,无所回避,至于时政得失,及外间细事,皆以奏闻。高祖深委信之,当时莫与为比。及高祖将诛晋公护,密与卫王直图之⑫,唯孝伯及王轨、宇文神举等颇得参预⑬。护诛,授开府仪同三司,历

---

①謇谔(jiǎn è 简饿):謇是忠直,谔是正直的话,謇谔就是忠直敢说话。

②政在冢臣:当时晋公宇文护任改革后的天官府长官大冢宰,其他地官、春官、夏官、秋官、冬官五府都归大冢宰管辖,所以说政在冢臣,冢臣就是指大冢宰。

③专制:这里指皇帝的独断,专就是独,制就是断。

④右侍上士:改革后天官府下属的皇帝侍卫官。

⑤天和:北周高祖武帝宇文邕的年号(566—572)。

⑥小宗师:改革后天官府下属的官,即小宗师下大夫,是宗师的副长官。

⑦右侍:即右侍上士。

⑧忧:父母之丧叫"忧"。

⑨服中:封建社会父母死了要服丧二十七个月,在此期间叫"服中",服中一般不能做官受封爵,"诏令于服中袭爵"算是破格。

⑩汉高之与卢绾(wǎn 碗):汉高祖刘邦的父亲和卢绾的父亲是好朋友,刘邦和卢绾同一天生,一起学书,又是好朋友。

⑪十三环金带:带是围在朝服外面的皮带,用金装饰,十三环也是带的装饰。

⑫卫王直:宇文泰之子,高祖武帝宇文邕的同母弟,《周书》有传。

⑬王轨、宇文神举:宇文神举是宇文泰的同族子侄辈,和王轨、宇文孝伯都是高祖的亲信,最后都被宣帝宇文赟杀害,《周书》王轨、宇文神举和宇文孝伯同传。

司会中大夫、左右小宫伯、东宫左宫正①。

　　建德之后②，皇太子稍长，既无令德，唯昵近小人③。孝伯白高祖曰："皇太子四海所属④，而德声未闻，臣忝宫官⑤，实当其责。且春秋尚少⑥，志业未成⑦，请妙选正人，为其师友⑧，调护圣质⑨，犹望日就月将⑩。如或不然，悔无及矣。"帝敛容曰⑪："卿世载鲠直⑫，竭诚所事。观卿此言，有家风矣⑬。"孝伯拜谢曰："非言之难，受之难也，深愿陛下思之⑭。"帝曰："正人岂复过君。"于是

---

① 司会中大夫：改革后天官府的官，是大冢宰的助手。左右小宫伯：即左右小宫伯下大夫，改革后天官府里主管宫廷侍卫的副长官。东宫左宫正：改革后东宫设太子左右宫正，是上大夫还是中、下大夫已不可考，是辅佐太子的官。

② 建德：北周高祖武帝宇文邕的年号(572—578)。

③ 昵(nì溺)：亲近，亲昵。

④ 属(zhǔ主)：属目，注目。

⑤ 忝(tiǎn)：辱，愧。宫官：太子东宫的官都叫"宫官"。

⑥ 春秋：这里指年龄、年纪。

⑦ 志业：志向，心意。

⑧ 师友：这里指陪侍辅导皇子的人。

⑨ 调护：这里指把人的品质调教好。圣：这里指太子。

⑩ 日就月将：《诗·周颂·敬之》有"日就月将，学有缉熙于光明"的话，这日就是说通过学习使每日有成就，月将是说这样学了一月则有可行，总起来说是学习要日积月累才成，这里说"日就月将"，虽省略了《诗》的后面一句话，仍是这个意思。

⑪ 敛(liǎn)容：正容，表示肃敬。

⑫ 鲠(gěng梗)直：同"梗直"、"耿直"。

⑬ 家风：门风，指一个家庭的传统习惯、生活作风。

⑭ 陛(bì币)下：对皇帝的尊称。

以尉迟运为右宫正①，孝伯仍为左宫正，寻拜宗师中大夫②。及吐谷浑入寇③，诏皇太子征之，军中之事，多决于孝伯。俄授京兆尹④，入为左宫伯⑤，转右宫伯。尝因侍坐，帝问之曰："我儿比来渐长进否⑥?"答曰："皇太子比惧天威⑦，更无罪失。"及王轨因内宴捋帝须⑧，言太子之不善，帝罢酒，责孝伯曰："公常语我，云太子无过。今轨有此言，公为诳矣。"孝伯再拜曰："臣闻父子之际，人所难言。臣知陛下不能割情忍爱，遂尔结舌⑨。"帝知其意，默然久之，乃曰："朕已委公矣，公其勉之!"

五年，大军东讨⑩，拜内史下大夫⑪，令掌留台事⑫。军还，帝

①尉迟运：尉迟纲之子，也是高祖的亲信，同样见忌于宣帝，离京外任忧卒，《周书》和宇文孝伯同传。

②宗师中大夫：改革后的宗师的长官。

③吐谷(yù)浑：我国古代西北的少数民族，原为鲜卑的一支，西晋末年西迁到今甘肃、青海间，历经南北朝隋唐，到八世纪中叶部族分散，五代时余部散处在今河北西北。这次吐谷浑入寇是在高祖武帝建德五年(576)。

④京兆尹：北周时改京兆郡守为京兆尹，总管京师长安及周围地区。

⑤左宫伯：改革后天官府设左右宫伯中大夫，是主管宫廷侍卫的长官。

⑥长(zhǎng 涨)进：指学业或人品修养上的进步。

⑦天威：天子的威严。

⑧捋(luō)：用手顺势抚摩。

⑨结舌：不说话。

⑩大军东讨：指灭北齐之役。

⑪内史下大夫：即小内史下大夫，改革后把废除的门下省设在春官府，称内史，仍掌管诏令，参与军国大事。

⑫留台：台指台省，改革前指尚书省、门下省、中书省，是中央最高行政机构，改革后指统率五府的天官府第，当时高祖东讨北齐，所以在长安的称留台。

曰:"居守之重①,无忝战功。"于是加授大将军,进爵广陵郡公,邑
三千户,并赐金帛及女伎等②。六年,复为宗师。每车驾巡幸③,
常令居守。其后高祖北讨④,至云阳宫,遂寝疾⑤。驿召孝伯赴行
在所⑥,帝执其手曰:"吾自量必无济理⑦,以后事付君。"是夜,授
司卫上大夫⑧,总宿卫兵马事,又令驰驿入京镇守,以备非常⑨。

　　宣帝即位,授小冢宰⑩。帝忌齐王宪⑪,意欲除之,谓孝伯曰:
"公能为朕图齐王,当以其官位相授。"孝伯叩头曰:"先帝遗诏,不
许滥诛骨肉。齐王,陛下之叔父,戚近功高,社稷重臣,栋梁所寄。
陛下若妄加刑戮⑫,微臣又顺旨曲从⑬,则臣为不忠之臣,陛下为
不孝之子也。"帝不怿⑭,因渐疏之,乃与于智、王端、郑译等密图
其事⑮。后令智告宪谋逆,遣孝伯召宪入,遂诛之。

———————————

①居守:留守。
②女伎:有歌舞伎艺的婢妾身份的女子。
③车驾:即"车",皇帝外出时所乘,所以用"车驾"来作为出行的皇帝的代称。
④高祖北讨:征讨北边的突厥。
⑤寝疾:卧病。
⑥行在所:在汉代指皇帝所在的地方,后来专指皇帝行幸中所停留的地方。
⑦济:这里是解救、治愈的意思。
⑧司卫上大夫:改革后东宫有左右司卫上大夫,掌管宫廷禁卫。
⑨非常:突如其来的事变。
⑩小冢宰:小冢宰上大夫,改革后天官府的副长官,当时齐王宇文宪是天官
　　府长官大冢宰,但这时天官大冢宰已不统辖五府,权力大为缩减。
⑪齐王宪:宇文泰第五子,高祖灭北齐时立过大功,《周书》有传。
⑫戮(lù路):杀。
⑬微臣:臣下在皇帝前谦称"微臣"。曲从:违背了自己的本意勉强听从
　　人家。
⑭怿(yì译):喜悦。
⑮郑译:此人后投靠隋文帝,《周书》《隋书》都有传。

　　帝之西征也①,在军有过行②,郑译时亦预焉。军还,孝伯及王轨尽以白。高祖怒,挞帝数十③,仍除译名④。至是,译又被帝亲昵。帝既追憾被杖,乃问译曰:"我脚上杖痕,谁所为也?"译答曰:"事由宇文孝伯及王轨。"译又因说王轨捋须事,帝乃诛轨。尉迟运惧,私谓孝伯曰:"吾徒必不免祸⑤,为之奈何?"孝伯对曰:"今堂上有老母,地下有武帝,为臣为子,知欲何之? 且委质事人⑥,本徇名义⑦,谏而不入,将焉逃死? 足下若为身计⑧,宜且远之。"于是各行其志,运寻出为秦州总管。然帝荒淫日甚,诛戮无度⑨,朝章弛紊⑩,无复纲纪⑪。孝伯又频切谏⑫,皆不见从,由是益疏斥之。后稽胡反,令孝伯为行军总管⑬,从越王盛讨平之⑭。及军还,帝将杀之,乃托以齐王之事,诮之曰⑮:"公知齐王谋反,

────────────

①帝之西征:就是前面所说的当时是太子的宣帝西征吐谷浑。

②过行:过失,错误的行为。

③挞(tà):用鞭子或棍棒打。

④除译名:名是除去名籍,取消原有的资历,是一种极重的处分,这里是给郑译除名。

⑤吾徒:徒是徒众,吾徒就是我们这些人。

⑥委质:献身做人家的臣下。

⑦徇(xùn):通"殉",为了一定目的而牺牲叫"徇"或"殉"。名义:这里指君臣的名义。

⑧足下:称对方的敬辞,古代下称上或同辈相称都可称"足下"。

⑨无度:没有限度。

⑩弛紊(chí wěn):松弛紊乱。

⑪纲纪:法制,法纪。

⑫频:接连多次。

⑬行军总管:出征时指挥一军的高级将领。

⑭越王盛:宇文泰之子,《周书》有传。

⑮诮(qiào 俏):责问。

何以不言?"孝伯对曰:"臣知齐王忠于社稷,为群小媒孽①,加之以罪。臣以言必不用,所以不言。且先帝付嘱微臣,唯令辅导陛下,今谏而不从,实负顾托,以此为罪,是所甘心。"帝大惭,俯首不语,乃命将出,赐死于家②,时年三十六。

　　及隋文帝践极③,以孝伯及王轨忠而获罪,并令收葬,复其官爵。又尝谓高颎曰:"宇文孝伯实有周之良臣,若使此人在朝,我辈无措手处也④!"……

【翻译】

　　宇文孝伯,字叫胡三,是吏部安化公宇文深的儿子。他和高祖同一天出生,太祖很喜欢他,把他领在第宅里抚养。到长大,又和高祖同学。武成元年(559),拜为宗师上士,当时才十六岁。

　　宇文孝伯秉性沉着忠直,敢于说话,高祖即位后,要把他引用在自己身边。可当时冢臣执政,皇帝不得专断,就假托说自己从小和宇文孝伯同读经书,想互相启发,这样使晋公宇文护不再猜疑,宇文孝伯得以进来任右侍上士,常陪侍高祖读书。天和元年(566),升迁为小宗师,领右侍、仪同。到遭逢父忧,下诏叫他在服中承袭封爵。高祖曾从容地对他说:"公和我,犹如汉高祖和卢绾啊!"就赏赐他十三环金带。这以后让宇文孝伯经常陪侍左右,出入内寝,朝廷机要大事,都得以参预。宇文孝伯也竭尽心力,无所回避,从朝政的得失,到处边的细事,都奏闻高祖。高祖对他信任

_____

①媒孽:挑拨是非,陷人于罪。
②赐死:皇帝下命令强迫臣下自杀叫"赐死"。
③践极:践阼,登上帝位。
④措手:下手,指下手篡夺北周的政权。

之深,当时没有人能比得上。到高祖准备诛杀晋公宇文护,和卫王宇文直秘密商议,只有宇文孝伯和王轨、宇文神举等颇得参预。诛杀宇文护后,授宇文孝伯为开府仪同三司,历任司会中大夫、左右小宫伯、东宫左宫正。

建德以后,皇太子年龄大了起来,品德不好,光和小人亲近。宇文孝伯对高祖说:"皇太子是天下之所注目,但在外边没有好的名声,臣愧为宫官,应当承担责任。好在年纪还小,心意未定,请精心选择正人,做他的师友,调教好他的品质,可望日就月将有所成就。如果不这么做,将来会悔之莫及。"高祖正容说:"卿世代耿直,竭尽忠诚。听卿这段话,可说有家风了。"宇文孝伯拜谢道:"不是说起话来难,而是接受起来难,愿陛下深思。"高祖说:"讲正人哪有比得过你的。"于是派尉迟运任右宫正,宇文孝伯仍任左宫正,不久拜为宗师中大夫。到吐谷浑入侵,下诏皇太子出征,军中的事情,多由宇文孝伯决定。不久宇文孝伯授为京兆尹,入任左宫伯,转任右宫伯。曾因陪侍高祖,高祖问道:"我儿近来有长进吗?"宇文孝伯回答说:"皇太子近来畏惧天威,再没有出现过失。"后来王轨趁内宴时捋高祖的胡须,说太子的不善,高祖罢酒之后,责备宇文孝伯说:"公常对我说,太子没有过失。如今王轨有这话,公是欺骗我了。"宇文孝伯再拜说:"臣听说父子之间的事情,外边人很难讲话。臣知道陛下不能割断情爱,所以结舌。"高祖懂得他的意思,沉默了好久,才说:"朕已经托付给公了,公努力办吧!"

建德五年(576),高祖统率大军东讨,拜宇文孝伯为内史下大夫,叫掌管留台政事。大军战胜归来,高祖对宇文孝伯说:"留守责任重大,不亚于建立战功。"于是加授他大将军,进封爵为广陵郡公,食邑三千户,还赏赐金帛、女伎等。建德六年(577),宇文孝伯重新任宗师,每当车驾出巡,常叫他留守。后来高祖北伐,到达云阳宫,就病倒了。驰驿召宇文孝伯到行在所,高祖握了他的手说:"我自量必无治愈的希望了,把后事托付给你。"当夜,授宇文孝伯为司卫上大夫,总领禁卫兵马,又叫他驰驿进京师镇守,以戒备非常。

宣帝即位,授宇文孝伯为小冢宰。宣帝疑忌齐王宇文宪,要想除掉他,对宇文孝伯说:"公能给朕收拾掉齐王,就把他的官位授公。"宇文孝伯叩头说:"先帝遗诏,不许滥诛骨肉。齐王,是陛下的叔父,亲属关系近而且功劳大,是社稷的重臣,国家的栋梁。陛下如果妄加刑戮,微臣又顺旨曲从,那臣就成为不忠之臣,陛下也成为不孝之子了。"宣帝听了很不乐意,就此疏远宇文孝伯,而和于智、王端、郑译等人秘密策划这事。后来叫于智控告宇文宪谋反,派宇文孝伯把宇文宪召进来,宣帝就把宇文宪杀掉。

宣帝当年西征吐谷浑时,在军中有过失,郑译当时也参预了。回来后,宇文孝伯和王轨把这些事情统统向高祖报告,高祖很生气,打了宣帝几十下,还把郑译除了名。到这时,宣帝又跟郑译亲昵起来,记恨当年被打的事情,问郑译道:"我脚上的杖痕,是谁弄下的啊?"郑译回答说:"事情是宇文孝伯和王轨弄下的。"还由此说了王轨捋高祖胡须的事情,宣帝就把王轨杀掉。尉迟运害怕了,私下对宇文孝伯说:"我们这些人必定不能免祸,该怎么办?"宇文孝伯回答说:"当今堂上有老母,地下有武帝,做臣下做儿子的,该往哪里去呢?况且既已委质事人,就得为君臣名义殉身,劝谏了听不进去,还有什么办法逃避一死呢?足下如果为自身打算,暂且远离一下也好。"于是两个人各行其志,尉迟运不久就出京外任秦州总管。这时宣帝更一天比一天荒淫,杀人杀得没个限度,朝章松弛紊乱,不再有什么法纪。宇文孝伯再接连着恳切劝谏,不仅都不采纳,还因此对宇文孝伯更加疏远排斥。后来稽胡造反,派宇文孝伯任行军总管,跟随越王宇文盛去平定。到军队回来,宣帝准备杀害宇文孝伯,就借口齐王宇文宪的事情,责问宇文孝伯说:"公知道齐王谋反,为什么不说?"宇文孝伯回答说:"臣只知齐王忠于社稷,被那些小人媒孽,硬安上了罪名。臣考虑说了也一定不听,所以不说。而且先帝嘱付微臣,只叫辅导好陛下,如今劝谏了不听,微臣实在辜负了顾命付托,要把这作为微臣的罪状,微臣倒是甘心情愿。"宣帝听了大为羞惭,低下头说不出话来,就叫人把宇文孝伯带出去,带到他家里赐死,这时宇文孝伯才三十六岁。

　　到隋文帝登上帝位,考虑到宇文孝伯和王轨忠而获罪,都叫收葬,恢复了原来的官爵。还曾对高颎说:"宇文孝伯真是周朝的良臣,如果让此人留在朝廷上,我们哪有措手之处啊!"……

王褒传

　　魏晋南北朝出现过门阀制度，少数高门大族的士族地主取得政治上经济上的特权。在北方这些士族地主和鲜卑贵族相结合势力绵延到唐初，到南方的经过东晋、宋、齐到梁代已日见没落。这位王褒就是南方没落士族地主中的一员。他的九世祖王导曾是东晋南渡初政治舞台上的第一号大人物，这位王褒却在江陵战役之后成了北方宇文氏政权的俘虏。好在他还有文才学识，还能以文学侍从的身份终其天年，得了个不算太坏的结局。（选自卷四一）

　　王褒，字子渊，琅邪临沂人也①。曾祖俭②，齐侍中、太尉、南昌文宪公。祖骞③，梁侍中、金紫光禄大夫、南昌安侯。父规④，梁

---

①琅邪（yá）临沂：这是指魏晋时徐州所属的琅邪国（当时的国实际相当于郡），琅邪国的治所开阳在今山东临沂北。这琅邪临沂的临沂是琅邪国所属的县，还在开阳的北边。琅邪临沂的王氏是魏晋以来的头等世家大族，比另一个王姓世家大族太原王氏还要阔气。

②曾祖俭：王俭，《南齐书》有传。

③祖骞（qiān 牵）：王骞，《南史》有传。

④父规：王规，《梁书》有传。

侍中、左民尚书、南昌章侯①。并有重名于江左②。

　　褒识量淹通③，志怀沉静，美风仪④，善谈笑，博览史传⑤，尤工属文⑥。梁国子祭酒萧子云⑦，褒之姑夫也，特善草、隶⑧。褒少以姻戚⑨，去来其家，遂相模范⑩，俄而名亚子云，并见重于世。梁武帝喜其才艺，遂以弟鄱阳王恢之女妻之⑪。起家秘书郎⑫，转太子舍人⑬，袭爵南昌县侯，稍迁秘书丞。宣成王大器⑭，简文帝

----

① 左民尚书：三国魏时开始在尚书省下设左民尚书，南北朝时也多设置，掌管计帐、户口，到隋代和度支尚书合并为民部尚书，成为尚书省六部之一，到唐代改称户部尚书。

② 江左：也就是江东，因为古代以东为左，以西为右，习惯称今安徽芜湖以东、长江以南地区为江东、江左，又因这里是东晋和南朝的根据地，所以又称东晋、南朝的全部统治地区为江东、江左。

③ 淹通：博洽而通达。

④ 风仪：风度和仪容。

⑤ 史传：也就是史书，因为纪传体史书里列传占了绝大部分，所以称"史传"。

⑥ 属（zhǔ 主）文：属是缀辑、撰著，属文就是做文章。

⑦ 国子祭酒：国子监的长官。萧子云：《梁书》有传。

⑧ 草、隶：草书和隶书，但当时的隶书已不是东汉时的八分书，而是已过渡到正书即楷书的一种书体，也可以称之为楷书，到唐代前期有时还称楷书为隶书。

⑨ 姻戚：由婚姻关系形成的亲戚。

⑩ 模范：这里是模仿、学习的意思。

⑪ 鄱（pó 婆）阳王恢：萧恢，《梁书》有传。

⑫ 起家：本指从家中征召出来做官，后常用来称开始做官。秘书郎：秘书指掌管图书和撰写本朝史的秘书省，秘书监是长官，秘书丞是副长官，下面设秘书郎、著作郎、著作佐郎等。

⑬ 太子舍人：太子东宫的官，掌管撰写文书表召。

⑭ 宣成王大器：萧大器，侯景立简文帝萧纲为皇帝后他被立为皇太子，后与简文帝同时被侯景杀害，《梁书》有他的哀太子传。

之冢嫡①，即褒之姑子也②。于时盛选僚佐③，乃以褒为文学④。寻迁安成郡守⑤。及侯景渡江，建业扰乱，褒辑宁所部，见称于时。

梁元帝承制，转智武将军，南平内史⑥。及嗣位于江陵，欲待褒以不次之位⑦，褒时犹在郡，敕王僧辩以礼发遣⑧，褒乃将家西上。元帝与褒有旧，相得甚欢⑨，拜侍中，累迁吏部尚书、左仆射⑩。褒既世胄名家⑪，文学优赡⑫，当时咸相推挹，故旬月之间，位升端右⑬，宠遇日隆。而褒愈自谦虚，不以位地矜人⑭，时论称之。

初，元帝平侯景及擒武陵王纪之后，以建业雕残，方须修复，

---

① 冢嫡：冢是长子，嫡是妻生的而不是妾生的儿子，冢嫡就是嫡长子。

② 褒之姑子：萧大器之母王氏也是王褒的姑母，所以说萧大器是褒之姑子。

③ 盛选：就是妙选，挑选好的。

④ 文学：汉以来王国设置文学，职掌图籍文书。

⑤ 安成郡：江州安成郡，治所平都即今江西安福。

⑥ 智武将军：梁的中级杂号将军。南平内史：南平是荆州南平郡，治所孱（chán 缠）陵在今湖北公安西，当时南平曾是个王国，所以长官不叫太守而叫内史。

⑦ 不次之位：不按照升擢的次序而授与的特别高的官职。

⑧ 王僧辩：《梁书》有传，当时王僧辩打败侯景攻下建康，长江下游是他势力所及，而王褒这时还在原先的江州安成郡，没有到南平上任，所以梁元帝叫王僧辩以礼遣送王褒来江陵。

⑨ 相得：投合，合得来。

⑩ 吏部尚书：尚书省所属主管选用管理官吏的吏部的长官。

⑪ 世胄：世家，贵族后裔。名家：名门。

⑫ 优赡：优美赡博。

⑬ 端右：东晋南朝称尚书省的长官为"端右"，王褒当时任尚书左仆射，所以可称"端右"。

⑭ 位地：官位和地望，地望指门第声望。

江陵殷盛,便欲安之①。又其故府臣寮,皆楚人也②,并愿即都荆
郢③。尝召群臣议之,领军将军胡僧祐、吏部尚书宗懔、太府卿黄
罗汉、御史中丞刘毅等曰④:"建业虽是旧都,王气已尽⑤,且与北
寇邻接⑥,止隔一江,若有不虞,悔无及矣。臣等又尝闻之,荆南
之地⑦,有天子气,今陛下龙飞缵业⑧,其应斯乎! 天时人事,征祥
如此⑨,臣等所见,迁徙非宜。"元帝深以为然。时褒及尚书周弘
正咸侍座⑩,乃顾谓褒等曰:"卿意以为何如?"褒性谨慎,知元帝
多猜忌,弗敢公言其非,当时唯唯而已⑪。后因清闲密谏,言辞甚
切,元帝颇纳之,然其意好荆楚⑫,已从僧祐等策。明日,乃于众

---

① 安之:对环境或事物感到适应、满意叫"安",这里的"安之"就是长期住下
　去的意思。
② 楚:地理上的习惯用语,因为春秋时楚国建都在郢(yǐng 影),这郢就在南
　朝荆州治所江陵,即今湖北江陵,所以当时把荆州及邻近地区称为楚。
③ 荆郢:南朝在荆州南边本有个郢州,治所临沅即今湖南常德,但这里的荆
　郢当仍指荆州治所江陵,因为春秋时楚国郢都在这里所以叫荆郢。
④ 胡僧祐:《梁书》有传。宗懔(lǐn 凛):《梁书》有传。太府卿:梁开始设置的,
　主管金帛库藏等。御史中丞:梁御史台的长官,初名御史大夫,后改称御
　史中丞。刘毅(jué 觉):《梁书》有传。
⑤ 王气:古人迷信,认为建都的地方应有所谓"王气",有些装神弄鬼人还自
　言能看到这种"王气"。
⑥ 北寇:这里指北齐。
⑦ 荆南:这里也是指荆州地区。
⑧ 龙飞:古人把即位称帝叫"龙飞"。缵(zuǎn):继承。
⑨ 征祥:预兆,多指好的预兆。
⑩ 尚书周弘正:《陈书》有传,所任的尚书是左民尚书。
⑪ 唯(wěi)唯:应诺声,犹如今说"好好"、"对对"。
⑫ 荆楚:也是指荆州地区。

中谓褒曰:"卿昨日劝还建业,不为无理。"褒以宣室之言①,岂宜显之于众,知其计之不用也,于是止不复言。

及大军征江陵,元帝授褒都督城西诸军事。褒本以文雅见知②,一旦委以总戎,深自勉励,尽忠勤之节。被围之后,上下猜惧,元帝唯于褒深相委信。朱买臣率众出宣阳之西门③,与王师战④,买臣大败,褒督进不能禁,乃贬为护军将军⑤。王师攻其外栅,城陷,褒从元帝入子城,犹欲固守。俄而元帝出降,褒遂与众俱出,见柱国于谨,谨甚礼之。……

褒与王克、刘毂、宗懔、殷不害等数十人俱至长安⑥,太祖喜曰:"昔平吴之利,二陆而已⑦。今定楚之功,群贤毕至,可谓过之矣。"又谓褒及王克曰:"吾即王氏甥也,卿等并吾之舅氏⑧,当以

---

①宣室之言:宣室,本是西汉未央宫中的一个殿堂。西汉文帝曾在这里单独召见贾谊谈话,后人就把和皇帝单独谈话叫"宣室之言"。

②文雅:文章学识。

③宣阳之西门:江陵城门袭用建康城门之名,建康城门又袭用洛阳城门之名,宣阳门是南门,这里说"宣阳之西门",或是指宣阳门西边的门。

④王师:旧时称自己这一边的大军为王师,写这传的站在西魏、北周的立场上,所以称征讨江陵的军队为王师。

⑤护军将军:掌管禁卫的高级武职。

⑥王克:《南史》有传。殷不害:《陈书》有传。

⑦平吴……而已:二陆,指陆机、陆云兄弟,本是吴的世家大族,以文学知名,西晋平吴后,他俩到西晋京师洛阳,名人张华和他俩一见如故,说:"伐吴之利,利获二俊。"二俊就是指这二位才俊之士,见《晋书·陆机传》。

⑧吾即……舅氏:宇文泰母姓王,宇文泰确是王氏的外甥,但这个王氏并非高门大族的琅邪王氏(王克也是琅邪王氏),宇文泰羡慕有文化的高门大族,借同为王氏来攀一门阔亲戚而已。

亲戚为情,勿以去乡介意①!"于是授褒及克、殷不害等车骑大将军,仪同三司,常从容上席②,资饩甚厚③。褒等亦并荷恩眄④,忘其羁旅焉⑤。

　　孝闵帝践阼,封石泉县子,邑三百户。世宗即位,笃好文学,时褒与庾信才名最高⑥,特加亲待。帝每游宴,命褒等赋诗谈论,常在左右。寻加开府仪同三司。保定中,除内史中大夫⑦。高祖作《象经》⑧,令褒注之,引据该洽⑨,甚见称赏。褒有器局⑩,雅识治体⑪,既累世在江东为宰辅,高祖亦以此重之。建德以后,颇参朝议,凡大诏册⑫,皆令褒具草。东宫既建,授太子少保,迁小司空⑬,仍掌纶诰⑭。乘舆行幸⑮,褒常侍从。……寻出为宜州刺史,卒于

---

①介意:在意,多指对不愉快的事情在意。

②上席:指我国聚会或宴会时坐的位次很有讲究,上席指尊贵者的坐位。

③资饩(xì戏):赠送食粮和其他食物。

④恩眄(miǎn勉):恩顾,恩遇,厚待。

⑤羁(jī基)旅:作客他乡。

⑥庾信:《周书》与王褒同传,已选译。

⑦内史中大夫:官制改革后所设,有内史上大夫、内史中大夫和小内史下大夫等,都仍旧掌管诏令,参与军国大事。

⑧《象经》:讲象戏的书,象戏是古代博弈的一种,可能是较原始的象棋。这《象经》一卷在《隋书·经籍志》里著录着,后来失传了。

⑨该洽:详备,广博。

⑩器局:才识和度量。

⑪雅:这里是素来、向来的意思。治体:治国的体要。

⑫册:古代的一种文体,皇帝用来封赠或册立的诏书,也作为诏书的泛称。

⑬小司空:小司空上大夫,改革后冬官府的副长官,冬官府主管建筑制造,相当于后来尚书省的工部。

⑭纶(lún)诰:纶是皇帝诏令的通称,诰是赐爵或授官的诏令,纶诰也就是诏令。

⑮乘舆:即车驾,也作为出巡的皇帝的代称。

位,时年六十四。……

【翻译】

　　王褒,字叫子渊,是琅邪临沂人。曾祖王俭,是南齐的侍中、太尉、南昌文宪公。祖王骞,是梁的侍中、金紫光禄大夫、南昌安侯。父王规,是梁的侍中、左民尚书、南昌章侯。都在江左享有重名。

　　王褒见识淹通,志怀沉静,风度仪容美好,善于谈笑,博览史传,尤其善于写文章。梁的国子祭酒萧子云,是王褒的姑夫,特别会写草、隶。王褒年轻时因为姻亲关系,常往来他家,就学习他的写法,不久名气仅次萧子云,和萧子云的字都被社会上看重。梁武帝喜欢王褒的才艺,把弟弟鄱阳王萧恢的女儿嫁给了王褒。王褒起家任秘书郎,转任太子舍人,袭封爵为南昌县侯,逐渐升迁为秘书丞。宣成王萧大器,是简文帝的嫡长子,也是王褒姑母的儿子,当时妙选僚属,任王褒为文学。不久王褒迁任安成郡守。到侯景渡江,建业扰乱,王褒安集本郡,为时人所称赞。

　　梁元帝承制,王褒转任智武将军,南平内史。到元帝在江陵即位,要对王褒不次任用,当时王褒还在郡治,敕令王僧辩以礼遣送,王褒就携家西上。元帝和王褒是旧交,相投合得很愉快,拜王褒为侍中,几次迁升到吏部尚书、左仆射。王褒既是名门世家,文学优赡,当时人都对他推崇,因此旬月之间,位升端右,宠遇日见隆重。而王褒愈加谦虚,不以官位地位骄人,为舆论所赞誉。

　　当初,梁元帝平定侯景并收拾武陵王萧纪之后,考虑建业残破,正待修复,而江陵繁盛,就想长期住下去。加上原先府里的僚属,都是楚人,都愿意就建都在荆州。元帝曾召集群臣商议,领军将军胡僧祐、吏部尚书宗懍、太府卿黄罗汉、御史中丞刘毅等人说:"建业虽然是旧都,但王气已尽,况且和北寇邻接,只隔一条长江,如果发生意外,就悔之莫及了。臣等又曾听说,荆南地方,有天子气,如今陛下龙飞继承大业,就该是应验了!天时人事,征祥如此,依臣等所见,迁徙是不合适的。"元帝认为很对。这时王褒和尚书周弘正都随侍在座,元帝就看了他们说:"卿的意思认为怎么样?"王褒秉性谨慎,知道元帝很会猜忌,不敢公开说不对,当场只是唯唯。后来在清闲时秘密劝谏,言辞极为恳切,元帝颇为听得进去,只是他本意喜欢荆楚,已经接受了胡僧祐等人的献策。第二天,当着人们的面对王褒说:"卿昨天劝我还都建业,也并非没有道理。"王褒认为宣室密谈,怎能公之于众,知道自己的话元帝不会听从,就不再说什么。

到西魏大军讨伐江陵,元帝任王褒都督城西诸军事。王褒本凭文章学识受知于元帝,一旦被委任统率兵戎,深自勉励,竭尽忠勤。江陵城被围之后,上下猜疑恐惧,元帝只对王褒依仗信任。梁将朱买臣带兵出宣阳西门,和王师开战,被打得大败逃回,王褒督阵不能制止,被贬为护军将军。王师攻打外栅,把城攻陷,王褒跟随元帝退入子城,还准备死守。但过不久元帝出城投降,王褒就和大家一起出来,见到西魏的柱国于谨,于谨对王褒很礼貌。……

王褒和王克、刘毂、宗懔、殷不害等几十人都来到了长安。太祖高兴地说:"前人平吴之利,只得到二陆。如今定楚之功,群贤一齐到来,可说超过前人了。"又对王褒和王克说道:"我就是王氏的外甥,卿等都是我的舅父,当念亲戚之情,切勿因离开家乡介意啊!"于是授王褒和王克、殷不害等人为车骑大将军,仪同三司,经常从容地坐在上席,得到丰厚的资饩。王褒等也因为承受恩顾,忘掉作客他乡之苦了。

孝闵帝称帝，封王褒为石泉县子，食邑三百户。世宗即位，酷爱文学，当时王褒和庾信才名最高，世宗对待他们特别亲切优厚。世宗每逢游赏宴会，叫王褒等赋诗谈论，常在自己左右。不久加授王褒开府仪同三司。高祖保定年间，王褒除授为内史中大夫。高祖撰写了《象经》，叫王褒作注，引据详博，很受称赏。王褒有才识度量，素来懂得治体，多少代在江东充任宰辅，高祖也以此对他很重视。高祖建德以后，常让王褒参议朝政，凡有大的诏册，都叫王褒起草。立了皇太子，授王褒为太子少保，升任小司空，仍旧掌管纶诰。乘舆出行，王褒经常陪侍随从。……不久出任宜州刺史，在任上逝世，享年六十四岁。……

庾信传

　　这是另一位名气比王褒更大的文学家庾信的传记,在《周书》里和王褒的编在同一卷里。除此以外,《周书》里就不再给文学家立类传,不像同属北朝的《魏书》、《北齐书》里都有文苑传。这说明北周的文学人才实在太缺乏,不仅不能和南朝相比,就连以洛阳为中心的北魏和以邺城为中心的北齐也远比它像样,最后还全靠从南朝来的庾信、王褒这两位,才勉强地把北周的文坛点缀一下,这当是关中长期战乱破坏的结果吧。(选自卷四一)

　　庾信,字子山,南阳新野人也①。祖易②,齐征士③。父肩吾④,梁散骑常侍、中书令⑤。

---

①南阳新野:这是指三国时魏的荆州南阳郡新野县,南阳郡治所宛县即今河南南阳,新野即今河南新野。南阳新野的庾氏也是南北朝时的世家大族。
②祖易:庾易,《南齐书》有传。
③征士:同"征君",曾经朝廷征聘而不肯受职的隐士。庾易曾两次得南齐朝廷征聘而不受职,所以可称"征士"。
④父肩吾:庾肩吾,《梁书》有传。
⑤中书令:中书省的长官,主管发布诏令。

　　信幼而俊迈①,聪敏绝伦,博览群书,尤善《春秋左氏传》②。身长八尺③,腰带十围④,容止颓然⑤,有过人者。起家湘东国常侍⑥,转安南府参军⑦。时肩吾为梁太子中庶子⑧,掌管记⑨,东海徐摛为左卫率⑩,摛子陵及信并为抄撰学士⑪,父子在东宫,出入禁闼⑫,恩礼莫与比隆。既有盛才,文并绮艳,故世号为“徐庾体”焉,当时后进⑬,竞相模范,每有一文,京都莫不传诵。累迁尚书

---

① 俊迈:英俊出众。

② 《春秋左氏传》:利用春秋列国的大量史料给《春秋经》撰写的传,大约是战国前期人所作,魏晋南北朝隋唐列为“五经”之一,后又编入“十三经”,是研究春秋历史的头等资料,文笔也极好。

③ 尺:古代的尺比后世的短。

④ 围:古代计量圆周的约略单位,两手的拇指和食指合拢起来的长度叫一围。

⑤ 颓然:颓放,即疏慢不拘礼法。

⑥ 湘东国常侍:梁元帝萧绎原封湘东郡王,当时仿照门下省设散骑常侍等官的办法,在王国也设常侍,为王的侍从官员,庾信这时当是任萧绎的湘东国常侍。

⑦ 安南府参军:梁武帝第五子庐陵郡王萧续曾任安南将军,庾信当是任萧续安南将军府里的参军。

⑧ 太子中庶子:太子东宫的高级侍从官。

⑨ 管记:管理文书的官职。

⑩ 东海:徐州东海郡,治所郯(tán 谈)县,在今山东郯城北。东海徐氏也是南北朝时的世家大族。徐摛(chī 痴):《梁书》有传。左卫率(lǜ 律):左右卫率是太子东宫的高级官职,相当于御史中丞。

⑪ 摛子陵:徐陵,和庾信齐名的文学家,《陈书》有传。抄撰学士:太子东宫从事撰作的官职。

⑫ 禁闼:闼是宫中小门,禁闼也就是宫禁。

⑬ 后进:后辈。

度支郎中、通直员外郎①，出为郢州别驾②。寻兼通直散骑常侍，聘于东魏，文章辞令③，盛为邺下所称④。还为东宫学士，领建康令。

侯景作乱，梁简文帝命信率宫中文武千余人，营于朱雀航⑤。及景至，信以众先退。台城陷后⑥，信奔于江陵。梁元帝承制，除御史中丞。及即位，转右卫将军，封武康县侯。加散骑常侍，来聘于我，属大军南讨，遂留长安。

江陵平，拜使持节、抚军将军、右金紫光禄大夫、大都督，寻进车骑大将军、仪同三司。孝闵帝践阼，封临清县子，邑五百户，除司水下大夫⑦。出为弘农郡守，迁骠骑大将军、开府仪同三司、司宪中大夫⑧，进爵义城县侯。俄拜洛州刺史。信多识旧章，为政简静，吏民安之。时陈氏与朝廷通好，南北流寓之士⑨，各许还其旧国。陈氏乃请王褒及信等十数人，高祖唯放王克、殷不害等，信

---

① 尚书度支郎中：梁尚书省设席支尚书，下有度支等曹，度支郎中即度支曹的长官，职掌会计。通直员外郎：当时规定郎中升迁则为通直郎，其次为通直员外郎。

② 别驾：州的副长官。

③ 辞令：酬应的言辞。

④ 邺下：魏晋南北朝时常称建都之地为"某下"，如称邺为"邺下"，称洛阳为"洛下"，称都城为"都下"。

⑤ 朱雀航：东晋南朝时建康正南朱雀门外的浮桥，以船舶连接而成，战时有警，则撤航为备，当时秦淮河上共有二十四航，朱雀航最大，所以又叫大航。

⑥ 台城：东晋南朝台省和宫禁所在地，周围筑有城墙，所以叫台城，故址在今江苏南京鸡鸣山南、乾河沿北。

⑦ 司水下大夫：官制改革后冬官府属官，掌管水运水利，相当于尚书省工部尚书所属的水部员外。

⑧ 司宪中大夫：改革后秋官府属官，相当于御史中丞。

⑨ 流寓：在异乡日久而定居下来。

及襃并留而不遣。寻征为司宗中大夫①。世宗、高祖并雅好文学，信特蒙恩礼。至于赵、滕诸王②，周旋款至③，有若布衣之交④。群公碑志⑤，多相请托。唯王襃颇与信相埒⑥，自余文人，莫有逮者⑦。

信虽位望通显，常有乡关之思⑧，乃作《哀江南赋》以致其意云。……大象初⑨，以疾去职，卒。隋文帝深悼之，赠本官，加荆、淮二州刺史⑩。……

【翻译】

庾信，字叫子山，是南阳新野人。祖庾易，是南齐的征士。父庾肩吾，是梁的散骑常侍、中书令。

庾信从小英俊出众，聪敏绝顶，博览群书，尤其精熟《春秋左氏传》。身长八尺，腰带十围，举止疏慢，有超过寻常人之处。起

---

① 司宗中大夫：改革后春官府属官，本称礼部中大夫，职掌吉凶礼制。

② 赵、滕诸王：宇文泰之子赵王宇文招、滕王宇文逌（yóu由）。

③ 周旋：本指行礼时进退揖让的动作，引申为应接、交往。款至：殷勤周到。

④ 布衣之交：布衣本指没有做官的人，布衣之交就是指不讲权势官爵，平等相处的朋友。

⑤ 碑志：从东汉以来富贵者死后在坟墓前要立墓碑，从西晋以来富贵者死后要有墓志埋进坟墓里，这里的碑志即指墓碑、墓志，尽可能请善于做文章的人来做，字写得好的人来写。

⑥ 埒（liè劣）：相等。

⑦ 逮：及。

⑧ 乡关：故乡。

⑨ 大象：北周静帝宇文阐的年号（579—581）。

⑩ 荆、淮二州：当是指北周的荆、淮二州，荆州治所穰县在今河南邓州，淮州治所沘（bǐ）阳在今河南泌阳，两地邻接，所以可加荆、淮二州刺史。

家任湘东国常侍，转任安南府参军。当时庾肩吾任梁的太子中庶子，掌管记，东海徐摛任左卫率，徐摛的儿子徐陵和庾信都任抄撰学士，两家父子都在东宫，出入禁闼，恩礼隆重没有谁能相比。他们既富于才华，写出文章来绮靡艳丽，因而世上称之为"徐庾体"，当时后进之士，争相学习，他们每写出一篇，京城里没有不流传诵读。庾信几次升迁为尚书度支郎中、通直员外郎，出任郢州别驾。不久兼任通直散骑常侍，去东魏聘问，文章言辞，大为邺下所称赏。回来后任东宫学士，领建康令。

侯景作乱，梁简文帝派庾信率领宫里文武一千多人，在朱雀航扎营。到侯景前来，庾信带了兵众先撤退。台城陷落后，庾信出逃到江陵。梁元帝承制，授庾信为御史中丞。到元帝即位，庾信转任右卫将军，封爵武康县侯。加授为散骑常侍，来西魏聘问，正逢西魏大军南征江陵，庾信就留在长安。

江陵平定后，西魏拜授庾信为使持节、抚军将军、右金紫光禄大夫、大都督，不久进授车骑大将军、仪同三司。孝闵帝称帝，庾信封为临清县子，食邑五百户，授司水下大夫。出任弘农郡守，迁任骠骑大将军、开府仪同三司、司宪中大夫，进封爵为义城县侯。不久拜授洛州刺史。庾信知道很多旧时的典章制度，处理政务清简宁静，官吏百姓都觉得日子很好过。当时南朝陈氏和朝廷和好通问，南北双方流寓的人，允许各自回归本国。陈氏就请求把王褒和庾信等十几位送回，高祖只放回了王克、殷不害等人，庾信和王褒都留下不放。不久庾信被内召任司宗中大夫。世宗、高祖都素来喜爱文学，庾信尤其蒙受恩礼。至于赵、滕诸王，也都和他周旋殷勤，如同布衣之交。公卿们死后的墓碑墓志，多请求庾信撰写。只有王褒能和庾信相比，其余的文人，没有谁能及得上的。

庾信虽然位望通显，还常思念着故乡，就写了一篇《哀江南赋》来抒写思乡的感情。……北周静帝大象初年,庾信因病去职,逝世。隋文帝很是哀悼,赠他本官,加授荆、淮二州刺史。……

熊安生传

北周在文化学术上确实不行,《周书》里虽列了个《儒林传》,但入传的人要么是从江陵弄去的,要么是从东魏北齐过去的,这里入选的熊安生也不例外,没有哪一位是真正的关中人。而且关中早在宇文泰手里就用《周礼》来改革官制了,照理应该对《周礼》这部经典大有研究,可许多疑难问题还得向这位熊安生请教,熊安生的解答使北周的使者深所叹服。说明北周即使在经学上也远落后于北齐,更不要说和南朝相比了。(选自卷四五儒林)

熊安生,字植之,长乐阜城人也①。少好学,励精不倦。初从陈达受三传②,又从房虬受《周礼》,并通大义。后事徐遵明③,服膺历年④。

①长安阜城:冀州长乐郡,州郡的治所同在信都即今河北冀州。阜城是长乐郡属县,在今河北阜城东。
②三传:《春秋经》的《春秋左氏传》、《春秋公羊传》和《春秋穀梁传》。《公羊传》盛行于西汉,西汉后期又出现《穀梁传》,都对《春秋经》的义例作解说,实际是在讲政治哲学。
③徐遵明:北魏著名的经学家,《魏书》有传。
④服膺(yīng英):膺本指胸,服膺即谨记在心胸之间,衷心信服,这里是认真学习的意思。

东魏天平中①,受《礼》于李宝鼎②。遂博通五经③,然专以三礼教授,弟子自远方至者千余人。乃讨论图纬④,捃摭异闻⑤,先儒所未悟者⑥,皆发明之⑦。齐河清中⑧,阳休之特奏为国子博士⑨。

时朝廷既行《周礼》⑩,公卿以下多习其业,有宿疑碍滞者数十条⑪,皆莫能详辨。天和三年,齐请通好,兵部尹公正使焉⑫。与齐人语及《周礼》,齐人不能对,乃令安生至宾馆与公正言。公正有口辩,安生语所未至者,便撮机要而骤问之⑬。安生曰:

---

① 天平:东魏孝静帝元善见的年号(534—537)。

② 《礼》:南北朝时儒生往往兼通"三礼",即《周礼》、《仪礼》和《礼记》。《仪礼》是记述古人礼仪细节,《礼记》即《小戴礼记》,这里的《礼》当也是兼指"三礼"。

③ 五经:南北朝时多以《周易》、《尚书》、《毛诗》、《礼记》、《春秋左氏传》为"五经",但不妨碍兼通"三礼"、"三传"。

④ 图纬:西汉末年出现、到东汉时盛行的图谶(chèn 衬)和纬书,也叫"谶纬",基本上是宣扬神学迷信,但也夹杂一些有用的东西,魏晋南北朝的经学家必须对此兼通。图纬品种极多,唐以后绝大多数失传。

⑤ 捃摭(jùn zhí 郡直):捃和摭都是拾取、摘取,捃摭也就是摘取、收集。

⑥ 先儒:已去世的前辈经学家。

⑦ 发明:这是阐发、阐明的意思,和今天所说的科学发明不是同一概念。

⑧ 河清:北齐武成帝高湛的年号(562—565)。

⑨ 阳休之:北齐文士,《北齐书》有传。国子博士:北齐设国子寺,以祭酒为长官,博士、助教为教师,向学生讲授五经等。

⑩ 朝廷:指北周朝廷。

⑪ 宿疑:长期积下的疑难问题。碍(zhì 质)滞:碍通"窒(zhì)",阻塞不通;滞是滞留、不流通。碍滞就是不通,不好理解。

⑫ 兵部:当是兵部中大夫或小兵部下大夫,官制改革后夏官府的属官。

⑬ 撮(cuō):摘取。机要:精义要旨。骤(zhòu 宙):屡次。

"《礼》义弘深,自有条贯,必欲升堂睹奥①,宁可汩其先后②? 但能留意,当为次第陈之。"公正于是具问所疑,安生皆为一一演说③,咸究其根本,公正深所嗟服。还,具言之于高祖,高祖大钦重之。

及高祖入邺,安生遽令扫门④。家人怪而问之,安生曰:"周帝重道尊儒⑤,必将见我矣!"俄而高祖幸其第,诏不听拜,亲执其手,引与同坐。谓之曰:"朕未能去兵,以此为愧。"安生曰:"黄帝尚有阪泉之战⑥,况陛下龚行天罚乎⑦!"高祖又曰:"齐氏赋役繁兴,竭民财力,朕救焚拯溺⑧,思革其弊,欲以府库及三台杂物散之百姓⑨,公以为何如?"安生曰:"昔武王克商,散鹿台之财,发巨桥之粟⑩,陛下此诏,异代同美。"高祖又曰:"朕何如武王?"安生曰:"武王伐纣,悬首白旗⑪,陛下平齐,兵不血

---

① 升堂睹奥:堂奥是堂的深处,过去有"升堂入室,究其阃(kǔn 捆)奥"的说法,用来比喻学问达到精深的境界,这阃是门槛,阃奥比喻学问的精深境界。

② 汩(gǔ 骨):扰乱。

③ 演说:推演阐说。

④ 扫门:打扫家门口,准备欢迎客人。

⑤ 重道:尊重儒家之道。

⑥ 黄帝……之战:古代有黄帝和炎帝战于阪泉之野的神话传说,见《史记·五帝本纪》。

⑦ 龚:通"恭"。天罚:犹"天讨"、"天诛",意思是上天对有罪者的惩罚。

⑧ 救焚拯(zhěng 整)溺:比喻王者之师,把处在火热水深中的对方百姓拯救出来。

⑨ 三台:在邺城,是北齐皇帝游乐的场所。

⑩ 散鹿台……之粟:见于《史记·周本纪》,鹿台应是殷商的仓库,巨桥附近当有粮仓。

⑪ 武王……白旗:《史记·周本纪》上说,武王用黄钺斩纣头,悬大白之旗,以玄钺斩纣二妾头,悬小白之旗。

刃①，愚谓圣略为优②。"高祖大悦，赐帛三百匹、米三百石、宅一区③，并赐象笏及九环金带④，自余什物称是⑤。又诏所司给安车驷马⑥，随驾入朝⑦，并敕所在供给。至京，敕令于大乘佛寺参议五礼⑧。宣政元年⑨，拜露门学博士下大夫⑩，其时年已八十余。寻致仕⑪，卒于家。

安生既学为儒宗⑫，当时受其业擅名于后者，有马荣伯、张黑奴、窦士荣、孔笼、刘焯、刘炫等⑬，皆其门人焉⑭。所撰《周礼义

---

① 兵不血刃：血刃是血沾刀口，即杀人，兵不血刃是不战而胜，其实北周灭北齐是经过激烈战斗的，只不过过了几个月才把北周后主高纬杀死，当场没有杀，所以熊安生说"兵不血刃"的话来讨好北周。

② 圣略：略指谋略，这里当面指北周高祖武帝的谋略，所以尊称为"圣略"。

③ 宅一区：第宅一所，古人惯说一区。

④ 象笏（hù）：笏也叫朝笏，古代大臣朝见时手中所执的狭长板子，用象牙、玉或竹片制成，作为指画及记事之用，象笏就是象牙制成的笏。

⑤ 什物：日用的杂物。

⑥ 驷（sì）马：古代一车套四马，所以称一车所驾之四马为驷，这里指安车驾上四马。

⑦ 随驾入朝：指随北周高祖武帝到长安。

⑧ 五礼：封建社会的吉礼、凶礼、军礼、宾礼、嘉礼五种礼制，各个朝代常对这些礼制作修订。

⑨ 宣政：北周武帝宇文邕的年号（578）。

⑩ 露门学博士下大夫：当时的国子学叫露门学，露门学博士就相当于以前的国子博士，是下大夫级。

⑪ 致仕：旧时年老交还官职叫致仕，也就是退休。

⑫ 儒宗：儒者所宗仰的人。

⑬ 刘焯（zhuō 捉）、刘炫（xuàn）：《隋书》都有传。

⑭ 门人：门生，弟子。

疏》二十卷、《礼记义疏》四十卷、《孝经义疏》一卷①，并行于世。

【翻译】

熊安生，字叫植之，是长乐阜城人。从小好学，精神振奋从不厌倦。起初从陈达学"三传"，又从房虬学《周礼》，都能通晓大义。后来师事徐遵明，认真学习了几年。东魏天平年间，又从李宝鼎学《礼》。这样就博通了"五经"，但专门教授"三礼"，弟子从远方前来的有一千多人。熊安生就和他们讨论图纬，广收异闻，先儒没有领会到的，都阐发彰明。北齐河清年间，阳休之特为奏请任命他为国子博士。

当时北周朝廷推行《周礼》，公卿以下多进行学习，有长期积下疑难不通的问题几十条，没有人能解释清楚。天和三年（568），北齐提出和好通问，这边派兵部的尹公正出使。尹公正和齐人谈到《周礼》，齐人回答不了，就叫熊安生去宾客住的地方跟尹公正谈。尹公正能言善辩，有些东西熊安生还没有讲到，尹公正就摘取精义要旨屡屡提问。熊安生说："《礼》义弘大深远，自成条理，要想升堂睹奥，怎可以乱其先后？只要你能仔细听取，我可给你按次序讲下去。"尹公正于是把疑问都提出来，熊安生给他一一推演阐说，都能追究根本，使尹公正深为叹服。尹公正返回，对高祖统统报告了，高祖对熊安生大为钦佩推重。

到高祖进入邺城，熊安生急忙叫把门前打扫干净。家里人奇

---

① 义疏：也叫"疏"、"正义"，是对儒家经典如"五经"、"三礼"、"三传"、《论语》、《孝经》等的正文和注分别作解释，开始是单行成为一书，后来也把疏分别附到经、注之下，现在的《十三经注疏》就都是经、注和疏的合编本。熊安生的这几种义疏都已失传。

怪问为什么？熊安生说："周帝重道尊儒，一定要来见我啊！"一会儿高祖驾临熊宅，叫熊安生不要下拜，亲自握了熊安生的手，请过来坐到一起。高祖对熊安生说："朕没有能不用兵革，很感到惭愧。"熊安生说："黄帝尚且有阪泉之战，何况陛下是恭行天罚啊！"高祖又说："齐氏赋役繁重，竭尽了百姓的财力，朕救百姓于水火之中，要革除弊政，准备把府库和三台杂物分散给百姓，公以为怎样？"熊安生说："当年武王克商，散鹿台的财物，发巨桥的粮食，陛下颁布这个诏书，可说和武王异代同美了。"高祖又说："朕比武王怎样？"熊安生说："武王伐纣，要悬首白旗，陛下平齐，能兵不血刃，我说圣略优于武王。"高祖大为高兴，赏赐熊安生帛三百匹、米三百石、第宅一所，还赏赐象笏和九环金带，此外还配上很多什物。又下诏主管的给熊安生备上安车驷马，让他随驾入朝，还敕令所到之处要很好供应。到了京城，敕令熊安生在大乘佛寺参预讨论五礼。宣政元年（578），拜熊安生为露门学博士下大夫，这时熊安生已八十多岁。不久致仕，在家里去世。

　　熊安生既学为儒宗，当时跟他学习而后来成名的，有马荣伯、张黑奴、窦士荣、孔笼、刘焯、刘炫等人，都是他的门人。他所撰著的《周礼义疏》二十卷、《礼记义疏》四十卷、《孝经义疏》一卷，都在世上通行。

赵文深传

魏晋南北朝是我国书法从隶书演变成楷书的过渡时期，而其中还有个南北书派问题。大抵从魏晋到南朝宋、齐两代，南北书法基本上处于同一水平，到梁代南方书法才超过了北方。这时北方的东魏、北齐又很快向南方趋同，落后于南方的只剩下了西魏、北周。像这位西魏、北周的大书家赵文深就停留在魏晋时代书写碑刻匾额的旧水平上，一旦王褒从江陵入关，就不能不转而"攻习褒书"，而来"邯郸学步"之诮了。(选自卷四七艺术)

赵文深①，字德本，南阳宛人也②。父遐，以医术进，仕魏为尚药典御③。

文深少学楷、隶，年十一，献书于魏帝。立义归朝④，除大丞

①赵文深：他本名文渊，并不叫文深，他在北周天和二年(567)所写的碑刻《华岳颂》上就有"南阳赵文渊字德本奉敕书"可证，唐人修史时要避唐高祖李渊的名讳，才把"渊"字硬改成为"深"。
②南阳宛：南阳郡治所宛县，即今河南南阳。
③尚药典御：殿中监所属有尚药局，掌管皇帝的医药，长官叫典御。
④立义归朝：站在西魏的立场上，从东魏投到西魏来就算是"立义"就算是"归朝"。

相府法曹参军①。文深雅有钟、王之则②，笔势可观③，当时碑榜④，唯文深及冀儁而已⑤。大统十年，追论立义功，封白石县男，邑二百户。太祖以隶书纰缪⑥，命文深与黎季明、沈遐等依《说文》及《字林》刊定六体⑦，成一万余言，行于世⑧。

　　及平江陵之后，王褒入关，贵游等翕然并学褒书⑨，文深之书，遂被遐弃⑩。文深惭恨，形于言色。后知好尚难反⑪，亦攻习

---

① 大丞相府法曹参军：西魏建立时宇文泰就任丞相，丞相府里另设长史、司马、参军等官员，法曹参军是职掌刑法的官员。

② 雅：这里是很、甚的意思。钟、王：钟是钟繇（yáo 摇），三国魏时的大书法家；王是王羲之，东晋时的大书法家，在传统书法上钟、王是最有影响的人物。

③ 可观：很可以一看，有水平的意思。

④ 榜：匾额。

⑤ 冀儁（jùn 俊）：《周书》有传，和赵文深同卷。

⑥ 隶书纰缪（pī miù）：纰缪也作"纰谬"，就是错误。这隶书，是指当时已大体过渡到楷书的通行字体，从北魏以来在字形上很不讲究，经常出现错别字，所以宇文泰要来一番整顿。

⑦ 《说文》：全称为《说文解字》，东汉时许慎所著，是我国第一部按部首编排的字典，先列该字的小篆，然后分析字形，解释字义，为研究汉字者尊为经典著作。《字林》：西晋时吕忱（chén 沉）所著，按照《说文解字》部首编排，对《说文解字》的缺漏有所增补，唐以前和《说文解字》同样被重视，后来失传，清代学者有辑本名《字林考逸》。六体：就是"六书"，即象形、指事、会意、形声、转注、假借，是古人分析汉字造字方法而归纳出来的六种条例。这里说"六体"则仅泛指字体。

⑧ 行于世：但后来失传了。

⑨ 贵游：先秦时本指无官职的贵族，后泛指显者。翕（xī）然：一致地。

⑩ 遐弃：遐是远，遐弃就是远弃、抛弃。

⑪ 好（hào 耗）尚：爱好崇尚。

褒书,然竟无所成,转被讥议,谓之学步邯郸焉①。至于碑榜,余人犹莫之逮,王褒亦每推先之,宫殿楼阁,皆其迹也。迁县伯下大夫②,加仪同三司。世宗令至江陵书景福寺碑,汉南人士③,亦以为工,梁主萧詧观而美之,赏遗甚厚④。天和元年,露寝等初成⑤,文深以题榜之功,增邑二百户,除赵兴郡守⑥。文深虽外任,每须题榜,辄复追之。后以疾卒。

【翻译】

赵文深,字叫德本,是南阳宛县人。父赵遐,凭医术进用,在北魏出仕做尚药典御。

赵文深从小学习楷、隶,十一岁时,就把写的字呈献给魏帝。立义归朝后,除授大丞相府的法曹参军。赵文深的字很有钟、王的法度,笔势可观,当时会写碑刻、匾额的,只有赵文深和冀俊而已。大统十年(544),追论当年立义的功劳,封赵文深为白石县男,食邑二百户。太祖考虑到隶书纰缪,叫赵文深和黎季明、沈遐等人依据《说文》和《字林》订正六体,成书一万多字,在世上通行。

到平定江陵以后,王褒入关,贵游等一致学习王褒的书法,赵

---

① 学步邯郸:《庄子·秋水》上说,有个寿陵地方的少年到赵国都城邯郸去学走路,没有学会,反而连他原来的走法也忘掉了,结果只好爬着回去。后人就用"学步邯郸"来比喻模仿别人不成反而丧失固有的技能。

② 县伯下大夫:小县伯下大夫,官制改革后地官府的属官,掌管统计百姓的耕地牲畜。

③ 汉南:汉水从江陵的东北流过,所以习惯称江陵及其周围地区为汉南。

④ 遗:赠送。

⑤ 露寝:也作"路寝",是当时宫禁里的一大建筑,可在这里大会群臣。

⑥ 赵兴郡:宁州赵兴郡,州和郡的治所都是定安,即今甘肃宁县。

文深的书法就此被人抛弃。赵文深羞惭愤恨，形之于言辞容色。后来知道好尚难以扭转，也学习王褒的书法，可终于无所成就，反而被人们讥笑，说他是学步邯郸。至于书写碑刻、匾额，别人还没有能及得上他的，王褒见了他也常推让，宫殿楼阁上面的匾额，都是赵文深的笔迹。赵文深迁任县伯下大夫，加授仪同三司。世宗派赵文深到江陵去书写景福寺的碑刻，江南人士，也认为写得精妙，梁主萧詧看了很赞美，对他重重地赏赐。天和元年（566），露寝等刚建成，赵文深因题写匾额有功，增加食邑二百户，除授赵兴郡守。赵文深尽管在外任职，每逢需要题写匾额，就得把他再召回。后来因病去世。

旧唐书选译

前　言

　　历时近三百年的唐代是我国历史上一个鼎盛的朝代。它不仅促使我国的封建经济得到一定程度的发展,孕育出光辉灿烂有国际影响的封建文化,而且出现过唐太宗、武则天、杜甫、韩愈、黄巢等好些知名度高、对人们有吸引力的历史人物。因此研究唐史早就是中外史学界感兴趣的课题,想知道一些唐代的人和事也成为人们的普遍要求。

　　怎样了解呢? 到唐朝故都也就是今天的西安来看一看,看一看博物馆里陈列的出土文物和碑刻,看一看附近唐太宗的昭陵、唐高宗和武则天合葬的乾陵,还有唐玄宗和杨贵妃游乐旧地骊山,这当然不失为一个办法,今天西安成为中外游客向往的胜地就说明了这一点。但光凭这些旅游得来的知识总会感到太零碎,要系统一点,详细一点还得依靠书本。书本中最简明的当然要推历史教科书,只是现在通行的历史教科书多数写得欠生动。《隋唐演义》之类的旧小说呢? 生动是生动了,可和《三国演义》一样并没有完全按照历史事实编写;即使蔡东藩编写的历史演义,也和真的历史有距离。要了解真实的历史,或者进一步研究历史,还不能不读点古人纂修的内容详细的旧史书。这里给读者选译的《旧唐书》,就是其中较好的一部。

　　《旧唐书》是所谓"二十四史"里的一史。"二十四史"者并非二十四个朝代的史书。而只是起自上古、下迄明代大体相衔接的二十四部史书。即:《史记》、《汉书》、《后汉书》、《三国志》、《晋书》、《宋书》、《南齐书》、《梁书》、《陈书》、《魏书》、《北齐书》、《周书》、《隋书》、《南史》、《北史》、《旧唐书》、《新唐书》、《旧五代史》、《新五代史》,南宋时在以上十九史中去掉《旧唐书》、《旧五代史》合称"十七史",以后加上《宋史》、《辽史》、《金史》、《元史》在明代称"二十一史",清乾隆四年加上新修的《明史》和过去的《旧唐书》一式刊刻成为"二十三史",乾隆四十九年又加刻《旧五代史》成为"二十四史",并且都尊称之为"正史"。所以这么做,一是因为这些史书多数是由政府主持纂修即所谓"官修"的,有些虽非官修,也经过时间考验被公认为权威著作;同时,也因为这些史书的体裁都是所谓"纪传体",这在旧史书中要算是一种最完善的体裁。称之为"正史"者就包含了以上这两层意思①。

这种体裁为什么叫纪传体?是因为它一般由"本纪"、"志"、"表"、"列传"四部分组成。这创始于《史记》,不过《史记》里不叫"志"而叫"书",另外还在列传前多出个"世家",到《汉书》把世家也写成列传,把书改称志,从此就一直沿用下去,只是有时候不修表,有时志也没有修,但本纪、列传总是有的,所以从唐人开始就称之为纪传体史书。

为什么说这种纪传体在旧史书的各种体裁中最为完善:(一)先看本纪,这通常也称纪,一个皇帝一个纪。唐代包括武则天在

①民国时又纂修了两部这样的纪传史,一部是个人纂修的《新元史》,经北洋军阀政府承认为正史,再一部是北洋军阀政府官修的《清史稿》。后来有人把"二十四史"加上《新元史》或《清史稿》成为"二十五史",也有把二者都加上去成为"二十六史",但多数人还习惯用"二十四史"这个名称。

内先后有过二十一个皇帝,所以《旧唐书》里就有二十一个纪。这并非给皇帝们树碑立传,而只是以皇帝年号来纪年的编年史,而且所记载的都是国家大事,除开国皇帝或像唐太宗这种参与开国统一战争的皇帝讲一点没当皇帝之前的个人活动外,皇帝的个人生活琐事都不记,只是由于当时我国并未采用公元纪年,要记国家大事写编年史只能用皇帝年号来纪年而已。这种编年的本纪很有用处,依靠它才使我国保存了延续二千多年不间断的编年历史,其他编年史如《资治通鉴》之类在多数地方还得依据这纪传史的本纪。(二)志,是关于礼乐制度、服饰制度、职官编制、法令纂修、财经设施等过去所谓"典章制度"的分类记述;此外,还分类记述了自然现象、地理区划、文化典籍等事项。如《旧唐书》就有《礼仪》、《音乐》、《历》、《天文》、《五行》、《地理》、《职官》、《舆服》、《经籍》、《食货》、《刑法》十一个志。人们通过这些可以对当时的社会获得较为全面的了解。当然,记载这些典章制度的还有其他专书,但全面系统头绪清楚的仍得首推纪传史里的志,而且有些专书的编纂还得依靠志里提供的史料。(三)表,一般是遇到文字叙述不方便时用表的形式把它列出来。如《史记》的《三代世表》是表列黄帝到西周的世系的,《十二诸侯年表》是表列周和鲁、齐、晋、秦等诸侯国的大事的,《高祖功臣侯者年表》是表列汉高祖所封诸侯的兴废的,《汉书》的《百官公卿表》是表列西汉中央重要职官的任免年月的。诸如此类,都能用简明的方式把有用的史料保存下来,尽管不便从头到尾去读,有需要时却可一查即得。但从《后汉书》起就都没有编写表,《旧唐书》也没有表,《新唐书》以后多数纪传史才恢复了表。(四)列传,也简称为传,占的篇幅最多,可以区分为"专传"、"类传"和所谓"四裔传"几部分。专传是给和时局有关系、有影响的重要人物立传,这倒不一定都是将相大臣,将相大臣中关系不大的就不给立传。类传是以类相从,把同一类人物排到一起立传,如《旧唐书》就有后妃、皇子、外戚、宦官、良吏、酷吏、忠义、孝友、儒学、文苑、方伎、隐逸、列女十三个类传。还有四裔传,则是给兄弟民族和外国立传,因为这些民族和国家都在四方边裔,过去习惯上称之为"四裔"。当然,除四裔传不专记人物外,专传、类传绝大多数是封建统治阶级内部的人物,这就是所谓时代的局限,不能要求封建时代的史书纂修者来给劳动人民立传,但立了传的统治阶级人物也并非一味被歌颂,有时多少地指出他们品德上生活上有问题,有些类传如酷吏传、宦官传的撰写还都用否定的口气。更重要的是本纪所记载的国家大事一般讲得很简略,欲知其详多数时候得参考有关的列传,再加上志提供了社会各个方面的情况,表则可以用来补纪、传以至志的不足。这就是纪传体史书所体现的优越性,也就是过去有成就的史学家必须首先在纪传体史书上花功夫的原因。

这样详备的史书是怎样写出来的?凭个人的力量当然不可能。即使是《史记》,一般都说是司马迁一个人撰写的,其实大多数有现成的文献作为依据,而且他的父亲司马谈已经写好了一部分,司马迁再加以修订增补,是父子两代人合作。官修的就更复杂了,书上所题"×××等奉敕修"者,只是指此史书是姓"×"名"××"的宰相带领其他人奉皇帝之命(即所谓"敕")纂修的,并非真由他动笔撰写,有的甚至只挂个名,从未过问纂修工作。这里选译的《旧唐书》就是这样的一部官修史书。书上题了"刘昫等奉敕撰"①,其实刘昫只是在《旧唐书》修成时正好新任宰相,由他领衔进呈,于是在书上写了他的姓名。实际上真正主持纂修的是另

---

①昫:音 xū(虚)。

一位宰相赵莹,他在后晋高祖天福六年(941)二月组成纂修班子,先后有张昭、贾纬、赵熙、郑受益、李为先、吕琦、尹拙等人参加,到后晋出帝开运二年(945)六月修成本纪二十卷、志三十卷、列传一百五十卷一共二百卷的《旧唐书》。只是修成时赵莹调到地方上做节度使去了,这个功劳才落到了刘昫身上。

当然,赵莹等人纂修时也是有大量现成的文献作为依据的,否则本领再大也不可能在短短四年修成二百卷的大史书。要弄清楚其中的究竟,还得从唐代怎样纂修“国史”讲起。所谓国史,就是指本朝的历史。我国很早就形成了一个好传统,每个朝代都及时纂修自己的国史,等改朝换代后就可根据已修好的前朝国史比较顺利地修成纪传史。这种修国史在唐代已做得很认真,制度也相当完备。当时在宰相的办公机构门下省设置二名起居郎,中书省设置二名起居舍人,分别记皇帝的“行”和“言”。所谓记行,是记以皇帝名义处理的国家大事,每天皇帝上朝听政时起居郎随同百官朝见,百官退出之后,皇帝和宰相议论国家大事,起居郎就在旁执笔记录,以后按年月日编成《起居注》。“起居”就是指皇帝的举动,“注”就是记载的意思。记言呢?当然也不是记皇帝随便说的话,而是指以皇帝名义发布的命令,当时按不同用途有“诏”、“制”、“敕”、“册”、“赦”、“德音”、“批答”等名称,统称之为“诏令”,这些诏令随时由起居舍人在上朝时记录下来并加以汇总。每个季度终了时起居郎、起居舍人得把编写成卷的《起居注》和诏令送进纂修国史的专职机构——“史馆”。此外,还规定政府各有关部门要把纂修国史用得到的资料及时报送史馆,如各地发现所谓“祥瑞”由礼部报送,发现天文异状由太史局报送,兄弟民族和外国的情况由鸿胪寺报送,战争情况由兵部报送,变更音律新造山调由太常寺报送,州县废置和各地旌表所谓孝义由户部报送,法令变改、断狱新议由刑部报送，丰收荒歉和各色灾害由户部和州县报送，封授爵位由吏部司封司报送，中央和地方高级文武官员的任命由吏部、兵部分别报送，刺史、县令有善政异迹以及州县里发现了硕学异能、高人逸士、义夫节妇由考核人员报送，中央和地方高级文武官员去世由本部门、本州、本军报送，公主、百官去世后记述生平事迹的"行状"和赐谥的"谥议"也要报送，亲王入朝要由宗正寺报送，还授权史馆可随时行文给各部门索取其他用得上的史料。史馆本身则设置二至三名史官，通常由其他朝官兼任，有时也由起居郎兼任，名为史馆修撰，初入史馆的则名为直馆，后来又专称朝官兼任的为史馆修撰，非朝官入史馆工作的叫直馆，史馆修撰中又由一位官职较高的担任判馆事（即主持馆务的意思），上面再派一位宰相兼任监修。当时对史馆人选一般都经过慎重选择，如修过正史里的《周书》的令狐德棻①，修过《南史》、《北史》的李延寿，天文数学专家李淳风，史学理论家刘知几，古文大师韩愈，以及徐坚、吴兢、韦述、林宝、裴廷裕等人，都是先后充任过史官的知名人士。

　　当时修成的本朝史有两种：（一）实录，是根据《起居注》和诏令之类修成的编年史，通常在皇帝身后才修，一个皇帝修一部。已修成的计有高祖、太宗、高宗、则天皇后、中宗、睿宗、玄宗、肃宗、代宗、德宗、顺宗、宪宗、穆宗、敬宗、文宗、武宗一共十六朝的实录②，其中有的由于政治原因修订改写还不止一个本子，剩下宣宗、懿宗、僖宗三朝没有修，昭宗和哀帝已是亡国之君也不再有人给他修。这种编年史所以叫实录者，是自吹在如实记录，这当

_____

①棻：音 fēn（分）。
②睿：音 ruì（锐）。

然不会真有人相信,且不说史官们的阶级偏见,光皇帝或权臣们有形无形的压力,也会使事实在记录时受到歪曲。但所记大事的年月日之类总还是比较可靠的,而且内容也比较详细,在记载将相大臣或大名人去世时还要附上一篇小传,因此成为纂修国史以至后来纂修纪传体正史的主要依据。(二)是正式修国史,这是指修纪传体的本朝史,和所有正史一样有本纪、列传,还要有志。本纪通常是根据实录改写,把次要的事情删除掉,大段的记述也压缩简练成一两句。志则主要根据各部门报送史馆的资料,列传可以根据实录里的大臣、大名人小传和报送征集来的行状、家传之类。最早在高宗时由令狐德棻修成这样的国史八十一卷,到玄宗时吴兢进而修改精简再加上续修的一共编成六十五卷,韦述在此基础上又增修成一百十二卷,外加"史例"一卷,柳芳又续修到肃宗乾元年间成为一百三十卷。同时柳芳个人还用编年体重写了一部《唐历》计四十卷,到宣宗时得到皇帝肯定,并叫宰相崔龟从等续修三十卷写到宪宗年间,实际上成为另一种编年体的国史。另外纪传体的国史在柳芳以后也还续修了一些。所有这些,都为后来赵莹等人纂修《旧唐书》作了很好的准备。

　　光凭这些自然还不够。一则肃宗以后的国史还没有编定,宣宗以后连实录也没有,再则经唐末的战乱,已纂修好的实录和史馆的其他资料还有散失。因此在后梁末帝时就提出征集唐人的家传,要求抄集武宗以后的公文奏疏送交史馆。后唐时又搜访凑齐了实录,只是武宗的实录残存一卷无从复原。另外还下令保护各地的碑碣,搜访宣宗以来的野史。到赵莹着手纂修《旧唐书》时,参加此项工作的贾纬也提供了他所编纂的从武宗到唐亡的编年史《唐年补录》。而赵莹这位宰相又是个既有学问、且肯办实事的人,不仅设置重奖来鼓动人们进献史馆所缺乏的晚唐史料,还亲自制订了纂修本纪、志、传的具体办法。如纂修本纪需要把年月日弄得确切,需要编制一份从唐高祖武德元年(618)到昭宗天祐四年(907)的历本即所谓"长历",赵莹就提出要由管天文历法的司天台来完成。列传除依靠国史和已征集到的家传之类外还感到史料不足,就要求中央和地方高级文武官员把他们在唐代已显达的父亲、祖父的事迹写成材料上交史馆,能交出谱牒之类更为欢迎。各个志需要的资料尤其是武宗以后的资料史馆也掌握得不足,就要求中央各有关部门分别撰写提供。这些办法经皇帝认可后实施,再加上纂修班子的辛勤劳动,才终于修成了这部二百卷的《旧唐书》。

这部《旧唐书》总的说来是修得成功的,它保存了大量的史料,在记述唐代历史的旧史书中是内容最丰富、最全面的一部。尤其是宋以后除《顺宗实录》外所有唐代的实录、国史都失传了,这部《旧唐书》就成为了解和研究唐史的主要依据。当然,这并不是说它没有不足之处,尽管这些不足之处是第二位的。说具体点:(一)武宗以前的本纪都源出实录,肃宗以前的还可直接根据国史的本纪,所记大事和年月日一般都比较可信。武宗以后没有实录可依据,只好就征集的零星史料排比编写,内容自不能如武宗以前充实。年月日也间或发生差错。(二)志则一般修得不坏,资料既充实,叙述也颇有条理。只是讲到唐后期时总差一点,如《经籍志》只照抄玄宗时根据皇室藏书编写的《群书四部录》、《古今书录》,以后的唐人著作都没有收进去,这可能是当时图书散失比较多,一时来不及重新征集编目。(三)列传部分肃宗以前多承用国史旧传,有些传里还称玄宗为"今上"即当今的皇上,有的传在最后还保存"史臣韦述曰……"一段议论,说明都是照抄韦述、柳芳递修的国史原文;有些传里又称德宗为"今上",则是照抄柳芳以后续修的国史旧传原文。这样照抄过去修史者也常有的,可以避免因改写而走样,从保存史料真面目来说应算优点而非缺点。真正的缺点还在于唐后期的史料太贫乏,以致好些应该有传的在《旧唐书》里只好空缺不修。至于列传的记载尤其年月日之类往往会和本纪不一致,则是由于列传所根据的行状、家传多数出于儿孙们事后追忆,一般不如源出实录、国史的本纪来得精确。把这些不同的记载保存下来不强求统一,让读者自行判断抉择,这也是古人修史的一种可取的办法。

赵莹等人纂修由刘昫署名的这部书本来只叫《唐书》,并没有"旧"字;后来北宋时又重新纂修了一部《唐书》,同时两部《唐书》不好区别,于是先有人把新修的加个"新"字叫《新唐书》,南宋以后又把刘昫署名的叫《旧唐书》。至于为什么还要纂修《新唐书》,是嫌《旧唐书》有毛病,不理想,在北宋仁宗庆历五年(1045)下诏设"史局"重修,到嘉祐五年(1060)修成本纪十卷、志五十卷、表十五卷、列传一百五十卷,一共二百二十五卷的《新唐书》。其中本纪、志、表的纂修主要由欧阳修负责,列传主要由宋祁负责,所以通称欧阳修、宋祁等撰修。这部书确实有一些优点:如增补了不少《旧唐书》所没有的中晚唐人的列传,有些传《旧唐书》虽有,在纂修《新唐书》时也增添了若干新资料;志的部分也新修了《仪卫志》、《选举志》和《兵志》,其他几个志在内容上和《旧唐书》也颇有出入,如《艺文志》就不像《旧唐书》的《经籍志》那样只记到开元,把中晚唐人的著作也统统收了进去;还纂修了《宰相》、《方镇》、《宗室世系》、《宰相世系》四种表;武宗以后的本纪也比《旧唐书》来得精确。但从大处来看这部《新唐书》还没有能够真正超越过《旧唐书》。它标榜"文省事增",增多内容当然是好事,硬要文字简省,就必然把原有的史料简省得走样,甚至删削掉许多有用的东西。如《旧唐书》的本纪有二十卷,欧阳修所修的《新唐书》本纪压缩成十卷,弄得好多大事查不到。宋祁修的列传也是如此,一面增加内容,一面又把《旧唐书》原有的某些内容删削掉。宋祁还有个毛病,爱做古文,但做得并不高明,是一种喜欢用古字、怪字的所谓"涩体",但却硬要用这种涩体古文把原来比较通顺易读的《旧唐书》列传统统改写过,连《旧唐书》列传里用骈体文写的诏令、奏议之类也或则改写,或则舍弃不录,这实在不是修史者应有的严肃态度。因此,尽管他和欧阳修的名气比赵莹等人大,加上在宋朝人心目中本朝官修的总比较权威,使《新唐书》很快取代《旧唐书》挤进"十七史"的行列,到清代仍恢复了《旧唐书》的正史地位。今天研究唐史的人一般都要以《旧唐书》为主要依据,《新唐书》只能起补充辅助作用。现在要给读者今译,当然也得尽先译文字好懂一些的《旧唐书》。

　　二百卷的《旧唐书》自然不宜全译,只好选译。选译又只好以人物传记为主,因为十个志都太专门,本纪虽记国家大事,读起来则颇像流水账,都只宜供专门研究的人使用。人物最显赫的自然首推唐太宗李世民,但他是皇帝没有传,只有《太宗本纪》,好在这个《本纪》开头一大部分是写他在统一战争中的活动,读起来还不致使人索然无味。另一位大人物武则天就不好办了,《旧唐书》里只有个记国家大事的《则天皇后本纪》,即使译出来也没人要看,只好放弃,而改译她的宰相狄仁杰的传,因为此公也是旧小说里竭力描写的人物,译出来看看他的历史真面目也满有意思。但妇女总得有一位,那就译大家感兴趣的杨贵妃的传。有了宰相,再得找位大将,挑选了一阵还是选定郭子仪,因为从他的传里还可读到平定安史之乱的经过,省得再找安禄山等人的传来今译。唐代中后期还有一些政治上的大事,如顺宗时王叔文集团的政治活

动,文宗时李训、郑注等人的反宦官活动。前者选译了王叔文、王
伾的传,后者选译了宦官传的总序和大宦官王守澄、仇士良的传,
因为这个传里既讲了李训等如何剪除王守澄,又讲到他们如何死
在另一个大宦官仇士良手里。有了宦官的传还得译篇藩镇的传,
这里译了田承嗣的,因为此人是安史乱后割据一方、带头闹独立
的人物。还有文化人也得选,选译了大诗人李白、杜甫和古文运
动倡导人韩愈、柳宗元的传。以上的本纪、列传都按时代先后来
排列而不完全遵照原书的卷次,因为这样多少可以看到历史是怎
样地在进展。最后则译了农民起义首领黄巢的传作为结束。当
然所有这些加起来在整部《旧唐书》中只占了极少的一部分,要进
而掌握唐代历史的全貌,还得通过译文尽快提高古汉语的水平,
将来直接阅读原书和其他有关唐代的史书资料。

　　《旧唐书》目前通行的是中华书局出版的作过校勘并加上标
点、分了段落的本子,但所分段落和标点很多地方并不妥当,有时
还点破句,校勘也不够审慎,所以这次选译改用商务印书馆《百衲
本二十四史》里的本子。这是根据现存《旧唐书》中最古的南宋绍
兴年间刻本的残帙,再配上明嘉靖时闻人铨刻本影印的,还比较
接近原书的本来面貌。标点、分段工作也都重新做过而不受中华
书局本的约束。有些由于原文太长或其中的诏令奏议废话太多
而作了删节的地方,则都用删节号标明。注释则力求简明,凡看
了译文即能明白其意思的概不再注,不能译的如地名和某些特殊
词语才加注。另外官职名称也不能译,但又不是三言两语注得清
楚,除列传、本纪中所记本人历任官职之类非注不可者外,一般索
性省略不注,好在另有《辞海》、《辞源》和其他历史辞书,读者有必
要时不妨自行查看。

　　最后还得提请读者注意,由于纂修者的阶级局限,《旧唐书》

和其他所有的旧史书一样在立场、观点上都是有问题的,即使在史实记载上也只是大体不错而并非统统准确的。对此除在每一篇开头和个别小注里作点必要的说明外,一般都留待读者自己去鉴别,在这本小书里不可能作过多的批判分析。

　　　　　　　　　黄永年(陕西师范大学古籍所)

太宗本纪

　　唐太宗李世民是我国封建时代一位比较有作为的皇帝。他做皇帝之前的军事政治活动,以及当上皇帝后的军国大事,大体上都记录在《旧唐书》的这个本纪里。因而近年来编写出版的若干唐太宗传记几无不以这个本纪作为主要依据。但这个本纪又是从唐人的国史抄来的,还有可能和国史一样都是直接用实录删节的,而《太宗实录》的前半部分早在贞观时就奉李世民本人之命破例提前纂修好,而且经他亲自审阅,自然要对他竭力歌颂,把唐朝说成是他一手创建的,而他的政敌大哥李建成、四弟李元吉以至父亲唐高祖李渊的功劳统统被贬低抹杀。对此我们阅读这个本纪时必须注意识别。另外,由于这个本纪的原文太长,尤其是当上皇帝后的纪事像流水账,不易引起读者的兴趣,在这里只好作了较多的删节。(选自卷二至三)

　　太宗文武大圣大广孝皇帝讳世民①,高祖第二子也。母曰太

---

　①太宗:是李世民这位皇帝死后的"庙号",即在太庙立室奉祀而特立的名号。文武大圣大广孝皇帝:是给李世民上的"尊号",尊号一般是生前上的。有时死后又加改,李世民的这个尊号是玄宗天宝时改上的。讳:我国封建社会里对皇帝、皇后以及自己的尊长如父亲、祖父等不得直称(转下页)

穆顺圣皇后窦氏①。隋开皇十八年十二月戊午②,生于武功之别馆③。……幼聪睿,玄鉴深远,临机果断,不拘小节,时人莫能测也。

大业末,炀帝于雁门为突厥所围④,太宗应募救援,隶屯卫将军云定兴营。……及高祖之守太原⑤,太宗时年十八。有高阳贼帅魏刀儿自号"历山飞"⑥,来攻太原,高祖击之,深入敌阵,太宗以轻骑突围而进,射之,所向皆披靡,拔高祖于万众之中。适会步兵至,高祖与太宗又奋击,大破之。时隋祚已终⑦,太宗潜图义举,每折节下士,推财养客。群盗大侠⑧,莫不愿效死力。

及义兵起,乃率兵略徇西河⑨,克之,拜右领大都督,右三军

(接上页)其名,叫避讳,纂修史书或写其他传记必须称名时也就只能叫"讳××"。

① 太穆顺圣皇后:高宗上元时给窦氏改上的尊号。

② 戊午:旧史书常用干支记日,隋文帝开皇十八年十二月的戊午日就是该月二十二日。

③ 武功:在今陕西武功西。

④ 雁门:在今山西代县附近。突厥:当时北方最强大的兄弟民族,隋初分裂为东突厥和西突厥,西突厥统辖今新疆和中亚的大部分地区,这里讲到的突厥都是指东突厥。

⑤ 太原:今山西太原。

⑥ 高阳:在今河北高阳东。

⑦ 祚:本指上天保佑赐福,旧时代认为国家、皇室的存在全靠上天保佑,从而把皇位、国统、国家的命运都称为国祚。

⑧ 群盗:当时把反抗政府或扰乱治安的武装力量,不论是农民起义军还是真正的盗匪,都笼统地称为群盗。

⑨ 西河:今山西汾阳。

皆隶焉,封敦煌郡公①。大军西上贾胡堡②,隋将宋老生率精兵二
万屯霍邑以拒义师③。会久雨粮尽,高祖与裴寂议且还太原,以
图后举。太宗曰:"本兴大义以救苍生,当须先入咸阳④,号令天
下。遇小敌即班师,将恐从义之徒,一朝解体。还守太原,一城之
地,是为贼耳,何以自全?"高祖不纳,促令引发。太宗遂号泣于外,
声闻帐中,高祖召问其故,对曰:"今兵以义动,进战则必克,退还则
必散,众散于前,敌乘于后,死亡须臾而至,是以悲耳!"高祖乃悟而
止。八月己卯,雨霁,高祖引师趣霍邑。太宗恐老生不出战,乃将数
骑先诣其城下,举鞭指麾,若将围城者,以激怒之。老生果怒,开门
出兵,背城而阵,高祖与建成合阵于城东,太宗及柴绍阵于城南。老
生麾兵疾进,先薄高祖,而建成坠马,老生乘之,高祖与建成军咸却。
太宗自南原率二骑驰下峻阪⑤,冲断其军,引兵奋击,贼众大败,各
舍仗而走。悬门发⑥,老生引绳欲上,遂斩之。平霍邑。

　　至河东⑦,关中豪杰争走赴义⑧。太宗请进师入关,取永丰仓

---

①敦煌郡公:隋初曾有敦煌郡,在今甘肃敦煌到玉门一带,这时已改为瓜州。
　这里所封只是随便取个敦煌的名义,并非真的以敦煌地区作为封地。
②贾胡堡:在今山西灵石西南,其南就是霍邑。
③霍邑:在今山西霍州。
④咸阳:这里用来指隋朝的京城长安(即今陕西西安),而并非真指秦朝的旧
　都咸阳(今陕西咸阳东)。
⑤阪(bǎn 板):山坡。
⑥悬门:古代在城门上加设的门闸,平时吊起来,紧急时放下,以堵住外敌不
　使冲入。
⑦河东:隋设河东郡,在今山西西南角,郡的治所河东则在今永济西黄河边上。
⑧关中:是古人在地理上的习惯用语,大体指今陕西省的秦岭以北的广大
　地区。

以赈穷乏①,收群盗以图京师,高祖称善。太宗以前军济河,先定渭北,三辅吏民及诸豪猾诣军门请自效者日以千计②,扶老携幼,满于麾下,收纳英俊,以备僚列,远近闻者,咸自托焉。师次于泾阳③,胜兵九万④,破胡贼刘鹞子⑤,并其众。留殷开山、刘弘基屯长安故城,太宗自趋司竹⑥,贼帅李仲文、何潘仁、向善志等皆来会,顿于阿城⑦,获兵十三万。长安父老赍牛酒诣旌门者不可胜纪⑧,劳而遣之,一无所受,军令严肃,秋毫无所犯。寻与大军平京城。

高祖辅政⑨,受唐国内史⑩,改封秦国公。会薛举以劲卒十万来逼渭滨,太宗亲击之,大破其众,追斩万余级⑪,略地至于陇

---

① 永丰仓:隋朝建立过好几个大粮仓,永丰仓即其一,在潼关北边渭河入黄河处南岸上。

② 三辅:西汉时开始以长安为中心设置京兆尹的管辖区,加上左冯翊、右扶风合称三辅,隋代仍有京兆、冯翊、扶风三郡,因此仍可称三辅。

③ 泾阳:今陕西泾阳。

④ 胜兵:胜任战斗的部队。

⑤ 胡:指西域胡人,也可称为西胡。这里所说的是魏晋以来入居陕北、关中的西胡后裔。

⑥ 司竹:即司竹园,在今陕西周至。

⑦ 阿城:在今陕西西安西、咸阳南。

⑧ 赍(jī 饥):送,带。

⑨ 高祖辅政:李渊进入长安后先临时立隋炀帝孙代王杨侑(yòu 又)为皇帝,即隋恭帝,并改元义宁,自己做大丞相、唐王而实际掌握政权,叫辅政,这是魏晋南北朝以来准备做开国皇帝的必经阶段。

⑩ 内史:隋代中枢设内史省,以内史为长官,和门下省的纳言同为宰相,这时高祖沿用隋制,叫李世民任自己的唐国的内史。到唐朝建立后就改内史省为中书省,改内史为中书令,改纳言为侍中。

⑪ 级:古代秦国的法律规定,在战争中斩得一个人头赐爵一级,后来就把斩下的人头叫首级,也简称为级。

坻①。义宁元年十二月,复为右元帅,总兵十万徇东都。及将旋,谓左右曰:"贼见吾退,必相追蹑。"设三伏以待之。俄而隋将段达率万余人自后而至,度三王陵②,发伏击之,段达大败,追奔至于城下。因于宜阳、新安置熊、谷二州③,戍之而还。徙封赵国公。高祖受禅④,拜尚书令、右武候大将军⑤,进封秦王,加授雍州牧⑥。

　　武德元年七月⑦,薛举寇泾州⑧,太宗率众讨之,不利而旋。九月,薛举死,其子仁杲嗣立⑨,太宗又为元帅以击仁杲。相持于折墌城⑩,深沟高垒者六十余日。贼众十余万,兵锋甚锐,数来挑战,太宗按甲以挫之。贼粮尽,其将牟君才、梁胡郎来降,太宗谓

---

① 陇坻(chí 迟):即陇山,在今陕西西部和甘肃交界处,南北走向。

② 三王陵:在今河南洛阳西南。

③ 宜阳:在今河南宜阳西。新安:今河南新安。

④ 受禅:这是魏晋南北朝夺取皇帝位置常用的办法,即由辅政的权臣对皇帝施加压力,叫他学古代传说中尧、舜禅让的办法,下诏把皇帝的位置让给自己,自己又先假装谦让,最后不得已才接受,这就叫受禅,实际上等于演戏给人看。

⑤ 尚书令:尚书省是唐代掌管中枢行政的机构,省内分设吏、户、礼、兵、刑、工六部,六部长官叫某部尚书,副职叫某部侍郎,尚书省长官叫尚书令,副职叫尚书左仆射(yè 夜)、右仆射,后因太宗做过尚书令,就不再任命别人充任,改以左、右仆射为长官。武候大将军:掌管警卫治安,在隋、唐之际是极为重要且显贵的武职。

⑥ 雍州牧:唐初改隋京兆郡为雍州,州牧是其长官,到玄宗时又改为京兆府。

⑦ 武德:义宁二年五月二十一日(公元 618 年 6 月 19 日)李渊即皇帝位后改年号为武德。

⑧ 泾州:在今甘肃泾川及其周围地区,治所安定,在今泾川北。

⑨ 仁杲(gǎo 搞):有的书里作仁果,怕是错了。

⑩ 折墌城:在安定之西。

诸将军曰:"彼气衰矣,吾当取之。"遣将军庞玉先阵于浅水原南以诱之①,贼将宗罗睺并军来拒,玉军几败。既而太宗亲御大军,奄自原北,出其不意,罗睺望见,复回师相拒。太宗将骁骑数十入贼阵,于是王师表里齐奋,罗睺大溃,斩首数千级,投涧谷而死者不可胜计。太宗率左右二十余骑追奔,直趣折墌以乘之。仁杲大惧,婴城自守。将夕,大军继至,四面合围。诘朝,仁杲请降,俘其精兵万余人,男女五万口。……凯旋,献捷于太庙。拜太尉、陕东道行台尚书令②,镇长春宫③,关东兵马并受节度④。寻加左武候大将军、凉州总管⑤。

宋金刚之陷浍州也⑥,兵锋甚锐。高祖以王行本尚据蒲州⑦,吕崇茂反于夏县⑧,晋、浍二州相继陷没⑨,关中震骇,乃手敕曰:"贼势如此,难于争锋,宜弃河东之地,谨守关西而已。"太宗上表曰:"太原王业所基,国之根本,河东殷实,京邑所资,若举而弃之,臣窃愤恨。愿假精兵三万,必能平殄武周⑩,克复汾、晋⑪。"高祖

---

① 浅水原:在折墌城之东,今陕西长武北。
② 太尉:当时以太尉、司徒、司空为三公,都是正一品的荣誉性质的官职。陕东道行台:当时尚书省的分支机构,统管以洛阳为中心的广大地区,行台尚书令是其长官。
③ 长春宫:在朝邑(今陕西大荔东),陕东道行台的驻在地。
④ 关东:潼关以东。
⑤ 凉州:今甘肃永昌以东、天祝以西地区,治所在今甘肃武威。
⑥ 浍州:今山西翼城、绛县等地区。
⑦ 蒲州:在今山西永济西。
⑧ 夏县:今山西夏县。
⑨ 晋州:今山西临汾及其周围地区。
⑩ 殄(tiǎn 舔):灭绝。
⑪ 汾、晋:当时在晋州之北设有汾州,即今山西汾阳及其周围地区。这里说的汾、晋则是今山西地区的泛称。

于是悉发关中兵以益之,又幸长春宫亲送太宗。二年十一月,太宗率众趋龙门关①,履冰而渡之,进屯柏壁②,与贼将宋金刚相持。寻而永安王孝基败于夏县,于筠、独孤怀恩、唐俭并为贼将寻相、尉迟敬德所执。将还浍州,太宗遣殷开山、秦叔宝邀之于美良川③,大破之,相等仅以身免,悉虏其众,复归柏壁。于是诸将咸请战,太宗曰:"金刚悬军千里,深入吾地,精兵骁将,皆在于此,武周据太原,专倚金刚以为捍,士卒虽众,内实空虚,意在速战。我坚营蓄锐以挫其锋,粮尽计穷,自当遁走。"三年二月,金刚竟以众馁而遁,太宗追之至介州④。金刚列阵南北七里以拒官军,太宗遣总管李世勣⑤、程咬金、秦叔宝当其北,翟长孙、秦武通当其南。诸军战小却,为贼所乘,太宗率轻骑击之,冲其阵后,贼众大败,追奔数十里,敬德、相率众八千来降。还令敬德督之,与军营相参,屈突通惧其为变,骤以为请,太宗曰:"昔萧王推赤心置人腹中⑥,并能毕命。今委任敬德,又何疑也?"于是刘武周奔于突厥,并、汾悉复旧地⑦。诏就军加拜益州道行台尚书令⑧。

---

① 龙门关:在今山西河津北,西临黄河。
② 柏壁:在今山西新绛西南。
③ 美良川:在今山西夏县北、闻喜南。
④ 介州:今山西介休。
⑤ 李世勣(jī 机):本姓徐,归唐后赐姓李,高宗永徽时又因避太宗名讳去掉"世"字叫李勣。
⑥ 萧王:东汉光武帝刘秀在称帝之前曾被封为萧王,他打败了铜马等农民军,封投降过来的农民军的首领们为列侯,怕他们还有顾虑,让他们各回原来的部队,自己轻骑往来巡行,以表示把他们完全当作自己人,于是这些首领说:"萧王推赤心置人腹中,我们怎能不给他出死力!"
⑦ 并:并州,即今山西太原及其周围地区。
⑧ 益州道行台:尚书省在益州(今四川成都及其周围广大地区)的临时分支机构。

　　七月,总率诸军攻王世充于洛邑①。师次穀州。世充设精兵三万阵于慈涧②,太宗以轻骑挑之,时众寡不敌,陷于重围,左右咸惧,太宗命左右先归,独留后殿,世充骁将单雄信数百骑夹道来逼,交枪竞进③,太宗几为所败,太宗左右射之,无不应弦而倒,获其大将燕颀④。世充乃拔慈涧之镇归于东都。太宗遣行军总管史万宝自宜阳南据龙门⑤,刘德威自太行东围河内⑥,王君廓自洛口断贼粮道⑦,又遣黄君汉夜从孝水河中下舟师,袭回洛城,克之⑧。黄河以南,莫不响应,城堡相次来降。大军进屯邙山⑨。九月,太宗以五百骑先观战地,卒与世充万余人相遇,会战,复破之,斩首三千余级,获大将陈智略,世充仅以身免。其所署管州总管杨庆遣使请降⑩,遣李世勣率师出轘辕道安抚其众⑪。荥、汴、洧、豫九州相继来降⑫,世充遂求救于窦建德。四年二月,又进屯青城宫⑬。营垒未立,世充众二万自方诸门临穀水而阵。太宗以精

----

① 洛邑:即东都洛阳,今河南洛阳。

② 慈涧:在今河南新安、洛阳之间,北临穀水。

③ 交枪竞进:明闻人本和其他本子都作“交抢”,据《通鉴》改正。

④ 颀:音 qí(其)。

⑤ 龙门:即今洛阳南郊的龙门。

⑥ 河内:今河南沁阳。

⑦ 洛口:在洛水北流进入黄河之处。

⑧ 回洛城:在今河南偃师北,北临黄河。

⑨ 邙山:即北邙山,在今河南洛阳北郊。

⑩ 管州:本误作“筦州”,据《通鉴》改正,即今河南郑州。

⑪ 轘(huán 环)辕:山名,在今河南偃师东南。

⑫ 荥(xíng 形):荥州,今河南荥阳。汴:汴州,今河南开封。洧(wěi 委):洧州,今河南鄢陵。豫:豫州,今河南汝南及其周围地区。

⑬ 青城宫:在洛阳城西的禁苑之中。

骑阵于北邙山,令屈突通率步卒五千渡水以击之,因诫通曰:"待
兵交即放烟,吾当率骑军南下。"兵才接,太宗以骑冲之,挺身先
进,与通表里相应。贼众殊死战,散而复合者数焉。自辰及午①,
贼众始退,纵兵乘之,俘斩八千人。于是进营城下,世充不敢复
出,但婴城自守,以待建德之援。太宗遣诸军掘堑,匝布长围以守
之②。吴王杜伏威遣其将陈正通、徐召宗率精兵二千,来会于军
所。伪郑州司马沈悦以武牢降③,将军王君廓应之,擒其伪荆王
王行本。

　　会窦建德以兵十余万来援世充,至于酸枣④。萧瑀、屈突通、
封德彝等皆以腹背受敌⑤,恐非万全,请退师谷州以观之。太宗
曰:"世充粮尽,内外离心,我当不劳攻击,坐收其敝。建德新破孟
海公,将骄卒惰,吾当进据武牢,扼其襟要,贼若冒险与我争锋,破
之必矣,如其不战,旬日间世充当自溃⑥。若不速进,贼入武牢,
诸城新附,必不能守,二贼并力,将若之何?"通又请解围就险以候
其变,太宗不许。于是留通辅齐王元吉以围世充,亲率步骑三千
五百人趣武牢。建德自荥阳西上⑦,筑垒于板渚⑧,太宗屯武牢。

---

①自辰及午:我国古代一昼夜分十二个时辰,自辰及午相当于今天的上午
　八、九点钟到中午的十二点、一点钟。
②匝(zā 扎):环绕。
③武牢:在今河南荥阳西北,东临汜(sì 四)水,原名虎牢,唐人避高祖的祖父
　李虎名讳而改称武牢。
④酸枣:今河南延津。
⑤瑀:音 yǔ(禹)。
⑥旬:古人以十天为一旬。
⑦荥阳:今河南荥阳。
⑧板渚:今河南荥阳之北,北临黄河。

相持二十余日,谍者曰:"建德伺官军刍尽,候牧马于河北,因将袭武牢。"太宗知其谋,遂牧马河北以诱之。诘朝,建德果悉众而至,阵兵汜水①,世充将郭士衡阵于其南,绵亘数里,鼓噪,诸将大惧,太宗将数骑升高丘以望之,谓诸将曰:"贼起山东②,未见大敌,今度险而嚣,是无政令,逼城而阵,有轻我心。我按兵不出,彼乃气衰,阵久卒饥,必将自退,追而击之,无往不克。吾与公等约,必以午时后破之③!"建德列阵,自辰至午,兵士饥倦,皆坐列,又争饮水,逡巡敛退④。太宗曰:"可击矣!"亲率轻骑追而诱之,众继至,建德回师而阵,未及整列,太宗先登击之,所向皆靡,俄而众军合战,嚣尘四起,太宗率史大奈、程咬金、秦叔宝、宇文歆等挥幡而入,直突出其阵后,张我旗帜,贼顾见之,大溃,追奔三十里,斩首三千余级,虏其众五万,生擒建德于阵。太宗数之曰:"我以干戈问罪,本在王世充,得失存亡,不预汝事,何故越境,犯我兵锋?"建德股慄而言曰:"今若不来,恐劳远取!"高祖闻而大悦,手诏曰:"隋氏分崩,崤、函隔绝⑤,两雄合势,一朝清荡,兵既克捷,更无死伤,无愧为臣,不忧其父,并汝功也!"乃将建德至东都城下,世充惧,率其官属二千余人诣军门请降,山东悉平。太宗入据宫城,令萧瑀、

---

① 汜水:在今河南荥阳西北,西临汜水,旧有汜水县,今改汜水镇。
② 山东:古代地理上的习惯用语,在战国、秦、汉时习惯用来概括华山或崤(yáo 摇)山以东、黄河中下游广大地区,有时连长江中下游也包括进去,唐初人说的山东则主要指今河南、山东、河北等地区。
③ 午时:今中午十二点、一点钟。
④ 逡(qūn 群阴平)巡:欲进不进、欲退不退、迟疑不决叫逡巡。
⑤ 崤:崤山,在今河南西部,黄河、洛水之间,主峰在今灵宝西。函:函谷关,在今灵宝东北。

窦轨等封守府库,一无所取,令记室房玄龄收隋图籍①。于是诛其同恶段达等五十余人,枉被囚禁者悉释之,非罪诛戮者祭而诔之②。大飨将士③,班赐有差。高祖令尚书左仆射裴寂劳于军中。

六月,凯旋。太宗亲披黄金甲,陈铁马一万骑,甲士三万人,前后部鼓吹④,俘二伪主及隋氏器物辇辂⑤,献于太庙。高祖大悦,行饮至礼以享焉⑥。高祖以自古旧官不称殊功,乃别表徽号,用旌勋德。十月,加号天策上将、陕东道大行台,位在王公上,增邑二万户⑦,通前三万户,赐金辂一乘⑧,衮冕之服⑨,玉璧一双,黄金六千斤,前后部鼓吹及九部之乐⑩,班剑四十人⑪。

于时海内渐平,太宗乃锐意经籍,开文学馆以待四方之士,行台司勋郎中杜如晦等十有八人为学士,每更直阁下,降以温颜,与

---

① 记室:当时诸王、三公等的幕府里都可设置记室参军,做今天的秘书工作。
② 诔(lěi 垒):悼辞。
③ 飨(xiǎng 响):用酒食款待。
④ 前后部鼓吹:鼓吹,是汉代以来的有多种乐器合奏的军乐,后来也用于丧葬。部,就是乐队。
⑤ 辇(niǎn 捻):用人推拉的车子,以及用人抬的像轿子那样,但不加帘帷的东西,都叫辇,当时都专给帝后乘用。辂(lù 路):车子。
⑥ 饮至礼:古代外交或军事上取得胜利之后,到宗庙里饮酒庆贺,作为一种隆重的典礼,叫饮至礼。
⑦ 增邑:当时有所谓"食邑",给有功之臣食邑若干户,就是把这若干户应缴纳的赋税拨归此人所有。这里的增邑即增加食邑户数。
⑧ 金辂:当时皇帝专用的一种车子。
⑨ 衮(gǔn 滚)冕:当时皇帝以及少数高级贵族专用的礼服叫衮,专用的礼帽叫冕。
⑩ 九部之乐:隋及唐初在皇帝大宴会上由九种乐队演奏的音乐舞蹈。
⑪ 班剑:古代饰有花纹的木剑,由持此木剑的若干人组成仪仗队伍。

之讨论经义，或夜分而罢。

　　未几，窦建德旧将刘黑闼举兵反①，据洺州②。十二月，太宗总戎东讨。五年正月，进军肥乡③，分兵绝其粮道。相持两月，黑闼窘急求战，率步骑二万，南渡洺水，晨压官军。太宗亲率精骑，击其马军破之，乘胜蹂其步卒，贼大溃，斩首万余级。先是，太宗遣堰洺水上流使浅④，令黑闼得渡，及战，乃令决堰，水大至，深丈余，贼徒既败，赴水者皆溺死焉。黑闼与二百余骑北走突厥，悉虏其众，河北平⑤。时徐圆朗阻兵徐、兖⑥，太宗回师讨平之，于是河、济、江、淮诸郡邑皆平。十月，加左右十二卫大将军⑦。……八年，加中书令。

　　九年，皇太子建成、齐王元吉谋害太宗，六月四日，太宗率长孙无忌、尉迟敬德、房玄龄、杜如晦、宇文士及、高士廉、侯君集、程知节、秦叔宝、段志玄、屈突通、张士贵等于玄武门诛之⑧。甲子，

---

①黑闼(tà 榻)：胡人惯用的名字，也可写作黑獭。

②洺(míng 名)州：今河北永年及其周围地区。

③肥乡：今河北肥乡。

④堰(yàn 宴)：筑水堰。

⑤河北：当时地理上的习惯用语，大体指当时的黄河以北、太行山以东地区，略广于今河北省。

⑥徐：徐州，今江苏徐州及其周围广大地区。兖(yǎn 演)：兖州，今山东兖州及其周围广大地区。

⑦左右十二卫大将军：唐初有左右卫、左右骁卫、左右武卫、左右屯卫、左右领军卫、左右候卫，一共十二卫，都是负责宫廷和京城里的警卫工作的，后来还扩充到十六卫，每个卫的长官叫某卫大将军，这时授与太宗的是统管十二卫的大将军，其实只是虚衔并非实职。

⑧程知节：就是程咬金，这时已改名知节。玄武门：宫城的北门，也就是皇帝所居住的大内的北门。

立为皇太子,庶政皆断决。……八月癸亥,高祖传位于皇太子,太宗即位于东宫显德殿。……癸酉,放掖庭宫女三千余人①,……丙子。立妃长孙氏为皇后。……

癸未,突厥颉利至于渭水便桥之北②,遣其酋帅执失思力入朝为觇③,自张形势,太宗命囚之。亲出玄武门,驰六骑幸渭水上,与颉利夹津而语,责其负约。俄而众军继至。颉利见军容既盛,又知思力就拘,由是大惧,遂请和,诏许焉,即日还宫。乙酉,又幸便桥,与颉利刑白马设盟,突厥引退。……

冬十月……癸亥,立中山王承乾为皇太子。……

贞观元年春正月乙酉,改元。……夏,山东诸州大旱,令所在赈恤,无出今年租赋。……八月,……关东及河南、陇右沿边诸州霜害秋稼④。九月辛酉,命中书侍郎温彦博、尚书右丞魏徵等分往诸州赈恤。……是岁,关中饥,至有鬻男女者。

二年……三月……丁卯,遣御史大夫杜淹巡关内诸州,出御府金宝,赎男女自卖者还其父母。……夏四月……初诏天下州县并置义仓⑤。……八月,……河南、河北大霜,人饥。……

---

①掖庭:汉代妃嫔宫女居住的地方叫掖庭,唐代有掖庭宫,就在宫城西边,和大内贴邻。

②便桥:架设在渭水上。也叫西渭桥,在今陕西咸阳南。

③觇(chān掺):窥看。

④陇右:本是古代地理上的习惯用语,指陇山以西的广大地区,古人以西为右,故称陇右。贞观元年二月分全国为十道,陇右道是其一,相当今甘肃六盘山以西、青海青海湖以东地区,以后又扩展到新疆及中亚地区。这里所说的则仅指陇右道东部设置州县的地方。

⑤义仓:是当时的一种救荒措施,规定自王公以下不论谁的耕地每亩每年缴纳二升粟或麦或粳稻,存贮进当地的义仓,闹灾荒时就开仓救济灾民,或借贷给灾民作为种子,秋收后偿还。

　　三年……六月戊寅,以旱亲录囚徒①,遣长孙无忌、房玄龄等祈雨于名山大川,中书舍人杜正伦等往关内诸州慰抚,又令文武官各上封事,极言得失。……是岁,户部奏言:中国人自塞外来归及突厥前后内附、开四夷为州县者②,男女一百二十余万口。

　　四年春正月乙亥,定襄道行军总管李靖大破突厥③。……二月……甲辰,李靖又破突厥于阴山④,颉利可汗轻骑远遁⑤。……三月庚辰,大同道行军副总管张宝相生擒颉利可汗⑥,献于京师。……自是西北诸蕃咸请上尊号为“天可汗”,于是降玺书册命其君长则兼称之。……是岁,断死刑二十九人,几致刑措⑦。东至于海,南至于岭,皆外户不闭,行旅不赍粮焉。

　　五年……秋八月……戊申,初令天下决死刑必三覆奏,在京诸司五覆奏。其日尚食进蔬食,内教坊及太常不举乐。……

　　六年……十二月辛未,亲录囚徒,归死罪者二百九十人于家,令明年秋末就刑。其后应期毕至,诏悉原之。是岁,党项羌前后内属者三十万口⑧。

---

①录(lù 虑)囚:审核囚犯的罪案。

②中国人:这里专指生活在长城等边塞之内以汉族为主体的中国人,和今天的概念不一样。

③定襄道行军总管:定襄,应是指颉利牙帐所在的定襄城(在今内蒙古自治区清水河境内)。当时有大征战都派大将出任某某道行军大总管或行军总管,这某某道只标志大致的方位或地区,并非都有这样的行政区划。

④阴山:在今内蒙古自治区。

⑤可汗:古代北方兄弟民族柔然、突厥、回纥、蒙古的最高统治者的称号。

⑥大同:今山西大同。

⑦刑措:措,搁置,刑措是说无人犯法,刑法可搁置不用。

⑧党项羌:古代兄弟民族羌族中的一支,生活在今青海、甘肃、宁夏等地区。

七年……八月,山东河南三十州大水,遣使赈恤。……十一月丁丑,颁新定"五经"①。……

八年……七月,……山东河南、淮南大水,遣使赈恤。

九年……五月……庚子,太上皇崩于大安宫。壬子,李靖平吐谷浑于西海之上②,获其王慕容伏允③,以其子慕容顺光降,封为西平郡王,复其本国。……十二月甲戌,吐谷浑西平郡王慕容顺光为其下所弑④,遣兵部尚书侯君集率师安抚之,仍封顺光子诺曷钵为河源郡王,使统其众。……

十年春正月壬子,尚书左仆射房玄龄、侍中魏徵上梁、陈、齐、周、隋五代史⑤,诏藏于秘阁。……夏六月……己卯,皇后长孙氏崩于立政殿。……

十一年春正月……庚子,颁新《律》、《令》于天下⑥,……甲寅,房玄龄等进所修《五礼》⑦,诏所司行用之。……秋七月癸未,

①"五经":当时新定的《五经》是《周易》、《尚书》、《毛诗》、《礼记》和《春秋》,和汉人所说的《五经》略有出入。

②吐谷(tǔ yù 土玉)浑:古代兄弟民族,生活在今青海北部到新疆东南部。西海:今青海省内的青海,当地也称之为青海湖。

③获其王慕容伏允:慕容伏允实系在逃亡中被部下所杀。但获字本是猎获禽兽的意思,无论死的活的都可叫获,古代打仗时杀死敌人把尸体弄过来也可叫获,因此这里用获字也还讲得通。

④弑(shì 试):封建社会把臣杀君、子杀父母都称为弑。

⑤梁、陈、齐、周、隋五代史:即今"二十四史"中的《梁书》、《陈书》、《北齐书》、《周书》和《隋书》。

⑥《律》、《令》:律是正刑定罪用的法律,令是规定的各种制度准则。贞观时制订颁行的《律》、《令》都已失传,今存的《唐律》是高宗永徽年间重新修订的。

⑦《五礼》:包括吉礼、宾礼、军礼、嘉礼、凶礼,所以叫《五礼》。贞观时纂修的已失传,今存有玄宗开元时重修的《大唐开元礼》。

大霪雨①，穀水溢入洛阳宫，深四尺，坏左掖门，毁宫寺十九所。洛水溢，漂六百家。庚寅，诏以灾命百官上封事，极言得失。……壬寅，废明德宫及飞山宫之玄圃院，分给遭水之家，仍赐帛有差。……九月丁亥，河溢，坏陕州河北县②，毁河阳中潬③，幸白司马坂以观之，赐遭水之家粟帛有差。……

　　十二年春正月乙未，吏部尚书高士廉等上《氏族志》一百三十卷④。……

　　十三年，……自去冬不雨至于五月，甲寅，避正殿，令五品以上上封事，减膳罢役，分使赈恤，申理冤屈，乃雨⑤。……

　　十四年……二月……庚辰，左骁卫将军、淮阳王道明送弘化公主归于吐谷浑⑥。……八月……癸巳，交河道行军大总管侯君集平高昌⑦，以其地置西州。九月……乙卯，于西州置安西都护府。……

---

①霪(yín 淫)：下雨过量。

②陕州：今河南三门峡市及其周围地区，州治陕县在三门峡市西，北临黄河。河北县：在陕县西北，南临黄河。

③河阳：县名，在今河南孟县南，南临黄河。潬(tān 滩)：河水中涨出的沙堆、沙堤。这里的"中潬"是指河阳县城西南方的黄河中的一片大沙堆，唐代在其上建有"中潬城"，并架浮桥连接两岸。

④《氏族志》：排定姓氏门第高下的书，南北朝时最讲究门第，常修这类书，到唐代所谓门第实际上已不起作用。

⑤乃雨：古人迷信，认为闹干旱时只要皇帝多做好事，天就会下雨。

⑥弘化公主：唐宗室即皇帝本家的女儿，作为皇帝太宗的女儿嫁给吐谷浑王诺曷钵，才加个弘化公主的封号，后面要讲到的文成公主也是这样的宗室之女。

⑦交河：是高昌的一个县，在都城高昌西。高昌：国名，统辖今新疆吐鲁番盆地及其周围广大地区，都城高昌在今吐鲁番县东。

十五年春正月……丁丑,礼部尚书、江夏王道宗送文成公主归吐蕃①。……十二月……甲辰,李勣及薛延陀战于诺真水②,大破之,斩首三千余级,获马万五千匹。……

十六年……冬十一月丙辰,狩于岐山③。……丁卯,宴武功士女于庆善宫南门④,酒酣,上与父老等涕泣论旧事,老人等递起为舞,争上万岁寿,上各尽一杯。……

十七年春二月戊申⑤,诏图画司徒、赵国公长孙无忌等勋臣二十四人于凌烟阁。……夏四月庚辰朔⑥,皇太子有罪,废为庶人⑦,汉王元昌、吏部尚书侯君集并坐与连谋伏诛。丙戌,立晋王治为皇太子。……癸巳,魏王泰以罪降爵为东莱郡王。……

十八年……冬十月……甲寅,……安西都护郭孝恪帅师灭焉耆⑧。……十一月壬申⑨,车驾至洛阳宫。庚子……发天下甲士,召募十万,并趣平壤,以伐高丽⑩。……

---

① 吐蕃:兄弟民族藏族当时在青藏高原建立的政权。
② 李勣:当时还叫李世勣,这里已称李勣是后来史官所追改。薛延陀:古代兄弟民族铁勒诸部之一。诺真水:在今内蒙古呼和浩特西北。
③ 岐山:山名,在岐山县(今陕西岐山)北。
④ 庆善宫:太宗诞生的住宅所改建。
⑤ 二月戊申:明闻人本及其他本子在"戊申"前都没有"二月"二字,把戊申放到本年正月下边,但这年正月并无戊申这一天,今据《新唐书·本纪》和《通鉴》径补"二月"二字。
⑥ 朔:过去通用的夏历以每月的初一这天为朔,十五这天为望。
⑦ 庶人:就是什么官爵都没有的百姓。
⑧ 恪:音 kè(课)。焉耆:国名,在今新疆焉耆。
⑨ 壬申:明闻人本和其他本子都作"壬寅",但本年十一月并无壬寅这一天,今据《通鉴》径改作"壬申"。
⑩ 高丽:国名,国都平壤即今朝鲜民主主义人民共和国首都平壤。

　　十九年春二月庚戌，上亲统六军发洛阳①。乙卯，诏皇太子留定州监国②。……三月壬辰，上发定州。……五月丁丑，车驾渡辽。甲申，上亲率铁骑与李勣会，围辽东城③，……拔之。……秋七月，李勣进军攻安市城④，至九月不克，乃班师。冬十月丙辰，入临渝关⑤，皇太子自定州迎谒。……十二月戊申，幸并州。

　　二十年春正月……丁丑，遣大理卿孙伏伽、黄门侍郎褚遂良等二十二人，以六条巡察四方，黜陟官吏。……三月己巳，车驾至京师。……六月，遣兵部尚书、固安公崔敦礼，特进、英国公李勣，击破薛延陀于郁督军山北⑥，前后斩首五千余级，虏男女三万余人。秋八月……己巳，幸灵州⑦。……九月甲辰，铁勒诸部落俟斤、颉利发等遣使相继而至灵州者数千人⑧，来贡方物，因请置吏，咸请至尊为可汗⑨。于是北荒悉平，为五言诗勒石以序其事。……冬十月……丙戌，至自灵州。

　　二十一年，……于突厥之北至于回纥部落，置驿六十六所，以

---

①六军：我国古代常说天子统率六军，这里的"六军"是习惯用语，并非真的正好六支军队。

②定州：今河北定州及其周围地区，州治安喜即今定州。监国：古代君主外出或因故不能听政，由太子或其他亲属代行职权，叫监国。

③辽东城：今辽宁辽阳。

④安市城：在今辽宁盖平东北。

⑤临渝关：也叫临闾关、渝关或榆关，在今河北抚宁县榆关镇，明初修复时向东北方向移置，并改名山海关。

⑥郁督军山：即今新疆的天山。

⑦灵州：在今宁夏中卫、中宁以北地区。

⑧铁勒：古代兄弟民族，薛延陀、回纥等部均由铁勒分出。俟斤、颉利发：都是铁勒部落酋长的称号。

⑨至尊：古代臣下称皇帝为至尊。

通北荒焉。

二十二年，……五月庚子，右卫率长史王玄策击帝那伏帝国①，大破之，获其王阿罗那顺及王妃、子等，虏男女万二千人、牛马二万余以诣阙②。使方士那罗迩娑婆于金飙门造延年之药③。……闰月丁丑朔，昆山道总管阿史那社尔……破龟兹、大拨等五十城④，虏数万口，执龟兹王诃黎布失毕以归，龟兹平，西域震骇⑤。副将薛万彻胁于阗王伏阇信入朝⑥。……

二十三年……二月……丁亥，西突厥肆叶护可汗遣使来朝。……四月己亥，幸翠微宫⑦。五月……己巳，上崩于含风殿，年五十二。遗诏皇太子即位于柩前⑧。……八月丙子，百僚上谥曰文皇帝，庙号太宗。庚寅，葬昭陵⑨。上元元年八月，改上尊号

---

① 帝那伏帝国：即印度半岛的中天竺国，王玄策出使天竺，中天竺国王阿罗那顺袭击王玄策，王玄策调动吐蕃和泥婆罗（今尼泊尔）兵攻克中天竺国都城。

② 阙：本是指宫阙，即宫殿等前面左右相对的高台式的建筑物。这里指皇帝居住的地方，也就是指京师长安。

③ 飙：音 biāo（标）。

④ 昆山：昆仑山，西起帕米尔高原东部，横贯新疆、西藏，东入青海的大山脉。龟（qiū 丘）兹：国名，在今新疆库车。大拨：龟兹境内城名。

⑤ 西域：古代在地理上的习惯用语，狭义的指玉门关（今甘肃敦煌西北）以西、葱岭以东的广大地区，广义的则指玉门关以西所能到达的地区，包括中亚、西亚、印度、欧洲东部和非洲北部都可通称西域。这里用的西域是狭义的。

⑥ 于阗：国名，在今新疆和田。阇：音 shé（舌）。

⑦ 翠微宫：在长安南终南山上。

⑧ 柩（jiù 旧）：棺木里已安放了尸体叫柩。

⑨ 昭陵：在今陕西礼泉的九嵕（zōng 宗）山上。自西汉以来皇帝的陵墓习惯上都得加个好字眼，唐太宗陵称昭陵也是如此，别无其他意思。

曰文武圣皇帝,天宝十三载二月①,改上尊号为文武大圣大广孝
皇帝。

【翻译】

　　太宗文武大圣大广孝皇帝的名讳叫世民,是高祖李渊的第二
个儿子。母亲是太穆顺圣皇后窦氏。隋开皇十八年十二月二十
二日(599年1月23日)在武功高祖另置的住宅里诞生。……从
小就聪明有智慧,看问题深远,处事果断,不拘小节,使人们感到
高深莫测。

　　大业末年,隋炀帝被突厥围困在雁门,太宗应募去救援,隶属
于屯卫将军云定兴军。……到高祖出任太原留守时,太宗十八
岁。有个高阳地方的绿林头目、自号"历山飞"的魏刀儿来攻打太
原,高祖出兵抵敌,深入敌阵被困,太宗带了骑兵冲破重围,弓箭
齐发,杀得敌人望风披靡,从万人之中把高祖解救出来。正好高
祖的步兵也赶到,高祖和太宗再奋力战斗,终于大破敌军。这时
隋朝的国运眼看完结了,太宗暗地里作起兵反隋的准备,结交贤
能,收养宾客,不拿架子,不惜钱财,不论绿林好汉还是地方豪强,
没有人不愿替他出死力。

　　到高祖起义兵反隋,太宗领兵攻克西河,被高祖任命为右领
大都督,右三军都归他指挥,并加了个敦煌郡公的封爵。接着大
军西上到达贾胡堡,隋将宋老生率领二万精兵驻扎在霍邑拦阻。
正碰上接连下大雨,军粮快吃尽,高祖和长史裴寂商量,准备暂时
退回太原,等待有利时机再出动。太宗不以为然,说:"我们起义

----

① 玄宗天宝三年起改"几年"为"几载",到肃宗至德三载二月改年号为乾元
　　时才不称"载"而仍称"年"。

本是为了拯救老百姓,应该抢先打进京城,以便号令天下。现在遇到小敌就回军,跟随我们的人弄得不好将会一哄而散。回军据守太原,区区一城之地,形同盗贼,怎能保全?"高祖不接受,催促他带队出发。太宗退出后放声大哭,高祖在营帐里听到了,把他叫进来问干什么,太宗回答道:"我们这次出兵是反隋义举,只要奋勇向前必操胜算,退还必然涣散,兵众涣散于前,强敌追击于后,眼看死已临头,所以禁不住悲哭啊!"高祖这下醒悟了,于是停止行动。到八月初一,雨止天晴,高祖带大军直取霍邑。太宗怕宋老生不应战,率领少数人马先到霍邑城下,举鞭指挥,装出要围城的样子,来激怒宋老生。宋老生果真被激怒了,开城出战,靠城墙摆开阵势,高祖和大儿子左领大都督陇西郡公李建成合军在城东结阵,太宗和高祖的女婿柴绍在城南结阵。宋老生挥兵猛进,先压向高祖军,建成不慎落马,宋老生乘势冲杀,高祖、建成两军都退却。这时太宗率领两名战将骑着马从南边高地顺陡坡冲下来,把宋老生军拦腰截断,再带领大军奋战,宋军大败,各自丢掉兵器乱窜。城上宋军怕敌兵冲进来,急忙放下门闸,宋老生被隔在城外,只好攀绳登城,被追兵赶上斩杀。霍邑平定。

大军进入河东,关中豪杰争先恐后地来投军。太宗建议开进潼关,拿下永丰仓开仓济贫,招收绿林好汉以攻取京城长安,高祖很赞同。于是太宗带了前军渡过黄河,先控制渭水以北,三辅地区官吏、老百姓以及土豪地霸到营门口投效的一天多到上千起,扶老带小,挤满了军营,太宗从中挑选有真本领的作为自己的僚属,远近听到消息的都主动来投靠拉关系。部队进驻到泾阳,能打仗的战士已发展到九万,又打败胡人刘鹞子,并吞了他的人马。太宗留下殷开山、刘弘基驻守古长安旧城,自己进军司竹,绿林头目李仲文、何潘仁、向善志等都来进见,部队停驻到阿城,战士又扩充到十三万。长安父老送牛酒饮食到营门口的多得数不清,都说好话让他们回去,东西一概不接受,真是军令严肃,秋毫无犯。不久就和高祖、建成的大军会师,拿下京城长安。

高祖做大丞相、唐王辅政,太宗被任命为唐国的内史,改封秦国公。不久,薛举带了十万精兵进逼到渭水边,太宗亲自出击,把敌人打得大败,追斩一万多,兵锋西向一直到达陇坻。义宁元年十二月(618年1月),太宗又出任右元帅,统兵十万东进到达东都洛阳。到准备回师时,太宗对身边的人说:“敌人看到我军撤回,一定要追赶。”因此设下三支伏兵等待敌人。过一会儿隋将段达果真带了万把人从后赶来,正过三王陵时,伏兵齐起,段达大败。唐军直追到洛阳城下。于是在宜阳新安设置熊、穀二州,留兵马戍守然后回长安。太宗改封赵国公。高祖受禅即皇帝位,拜太宗为尚书令、右武候大将军,进封秦王,加授雍州牧。

武德元年(618)七月,薛举入侵泾州,太宗带兵征讨,战败回长安。九月,薛举死了,儿子薛仁杲继立,太宗又出任元帅打薛仁杲。在折墌城下和薛仁杲军相对峙,深挖壕沟,高筑营垒坚持了六十多天。薛军有十多万,兵锋锐利,多次前来挑战,太宗就是相应不理,以挫伤敌人的锐气。薛军粮食供应不上了,将领牟君才、梁胡郎跑过来求降,太宗对将领们说:“敌兵气势已衰,我们该出动了。”于是先叫将军庞玉在浅水原南边结阵来诱敌,敌将宗罗睺调集全军来对付庞玉,庞玉军差点儿就要被打垮。可过不一会儿,太宗亲自指挥的大队唐军出其不意地从原北杀过来,宗罗睺看到了,只好再掉过头来对付太宗军。太宗带上精锐数十骑冲进敌阵,和阵外的唐军内外夹击,宗罗睺全军溃败,被斩杀几千人,投身涧谷跌死的不计其数。太宗带上身边二十余骑穷追不舍,一直到达折墌城下。薛仁杲吓慌了,只得凭城防守。傍晚,唐军大队赶到,四面合围。第二天清早,薛仁杲投降,俘虏薛军精兵一万多,男女五万口。……太宗凯旋,到太庙告捷。高祖拜他为太尉、陕东道行台尚书令,出镇长春宫,潼关以东的兵马都归他节制调遣。不久又加授左武候大将军、凉州总管。

宋金刚攻陷了浍州,兵锋正锐利。高祖考虑到王行本这时还占据着蒲州,吕崇茂也在夏县叛乱,晋州、浍州又相继丢失,关中人心动摇,就下手敕道:"敌军势大,难于迎敌,只能放弃河东,把潼关以西仔细守住就好。"太宗不以为然,上表说:"太原是王业创建之所,国家根本重地,河东人口众多,财物充盈,京师得靠它支援,如果统统放弃,我实在气愤不甘心。我自愿要上三万精兵,准能歼灭刘武周,收复汾、晋。"高祖同意了,把关中部队悉数调拨给太宗以充实他的兵力,还亲自驾幸长春宫给太宗送行。武德二年(619)十一月,太宗带领大军赶到龙门关,踏冰过黄河,进驻柏壁,和敌将宋金刚相对峙。过不了多久,唐永安王李孝基又在夏县战败,唐将于筠、独孤怀恩、唐俭都被敌将寻相、尉迟敬德所俘虏。寻相等引军将回浍州,太宗派殷开山、秦叔宝到美良川邀击,大破敌军,寻相等脱逃,余众全被俘获,唐军再回驻柏壁。这时将领们都求战,太宗说:"宋金刚行军千里,深入我境内,精兵骁将都集中到了这里,刘武周盘据太原,专靠宋金刚军给他出力,现在宋军看上去人马众多,其实后方已很空虚,所以急于求战。我们只需坚守营垒,蓄养锐气,来挫折他的锋芒,他最后粮食吃光,无计可施,就只能撤退。"武德三年(620)二月,宋金刚军果真由于饥疲撤退了,太宗紧追到介州。宋金刚摆开南北七里长的大阵来抵御唐军,太宗派总管李世勣、程咬金、秦叔宝打他南头,翟长孙、秦武通打他北头。交战中唐军稍稍后退,宋军乘势杀过来,哪知太宗早带了轻骑出击,直冲到宋军阵后,宋军大败。唐军追赶几十里,尉迟敬德、寻相领了八千残兵投降。太宗仍让尉迟敬德督带降军，和唐军错杂安营，屈突通怕降军有异动，急忙劝阻，太宗说："当年萧王推赤心置人腹中，能使人家都愿为他拼命出力。现在委任敬德，又有什么可顾虑呢？"这时候刘武周看到大势已去，投奔突厥。并、汾二州全境收复。高祖下诏书就在军中加拜太宗为益州道行台尚书令。

这年七月，太宗总统各路兵马向盘据洛阳的王世充进攻。大军开到穀州。王世充派三万精兵在慈涧列阵防守，太宗带领轻骑挑战。当时敌兵多，太宗的兵少，陷入了重围，身边的人都十分紧张，太宗叫他们先冲杀出去，自己单骑殿后。王世充的骁将单雄信指挥几百骑兵从两侧夹击，敌枪交刺，太宗差点儿支持不住，左右放箭，敌兵无不应弦倒毙，还擒获王世充的大将燕颀。王世充让慈涧守军撤回洛阳。太宗派行军总管史万宝从宜阳南进占领龙门，刘德威从太行东出围困河内，王君廓到洛口切断敌军粮道，又派黄君汉乘天黑从孝水河出动战船袭取回洛城。黄河以南，无不响应唐军，王世充占有的城堡逐个归降。太宗率大军进驻北邙山。九月，太宗带了五百骑先观察战地，仓促间和王世充统带的万把人碰上，双方会战，又战败王军，斩首三千多，擒获大将陈智略，王世充弃军逃跑。这时王世充所任命的管州总管杨庆派使者见太宗请降，太宗派李世勣带兵马通过轘辕道到管州安抚降众。接着荥、汴、洧、豫等九州相继来降，王世充只得向窦建德求救。武德四年(621)二月，太宗又进驻青城宫。营垒还没筑好，王世充就带了二万人马出方诸门面临穀水摆开阵势。太宗率领精锐骑兵在北邙山上结阵，派屈突通带上五千步兵渡过穀水攻击敌军，同时告诫屈突通道："等两军交锋你赶快放烟，我会带领骑兵南下接应。"才一交锋，太宗的骑兵就冲杀下来，太宗自己一马当先，和屈突通军里外相呼应。敌军也拼死战斗,几度被冲散又重新汇合。从辰时杀到午时,敌军才不支后退,太宗纵兵追赶,俘虏斩杀八千人。于是太宗进逼到洛阳城下扎营,王世充不敢再出战,只能凭城守御,等待窦建德来救援。太宗叫各军挖掘深沟,在洛阳城四周布下长围来困住王世充。这时,已降唐的吴王杜伏威派他的将领陈正通、徐召宗率领精兵二千,到太宗军会同作战。王世充的伪郑州司马沈悦献武牢降唐,唐将王君廓出兵接应,生擒在武牢的王世充侄儿伪荆王王行本。

正在这时候,窦建德带上十多万兵马来救援王世充,已南进到酸枣。萧瑀、屈突通、封德彝等人都认为唐军腹背受敌,非万全之计,建议全军撤退到谷州等机会。太宗不同意,说:"王世充这边粮食快吃完了,内外离心,我们已不再花气力进攻,可等他自己垮台。窦建德刚打掉孟海公,将领骄傲士卒懈怠,我们只需进据武牢,扼守住险要地带,他如果不顾险阻硬要和我们争锋,我们一定能把他打败,如果他逗留不战,过上一二十天王世充这边就要崩溃。如果我们不迅速行动,让窦建德进入武牢,新归附的城镇必不能固守,窦、王两家合力向我们攻击,我们将如何支持?"屈突通又建议解洛阳之围,据守邻近的险要地区等候时机,太宗也不同意。于是太宗留下屈突通协助四弟齐王李元吉围困王世充,自己亲自率领步骑三千五百人赶到武牢。这时窦建德正从荥阳西进,在板渚筑下营垒,太宗驻守武牢。双方对峙了二十多天,唐军派出的侦察兵回来说:"窦建德窥见我军战马已把附近的青草吃尽,将转移到黄河北岸去放牧,那时他就要来袭取武牢。"太宗知道了,就故意让战马过河放牧来引诱窦建德。第二天清早,窦建德果真全军出动,在汜水东岸摆开阵势,王世充部将郭士衡也在南边结阵,南北连接有好几里长,鼓声、喊杀声闹得惊天动地,唐军将领不免紧张起来。太宗带了几骑登上高丘一看,下来对将领们说:"敌人起自山东,从未经临大战役,如今行军经过险要地区而大叫大闹,是不讲纪律,阵势敢摆到武牢城下,是轻视我军。我们按兵不动,敌人的气焰就会低落下去,摆阵时间久了,战士饥疲,就得自行退却,这时我们出兵追击,必定所向无敌。我现在给诸公约定,准定过了午时就破敌!"窦建德的军阵从辰时摆到午时,士兵又饿又疲倦,都坐倒下来,又抢着喝水,窦建德迟疑了一会儿准备收兵退却。太宗说:"该打了!"就亲自率领轻骑出营追赶,来吸引住敌军,大军跟在后边行动。窦建德回军重新摆阵迎敌,还没来得及排好行列,太宗就一马当先,所向披靡,接着全军投入战斗,尘埃四起。太宗带着史大奈、程咬金、秦叔宝、宇文歆等勇将拿起旗幡冲入敌阵,一直杀到阵后,把旗幡张开,敌兵看到了军心大乱,彻底崩溃。唐军追赶三十里,斩杀敌兵三千多,俘虏五万,就在阵上把窦建德生擒活捉。太宗斥责他说:"我这次兴师问罪,目标本是王世充,他的得失存亡和你有什么相干,你为什么越境前来,犯我兵锋?"窦建德腿发着抖对答道:"我这次如果不来,怕有劳你下次远征啊!"高祖接到捷报高兴极了,亲笔下了道诏书说:"自从隋家天下分崩离析,崤、函以东就隔绝不通,王世充、窦建德两雄合势,被你一旦扫荡干净,既打了大胜仗,又很少伤亡,真不愧是个好臣子,让为父的不再操心担忧,所有这一切都是你的功劳啊!"接着太宗把窦建德押送到洛阳城下,王世充知道大势已去,就带领部下官员二千多人到军营门前乞降,山东地区全部平定。太宗进入洛阳占领宫城,叫萧瑀、窦轨等人把府库封锁守卫好,自己一无所取,还叫记室参军房玄龄把隋朝留下的图书簿籍收管起来。于是把和王世充共同作恶的段达等五十多人都处死,被王世充无辜囚禁的统统释放,冤枉杀戮的祭奠致哀。

还大摆筵席宴请将士,分别奖励赏赐。高祖也派尚书左仆射裴寂来军中慰劳。

这年六月,大军凯旋。太宗亲自披上黄金甲,全副装备的一万骑兵和三万战士排成队列,前后部鼓吹奏起军乐,押着俘获的二名伪主王世充和窦建德,还有隋朝御用的器物辇辂,到太庙献俘告捷。高祖也很兴奋,亲自在太庙里行饮至礼宴请他们。高祖还考虑到历来所有的官职都和立了大功的太宗不相称,就另行创设徽号,来表彰太宗的勋劳,在十月里给太宗加号天策上将兼陕东道大行台,位在王公之上,增加食邑二万户,连原先的一共三万户,赐给金辂一辆,还有衮冕之服,一双玉璧、六千斤黄金,以及前后部鼓吹和九部之乐,四十人的班剑仪仗队伍。

这时海内逐渐平定,太宗就把精力用到经典文章上面,在秦王府开文学馆招待四方才学之士,让行台司勋郎中杜如晦等十八人充任学士,经常到太宗跟前轮直,太宗和颜悦色地和他们一起讨论经义,有时到半夜才休息。

过不了多久,窦建德的旧将领刘黑闼起兵反唐,占据了洺州。十二月,太宗总统部队从长安东出征讨。武德五年(622)正月,太宗进军肥乡,同时分兵切断敌军的运粮通道。双方相持了两个月,刘黑闼无计可施,急切求战,带了二万兵马向南渡过洺水,在清晨直逼唐军。太宗亲自率领精骑打败刘黑闼的马军,乘胜又向步兵冲杀,刘军溃败,一万多被斩死。在这以前太宗已知道刘黑闼要出动,叫人在洺水上流筑起水堰,使下流水浅,让刘军好涉水而过,仗打起来了,就叫决堰放水,水很快涨到一丈多深,刘军败逃想重过洺水的都被淹死。刘黑闼只得带了二百多骑兵北逃投奔突厥,其余的统统被俘虏,河北宣告平定。当时还有个徐圆朗在徐、兖二州反唐,太宗回军也把他打掉,这时黄河、济水、长江、淮河一带的州县都平静下来,不再发生战争。十月,太宗被加授左右十二卫大将军。……武德八年(625),再被加授中书令。

武德九年(626),皇太子李建成、齐王李元吉要谋害太宗,六月四日,太宗率领长孙无忌、尉迟敬德、房玄龄、杜如晦、宇文士及、高士廉、侯君集、程知节、秦叔宝、段志玄、屈突通、张士贵等人在玄武门把他俩杀死。八日,太宗立为皇太子,所有政事都由他处理判断。……八月八日,高祖传位于皇太子,太宗继位于显德殿。……十八日,放出掖庭宫女三千多人。……二十一日,册立妃长孙氏为皇后。……

二十八日,突厥的颉利可汗入侵,到达渭水的便桥北头,派他手下的酋帅执失思力入朝窥测动静,并自夸兵力如何强大,太宗下令把他关起来。太宗亲自出玄武门,带上六名亲信重臣快马来到渭水边,和颉利可汗夹水对话,责备他违背盟约。等一会儿各路唐军也都赶到。颉利可汗看到唐军声势浩大,又知道思力已被拘留,害怕起来,就提出要讲和,太宗下诏准和,当天就回宫。三十日,太宗再驾幸便桥,和颉利可汗杀白马立盟约,突厥兵马撤退。……

冬十月……八日,太宗立他和长孙皇后的长子中山王李承乾为皇太子。……

贞观元年(627)春正月元旦,改年号为贞观。……夏天,山东各州大干旱,下令受灾的地方由政府救济抚恤,并免缴本年的租税。……八月……潼关以东,黄河以南以及陇右沿边各州闹霜冻损害了秋季的庄稼。九月十二日,派中书侍郎温彦博、尚书右丞魏徵等分头去各州救济抚恤。……本年,关中粮食歉收,百姓有卖儿卖女的。

贞观二年(628)……三月……二十日,派御史大夫杜淹巡视关中各州,拿出皇帝内府的金银财宝,给杜淹收赎被卖的百姓儿女,还给他们的父母。……夏四月,……下诏叫天下州县都设置义仓以救灾。……八月,河南、河北又发生大霜灾,百姓闹饥荒。……

贞观三年(629)……六月八日,因为天旱,太宗亲自审核囚犯罪案看有无冤屈,派长孙无忌、房玄龄等到名山大川去求雨,派中书舍人杜正伦等到关内各州慰问抚恤,又叫文武百官上书奏事,对政事得失敞开说。……本年,户部上奏说:中国人从塞外回来的,加上突厥先后内附的和四夷开辟为州县的,有男女一百二十多万人。

贞观四年(630)正月九日,定襄道行军总管李靖大破突厥。……二月……八日,李靖又在阴山打垮突厥,颉利可汗轻装快马往远处逃跑。……三月十五日,大同道行军副总管张宝相生擒颉利可汗,送到京师长安。……由此西北各族都请给大唐皇帝上尊号叫"天可汗",太宗规定今后发布册命西北各族君长的诏书时就兼称"天可汗"。……本年,判死刑的只有二十九人,几乎做到了不必使用刑法。东边到海,南边到五岭,都做到外户不闭,来往的旅客可不必自带粮食。

贞观五年(631)……秋八月……二十一日,开始规定全国各地判处死刑,要复奏过三次无疑义后才能执行,京城里有关部门判处死刑则要复奏过五次才能执行。执行死刑的那天,管皇帝饮食的尚食局只能进蔬食,管宫廷音乐歌舞的内教坊和太常寺不得演奏。

贞观六年……十二月二十二日(633年2月6日),太宗亲自审核囚犯罪案,把死刑罪犯二百九十人都暂时放回家,叫他们明年秋末来受刑。后来这些死刑犯都如期来到,太宗下诏全部免罪释放。本年,党项羌先后归附的有三十万人。

贞观七年(633)……八月,山东地区黄河以南的三十个州闹大水,派使者救济抚恤。……十一月三日,颁行新校定的"五经"。……

贞观八年(634)……七月……山东地区的河南、淮南闹大水,派使者救济抚恤。

贞观九年(635)……五月……六日,退位为太上皇的高祖李渊在大安宫逝世。十八日,李靖在西海边打平吐谷浑,国王慕容伏允被杀,伏允子慕容顺光投降,被封为西平郡王,恢复吐谷浑国让他统治。……十二月十二日,吐谷浑西平郡王慕容顺光又被部下所杀,派兵部尚书侯君集带兵去安抚,仍封顺光的儿子诺曷钵为河源郡王,叫他统治吐谷浑部落。……

贞观十年(636)春正月二十一日,尚书左仆射房玄龄、侍中魏徵进呈纂修好的梁、陈、北齐、北周、隋五代的纪传史,太宗下诏收进皇家的藏书处秘阁里。……夏六月……二十一日,皇后长孙氏在立政殿逝世。

贞观十一年(637)春正月……十四日,新修的《律》、《令》颁行全国。二十八日,房玄龄等进呈所纂修的《五礼》,太宗下诏有关部门使用执行。……秋七月一日,大雨倾盆,榖水泛溢涌进洛阳宫,水有四尺深,冲坏左掖门,损毁官寺十九所。洛水也泛溢,冲掉居民六百家。八日,太宗下诏叫百官上书奏事,对政事得失畅所欲言。……二十日,拆掉洛阳明德宫和飞山宫的玄圃院,把砖瓦木材分给被大水冲毁房屋的居民,还分别赏赐绢帛。……九月六日,黄河又水涨泛溢,陕州河北县被破坏,河南府河阳县的中潬被冲毁,太宗驾幸中潬南面白司马坂观察水势,分充赏赐遭水灾人家粟米绢帛。……

贞观十二年(638)春正月十五日,吏部尚书高士廉等进呈《氏族志》一百三十卷。

贞观十三年(639)……从去年冬天到这年五月一直不下雨,五月十二日,太宗鉴于旱灾严重,自己贬抑,不在正殿听政,叫五品以上官员上书议论政事得失,自己减少膳食,停罢百姓的无偿劳役,派使者分头去救济抚恤,并为百姓申理冤屈,天这才下了雨。……

贞观十四年(640)……二月……十三日,左骁卫将军、淮阳王李道明送弘化公主到吐谷浑嫁给国王诺曷钵。……八月……二十八日,交河道行军大总管侯君集灭掉高昌,在高昌统治的地区设置西州。九月……二十一日,在西州设置安西都护府。……

贞观十五年(641)春正月……十五日,礼部尚书、江夏王李道宗送文成公主到吐蕃嫁给松赞干布。……十二月……十七日(642年1月23日),李勣和薛延陀在诺真水交战,大破薛延陀,斩杀三千多,虏获马匹一万五千。……

贞观十六年(642)……冬十一月四日,太宗到岐山狩猎。……十一日,太宗在他诞生地庆善宫的南门宴请武功当地人士和妇女,酒喝够了,太宗和父老们讲说旧事,都禁不住流下了眼泪,老人们一个个起来舞蹈,抢着给太宗敬酒呼万岁,太宗也一一干杯。……

贞观十七年(643)……二月二十八日,太宗下诏把司徒、赵国公长孙无忌等勋臣二十四人的像画到凌烟阁上。……夏四月一日,皇太子李承乾有罪,废为庶人,太宗弟汉王李元昌、吏部尚书侯君集都因为和李承乾通谋被杀。七日,立太宗第九子、长孙皇后生的第三个儿子晋王李治即后来的高宗为皇太子。……十四日,太宗第四子、长孙皇后生的第二个儿子魏王李泰因罪降爵为东莱郡王。……

贞观十八年(644)……冬十月……十四日,……安西都护郭孝恪领军灭掉焉耆。……十一月二日,太宗到达洛阳宫。……三十日,调发全国战士,再召募十万,都向平壤进发,去打高丽。……

贞观十九年(645)春二月十二日,太宗亲自统率大军从洛阳出发。十七日,太宗下诏留皇太子李治在定州监国。……三月二十九日,太宗从定州出发。……五月十日,太宗渡过辽水。十七日,太宗亲自率领骑兵和李勣军会合,包围辽东城,……攻了下来。……秋七月,李勣进军攻打安市城,到九月还攻不下,就只好班师回军。冬十月十三日,太宗带了大军进入临渝关,皇太子李治从定州来迎接进见。……十二月十四日(646 年 1 月 6 日),太宗驾幸并州。

贞观二十年(646)春正月……十四日,太宗派大理卿孙伏伽、黄门侍郎褚遂良等二十二人,用六条要求来分头巡察全国各地,地方官做得好的可奖励提升,不称职的要贬斥。……三月七日,太宗回到京师长安。……六月,派出的兵部尚书、固安公崔敦礼和特进、英国公李勣在郁督军山北边打垮薛延陀,先后斩杀五千多,俘虏男女三万多。秋八月……十日,太宗驾幸灵州。……九月十五日,铁勒各部落的俟斤、颉利发等接连派出几千使者到灵州,来进贡当地土产,请求唐朝在当地派设官吏,还都请求唐朝皇帝兼做他们的可汗。于是北边完全平定,太宗做了五言诗刻在石碑上,来记述这件大喜事。冬十月……二十八日,太宗从灵州回到长安。

贞观二十一年(647)……在突厥之北到回纥部落居住的地方,设置六十六所驿,畅通北边的交通。

　　贞观二十二年(648)……五月二十日,右卫率长史王玄策进攻帝那伏帝国,把它打垮,俘获国王阿罗那顺和王妃、王子,还有男女一万二千人,牛马二万多,都送到长安。太宗叫该国的方士那罗迩娑婆在金飙门替他制造所谓延年益寿的药物。……闰十二月一日,昆山道总管阿史那社尔……攻下龟兹、大拨等五十城,俘虏好几万人,龟兹王诃黎布失毕也被俘获带回长安,龟兹平定,整个西域都为之震动。阿史那社尔的副将薛万彻也胁迫于阗王伏阇信入朝长安。

　　贞观二十三年(649)……二月……十二日,西突厥肆叶护可汗派使者来朝见。……四月二十五日,太宗驾幸翠微宫。五月……二十六日(646年7月10日),太宗在翠微宫的含风殿里逝世,享年五十二岁。遗诏叫皇太子李治在灵柩前即位。……八月四日,百官给上谥号叫文皇帝,庙号叫太宗。十八日,葬于昭陵。高宗上元元年(674)八月,改上尊号叫文武圣皇帝,玄宗天宝十三载(754)二月,又改上尊号叫文武大圣大广孝皇帝。

狄仁杰传

狄仁杰在武则天统治时期做到宰相,是我国历史上有名的清官、好宰相。通过这篇传记,可以让我们看到这类清官、好宰相的真实面貌,即一方面苦心维护封建主义的统治,另一方面又关注民间疾苦,有限度地为老百姓做点好事。此外,武则天统治时期的社会问题和政治、军事上的问题,在这篇传记里也有所透露,读起来比那种一味歌功颂德的文字要真切得多。由于全文较长,对其中长篇大论的奏疏作了删节。(选自卷八九)

狄仁杰,字怀英,并州太原人也。祖孝绪,贞观中尚书左丞。父知逊,夔州长史①。仁杰儿童时,门人有被害者,县吏就诘之,众皆接对,唯仁杰坚坐读书。吏责之,仁杰曰:"黄卷之中②,圣贤备在,犹不能接对,何暇偶俗吏,而见责耶!"

后以明经举③,授汴州判佐④。时工部尚书阎立本为河南道

① 夔(kuí 葵)州:今重庆奉节。
② 黄卷:即书本,当时书本用黄纸抄写,作卷轴式,因而可叫黄卷。
③ 明经:唐代科举中的一种主要科目。
④ 判佐:唐代府、都督府、都护府等都设有功曹、仓曹、户曹、兵曹、法曹、士曹六参军事,州也有司功、司仓、司户、司兵、司法、司士六参军事,参军事下又有佐史,判佐即指这种佐史。

黜陟使①，仁杰为吏人诬告，立本见而谢曰："仲尼云：'观过知仁矣②。'足下可谓海曲之明珠③，东南之遗宝！"荐授并州都督府法曹④。其亲在河阳别业⑤，仁杰赴并州，登太行山，南望见白云孤飞，谓左右曰："吾亲所居，在此云下！"瞻望伫立久之⑥，云移乃行。仁杰孝友绝人，在并州有同府法曹郑崇质，母老且病，当充使绝域，仁杰谓曰："太夫人有危疾，而公远使，岂可贻亲万里之忧！"乃诣长史蔺仁基，请代崇质而行。时仁基与司马李孝廉不协，因谓曰："吾等岂独无愧耶？"由是相待如初。

仁杰仪凤中为大理丞⑦，周岁断滞狱一万七千人，无冤诉者。时武卫大将军权善才坐误斫昭陵柏树，仁杰奏罪当免职，高宗令即诛之，仁杰又奏罪不当死，帝作色曰："善才斫陵上树，是使我不孝，必须杀之！"左右瞩仁杰令出⑧，仁杰曰："……陛下作法⑨，悬之象魏⑩，徒、流、死罪，俱有等差，岂有犯非极刑，即令赐死？法

---

① 河南道：贞观时十道之一，大体有今河南、山东二省的黄河以南地区。
② 观过知仁矣：见《论语·里仁》，原文是"观过斯知仁矣"。
③ 足下：古人常尊称对方为足下。
④ 法曹：法曹参军事的简称。
⑤ 河阳：县名，在今河南孟县南，南临黄河。
⑥ 伫(zhù 注)：站立了好久。
⑦ 大理丞：大理寺是当时中央的审判机关，长官是卿，副职是少卿，下设六丞做具体工作。
⑧ 瞩(zhǔ 主)：注视。
⑨ 陛下：古代对皇帝的一种尊称。
⑩ 象魏：古代天子、诸侯宫门外的阙也叫象魏。当时制定了法律就在象魏上悬挂公布。唐律当然不用再在这里公布，"悬之象魏"者只是公之于众的意思。

既无常,则万姓何所措其手足①?……今陛下以昭陵一株柏杀一将军,千载之后,谓陛下为何主。此臣所以不敢奉制杀善才,陷陛下于不道!"帝意稍解,善才因而免死。居数日,授仁杰侍御史②。

时司农卿韦机兼领将作、少府二司,高宗以恭陵玄宫狭小③,不容送终之具,遣机续成其功,机于埏之左右为便房四所④。又造宿羽、高山、上阳等宫⑤,莫不壮丽。仁杰奏其太过,机竟坐免官。左司郎中王本立恃宠用事,朝廷慑惧,仁杰奏之,请付法寺。高宗特原之,仁杰曰:"国家虽乏英才,岂少本立之类,陛下何惜罪人而亏王法?必欲曲赦本立,请弃臣于无人之境,为忠贞将来之诫。"本立竟得罪,繇是朝廷肃然⑥。寻加朝散大夫⑦,累迁度支郎中⑧。

高宗将幸汾阳宫⑨,以仁杰为知顿使⑩。并州长史李冲玄以

①何所措其手足:这是从《论语·子路》所说的"刑罚不中,则民无所措手足"这句话套来的,措就是置放,无所措手足,就是不知如何是好。

②侍御史:唐代中央的监察兼司法机关是御史台,长官叫御史大夫,副职叫御史中丞,其下有侍御史、殿中侍御史、监察御史各若干人。

③恭陵:高宗太子李弘的墓,因李弘早死,被追谥为孝敬皇帝,所以他的墓也按皇帝规格而命名为恭陵。玄宫:皇帝墓穴的专称。

④埏(yán 延):墓道。

⑤宿羽、高山、上阳等宫:都是洛阳的离宫。

⑥繇(yóu 尤):由。

⑦朝散大夫:唐代除正式的职官即职事官外,还设有文武散官、勋官和爵,都仅是荣誉性职称,朝散大夫是从五品下阶的文散官。

⑧度支郎中:唐尚书省六部二十四司,司的负责人叫郎中,副的叫员外郎,度支是户部的一个司。

⑨汾阳宫:在汾阳,今山西宁武西南管涔(cén 岑)山上。

⑩知顿使:唐代的所谓使都是临时的差使而不算正式职官,知顿使是负责途中休养供应等工作。

道出妒女祠①，俗云盛服过者必致风雷之灾，乃发数万人别开御道，仁杰曰："天子之行，千乘万骑，风伯清尘，雨师洒道②，何妒女之害耶?"遽令罢之③。高宗闻之，叹曰："真大丈夫也!"

俄转宁州刺史④，抚和戎、夏，人得欢心，郡人勒碑颂德。御史郭翰巡察陇右，所至多所按劾，及入宁州境内，耆老歌刺史德美者盈路，翰既授馆，召州吏谓之曰："入其境，其政可知也，愿成使君之美⑤，无为久留。"州人方散。翰荐名于朝，征为冬官侍郎⑥，充江南巡抚使⑦。吴楚之俗多淫祠⑧，仁杰奏毁一千七百所，唯留夏禹、吴太伯、季札、伍员四祠。

转文昌右丞⑨，出为豫州刺史。时越王贞称兵汝南事败⑩，缘坐者六七百人，籍没者五千口。司刑使逼促行刑，仁杰哀其诖误⑪，缓其狱，密表奏曰："臣欲显奏，似为逆人申理，知而不言，恐

①妒女祠：在今山西昔阳。
②风伯：风神。雨师：雨神。
③遽(jù据)：立刻。
④宁州：今甘肃宁县及其周围地区。刺史：州的长官。
⑤使君：对刺史的尊称。
⑥冬官：武则天称帝后改尚书省为文昌台，六部为天、地、春、夏、秋、冬六官，冬官即工部。
⑦江南巡抚使：临时的差使，巡察安抚长江中下游当时所谓江南地区。
⑧吴楚：当时地理上的习惯用语，即今江苏到湖北的长江中下游地区。淫祠：不列入国家祀典而由民间兴起来的祠庙。
⑨文昌右丞：唐尚书省设左右丞，作为左右仆射的辅佐，这时尚书省改为文昌台，文昌右丞实即尚书右丞。
⑩越王贞：太宗第八子，起兵反武则天，失败自杀。汝南：今河南汝南及其周围地区。
⑪诖(guà挂)误：牵累。

乖陛下存恤之旨，表成复毁，意不能定。此辈咸非本心，伏望哀其
违误。"特敕原之，配流丰州①。豫因次于宁州，父老迎而劳之曰：
"我狄使君活汝辈邪?"相携哭于碑下，斋三日而后行。豫囚至流
所，复相与立碑颂狄君之德。

初，越王之乱，宰相张光辅率师讨平之，将士恃功，多所求取，
仁杰不之应。光辅怒曰："州将轻元帅耶②?"仁杰曰："乱河南者，
一越王贞耳。今一贞死而万贞生。"光辅质其辞，仁杰曰："明公董
戎三十万，平一乱臣，不戢兵锋③，纵其暴横，无罪之人，肝脑涂
地，此非万贞何耶？且凶威胁从，势难自固，及天兵暂临，乘城归
顺者万计，绳坠四面成蹊。公奈何纵邀功之人，杀归降之众？但
恐冤声腾沸，上彻于天。如得尚方斩马剑加于君颈④，虽死如
归。"光辅不能诘，心甚衔之，还都，奏仁杰不逊。左授复州刺史⑤。

入为洛州司马⑥。天授二年九月丁酉，转地官侍郎判尚书、
同凤阁鸾台平章事⑦。则天谓曰："卿在汝南时，甚有善政，欲知

①丰州：在今内蒙古河套西北部及其逦北一带。
②州将：当时刺史也管军事，因此可称之为州将。
③戢(jí集)：收敛。
④尚方斩马剑：西汉成帝时朱云在朝廷上指责佞臣张禹，要求皇帝赐尚方斩
　马剑杀他的头。尚方是当时制造御用器物的机构，斩马剑是说剑锋利得
　可以斩马。狄仁杰在这里即用朱云的典故。
⑤复州：今湖北沔(miǎn勉)阳及其周围地区。
⑥洛州：今河南洛阳及其周围地区。
⑦地官侍郎判尚书：以地官侍郎身份做尚书应做的工作。同凤阁鸾台平章事：唐
　初正式的宰相是左右仆射、中书令和侍中，不久职位稍低的也可加"同中书门
　下三品"、"同中书门下平章事"而为宰相，到武则天时左、右仆射不加同中书门
　下平章事的就不再算宰相。武则天又改中书省为凤阁，门下省为鸾台，这同凤
　阁鸾台平章事也就是同中书门下平章事，狄仁杰当上了宰相。

潛卿者乎①?"仁杰谢曰:"陛下以臣为过,臣当改之。陛下明臣无过,臣之幸也。臣不知潛者,并为善友,臣请不知。"则天深加叹异。

未几,为来俊臣诬构下狱。时一问即承者例得减死,来俊臣逼胁仁杰,令一问承反,仁杰叹曰:"大周革命,万物唯新,唐朝旧臣,甘从诛戮,反是实。"俊臣乃少宽之。判官王德寿谓仁杰曰:"尚书必得减死。德寿意欲求少阶级②,凭尚书牵杨执柔可乎?"仁杰曰:"若何牵之?"德寿曰:"尚书为春官时③,执柔任其司员外,引之可也。"仁杰曰:"皇天后土④,遣仁杰行此事!"以头触柱,流血被面,德寿惧而谢焉。既承反,所司但待日行刑,不复严备。仁杰求守者得笔砚,拆被头帛书冤,置绵衣中,谓德寿曰:"时方热,请付家人去其绵。"德寿不之察。仁杰子光远得书,持以告变,则天召见,览之,而问俊臣,俊臣曰:"仁杰不免冠带,寝处甚安,何由伏罪?"则天使人视之,俊臣遽命仁杰巾带而见使者,乃令德寿代仁杰作谢死表,附使者进之。则天召仁杰,谓曰:"承反何也?"对曰:"向若不承反,已死于鞭笞矣⑤。""何为作谢死表?"曰:"臣无此表。"示之,乃知代署也,故得免死,贬彭泽令⑥。武承嗣屡奏请诛之,则天曰:"朕好生恶杀,志在恤刑,涣汗已行⑦,不可更返。"

---

①潛(zèn 怎去声):说人的坏话。

②阶级:指官阶品级,并非今天所说的阶级。

③春官:狄仁杰只在地官、冬官两部门做过官,这春官可能有错误。

④后土:土就是地,后就是王,后土就是古人信仰中土地的神灵。

⑤笞(chī 痴):鞭打,杖击。

⑥彭泽:在今江西彭泽东。令:当时县的长官叫令。

⑦涣汗:涣是散的意思,帝王发布号令,像身上出汗那样散发出去,所以古人称之为涣汗。

　　万岁通天年，契丹寇陷冀州①，河北震动，征仁杰为魏州刺史②。前刺史独孤思庄惧贼至，尽驱百姓入城，缮修守具。仁杰既至，悉放归农亩，谓曰：“贼犹在远，何必如是。万一贼来，吾自当之，必不关百姓也。”贼闻之自退，百姓咸歌诵之，相与立碑以纪恩惠。俄转幽州都督③。

　　神功元年，入为鸾台侍郎同凤阁鸾台平章事④，加银青光禄大夫⑤，兼纳言⑥。仁杰以百姓西戍疏勒等四镇⑦，极为凋弊，乃上疏曰：“……近者国家频岁出师，所费滋广，西戍四镇，东戍安东⑧，调发日加，百姓虚弊。开守西域，事等石田，费用不支，有损无益。转输靡绝，杼轴殆空⑨，越碛逾海，分兵防守，行役既久，怨旷亦多。……方今关东饥馑，蜀汉逃亡⑩，江淮以南，征求不息，人不复业，则相率为盗，本根一摇，忧患不浅。其所以然者，皆为远戍方外，以竭中国⑪，争蛮貊不毛之地⑫，乖子养苍生之道

---

① 契丹：古代的兄弟民族，当时生活在今河北、辽宁一带。冀州：今河北冀州及其周围地区。

② 魏州：今河北大名及其周围地区。

③ 幽州：今北京及其周围地区。都督：当时幽州设置都督府，以都督为长官。

④ 鸾台侍郎：即门下侍郎，是侍中的助理。

⑤ 银青光禄大夫：从三品的文散官。

⑥ 纳言：武则天一度改侍中为纳言。

⑦ 疏勒等四镇：疏勒、龟兹、于阗、焉耆四镇统称安西四镇。疏勒：今新疆喀什。

⑧ 安东：当时设有安东都护府，治所在今辽宁抚顺北。

⑨ 杼(shù 树)轴殆空：杼是柞树，杼轴是柞树制成的车轴。《诗·小雅·大东》有“大东小东，杼轴其空”的句子，是说车子往来于大东、小东两地，把车轴都磨掉一层，和轮子之间出现了空隙。狄仁杰就是用此典故。

⑩ 蜀汉：古代地理上的习惯用语，指今四川和陕南汉中地区。

⑪ 中国：指我国内地而言，和今天的概念不一样。

⑫ 貊(mò 陌)：先秦时兄弟民族。

也。……如臣所见,请捐四镇以肥中国,罢安东以实辽西,省军费于远方,并甲兵于塞上,……令边城警守备,远斥候①,聚军实,蓄威武,以逸待劳,则战士力倍,以主御客,则我得其便,坚壁清野,则寇无所得,自然贼深入必有颠踬之虑②,浅入必无虏获之益。如是数年,可使二虏不击而服矣③。”……事虽不行,识者是之。寻检校纳言④,兼右肃政台御史大夫⑤。

圣历初,突厥侵掠赵、定等州⑥,命仁杰为河北道元帅⑦,以便宜从事⑧。突厥尽杀所掠男女万余人,从五回道而去⑨,仁杰总兵十万追之不及。便制仁杰河北道安抚大使。时河朔人庶⑩,多为突厥逼胁,贼退后惧诛,又多逃匿。仁杰上疏曰:“……臣闻持大国者不可以小道,理事广者不可以细分,人主恢弘⑪,不拘常法。罪之则众情恐惧,恕之则反侧自安⑫。伏愿曲赦河北诸州,一无

---

① 斥候:远出侦察敌情叫斥候。
② 颠:跌倒。踬(zhì 至):绊倒。
③ 二虏:这里指契丹和与契丹在一起的奚,这两个兄弟民族是武则天最感到难于对付的。
④ 检校:唐代有所谓检校官,即不占正额而加授的官职。
⑤ 肃政台:武则天改御史台为肃政台。
⑥ 赵州:今河北赵县及其周围地区。
⑦ 河北道:唐十道之一,相当今河北、辽宁以及河南、山东二省当时黄河以北地区。
⑧ 便宜从事:准许斟酌情势,适宜怎么办就怎么办,不必请示,叫便宜从事。
⑨ 五回:岭名,在今河北易县西。
⑩ 河朔:古称北方为朔方,河朔即河北。
⑪ 人主:人的主宰者,是对皇帝的一种称呼。
⑫ 反侧:有顾虑不安定叫反侧。

所问。……"制从之。军还，授内史①。

圣历三年，则天幸三阳宫②，王公百僚咸经侍从。唯仁杰特赐宅一区，当时恩宠无比。

是岁六月，左玉钤卫大将军李楷固、右武威卫将军骆务整讨契丹余众擒之，献俘于含枢殿。则天大悦，特赐楷固姓武氏。楷固、务整，并契丹李尽忠之别帅也。初，尽忠之作乱，楷固等屡率兵以陷官军，后兵败来降，有司断以极法。仁杰议以为楷固等并有骁将之才，若恕其死，必能感恩效节，又奏请授其官爵，委以专征，制并从之。及楷固等凯旋，则天召仁杰预宴，因举觞亲劝，归赏于仁杰，授楷固左玉钤卫大将军，赐爵燕国公。

则天又将造大像，用功数百万，令天下僧尼每日人出一钱，以助成之。仁杰上疏谏曰："……比年已来，风尘屡扰，水旱不节，征役稍繁，家业先空，痍瘇未复③，此时兴役，力所未堪。伏惟圣朝，功德无量，何必要营大像，而以劳费为名，虽敛僧钱，百未支一，尊容既广，不可露居，覆以百层，尚忧未遍，自余廊庑，不得全无，又云不损国财，不伤百姓，以此事主，可谓尽忠？臣今思惟，兼采众议，咸以为如来设教④，以慈悲为主，下济群品，应是本心，岂欲劳人，以存虚饰？……"则天乃罢其役。

是岁九月病卒。则天为之举哀，废朝三日，赠文昌右相⑤，谥曰文惠。……

────────

①内史：武则天又把中书令改称内史。
②三阳宫：在告成县，今河南登封南。
③瘇（yí夷）：创伤。
④如来：释迦牟尼的十种称号之一。
⑤文昌右相：武则天时改尚书左右仆射为文昌左右相。

　　初，中宗在房陵①，而吉顼、李昭德皆有匡复谠言②，则天无复辟意③。唯仁杰每从容奏对④，无不以子母恩情为言，则天亦渐省悟，竟召还中宗，复为储贰。……仁杰前后匡复奏对凡数万言，开元中北海太守李邕撰为《梁公别传》⑤，备载其辞。中宗返正，追赠司空。睿宗追封梁国公⑥。

【翻译】

　　狄仁杰，字怀英，并州太原人。祖名孝绪，贞观中做到尚书左丞。父名知逊，做到夔州长史。当仁杰还是儿童的时候，家里有个门客被人杀害，县吏前来查问，家里的人都出来接待应酬，只有他一动不动地坐着读书。县吏责怪他，他说："书本里面有这么多圣贤，忙得我接待不过来，哪有时间来给你这样的俗吏打交道，你责怪我干什么！"

　　后来仁杰举明经科，被派到汴州去做佐史。当时工部尚书阎立本是河南道的黜陟使，仁杰被州吏诬告，阎立本弄清了情况，知道仁杰是个好官，对仁杰致歉说："孔子讲过：'看君子的所谓过失，就能知道他的好品德。'你真可算是未被人们发现的海湾明

---

①中宗在房陵：中宗即武则天和高宗所生第三子李显，高宗死后即位，很快被武则天废为卢陵王，放逐到房陵即今湖北房县。

②谠(dǎng党)：正直。

③复辟：这里的"辟"是指君主，君主被废后又复位叫复辟，今天则引申为凡被打倒过的旧势力重新掌权都叫复辟。

④从(cōng聪)容：不急迫。

⑤北海：玄宗时曾改青州为北海郡，在今山东青州及其周围地区。

⑥睿宗：武则天和高宗所生第四子李旦，在中宗死后通过政变当上皇帝，玄宗李隆基是他的第三子。

珠,未经人搜罗的东南珍宝啊!"于是推荐他充任并州都督府的法曹参军事。当时仁杰的父母在河阳别墅里居住,仁杰从汴州去并州,路过太行山,在山上看到南边有片白云在飘移,对身边的人说:"我父母住的地方,就在这白云下边啊!"站着看了好长时间,等白云移远了才继续赶路。仁杰之讲孝道、重友情非常人所能企及。在并州任职时,有同府法曹参军事叫郑崇质的,母亲既老且病,可要被派出使边远地方,仁杰对他说:"你老太太病得不轻,而你却要出远门,让老太太挂念万里之外的亲人,这怎么行呢!"仁杰去见都督府长史蔺仁基,要求代替郑崇质出使。当时蔺仁基和府司马李孝廉正闹意气,被仁杰的行为感动了,对李孝廉说:"难道我们不觉得惭愧吗?"从此两人恢复了正常的关系。

仪凤年间仁杰做大理丞,清理大量疑难积案,一年中判处有罪或无罪释放的多至一万七千人,没有一个认为冤屈再要求申诉的。有个武卫大将军叫权善才的,因为误砍了太宗昭陵上的柏树,仁杰上奏罪该免职,高宗认为太轻了,叫马上把他处死,仁杰又上奏说此人罪不当死,高宗生气了,板着脸说:"此人砍昭陵上的树,是陷我于不孝,必须杀掉!"旁边的人示意仁杰赶快走开,仁杰不理睬,说:"……陛下制定法律,公之于众,无论徒刑、流放刑、死刑,都得按照罪行的大小轻重来判处,哪有所犯并非死罪,就叫判处死刑?刑法既无常规,教万民何所措其手足?……现在陛下为了昭陵的一株柏树就可杀掉一位将军,那千年以后人们将把陛下看成是什么样的皇帝。这就是臣之所以不敢听陛下的命令杀权善才,以陷陛下于无道啊!"高宗的态度缓和一些了,权善才因之得以免死。过了几天,高宗任命仁杰为侍御史。

当时司农卿韦机兼管将作、少府二司,高宗认为给太子李弘兴建的恭陵墓穴狭小,安放不下殉葬的东西,叫韦机再去稍为扩大一下，韦机却在墓道两旁扩充了四所偏房。另外，韦机在洛阳修造宿羽、高山、上阳等离宫，也都修得宏伟漂亮。仁杰上奏指责韦机做得太过分了，韦机终于因之免职。还有个左司郎中叫王本立的恃宠擅权，政府里的人都怕他不敢多说，仁杰上奏指出此人的问题，建议交付大理寺。高宗要破例原宥他，仁杰说："国家即使缺乏英才，难道少了王本立之类，陛下为什么为了怜惜罪人而破坏王法呢？一定要曲法以赦王本立，那就请免臣的官，把臣放逐到边远无人之地，作为日后忠心报国者的鉴诫。"王本立终于被判了罪，朝廷的风气大为好转。不久仁杰被加授朝散大夫，几度升迁做上度支郎中。

高宗将驾幸并州汾阳宫，派仁杰充任知顿使。并州长史李冲玄考虑到御驾要经过妒女祠，而民间传说穿着漂亮一些会恼怒妒女神，会招致风雷之灾，就调发几万老百姓来另开一条御道，仁杰说："天子出行，千乘万骑，风伯清扫尘埃，雨师湿润道路，哪有什么妒女敢捣乱？"立即命令停止开路。高宗知道了，赞叹道："这真是大丈夫啊！"

不久仁杰转任宁州刺史，安抚当地的汉族和其他各民族，调和他们之间的关系，博得大家的欢心，州里给他立碑歌颂德政。御史郭翰巡察陇右，所到之处地方官多被弹劾处理，进入宁州州境，一路上人们尽讲刺史的好话，郭翰到馆舍坐定，就把州吏找来说："我进入州境，就知道刺史的政绩是怎样了。我要成人之善，不用在这里多停留。"聚集在外边的百姓听了才放心离开。接着郭翰把狄仁杰的名字向朝廷推荐，被征为冬官侍郎，充任江南安抚使。吴楚民间淫祠极多，仁杰奏请毁掉一千七百所，只留下确有功业值得祭祀的夏禹、吴太伯、季札、伍员四位的祠庙。

仁杰转任文昌右丞，又外任豫州刺史。正值越王李贞在汝南起兵失败,连带被处死刑的有六七百人,家属被籍没为奴婢的有五千口。大理寺逼促仁杰行刑,仁杰哀怜这些人都是被牵累的,就设法拖延,同时秘密上奏道:"臣如果公开上奏,好像是替叛逆说话,臣如果知而不言,又怕有背于陛下用刑审慎、不轻易诛杀的旨意,因此表写成了又毁掉,定不了主意。其实这些人谋叛确实都并非出于本心,而只是被连累,还得乞求陛下怜悯。"武则天接受他的请求,下诏敕予以减免,改为配流丰州。这批人去丰州中途经过宁州,宁州的父老们对他们接待慰问,说:"是我们的狄使君救活你们的吧!"大家拉着手到狄仁杰的德政碑下痛哭,为狄仁杰斋戒三日以求福,然后离开宁州。到配流地丰州,又集资立碑歌颂狄仁杰的功德。

前此,越王李贞变乱,是宰相张光辅带兵来平定的,手下将士自恃有功,多次无理向州里索取,仁杰不予理睬。张光辅发怒了,说:"你这个州将轻视我元帅吗?"仁杰说:"在河南作乱的,本只是一个越王李贞,现在一个李贞才死,上万个李贞又出现了。"张光辅质问他这话是什么意思,仁杰说:"明公统兵三十万,打平一个乱臣,却不收敛兵锋,而放纵将士暴横,弄得无罪的人肝脑涂地,这不是上万个李贞又是什么?何况州人屈于李贞凶威胁从作乱,本就无心自固,天兵一到,登城归顺的数以万计,用绳子坠下把城四周都踏得尽是脚印,你怎能放纵邀功者乱杀这些归降的人?只怕冤声腾沸,连上天都听到了。我如有尚方斩马剑来斩你的头,虽死也甘心。"张光辅无话可说,怀恨在心,回到长安后对武则天说狄仁杰对朝廷不恭顺,仁杰被降调到复州任刺史。

后来仁杰又被调任洛州司马。天授二年(691)九月三十日,升任地官侍郎判尚书、同凤阁鸾台平章事。武则天对他说:"卿在汝南的时候,很有政绩,想知道是谁在说卿的坏话吗?"仁杰拜谢道："陛下如果认为臣有过失，臣应该改过，现在陛下既弄清楚臣并无过失，臣就很幸运了。臣确实不知道谁在说坏话，想来都是同朝的友好，臣请求不要让臣知道。"武则天大为赞叹。

　　不久，仁杰被酷吏来俊臣诬构下狱。当时一次审问就认罪的照例可以减罪不死，来俊臣逼胁仁杰，要他一审问就承认谋反，仁杰叹口气说："大周革命，万物唯新，我是唐朝的旧臣，自甘遭受诛戮，谋反是实。"来俊臣见承认了就对他稍放松了一些。来俊臣手下的判官王德寿对仁杰说："你尚书定能减罪不死。我德寿想升个官职，请尚书把杨执柔牵连进案子里行不行？"仁杰说："凭什么牵连他呢？"王德寿说："尚书任职春官的时候，杨执柔正做司里的员外郎，借此牵连他就行。"仁杰叫道："上有天，下有地，你竟叫我狄仁杰干这种事情！"用头猛撞柱子，撞得满脸是血，王德寿害怕了，连忙向仁杰认错。这时仁杰既已承认谋反，上面只等日子执行，不再严加管束。仁杰向看守人讨来笔砚，拆块做被子的帛在上面书写冤情，塞进绵衣里，对王德寿说："天热了，请交给我家里人把绵去掉。"王德寿没有细看就送出去了。仁杰的儿子光远从绵衣里发现帛书，立即拿上向武则天告变求见，武则天召见，看了帛书，问来俊臣，来俊臣说："仁杰下狱后，我连冠带都没给他除去，他在里面可以安适地睡觉活动，如果不是真谋反，为什么要承认有罪？"武则天派使者去监狱察看，来俊臣赶忙叫仁杰穿着整齐去见使者，并叫王德寿替仁杰写了一通承认死罪向武则天谢恩的表文，交给使者进呈给武则天。武则天把仁杰召来，对他说："你怎么承认谋反啊？"仁杰回答道："那时我如不承认谋反，早被打死了。"武则天说："你为什么写谢死表？"仁杰说："臣没有这个表。"武则天把表给他看，才知道是别人代他署名，因此得以免死，贬到彭泽去做县令。武则天的内侄魏王武承嗣多次奏请把他杀掉，武则天说:"朕好生恶杀,一贯主张用刑审慎,命令已经发出,不可以收回变更。"

万岁通天这一年(696),契丹攻陷冀州,河北震动,起用仁杰为魏州刺史。前任刺史独孤思庄害怕契丹杀来,把四郊的百姓都赶进城里,给他修缮守城器械。仁杰一到,却把他们放回农村种地,说:"契丹远着呢,何必这么紧张。万一真来了,有我抵挡着,必不连累百姓。"契丹知道了自动退走,百姓都歌颂这位新刺史,集资立碑来记他的恩惠。不久仁杰升转为幽州都督。

神功元年(697),仁杰内调任鸾台侍郎同凤阁鸾台平章事,加授银青光禄大夫,兼纳言。仁杰看到百姓要远戍西边的疏勒等四镇,弄得民力凋敝,就上疏说:"……近来国家每年出兵,费用不断增加,西戍四镇,东戍安东,调发去戍守的人员不断增多,百姓被弄得穷困疲敝。而到西域去开拓疆土调兵防守,等于耕种石田,何况费用已感不支,实在是有损无益。不断地转运粮食,车轴都快磨掉一层,越过沙碛、跨过大海去分兵防守,时间又久,盼丈夫、想妻子的就愈来愈多。……如今关东正闹饥荒,蜀汉人户大量逃亡,江淮以南的租赋又征求不息,百姓无法安居乐业,就会相率为盗,根本一旦动摇,为患将不堪设想。其所以如此,都由于远戍塞外,挤干了内地的物力人力,这真是徒争蛮貊不毛之地,而背离了爱惜百姓的古训啊!……依臣所见,请捐弃四镇来富裕内地,停罢安东用来充实辽西,省掉经营远方的经费,集中兵力到边塞之上……让边城守御得严一些,斥候放得远一些,积聚实力,蓄养威武。这样以逸待劳,战士的精力就加倍充沛,以主御客,我方就占得更多的便利主动。坚壁清野,则敌人在塞外将一无所获,敌人如果深入自然要吃大亏,浅入又虏掠不到什么。过上几年,管教昊、契丹不打就会降伏。"……这个建议虽没有见诸实施,有识之士都认为很有道理。不多日子仁杰又检校纳言,并兼任右肃政台御史大夫。

圣历初年(698),突厥侵掠赵、定等州,派仁杰出任河北道元帅,让便宜从事。突厥把虏掠的男女一万多人都杀光,从五回道撤退回去,仁杰统率十万兵马不曾赶得上。又下诏制叫仁杰充任河北道安抚大使。当时河北居民多曾被迫归附过突厥,突厥撤走后害怕被官兵追究杀害,又纷纷出逃躲藏。仁杰上疏说:"……臣听说过,主持大国的不应专去关注小事情,处理问题面广不应推求得太仔细,做人主的气度博大宽宏,对这等事情可不必拘于常法。如果认真加罪大伙就紧张恐惧,宽恕他们则不稳定的局面自然消除。请求曲法赦免河北各州,概不追究过问。"下诏制听从仁杰的请求。大军返回,仁杰被任命为内史。

圣历三年(700),武则天驾幸三阳宫,王公百官都随驾侍从,只有仁杰特赐一所住宅,恩宠之深重在当时没人比得上。

这年六月,左玉钤卫大将军李楷固、右武威卫将军骆务整征讨契丹余众并有所擒获,到含枢殿献俘,武则天大为高兴,破格给李楷固赐姓武。这李楷固和骆务整本来都是契丹首领李尽忠手下的将帅。当初李尽忠叛乱,李楷固等多次领兵歼灭过官军,后来兵败投降,主管者要处以极刑。仁杰认为楷固等都是骁将之才,如果恕其死罪,一定能感恩效忠,仁杰还奏请授予楷固等官爵,让他们独当一面替朝廷作战出力,武则天下诏制完全听从仁杰的意见办。这时李楷固等凯旋,武则天请仁杰参加宴会,会上亲自举杯劝酒,归功仁杰,并有赏赐,同时任命李楷固为左玉钤卫大将军,赐爵燕国公。

武则天又准备造大佛像,工程大到要花钱几百万,下令全国僧尼每天每人出一文钱作为资助。仁杰上疏劝道:"……近年来战争频起，水旱失时，征役繁重，百姓家业已被弄空，国家创伤还未平复，这时要搞大工程，实无力量承担。何况当今圣朝功德无量，何必还要营造大像，担上个劳民伤财的坏名声，虽说征收僧钱，还抵不上总用款的百分之一，佛像又大，不能露天供养，即使盖上一百层的大屋子，怕也不好容纳，此外走廊偏殿也都不能缺少，有人还说不损国财，不伤百姓，对人主如此欺瞒，能说是在尽忠？臣再三考虑，并听取了大家的意见，都认为如来创设佛教，主旨原是慈悲，救济众生，给予利益，应该是佛的本心，怎愿意劳役大众，来图个外表的壮观。……"武则天听从了，停罢这个大工程。

这年九月，仁杰因病逝世。武则天给他举行了哀悼仪式，停止朝会三天，追赠他为文昌右相，赐谥号叫文惠。

当初，中宗被放逐在房陵，吉顼、李昭德都曾进言要中宗复位，而武则天听不进去，不曾有复辟的想法。只有仁杰多次婉转地谈起这件事情，都从母子恩情劝说，使武则天逐渐省悟，终于召还中宗，仍让他当了皇太子。……仁杰先后请求让中宗复位的言论有好几万字，开元中北海太守李邕根据这些撰写成《梁公别传》，详细记载了仁杰的劝谏言辞。中宗复位做了皇帝，追赠仁杰为司空。睿宗追封他为梁国公。

后妃玄宗杨贵妃传

　　唐玄宗的杨贵妃是古代后妃中著名的美人。有人甚至认为玄宗后期之所以政局败坏而酿成天宝之乱,沉溺于杨贵妃的美色是其主要原因。这种论调用历史唯物主义来衡量当然是错误的。事实上,玄宗前期作出的致使出现开元之治的若干重大措施,到天宝时并未有所变更,天宝时的经济仍旧继续上升,天宝末年安禄山的叛乱另有其原因,不能叫杨贵妃来承担责任。当然,从这篇传记里还是可以看到杨贵妃及其一家承受玄宗恩宠、骄奢淫逸的情况,但这是封建统治阶级的共性,不过由于杨贵妃名气大,流传下来的故事多,因而写得特别热闹而已。(选自卷五一)

　　玄宗杨贵妃,高祖令本,金州刺史①。父玄琰②,蜀州司户③。妃早孤,养于叔父河南府士曹玄璬④。

---

①金州:在今陕西石泉东、旬阳西。

②琰:音 yǎn(演)。

③蜀州:在今重庆。

④河南府:开元时改洛州为河南府,今河南洛阳及其周围地区。

开元初,武惠妃特承宠遇,故王皇后废黜。二十四年惠妃薨①,帝悼惜久之。后庭数千,无可意者,或奏玄琰女姿色冠代②,宜蒙召见。时妃衣道士服,号曰太真。既进见,玄宗大悦,不期岁,礼遇如惠妃。太真姿质丰艳,善歌舞,通音律,智算过人,每倩盼承迎③,动移上意。宫中呼为娘子④,礼数实同皇后。有姊三人,皆有才貌,玄宗并封国夫人之号,长曰大姨封韩国,三姨封虢国,八姨封秦国,并承恩泽,出入宫掖,势倾天下。

天宝初,进册贵妃。妃父玄琰累赠太尉、齐国公,母封凉国夫人,叔玄珪光禄卿,再从兄铦鸿胪卿,锜侍御史尚武惠妃女太华公主⑤,以母爱礼遇过于诸公主,赐甲第连于宫禁。韩、虢、秦三夫人与铦、锜等五家每有请托,府、县承迎⑥,峻如诏敕,四方赂遗,其门如市。

五载七月,贵妃以微谴送归杨铦宅。比至亭午,上思之不食。高力士探知上旨,请送贵妃院供帐、器玩、廪饩等办具百余车⑦,上又分御馔以送之⑧。帝动不称旨,暴怒笞挞左右⑨,力士伏奏请迎贵妃归院。是夜,开安兴里门入内⑩,妃伏地谢罪,上欢然慰

---

① 薨(hōng轰):周代诸侯死叫薨,唐代二品以上官死叫薨。

② 或奏玄琰女:杨贵妃因是杨玄琰之女,但此时早成为玄宗和武惠妃亲生的寿王李瑁之妻,玄宗是占儿媳为妃,对此唐人写国史不便明说。

③ 倩(qiàn欠):笑靥(yè夜)美好貌。

④ 娘子:即旧社会之所谓太太、主妇。

⑤ 尚:是带有高攀性质的匹配,所以娶皇帝女儿某公主为妻时要叫尚某公主。

⑥ 府、县:开元时改雍州为京兆府,县是长安、万年两县,府治、县治都在长安城内。

⑦ 廪饩(lǐn xì懔戏):规定供应的饮食。

⑧ 馔(zhuàn撰):饮食。

⑨ 挞(tà踏):用鞭子、棍子打。

⑩ 开安兴里门入内:里也就是坊,坊有坊门,到夜深全城所有的坊门都关闭起来,谁也不许出入,这次开杨铦住宅所在的安兴坊门让贵妃回宫,是玄宗下令特许,所以传里要特为写上一句。

抚。翌日，韩、虢进食，上作乐终日，左右暴有赐与。

　　自是宠遇愈隆。韩、虢、秦三夫人岁给钱千贯①，为脂粉之资。钅失授三品、上柱国，私第立戟②。姐妹昆仲五家，甲第洞开，僭拟宫掖③，车马仆御，照耀京邑，递相夸尚。每构一堂，费逾千万计，见制度宏壮于己者，即彻而复造，土木之工，不舍昼夜。玄宗颁赐及四方献遗，五家如一，中使不绝④。开元以来，豪贵雄盛，无如杨氏之比也。玄宗凡有游幸，贵妃无不随侍，乘马则高力士执辔授鞭⑤。宫中供贵妃院织绵、刺绣之工凡七百人，其雕刻、镕造又数百人，扬、益、岭表刺史⑥，必求良工造作奇器异服，以奉贵妃献贺，因致擢居显位。玄宗每年十月幸华清宫⑦，国忠姐妹五家扈从，每家为一队，着一色衣，五家合队，照映如百花之焕发，而遗钿坠舄⑧，瑟瑟珠翠⑨，璀璨芳馥于路⑩。而国忠私于虢国，

---

①贯：我国古代用的铜钱中心有方孔，可以用绳穿到一起，贯就是穿钱的绳，一贯是钱一千文。

②立戟：唐代三品官以上可在门前立戟。

③僭(jiàn荐)：超越本分。

④中使：使是使者，中是皇宫，从皇宫里派出传达命令、办大小事情的宦官当时都叫做中使。

⑤辔(pèi配)：驾驭牲口的缰绳。

⑥扬：扬州，今江苏扬州及其周围地区。岭表：即岭外、岭南，古代地理上习惯用语，指五岭山脉以南的广大地区。

⑦华清宫：在今陕西临潼骊山上。

⑧钿(diàn店)：花钿，当时流行的一种用珠翠金宝制成的花朵形状首饰。舄(xì戏)：古人穿的一种复底鞋。

⑨瑟瑟：碧色的珠。翠：绿色的宝石。

⑩璀璨(càn làn灿烂)：就是灿烂。馥(fù腹)：香气。

而不避雄狐之刺①，每入朝或联镳方驾②，不施帷幔③。每三朝庆贺④，五鼓待漏⑤，靓妆盈巷⑥，蜡炬如昼。而十宅诸王、百孙院婚嫁⑦，皆因韩、虢为绍介，仍先纳赂千贯而奏请，罔不称旨。

天宝九载，贵妃复忤旨，送归外第，时吉温与中贵人善⑧，温入奏曰："妇人智识不远，有忤圣情。然贵妃久承恩顾，何惜宫中一席之地使其就戮，安忍取辱于外哉！"上即令中使张韬光赐御馔。妃附韬光泣奏曰："妾忤圣颜，罪当万死，衣服之外，皆圣恩所赐，无可遗留，然发肤是父母所有。"乃引刀剪发一缭附献⑨。玄宗见之惊惋，即使力士召还。

国忠既居宰执，兼领剑南节度⑩，势渐恣横。十载正月望夜，

①雄狐之刺：《诗·齐风·南山》有"雄狐绥绥"的话，古人认为是讥刺和妹妹通奸的齐襄公，后来就把发生这类丑事说成是雄狐之刺。

②镳（biāo 标）：勒在马口旁的一种马具。

③帷幔（màn 慢）：障幕。

④三朝（zhāo 招）：古人把旧历正月初一叫三朝，因为这是一年之朝、一月之朝、一日之朝。

⑤五鼓待漏：古代一夜分做五更，每更大体相当今二小时，到时要打鼓，所以又叫五鼓。这里的五鼓是指第五鼓。漏：古代的计时器。五鼓即五更天，百官聚集到殿庭等待朝见皇帝，叫五鼓待漏。

⑥靓（jìng 静）：指脂粉打扮。

⑦十宅诸王、百孙院：玄宗在长安城里盖了十王院让皇子们居住，孙子多了又盖百孙院给居住，以防止他们和朝官结交有不轨行动。

⑧中贵人：古代称大宦官为中贵人。

⑨缭（liáo 僚）：缕。

⑩节度：节度使，睿宗、玄宗时为了对付边区兄弟民族，先后设置了九个节度使，节度使在其管区内掌握军政大权，一般拥有几万兵马，州刺史都成为其下属。因为这是当时的新措施，不见于原先的职官编制，只作为一种差使，所以叫做"使"。剑南节度使管领今四川中部，治所在今成都。

杨家五宅夜游,与广平公主骑从争西市门①,杨氏奴挥鞭及公主衣,公主堕马,驸马程昌裔扶公主,因及数挝②。公主泣奏之,上令杀杨氏奴,昌裔亦停官。国忠二男昢、暄,妃弟鉴③,皆尚公主④,杨氏一门尚二公主、二郡主。贵妃父、祖立私庙,玄宗御制家庙碑文并书,玄珪累迁至兵部尚书。

天宝中,范阳节度使安禄山大立边功⑤,上深宠之。禄山来朝,帝令贵妃姊妹与禄山结为兄弟,禄山母事贵妃,每宴赐锡赉稠沓⑥。及禄山叛,露檄数国忠之罪⑦。

河北盗起,玄宗以皇太子为天下兵马元帅,监抚军国事。国忠大惧,诸杨聚哭,贵妃衔土陈请,帝遂不行内禅⑧。及潼关失守,从幸至马嵬,禁军大将陈玄礼密启太子诛国忠父子。既而四军不散⑨,玄宗遣力士宣问,对曰:“贼本尚在。”盖指贵妃也。力士复奏,帝不获已,与妃诀,遂缢死于佛室⑩,时年三十八,瘗于驿

---

① 西市门:长安城里划出东、西两个商业区,叫东市、西市,和居民区的坊有坊门一样也都有市门。

② 挝(zhuā 抓):打。

③ 昢:音 pò(破)。

④ 皆尚公主:杨暄、杨鉴尚的其实只是郡主。

⑤ 范阳节度使:即幽州节度使,管领今河北怀来、永清、房山以东,长城以南地区,治所在幽州即今北京。

⑥ 沓(tà 踏):繁多。

⑦ 檄(xí 席):古代用于声讨、征伐的文告。

⑧ 内禅:皇帝本人健在时,让皇太子提前即位,自己退位做太上皇,叫内禅。唐代发生过的几次内禅都是被迫的,并非真出于老皇帝自愿。

⑨ 四军:当时的禁军是左右羽林、左右龙武共四军。

⑩ 缢(yì 益):勒死、吊死都叫缢。这里是勒死。

西道侧①。

上皇自蜀还②，令中使祭奠，诏令改葬。礼部侍郎李揆曰："龙武将士诛国忠，以其负国兆乱。今改葬故妃，恐将士疑惧，葬礼未可行。"乃止。上皇密令中使改葬于他所。初瘗时以紫褥裹之，肌肤已坏，而香囊仍在，内官以献，上皇视之凄惋，乃令图其形于别殿，朝夕视之。

马嵬之诛国忠也，虢国夫人闻难作，奔马至陈仓③，县令薛景仙率人吏追之，走入竹林，先杀其男裴徽及一女，国忠妻裴柔曰："娘子为我尽命。"即刺杀之，已而自刭④不死，县吏载之，闭于狱中，犹谓吏曰："国家乎？贼乎？"吏曰："互有之。"血凝至喉而卒，遂瘗于郭外。……

【翻译】

玄宗贵妃杨氏，高祖名令本，做到金州刺史，父名玄琰，做过蜀州司户。贵妃从小父母双亡，寄养在叔父河南府士曹参军事杨玄璬家里。

开元初年，武惠妃受到玄宗的特殊宠爱，王皇后为此被废黜。开元二十四年（736）惠妃去世，玄宗悲痛了好多日子。当时后廷的妃嫔宫女有好几千，但没有一个能使玄宗中意。有人对玄宗说杨玄琰的女儿姿色为当代第一，不妨召见。这时贵妃是女道士打

---

① 瘗（yì 意）：埋葬。驿：古代在交通要道由政府设置驿，是递送公文的人和来往官员住宿、换马的处所。马嵬即设有驿叫马嵬驿。

② 上皇：太上皇，当时皇太子肃宗已自立于灵武，玄宗被迫成了太上皇。

③ 陈仓：在今陕西宝鸡东。

④ 刭（wěn 稳）：用刀割颈。

扮,还有个道号叫太真。可一见之下玄宗就完全满意,不到一年,地位待遇就如同过去的武惠妃。贵妃长得丰满艳丽,擅长歌舞,通晓音乐,耍聪明、玩心眼比谁都行,经常用笑靥媚眼来奉迎玄宗,把玄宗弄得失去了主意。宫里都叫她娘子,一切规格等同皇后。贵妃还有三个姐姐,都颇具才貌,玄宗统统封为国夫人,年龄长的大姨封韩国夫人,三姨封虢国夫人,八姨封秦国夫人,都为玄宗所宠爱,出入宫廷,权势倾动天下。

天宝初年,被册封为仅次于皇后的正一品的贵妃。贵妃父杨玄琰多次追赠到太尉、齐国公,母封凉国夫人,叔父杨玄珪做了光禄卿,同曾祖的堂兄杨铦做了鸿胪卿,杨锜做了侍御史并娶武惠妃女儿太华公主为妻,而这位太华公主又是由于武惠妃当年被宠爱而待遇超越其他公主,所赐大住宅和宫禁相毗连。这韩、虢、秦三位国夫人和杨铦、杨锜等五家打招呼要办什么事,京兆府和长安、万年两县赶忙奉迎承办,和皇帝的诏敕一样灵,四方贿赂馈赠,门庭如市。

天宝五载(746)七月,贵妃为了点小事被玄宗谴责,叫送回杨铦家里。到了中午,玄宗想念她吃不下饭。大宦官高力士摸到了玄宗的心意,请玄宗把贵妃院里张挂的帷帐、陈设的家具玩物,还有平时供应贵妃的饮食装上一百多车,玄宗又分了自己的御膳,一起送到杨宅。可玄宗仍什么都不如意,发脾气毒打身边伺候的人,于是高力士跪下来请求迎接贵妃回院。当夜,打开安兴坊坊门把贵妃迎回大明宫,贵妃伏地谢罪,玄宗满面笑容地慰抚了一通。第二天,韩、虢二夫人准备好盛筵送进宫里,玄宗玩了一整天乐曲舞蹈,大把大把地赏赐身边的人。

从此贵妃更加受到恩宠。韩、虢、秦三位夫人每人每年赏钱一千贯,作为脂粉费。杨铦官授三品,还加了个正二品的上柱国头衔,住宅门前立戟。姐妹兄弟五家,都仿照宫禁的格局盖起大宅子,车马仆御在京城里都是最奢华的,还互相比阔气,斗豪富。盖所厅堂不止一千万钱,看到别家更大更好压倒了自己,又马上拆掉重盖,大兴土木,昼夜不停。玄宗每有赏赐,还有四方贿赂馈赠的,都得五家如一,中使往来不绝。开元以来,讲起豪贵雄盛来,没有谁能比得上杨家。玄宗凡有游幸,贵妃没有一次不带在身边,贵妃骑马,大宦官高力士就给拉缰绳、递马鞭。宫里专供贵妃院织绵、刺绣的就有七百个工人,雕刻、镕造的又有好几百,全国最富有的扬州、益州以及岭南各州的刺史还得找高手工人制造奇器异服,向贵妃进献,好借此再升大官。玄宗每年十月驾幸骊山华清宫,贵妃同曾祖的堂兄杨国忠等姐妹五家扈从,一家一个队伍,穿着一色衣服,五家合起来就像百花竞放,而一路上掉下的花钿,遗下的鞋子,甚至还有瑟瑟珠翠,灿烂耀目,香气不绝。这个杨国忠还私通虢国夫人,不顾旁人指点议论,每当入朝,国忠和虢国夫人并辔走马,虢国夫人连障幕都不用。每当元旦庆贺,五鼓待漏,涂抹脂粉、装束美丽的侍女满街满巷,蜡烛照得和白昼一样。十王宅、百孙院里有婚嫁,都得请韩国、虢国介绍,事先还要送进上千贯的贿赂,然后向玄宗奏请,再没有不准许。

天宝九载(750),贵妃又触犯了玄宗,被遣送出宫。有个户部郎中叫吉温的和大宦官们相熟,知道了,就求见玄宗说:"妇女见识短浅,触犯了陛下,但贵妃多年承受陛下恩宠,陛下何惜宫中一席之地让她就死,却忍心叫她到外边去丢脸!"玄宗马上派宦官张韬光给贵妃送去御膳。贵妃哭着叫张韬光代她向玄宗说:"妾触犯圣颜,罪该万死,衣服和余外所有的东西都是圣恩之所赐予,没有可以献上留念的,只有头发和身子是妾父母所给。"随即用剪刀铰下一缕长发交给张韬光进献。玄宗看了既吃惊又怜惜,赶快叫高力士把贵妃召回宫里。

　　杨国忠做了宰相,又兼领剑南节度使,更加恣横不法。天宝十载(751)正月十五晚上,杨家五宅夜游,和玄宗女广平公主的随从争过西市门,杨氏家奴抡鞭子打到公主衣服上,公主惊恐跌下马来,驸马程昌裔去扶也被打了几鞭,公主气得去找玄宗哭诉,玄宗叫把这个家奴杀掉,可程昌裔也被免官。杨国忠两个儿子杨昢、杨暄,贵妃堂弟杨鉴,都娶了公主、郡主,加上娶公主的杨锜,一门娶有两个公主、两个郡主。贵妃父、祖都立家庙,玄宗给家庙撰制并书写了碑文。杨玄珪迁升到兵部尚书。

　　天宝中,范阳节度使安禄山大立边功,深受玄宗宠信。安禄山入朝,玄宗叫贵妃的姐妹和安禄山结成兄弟,安禄山则拜贵妃为母,经常不断地宴会赏赐。到后来安禄山造反时,竟散发檄文声讨杨国忠的罪恶。

　　安禄山在河北起兵造反,玄宗叫皇太子李亨即后来的肃宗做天下兵马大元帅,并准备御驾亲征,留太子在长安监抚军国政事。杨国忠极为恐惧,杨家姐妹兄弟凑在一起痛哭,贵妃衔着土块向玄宗陈说请求,玄宗才没有实行内禅。到潼关失守,杨国忠等跟随玄宗逃到马嵬驿,禁军大将陈玄礼秘密启请太子,诛杀杨国忠父子。过后四军将士仍聚集不散,玄宗派高力士询问,他们说:"杨贼的根子还没有除掉。"指的就是贵妃。高力士回奏,玄宗没有办法,只得和贵妃诀别,让贵妃勒死在佛堂里,贵妃这年三十八岁,掩埋在驿馆西面大路旁边。

　　玄宗逃到成都后成了太上皇,长安收复后从成都回来,派宦官去马嵬驿祭奠贵妃,还准备下诏改葬。礼部侍郎李揆劝谏说:"龙武军将士诛杀杨国忠,是因为他有负于国家,助长了安禄山的变乱。现在改葬贵妃,怕将士们会疑惧,不宜正式礼葬。"于是太上皇不再公开举行葬礼,只密令宦官把贵妃遗体迁葬。当初掩埋用紫褥包裹,迁葬时肌体已变坏,只有平时佩带的香囊还在,宦官把它献给太上皇,太上皇看了十分难过,就叫人在偏殿画上贵妃的形象,早晚去看望。

在马嵬驿诛杀杨国忠时,虢国夫人听到出了事,带上儿女和杨国忠妻裴柔快马逃到陈仓,县令薛景仙带人去追赶,虢国夫人躲进竹林里,先杀掉儿子裴徽和女儿,裴柔说:"请娘子为我尽命。"虢国夫人马上把她刺死,接着自己抹了脖子,还不曾死,县吏把她弄上马载到监牢里,她还问县吏:"是皇上要杀我?还是谁在作乱?"县吏说:"都是。"血凝到咽喉死去,被掩埋在县城外。……

文苑李白杜甫传

我国封建社会从带有领主制残余的魏晋南北朝经过唐代进入纯粹租佃制的封建社会以后,诗歌的体式风格也随之一新。所谓"诗圣"杜甫和"诗仙"李白,就都是在诗歌创新上作出贡献并得到后人承认的人物。《文苑传》里这两篇李白、杜甫的传记虽比较简略,但基本上写出了"诗仙"、"诗圣"不同的风格,仍值得一读。另外,杜甫传里转述了中唐诗人元稹对李、杜的长篇评论,今天看来仍比较公允,所以也择要选译。(选自卷一九〇下)

李白,字太白,山东人①。少有逸才,志气宏放,飘然有超世之心。父为任城尉②,因家焉。少与鲁中诸生孔巢父、韩沔、裴政、张叔明、陶沔等隐于徂徕山③,酣歌纵酒,时号"竹溪六逸"。

―――――――――――――

①山东人:这个山东是前面已说过的古代地理上的习惯用语,因为李白从小生活在任城等地,所以元稹称他为山东人,这里跟着元稹认为他是山东人。
②任城:今山东济宁。尉:辅佐县令掌管武备的地方官。
③鲁:地理上的习惯用语,指今山东省泰山以南的地区。徂徕(cú lái 粗阳平来)山:在今山东泰安东南。

天宝初,客游会稽①,与道士吴筠隐于剡中②。既而玄宗诏筠赴京师,筠荐之于朝,遣使召之,与筠俱待诏翰林③。白既嗜酒,日与饮徒醉于酒肆。玄宗度曲,欲造乐府新词④,亟召白,白已卧于酒肆矣。召入,以水洒面,即令秉笔,顷之,成十余章,帝颇嘉之。尝沉醉殿上,引足令高力士脱靴,由是斥去。

乃浪迹江湖,终日沉饮。时侍御史崔宗之谪官金陵⑤,与白诗酒唱和⑥。尝月夜乘舟,自采石达金陵⑦,白衣宫锦袍,于舟中顾瞻笑傲,傍若无人。初,贺知章见白,赏之曰:"此天上谪仙人也。"

禄山之乱,玄宗幸蜀,在途以永王璘为江淮兵马都督、扬州节度大使,白在宣城谒见⑧,遂辟为从事⑨。永王谋乱,兵败,白坐长流夜郎⑩,后遇赦得还。竟以饮酒过度,醉死于宣城。有文集二十卷,行于时。

杜甫,字子美,本襄阳人⑪,后徙河南巩县⑫。曾祖依艺,位终

①会稽:今浙江绍兴。
②剡(yǎn 眼):县名,今浙江嵊州。
③待诏翰林:唐代设翰林院,养一批能做文章、懂经学、擅书法、会下棋的人以至卜祝、僧道之流,等待皇帝随时召唤,叫待诏翰林。
④乐府:汉魏至唐可以入乐歌唱的诗叫乐府或乐府诗。
⑤金陵:今江苏南京。
⑥唱和:互相赋诗酬答,一唱一和,叫唱和。
⑦采石:即采石矶,在今安徽马鞍山市长江东岸。
⑧宣城:今安徽宣城。
⑨从事:自汉至唐中央和地方高级长官自行任命的僚属叫从事。
⑩夜郎:在今贵州正安西北。
⑪襄阳:在今湖北襄阳。
⑫巩县:在今河南巩县西。

巩令。祖审言,位终膳部员外郎,自有传。父闲,终奉天令①。

　　甫天宝初应进士,不第。天宝末,献《三大礼赋》,玄宗奇之,召试文章,授京兆府兵曹参军。十五载,禄山陷京师,肃宗征兵灵武②,甫自京师宵遁赴河西③,谒肃宗于彭原郡④,拜右拾遗⑤。房琯布衣时与甫善⑥,时琯为宰相,请自帅师讨贼⑦,帝许之。其年十月,琯兵败于陈涛斜⑧,明年春琯罢相。甫上疏言琯有才,不宜罢免。肃宗怒,贬琯为刺史,出甫为华州司功参军⑨。时关畿乱离⑩,谷食踊贵,甫寓居成州同谷县⑪,自负薪采枏⑫,儿女饿殍者数人⑬。久之,召补京兆府功曹。

　　上元二年冬,黄门侍郎、郑国公严武镇成都⑭,奏为节度参

————————————————

①奉天:今陕西乾县。

②灵武:天宝时改灵州为灵武郡,郡治回乐即朔方节度使治所。

③河西:汉、唐时地理上的习惯用语,指今甘肃、青海两省黄河以西的河西走廊与湟水流域,睿宗时置河西节度使,管辖河西走廊。治所在今甘肃武威。

④彭原郡:宁州所改,郡治定安即今甘肃宁县。

⑤右拾遗:武则天时开始设置门下省左拾遗二员,中书省右拾遗二员,都是从八品上阶,跟从皇帝随时进谏。

⑥琯:音 guǎn(管)。

⑦帅:统率。

⑧陈涛斜:在今陕西咸阳东。

⑨华(huà 画)州:今陕西华县、华阴、潼关等地区。

⑩关畿:关中、京畿。

⑪成州:今甘肃成县、西和、礼县等地区。同谷:今成县。

⑫枏(lǚ 吕):是屋檐,屋檐不能采。应是"旅"字之误,旅可以解释为野生的植物,如野菜、野谷之类。

⑬殍(piǎo 瞟):饿死。

⑭成都:今四川成都。

谋、检校尚书工部员外郎,赐绯、鱼袋①。武与甫世旧,待遇其隆。甫性褊躁②,无器度,恃恩放恣,尝凭醉登武之床③,瞪视武曰④:"严挺之乃有此儿⑤!"武虽急暴,不以为忤。甫于成都浣花里种竹植树,结庐枕江,纵酒啸咏,与田畯野老相狎荡无拘检⑥。严武过之,有时不冠,其傲诞如此。

永泰元年夏,武卒,甫无所依。及郭英乂代武镇成都⑦,英乂武人粗暴,无能刺谒,乃游东蜀依高适⑧,既至而适卒。是岁,崔宁杀英乂,杨子琳攻西川,蜀中大乱,甫以其家避地荆楚⑨。扁舟下峡,未维舟而江陵乱⑩,乃溯沿湘流,游衡山,寓居耒阳⑪。甫尝游岳庙,为暴水所阻,旬日不得食,耒阳聂令知之,自棹舟迎甫而还⑫。永泰二年,啖牛肉、白酒⑬,一夕而卒于耒阳,时年五十九。

①赐绯:绯,红色。唐代规定四品官的衣服用深绯色,五品浅绯色。赐绯就　是赐予四五品服色。鱼袋:唐代规定五品以上要随身佩带鱼符,鱼袋即用　来装鱼符。

②褊(biǎn 扁):狭隘。

③床:唐及唐以前我国坐具、卧具都叫床,这里的床是坐具。

④瞪(dèng 邓):怒目直视。

⑤严挺之:严武的父亲名挺之。

⑥田畯(jùn 俊):周代掌田土和生产的官员叫田畯,这里仅指农夫而已。

⑦乂:音 yì(亿)。

⑧东蜀:肃宗时改剑南节度使为剑南东川、西川两节度使,东川以梓州(今四　川三台)为治所,西川仍以成都为治所。东蜀即指东川节度辖区。

⑨荆楚:古代地理上的习惯用语,大体相当今湖北地区。

⑩江陵:今湖北江陵。

⑪耒阳:今湖南耒阳。

⑫棹(zhào 赵):摇船。

⑬啖(dàn 淡):吃。

　　子宗武,流落湖湘而卒①。元和中,宗武子嗣业自耒阳迁甫
之枢,归葬于偃师县西北首阳山之前。

　　天宝末诗人甫与李白齐名,而白自负文格放达,讥甫龌龊②,
而有“饭颗山”之嘲诮③。元和中,词人元稹论李、杜之优劣曰④:
“予读诗至杜子美而知小大之有所总萃焉,……盖所谓上薄《风》、
《骚》⑤,下该沈、宋⑥,言夺苏、李⑦,气吞曹、刘⑧,掩颜、谢之孤
高⑨,杂徐、庾之流丽⑩,尽得古今之体势,而兼人人之所独专矣。
使仲尼考锻其旨要,尚不知贵其多乎哉⑪! 苟以为能所不能,无
可无不可,则诗人已来未有如子美者。是时山东人李白,亦以文
奇取称,时人谓之“李杜”,予观其壮浪纵恣,摆去拘束,模写物象,
及乐府歌诗,诚亦差肩于子美矣。至若铺陈终始,排比声韵,大或

①湖湘:古代地理上的习惯用语,湖是洞庭湖,湘是湘水,用来指今湖南
　地区。
②龌龊(wò chuò 握绰):气量局限,拘于细节。
③“饭颗山”之嘲诮:这是指李白《戏赠杜甫》的诗,原文是:“饭颗山头逢杜
　甫,顶戴笠子日卓午。借问别来太瘦生,总为从前作诗苦。”
④词人元稹:元稹是和白居易齐名的诗人,这里所谓“词人”的“词”是指文
　词,不是晚唐以后盛行的填词之词。元稹的这段议论见于他给杜甫所写
　的墓志铭里。
⑤《风》、《骚》:指《诗·国风》和《离骚》。
⑥沈、宋:唐前期的沈佺期、宋之问。
⑦苏、李:指收入《文选》里的传为西汉苏武、李陵的五言诗,其实都是后人拟
　托的。
⑧曹、刘:三国时曹植、刘桢。
⑨颜、谢:南朝前期的颜延之、谢灵运。
⑩徐、庾:南朝后期的徐陵、庾信。
⑪多乎哉:原文见《论语·子罕》,太宰说孔子“何其多能”。孔子说:“吾少也
　贱,故多能鄙事,君子多乎哉? 不多也。”

千言，次犹数百，词气豪迈，而风调清深，属对律切，而脱弃凡近，
则李尚不能历其藩翰，况堂奥乎！……"自后属文者以稹论为是。
甫有文集六十卷。

【翻译】

　　李白，字太白，山东人。从小才思俊逸，志气宏放，飘飘然有
超脱尘世之心。父亲做任城县尉，因之安家任城。少年时和鲁中
文士孔巢父、韩沔、裴政、张叔明、陶沔等隐居在徂徕山，狂歌纵
酒，当时人称之为"竹溪六逸"。

　　天宝初年，出游会稽，和道士吴筠在剡中隐居。后来玄宗下
诏召吴筠进京，吴筠就向朝廷推荐李白，玄宗也派使者把李白召
去，和吴筠一起待诏翰林院。李白爱喝酒，每天和酒友们醉倒在
酒店里。有天玄宗唱曲，想编个新歌词，派人赶快把李白找来，李
白却又在酒店里醉倒了。弄进宫后，叫人用水替他洒脸醒酒，让
他马上执笔，不一会就写成十几篇，很博得玄宗的赞赏。有一次
李白竟醉倒在殿上，伸脚命令大宦官高力士给他脱靴子，由此得
罪而被放出京师。

　　于是李白浪迹江湖，整天埋头痛饮。正好有个侍御史崔宗之
也被贬到金陵做官，就和李白诗赋喝酒，唱和酬答。曾经在月夜
乘船，自采石矶开回金陵，李白穿上宫锦袍，在船上顾盼笑傲，旁
若无人。当初贺知章见到李白，极为称赏，曾说："此上天谪仙
人也。"

　　安禄山造反，玄宗逃往成都，中途派第十六子永王李璘出任
江淮兵马都督、扬州节度大使。李白在宣城谒见永王，被委任为
从事。永王图谋作乱，兵败，李白连坐被流放到夜郎，后来遇赦得
以回来。最终因为喝酒过度，醉死在宣城。留有诗文集二十卷，

流传于世。

杜甫,字子美,上代本是襄阳人,后来迁居到河南巩县。曾祖名依艺,做到巩县县令。祖名审言,做到膳部员外郎。《唐书》里另有他的传。父名闲,做到奉天县令。

杜甫在天宝初年应考进士科,没有考上。天宝末年,献上《三大礼赋》,玄宗读了大为惊奇,召来考试他的文章,叫他做京兆府的兵曹参军事。天宝十五载(756),安禄山的叛军攻陷京师。肃宗在灵武征召兵马,杜甫趁黑夜从长安出逃准备去河西,在彭原郡见到肃宗,被任命为右拾遗。有位房琯,在没有做官之前就和杜甫是朋友,这时做了宰相,自告奋勇带兵讨伐叛军,肃宗同意了,哪知这年七月在陈涛斜吃了败仗,第二年就被罢相。杜甫上疏说房琯有才略,不应该罢免。肃宗发怒,把房琯贬出去当刺史,杜甫也外任华州司功参军事。当时关中京畿正乱得厉害,粮价飞涨,杜甫只得暂时住在成州的同谷县,亲自背柴采野菜,儿女都饿死了几个。过了好久,才召回长安做京兆府的功曹参军事。

肃宗上元二年(761)冬天,黄门侍郎、郑国公严武出镇成都任西川节度使,奏请杜甫来做参谋,并检校尚书工部员外郎,赐绯,佩鱼袋。严武和杜甫是世交,对他极为礼貌亲厚,杜甫则心胸狭隘,脾气急躁,气量窄小,依仗恩遇言行都很随便。有次喝醉了登上严武的坐床,瞪起眼睛对着严武说:"严挺之居然有这样的儿子!"严武的脾气虽也不好,却仍不见怪。杜甫在成都的浣花里种竹植树,江边盖了所草堂作为住宅,喝酒咏诗,和农夫村翁亲密无间不摆官架子。严武去看他,他有时连帽子也不戴就接待,真是够狂够放诞。

代宗永泰元年(765),严武去世,杜甫失去了依靠。接着郭英义来成都接替严武,这是个武人,态度粗暴,杜甫无从拜谒讨乞,就去东蜀投靠高适,刚到高适就死了。这年,崔宁杀掉郭英义,杨子琳又进攻西川,蜀中大乱,杜甫带着全家老小避乱到荆楚。坐着小船出长江三峡,还没停船,江陵又发生乱事,就沿着湘水南下,游了一次衡山,最后来耒阳定居。杜甫游衡山南岳庙时,水暴涨把他困住,十多天弄不到吃的,耒阳姓聂的县令知道了,赶忙摆了条船把他接出来。永泰二年(766),杜甫吃了牛肉白酒,一个晚上就病死在耒阳,时年五十九岁。

子宗武,流落在湖湘去世。宪宗元和中,宗武的儿子嗣业从耒阳迁走杜甫的棺木,归葬在偃师县西北首阳山前。

天宝末年的诗人杜甫和李白齐名,而李白以文格放达自负,讥笑杜甫作诗拘于细节而气势格局不够开阔,曾写了一首"饭颗山"的诗嘲诮杜甫。到元和中,诗人元稹又重新评论李、杜的优劣。他说:"我读诗读到杜子美才知道小大之有所总汇……所谓上则逼近《风》、《骚》,下则兼包沈、宋,言辞超越苏、李,气势平吞曹、刘,压倒颜、谢的孤高,间杂徐、庾的流丽,备具了古今的体势,兼有了各家的专长。如果让孔子来评价衡量,对这种多才多艺恐怕也会称赏吧!从无所不能,无可无不可来说,可说从有诗人以来没有能比得上子美的。当时山东人李白也以文奇见称,被人们合称'李杜',我看他的作品壮阔纵放,摆脱拘束,所描写景物的小诗和乐府歌诗确也可以和子美并肩比美。但讲到五言长律之能铺陈终始,安排声韵,长的多至上千言,短的也有几百字,词气既能豪迈,而风调又能清深,对偶既精工协律,而又能不沦于凡俗,则李连子美的边都没有摸到,更谈不到升堂入室了!……"以后做诗的都同意元稹的评论。杜甫留有诗文集六十卷。

郭子仪传

安禄山在河北叛乱以后,唐朝可用的只剩下西北地区的边兵,而其中建制完整、实力强大的首推朔方节度使管区,其领袖郭子仪缘此成了"再造王室,勋高一代"的元老重臣。通过这篇翔实的传记,我们可以看到这位元老重臣在东定河北、西御吐蕃中所起的真实作用,同时对这个大动荡时期的军事政治形势,以及中央政权对地方军事集团既利用又猜忌的微妙关系,也都可以有所了解。(选自卷一二〇)

郭子仪,华州郑县人①。父敬之,历绥、渭、桂、寿、泗五州刺史②,以子仪贵,赠太保,追封祁国公。

子仪长六尺余,体貌秀杰。始以武举高等补左卫长史③,累

---

①华州郑县:今陕西华县。
②绥、渭、桂、寿、泗五州:绥州,在今陕西绥德及其周围地区。渭州,在今甘肃陇西及其周围地区。桂州,在今广西桂林及其周围地区。寿州,在今安徽寿县及其南部地区。泗州:今江苏泗洪及其周围地区。
③武举:武则天时开始设置的考选军事人材的科目。左卫长史:唐有所谓十二卫大将军,左卫是其一,都是掌管宫廷警卫的,但早就有名无实,长史是大将军、将军手下的从六品文职事官。

历诸军使①。天宝八载,于木剌山置横塞军及安北都护府,命子仪领其使,拜左卫大将军②。十三载,移横塞军及安北都护府于永清栅北筑城③,仍改横塞为天德军,子仪为之使,兼九原太守、朔方节度右兵马使④。

十四载,安禄山反,十一月以子仪为卫尉卿兼灵武郡太守充朔方节度使⑤,诏子仪以本军东讨。遂举兵出单于府⑥,收静边军⑦,斩贼将周万顷,传首阙下。禄山遣大同军使高秀岩寇河曲⑧,子仪击败之,进收云中⑨、马邑⑩,开东陉⑪,以功加御史大夫。十五载正月,贼将蔡希德陷常山郡⑫,执颜杲卿,河北郡县皆为贼守。二月,子仪与河东节度使李光弼率师下井陉⑬,拔常山

----

① 军使:唐在边塞要地设置军,受都督、节度使等管辖,其长官叫军使。

② 拜左卫大将军:这实际是虚衔,其正式官职是横塞军使。

③ 永清栅北筑城:在今内蒙古乌拉特前旗北,乌加河东岸。

④ 九原太守:天宝时改丰州为九原郡,改州刺史为郡太守。右兵马使:当时节度使下设兵马使,是执掌兵权的高级军职。

⑤ 卫尉卿:卫尉寺长官,从三品,由于节度使本身无品级,所以必须同时授予个有品级的官作为他的本职,实际只是虚衔性质。

⑥ 单于府:单于都护府,所辖相当今内蒙古阴山、河套一带。

⑦ 静边军:在单于都护府东北。

⑧ 河曲:今内蒙古河套的黄河弯曲之处。

⑨ 云中:天宝时改云州为云中郡,今山西大同及其周围地区。

⑩ 马邑:天宝时改朔州为马邑,今山西朔州及其周围地区。

⑪ 东陉:东陉关,在今山西代县东。

⑫ 常山郡:天宝时改恒州为常山郡,在今河北正定、灵寿、阜平等地区。

⑬ 井陉:井陉口,也叫土门,在常山郡井陉县东南,今河北井陉县东,是从太行山区进入华北平原的要隘。

郡,破贼于九门①,南攻赵郡②,生擒贼四千,皆舍之,斩伪太守郭
献璆③,获兵仗数万。师还常山,贼将史思明以数万人蹑其后,我
行亦行,我止亦止。子仪选骁骑五百更挑之,三日至行唐④,贼疲
乃退,我军乘之,又败于沙河⑤。禄山闻思明败,乃以精兵益之,
我军至恒阳⑥,贼亦随至。子仪坚壁自固,贼来则守,贼去则追,
昼扬其兵,夕袭其幕,贼人不及息。数日,光弼议曰:"贼怠矣,可
以战。"六月,子仪、光弼率仆固怀恩、浑释之、陈回光等阵于嘉
山⑦,贼将史思明、蔡希德、尹子奇等亦结阵而至,一战败之,斩馘
四万级⑧,生擒五千人,获马五千匹,思明露发跣足奔于博陵⑨。
于是河北十余郡皆斩贼守者以迎王师,子仪将北图范阳,军声
大振。

　　是月,哥舒翰为贼所败,潼关不守,玄宗幸蜀,肃宗幸灵武。
子仪副使杜鸿渐为朔方留后⑩,奏迎车驾。七月,肃宗即位,以贼
据两京,方谋收复,诏子仪班师。八月,子仪与李光弼率步骑五万
至自河北。时朝廷初立,兵众寡弱,虽得牧马,军容缺然。及子

---

①九门:常山九门县,在今河北正定西。

②赵郡:天宝时以赵州为赵郡。

③璆:音 qiú(球)。

④行唐:今河北行唐。

⑤沙河:行唐东边的水道。

⑥恒阳:今河北曲阳。

⑦嘉山:山名,在恒阳。

⑧斩馘(guó 国):古代割取所杀敌人的左耳叫馘。这里的馘也就是斩首的意思。

⑨跣(xiǎn 显):赤脚。博陵:天宝时改定州为博陵郡,郡治安喜,在今河北
　定县。

⑩留后:节度使外出作战或入京朝觐,指派人留在治所临时代职叫留后,安
　史乱后节度使死去临时代职的也叫留后。

仪、光弼全师赴行在①，军声遂振，兴复之势，民有望焉。诏以子仪为兵部尚书同中书门下平章事②，依前灵州大都督府长史、朔方军节度使③。肃宗大阅六军，南趋关辅，至彭原郡。宰相房琯请兵万人，自为统帅以讨贼，帝素重琯，许之，兵及陈涛，为贼所败，丧师殆尽。方事讨除，而军半殪④，唯倚朔方军为根本。十一月，贼将阿史那从礼以同罗、仆骨五千骑出塞，诱河曲九府六胡州部落数万⑤，欲迫行在，子仪与回纥首领葛逻支往击败之，斩获数万，河曲平定。

贼将崔乾祐守潼关，二年三月，子仪大破贼于潼关，崔乾祐退保蒲津⑥。时永乐尉赵复、河东司户韩旻、司士徐昇⑦、宗子李藏锋等陷贼在蒲州，四人密谋俟王师至则为内应，及子仪攻蒲州，赵复等斩贼守陴者⑧，开门纳子仪。乾祐与麾下数千人北走安邑⑨，安邑百姓伪降，乾祐兵入将半，下悬门击之，乾祐未入，遂得脱身东走。子仪遂收陕郡永丰仓。自是潼、陕之间，无复寇钞。

是月，安禄山死，朝廷欲图大举，诏子仪还凤翔⑩。四月，进

----

① 行在：皇帝出京后的临时驻在地叫行在。

② 兵部尚书同中书门下平章事：这实际是虚衔。

③ 灵州大都督府长史：这是朔方节度使照例的兼职，当时大都督一般要由亲王充任，所以节度使只能是长史。

④ 殪(yì 抑)：死。

⑤ 河曲九府六胡州：灵州境内黄河弯曲处所安置的若干突厥部落，统之以都督府和所谓羁縻州，和正式的州、县有区别。

⑥ 蒲津：蒲津关，在蒲州河东县，今山西永济西，西临黄河。

⑦ 昇：音 jiǒng(炯)。

⑧ 陴(pí 皮)：城墙上的女墙。

⑨ 安邑：在今山西运城东。

⑩ 凤翔：今陕西凤翔。

位司空,充关内河东副元帅。五月,诏子仪帅师趋京城。师于澦水之西①,与贼将安太清、安守忠战,王师不利,其众大溃,尽委兵仗于清渠之上②。子仪收合余众保功,诣阙请罪,乞降官资,乃降为左仆射,余如故。九月,从元帅广平王率蕃汉之师十五万进收长安③。回纥遣叶护太子领四千骑助国讨贼,子仪与叶护宴犒修好,相与誓平国难,相得甚好。子仪奉元帅为中军,与贼将安守忠、李归仁战于京西香积寺之北,王师结阵横亘三十里,贼众十万陈于北。归仁先薄我军,我军乱,李嗣业奋命驰突,擒贼十余骑乃定。回纥以奇兵出贼阵之后夹攻之,贼军大溃,自午至酉斩首六万级④。贼将张通儒守长安,闻归仁等败,是夜奔陕郡。翌日,广平王入京师,老幼百万,夹道欢叫涕泣而言曰:"不图今日复见官军。"广平王休士三日,率师东趋。肃宗在凤翔闻捷,群臣称贺,帝以宗庙被焚,悲咽不自胜,臣僚无不感泣。

　　十月,安庆绪遣严庄悉其众十万来赴陕州⑤,与张通儒同抗官军。贼闻官军至,悉其众屯于陕西,负山为阵,子仪以大军击其前,回纥登山乘其背,遇贼潜师于山中,与斗过期,大军稍却。贼分兵三千人,绝我归路,众心大摇,子仪麾回纥令进,尽杀之,师驰至其后,于黄埃中发十余箭,贼惊顾曰:"回纥来!"即时大败,僵尸遍山泽。严庄、张通儒走归洛阳,遂与安庆绪渡河保相州⑥。子仪奉广平王入东都,陈兵于天津桥南,士庶欢呼于路,伪侍中陈希

①澦(jué 决)水:源出南山太一谷,经长安城南,又北上经城西入于渭水。
②清渠:在长安城西。
③广平王:就是后来的代宗李豫。
④自午至酉:今中午十二点钟到晚上六七点钟。
⑤安庆绪:安禄山长子,杀禄山后嗣位为伪燕皇帝。
⑥相州:今河南安阳及其周围地区。

烈、伪中书令张垍等三百余人素服请罪①，王慰抚遣之。是时河东、河西南贼所盗郡邑皆平。以功加司徒，封代国公，食邑千户。寻入朝，天子遣兵仗戎容迎于灞上②，肃宗劳之曰："虽吾之家国，实由卿再造。"子仪顿首感谢。

十二月，还东都，命子仪经营北讨。乾元元年七月，破贼河上，擒伪将安守忠以献，遂朝京师，敕百僚班迎于长乐驿，帝御望春楼待之，进位中书令。九月，奉诏大举，子仪与河东节度使李光弼、关内节度使王思礼、北庭行营节度李嗣业、襄邓节度使鲁炅、荆南节度季广琛、河南节度使崔光远、滑濮节度许叔冀、平卢兵马使董秦等九节度之师讨安庆绪③。帝以子仪、光弼俱是元勋，难相统属，故不立元帅，唯以中官鱼朝恩为观军容宣慰使④。十月，子仪自杏园渡河围卫州⑤，安庆绪与其骁将安雄俊、崔乾祐、薛嵩、田承嗣悉其众来援，分为三军，子仪阵以待之，预选射者三千人伏于壁内，诫之曰："俟吾小却，贼必争进，则登城鼓噪、弓弩齐发以迫之。"既战，子仪伪遁，贼果乘之，及垒门，遽闻鼓噪，俄而弓弩齐发，矢注如雨，贼徒震骇，子仪整众追之，贼众大败。是役也，

①垍：音 jì（记）。

②灞上：当时灞桥东端、灞水东岸之地叫灞上。

③关内节度使：自朔方分出。北庭行营节度：北庭原为玄宗时九节度之一，治所在今新疆奇台西，李嗣业只是北庭兵的一个部队的统帅，所以叫行营节度。襄邓节度使：治所在今湖北襄阳。荆南节度：治所在今湖北江陵。河南节度使：治所在今河南开封。滑濮节度：治所在今河南滑县。平卢：平卢节度使，也是玄宗时九节度之一，当时治所在今辽宁朝阳。

④观军容宣慰使：全称是军观容宣慰处置使，代表皇帝去监督九节度使，实际成为元帅。

⑤卫州：治所在汲县即今河南汲县，杏园就在汲县之南，南临黄河。

获伪郑王安庆和以献，遂收卫州。进军趋邺①，与贼再战于愁思冈②，贼军又败，乃连营围之。庆绪遣薛嵩以所乘马十匹求救于史思明，且言禅代。十二月，思明遣将李归仁率众赴之，营于滏阳③。二年正月，史思明自率范阳精卒复陷魏州，乃伪称燕王。王师虽众，军无统帅，进退无所承禀，自冬徂春，竟未破贼，但引漳水以灌其城，城中食尽。……二月，思明率众自魏州来。李光弼、王思礼、许叔冀、鲁炅前军遇贼于邺南，与之接战，夷伤相半，鲁炅中流矢。子仪为后阵，未及合战，大风遽起，吹沙拔木，天地晦暝，跬步不辨物色④，我师溃而南，贼军溃而北，委弃兵仗、辎重累积于路。诸军各还本镇，子仪以朔方军保河阳，断浮桥，有诏令留守东都。三月，以子仪为东都畿、山南东道、河南诸道行营元帅。中官鱼朝恩素害子仪之功，因其不振媒孽之，寻召还京师。天子以赵王系为天下兵马元帅，李光弼副之，委以陕东军事，代子仪之任。子仪虽失兵柄，乃心王室，以祸难未平，不遑寝息。

　　俄而史思明再陷河洛⑤，朝廷旰食⑥，复虑蕃寇逼迫京畿，三年正月，授子仪邠宁、鄜坊两镇节度使⑦，仍留京师。言事者以子仪有社稷大功，今残孽未除，不宜置之散地。肃宗深然之，上元元

①邺：天宝时改相州为邺郡。这里指的邺其治所即今河南安阳。
②愁思冈：在安阳西。
③滏(fǔ斧)阳：今河北磁县。
④跬(kuǐ亏上声)：举足一次叫跬，也就是半步叫跬。
⑤河洛：古代地理上的习惯用语，指黄河、洛水之间的地区，包括东都洛阳在内。
⑥旰(gàn干)食：旰，天晚，旰食是说因事繁忧延迟到天晚了才吃饭。
⑦邠(bīn宾)宁：节度使治所在今陕西彬县。鄜(fū夫)坊：节度使治所在今陕西黄陵南。

年九月①,以子仪为诸道兵马都统,管崇嗣副之,令率英武、威远等禁军及河西、河东诸镇之师,取邠宁、朔方、大同、横野,径抵范阳。诏下旬日,复为朝恩所间,事竟不行。

上元二年二月,李光弼兵败于邙山,河阳失守,鱼朝恩退保陕州。三年二月,河中军乱②,杀其帅李国贞,时太原节度邓景山亦为部下所杀,恐其合从连贼,朝廷忧之,后辈帅臣,未能弹压,势不获已,遂用子仪为朔方、河中、北庭、潞仪泽沁等州节度行营兼兴平、定国副元帅③,充本管观察处置使,进封汾阳郡王,出镇绛州④。三月,子仪辞赴镇。肃宗不豫,群臣莫有见者,子仪请曰:"老臣受命,将死于外,不见陛下,目不瞑矣!"帝乃引至卧内,谓子仪曰:"河东之事,一以委卿。"子仪呜咽流涕。赐御马、银器、杂彩,别赐绢四万匹、布五万端以赏军⑤。子仪至绛,擒其杀国贞贼首王元振数十人诛之。太原辛云京闻子仪诛元振,亦诛害景山者,由是河东诸镇皆奉法。

四月,代宗即位。内官程元振用事,自矜定策之功⑥,忌嫉宿将,以子仪功高难制,巧行离间,请罢副元帅,加实封七百户⑦,充肃宗山陵使⑧。子仪既谢恩,上表进代宗所赐前后诏敕⑨,因自陈

---

① 上元元年:乾元三年闰四月改年号为上元,上元元年和乾元三年是同一年。

② 河中:河中节度使管区,治所在今山西永济西。

③ 潞仪泽沁等州:即指泽潞节度使,治所在今山西长治。

④ 绛州:治所在今山西新绛。

⑤ 匹:唐代绢以匹计,一匹有四丈。端:唐代布以端计,一端有六丈。

⑥ 定策:古人把拥立皇帝叫定策。

⑦ 实封:可以按照所封户数去取得其租税的,叫实封。

⑧ 山陵使:皇帝的陵墓叫山陵,皇帝死后所派总管丧葬工作的大臣叫山陵使。

⑨ 代宗:明闻人本和其他所有本子都作肃宗,但从陈诉的内容来看只能是代宗,今径改正。

诉，……诏答曰："朕不德不明，俾大臣忧疑，朕之过也，朕甚自愧，公勿以为虑。"代宗以子仪顷同患难，收复两京①，礼之逾厚。时史朝义尚据洛阳②，元帅雍王率师进讨③，代宗欲以子仪副之，而鱼朝恩、程元振乱政，杀裴茂、来瑱④。子仪既为所间，其事遂寝，乃留京师。

俄而梁崇义据襄阳叛，仆固怀恩阻兵于汾州，引回纥、吐蕃之众入寇河西。明年十月，吐蕃陷泾州，虏刺史高晖，晖遂与蕃军为乡导⑤，引贼深入京畿，掠奉天、武功，济渭而南，缘山而东。渭北行营兵马使吕日将逆战于盩厔⑥，自辰至酉⑦，杀蕃军数千，然其徒多殪，贼将逼京师。君上计无所出，遽诏子仪为关内副元帅，出镇咸阳。子仪自相州不利，李光弼代掌兵柄，及征还朝廷，部曲散去⑧，及是承诏，部下唯二十骑，强取民家畜产以助军。至咸阳，蕃军已过渭水，其日天子避狄幸陕州，子仪闻上避狄，雪涕还京，至则车驾已发。射生将王献忠从驾，沿路遂以四百骑叛，仍逼丰王已下十王欲投于贼⑨，子仪入开远门遇之，诘丰王等所向，遂护送行在。子仪以三千骑傍南山至商州⑩，得武关防兵及六军散卒

---

① 两京：唐代以西京长安、东京洛阳为两京。
② 史朝义：史思明长子，杀思明自立为伪皇帝。
③ 雍王：代宗子李适（kuò 扩），后立为皇帝，庙号德宗。
④ 茂：音 róng（绒）。瑱：音 tiàn（田去声）。
⑤ 乡：音 xiàng（项）。
⑥ 盩厔（zhōu zhì 州至）：今陕西周至。
⑦ 自辰至酉：今上午八九点钟到晚上六七点钟。
⑧ 部曲：大将个人蓄养的私兵，一般都颇有战斗力。
⑨ 丰王：玄宗第二十六子李珙（gǒng 巩）。
⑩ 商州：今陕西商州及其周围地区。

四千人①,招辑亡逸,其军浙振。蕃寇犯京城,得故邠王守礼子广武王承宏②,立帝号,假署百官。子仪遣六军兵马使张知节、乌崇福、羽林军使长孙全绪等将兵万人为前锋,营于韩公堆,盛张旗帜,鼓鞞震山谷③。全绪遣禁军旧将王甫入长安,阴结少年豪侠以为内应,一日,齐击鼓于朱雀街,蕃军惶骇而去。大将李忠义先屯兵苑中,渭北节度使王仲升守朝堂,子仪以大军续进,至沪西。射生将王抚自署为京兆尹,聚兵二千人,扰乱京城,子仪召抚杀之。诏子仪权京城留守。

　　自西蕃入寇,车驾东幸,天下皆咎程元振④,东宫屡论之,元振惧,又以子仪复立功,不欲天子还京,劝帝且都洛阳以避蕃寇,代宗然之。下诏有日,子仪闻之,因兵部侍郎张重光宣慰回,附章论奏,……代宗省表垂泣,谓左右曰:“子仪用心,真社稷臣也。可亟还京师。”十一月,车驾自陕还宫,子仪伏地请罪,帝驻车劳之曰:“朕用卿不早,故及于此。”乃赐铁券⑤,图形凌烟阁。

　　是时,河北副元帅仆固怀恩顿军汾州,掠并、汾诸县以为己邑。乃以子仪兼关内河东副元帅、河中节度观察使,出镇河中。蕃戎既退,仆固怀恩部下离散,是月,怀恩子玚主兵榆次⑥,为帐下将张惟岳所杀,传首京师,惟岳以玚之众归于子仪。怀恩惧,弃

---

① 武关:在商州,在今陕西丹凤东南。

② 邠王守礼子广武王承宏:广武王承宏是邠王守礼之子,明闻人本和其他本子以至《通鉴》都错成了“孙”。

③ 鞞(pí 皮):同鼙,古代军中所用小鼓。

④ 咎(jiù 救):归罪。

⑤ 铁券:用铁铸成,上有文字,由皇帝颁赐给身份特别高贵的功臣,其后裔如果犯罪,凭此可要求减罪赦免。

⑥ 玚:音 chàng(畅)。榆次:今山西榆次。

其母而走灵州。明年九月，以子仪守太尉，充北道邠宁、泾原、河西已东通和蕃及朔方招抚观察使①，其关内河东副元帅、中书令如故。子仪以怀恩未诛，不宜让使，坚辞太尉，……优诏不许②，子仪见上感泣恳让，乃止。

十月，仆固怀恩引吐蕃、回纥、党项数十万南下，京师大恐，子仪出镇奉天。帝召子仪问御戎之计，子仪曰："以臣所见，怀恩无能为也。"帝问其故，对曰："怀恩虽称骁勇，素失士心，今所以能为乱者，引思归之人耳。怀恩本臣偏将，其下皆臣之部曲，臣恩信尝及之，今臣为大将，必不忍以锋刃相向，以此知其无能为也。"虏寇邠州，子仪在泾阳，子仪令长男朔方兵马使曜率师援之，与邠宁节度使白孝德闭城拒守。怀恩前锋至奉天，近城挑战，诸将请击之，子仪止之曰："夫客兵深入，利在速战，不可争锋，彼皆吾之部曲，缓之自当携贰，若迫之，是速其战，战则胜负未可知。敢言战者斩！"坚壁待之，果不战而退。子仪自泾阳入朝，帝御安福门待之，命子仪楼上行朝见之礼，宴赐隆厚。十一月，以子仪为尚书令，上表恳辞，……答诏不允。翌日敕所司令子仪于尚书省视事，诏宰相百僚送上，遣射生五百骑执戟翼从，……子仪不受，复上表曰："臣伏以尚书令，武德之际，太宗为之，……自后因废此官，永代作则。陛下守文继体，固当奉而行之，岂可猥私老臣，隳厥成式③，上掩陛下之德，下贻万方之非。臣虽至愚，安敢轻受。……"手诏答曰："优崇之命，所以报功，……顾循时议，佥谓允谐。而屡拜封章，恳怀让挹，……宜宣示于外，编之史册。"遣内侍鱼朝恩传诏，

①泾原：指泾原节度使管区，治所在泾州安定，今甘肃泾川县北。
②优诏：诏书里对臣下褒扬、慰劳或说其他好话，叫优诏。
③隳（huī 灰）：毁坏。

赐美人卢氏等六人,从者八人,并车服、帷帐、床蓐、珍玩之具。时蕃虏屡寇京畿,倚蒲、陕为内地,常以重兵镇之。永泰元年五月,以子仪都统河南道节度行营,出镇河中。

八月,仆固怀恩诱吐蕃、回纥、党项、羌、浑、奴剌,山贼任敷、郑庭、郝德、刘开元等三十余万南下。先发数万人掠同州①,期自华阴趋蓝田②,以扼南路,怀恩率重兵继其后。回纥、吐蕃自泾、邠、凤翔数道寇京畿,掠奉天、醴泉③,京师震恐。天子下诏亲征,命李忠臣屯东渭桥,李光进屯云阳④,马璘、郝廷玉屯便桥,骆奉先、李日越屯盩屋,李抱玉屯凤翔,周智光屯同州,杜冕屯坊州⑤,天子以禁军屯苑内。京城壮丁,并令团结,城二门塞其一。鱼朝恩括士庶私马,重兵捉城门,市民由窦穴而遁去,人情危迫。是时急召子仪自河中至,屯于泾阳,而虏骑已合,子仪一军万余人,而杂虏围之数重。子仪使李国臣、高升拒其东,魏楚玉当其南,陈回光当其西,朱元琮当其北,子仪率甲骑二千出没于左右前后。虏见而问曰:"此谁也?"报曰:"郭令公也⑥。"回纥曰:"令公存乎?仆固怀恩言天可汗已弃四海,令公亦谢世,中国无主,故从其来。今令公存,天可汗存乎⑦?"报之曰:"皇帝万岁无疆!"回纥皆曰:"怀恩欺我。"子仪又使谕之曰:"公等顷年远涉万里,剪除凶逆,恢复二京,是时子仪与公等周旋艰难,何日忘之。今忽弃旧好,助一

①同州:今陕西大荔到韩城一带,治所在今大荔。
②蓝田:今陕西蓝田。
③醴泉:今陕西礼泉。
④云阳:在今陕西三原西。
⑤坊州:今陕西黄陵、宜君一带,州治中部县即鄜坊节度使治所。
⑥郭令公:郭子仪当时是中书令,所以称称为令公。
⑦天可汗:自唐太宗被称为天可汗后,兄弟民族相沿都称唐朝皇帝为天可汗。

叛臣,何其愚也!且怀恩背主弃亲,于公等何有。"回纥曰:"谓令公亡矣,不然,何以至此!令公诚存,安得而见之?"子仪将出,诸将谏曰:"戎狄之心,不可信也,请无往。"子仪曰:"虏有数十倍之众,今力固不敌,且至诚感神,况虏辈乎?"诸将曰:"请选铁骑五百卫从。"子仪曰:"适足以为害也。"乃传呼曰:"令公来!"虏初疑,持满注矢以待之,子仪以数十骑徐出,免胄而劳之曰①:"安乎?久同忠义,何至于是?"回纥皆舍兵下马,齐拜曰:"果吾父也!"子仪召其首领,各饮之酒,与之罗锦,欢言如初。子仪说回纥曰:"吐蕃本吾舅甥之国②,无负而至,是无亲也。若倒戈乘之,如拾地芥耳。其羊马满野,长数百里,是为天赐,不可失也。今能逐戎以利举,与我继好而凯旋,不亦善乎!"会怀恩暴死于鸣沙③,群虏无所统摄,遂许诺,乃遣首领石野那等入朝,子仪遣朔方兵马使白元光与回纥会军。吐蕃知其谋,是夜奔退,回纥与元光追之,子仪大军继其后,大破吐蕃十余万于灵武台西原,斩首五万,生擒万人,收其所掠士女四千人,获牛羊驼马三百里内不绝。子仪自泾阳入朝,加实封二百户,还镇河中。

大历元年十二月,华州节度使周智光杀监军张志斌谋叛。帝以同、华路阻,召子仪女婿工部侍郎赵纵受口诏往河中,令子仪起军讨之,纵请为蜡书,令家僮间道赐子仪。奉诏大阅军戎,将发,同、华将吏闻军起,乃斩智光父子,传首京师。二年二月,子仪入朝,宰相元载、王缙、仆射裴冕、京兆尹黎干、内侍鱼朝恩共出钱三

①胄(zhòu 宙):头盔。

②吐蕃本吾舅甥之国:唐太宗把文成公主嫁给吐蕃松赞干布,因而唐朝皇帝和吐蕃君主之间就有着舅、甥关系。

③鸣沙:县名,属灵州,在今宁夏灵武西南。

十万,置宴于子仪第,恩出罗锦二百匹为子仪缠头之费①,极欢而罢。九月,吐蕃寇泾州,诏子仪以步骑三万自河中移屯泾阳。十月,蕃军退至灵州,邀击败之,斩馘二万。十二月,盗发子仪父墓,捕盗未获,人以鱼朝恩素恶子仪,疑其使之,子仪心知其故。及自泾阳将入,议者虑其构变,公卿忧之。及子仪入见,帝言之,子仪号泣奏曰:"臣久主兵,不能禁暴,军士残人之墓,固亦多矣。此臣不忠不孝,上获天谴,非人患也!"朝廷乃安。三年三月,还河中。八月,吐蕃寇灵武。九月,诏子仪率师五万自河中移镇奉天。是月白元光大破吐蕃于灵武。十月,子仪入朝,还镇河中。

　　时议以西蕃侵寇,京师不安,马璘虽在邠州,力不能拒,乃以子仪兼邠宁庆节度②,自河中移镇邠州,徙马璘为泾原节度使。八年十月,吐蕃寇泾州,子仪遣先锋兵马使浑瑊③逆战于宜禄④,不利。会马璘设伏于潘原⑤,与瑊合击,大破蕃军,俘斩数万计。回纥赤心卖马一万匹,有司以国计不充,请市千匹,子仪以回纥前后立功,不宜阻意,请自纳一年俸物充回纥马价,虽诏旨不允,内外称之。九年,入朝,代宗召对延英,语及西蕃充斥,苦战不暇,言发涕零。既退,复上封论备吐蕃利害曰:"……臣伏以陛下横制胜之术,力非不足,但虑简练未精,进退未一,时淹师老,地阔势分。

---

① 缠头:我国古代歌舞者把锦帛缠在头上作妆饰,叫做缠头,后来把赏赐歌舞者锦帛、财物也叫缠头。

② 邠宁庆节度:庆,庆州,今陕西庆阳及迤北地区。其时所设节度使管领邠、宁、庆三州,故曰邠宁庆节度使。

③ 瑊:音 jiān(尖)。

④ 宜禄:今陕西长武。

⑤ 潘原:县名,属泾州,在今陕西长武西,明闻人本和其他本子均误作潘源,今径改正。

愿陛下更询谠议,慎择名将,俾之统军,于诸道各抽精卒,成四五万,则制胜之道必矣,未可失时。臣又料河南、河北、山南、江淮小镇数千①,大镇数万,空耗月饩,曾不习战,臣请抽赴关中,教之战阵,则军声益振,攻守必全,亦长久之计也。臣猥蒙任遇,垂二十年,今齿发已衰,愿避贤路②,止足之诚③,神明所鉴。"诏曰:"卿忧深虑远,殊沃朕心,始终依赖,未可执辞也!"

德宗即位,诏还朝,摄冢宰④,充山陵使,赐号"尚父",进位太尉、中书令,增实封通计二千户,给一千五百人粮、二百匹马草料,所领诸使、副元帅并罢,诸子弟、女婿拜官者十余人。

建中二年夏,子仪病甚,德宗令舒王谊传诏省问,及门,郭氏子弟迎拜于外,王不答拜,子仪卧不能兴,以手叩头谢恩而已。六月十四日薨,时年八十五。德宗闻之震悼,废朝五日,诏……赠太师,陪葬建陵,仍令所司备礼册命,赙绢三千匹、布三千端、米麦三千石⑤,旧《令》一品坟高丈八,而诏特加十尺,群臣以次赴宅吊哭,凶丧所须,并令官给。及葬,上御安福门临哭送之,百僚陪位

①山南:唐初十道之一,所辖相当今四川嘉陵江流域以东,陕西秦岭、甘肃嶓冢山以南,河南伏牛山西南,湖北涢水以西,自重庆至湖南岳阳之间的长江以北地区,开元时又分东、西两道,山南东道治所在今湖北襄阳,山南西道治所在今陕西汉中。
②避贤路:贤路,指进用贤才之路,避贤路就是自己引退、让贤才得以提拔上来。
③止足之诚:《老子》有"知足不辱,知止不殆"的话,意思是做人应该知道满足,有了一定的名誉地位后就应该不再追求,这成为古人的一种处世哲学。
④冢宰:新皇帝刚即位时要为老皇帝居丧,不能上朝听政,需要指派一位德高望重的大臣做冢宰代替他临时主持几天朝政,当然这都是名义上的,做样子给人看的。
⑤赙(fù 付):送财物助人办丧事叫赙,后来给丧事人家送礼也都叫赙。

陨泣。赐谥曰忠武,配飨代宗庙庭。

　　子曜、旰、晞、昢、晤、暧、曙、映等八人①,婿七人,皆朝廷重官,诸孙数十人。每群孙问安不尽辨,颔之而已。参佐官吏六十余人后位至将相,升朝秩贵位,勒其姓名于石,今在河中府。……

【翻译】

　　郭子仪,是华州郑县人。父名敬之,历任绥、渭、桂、寿、泗五州刺史,后来子仪显贵了,还被追赠太保,追封祁国公。

　　子仪身高六尺多,长得既漂亮又雄伟。最初考武举以高等成绩当上左卫长史,再在外边多次充任军使。玄宗天宝八载(749),在木剌山设置横塞军和安北都护府,任子仪为军使,拜左卫大将军。十三载(754),移横塞军和安北都护府在永清栅北筑城,并改称横塞军为天德军,仍旧任子仪为军使,兼九原太守、朔方节度右兵马使。

　　天宝十四载(755),安禄山造反,十一月提升子仪为卫尉卿兼灵武郡太守充朔方节度使,下诏叫子仪率领朔方本军兵马东进讨伐。子仪提兵出单于都护府,收复静边军,擒斩贼将周万顷,把首级传送京师。安禄山派大同军使高秀岩侵犯河曲,子仪把他打败,进军收复云中、马邑,打开东陉关,因功加授御史大夫。天宝十五载(756)正月,贼将蔡希德攻陷常山郡,太守颜杲卿被俘,河北各郡县都投向叛军。二月,子仪和河东节度使李光弼领兵出井陉口,攻克常山郡,在九门打败叛军,往南攻打赵郡,俘虏四千都释放,只杀了伪太守郭献璆,取得好几万兵器装备。回军常山,贼将史思明带了几万兵马在后边追蹑,官军行动他们也行动,官军

———————————

①旰:音 hàn(汗)。晞:音 xī(希)。暧:音 ài(爱)。

休息他们也休息。子仪就选派五百骁骑轮番挑战磨缠,磨上三天到了行唐,叛军疲乏想退却,官军乘势回军攻击,又大败叛军于沙河。安禄山接到史思明的败报,再给他加派精兵,等官军到达恒阳,史思明军又跟踪来到。子仪凭营垒自卫,叛军来就守御,叛军退就出击,白天陈兵扬威,夜晚偷袭敌营,弄得叛军谁都无法休息。这样相持了几天,李光弼对子仪说:"贼兵疲怠了,可以打了。"六月,子仪、光弼统率仆固怀恩、浑释之、陈回光等在嘉山列阵,贼将史思明、蔡希德、尹子奇等也结阵进逼,一仗打下来把叛军杀得大败,斩杀四万,生擒五千,还夺得五千匹战马,史思明丢掉头盔光着脚逃往博陵。于是河北十余郡都杀死叛军所派守将迎候王师,子仪准备北上进取范阳,官军声势大振。

可就在当月,哥舒翰被叛军打败,潼关失守,玄宗逃到成都,肃宗北上灵武。子仪的节度副使杜鸿渐任朔方留后,上表迎接肃宗。七月,肃宗在灵武即位,鉴于叛军已占领西京长安,得先设法收复,就下诏让郭子仪班师回军。八月,子仪和李光弼统率步骑五万从河北赶回灵武。当时朝廷刚在灵武建立,朔方主力东征后留下的兵众寡弱,放牧的战马虽多,总组织不起像样的部队。这时子仪、光弼全师到达,军势大振,大家才感到有恢复的希望。肃宗下诏提升郭子仪为兵部尚书同中书门下平章事,照旧任灵州大都督府长史、朔方军节度使。肃宗检阅官兵,亲自统率南下进取关中,到达彭原郡。宰相房琯要求拨给一万兵马,自己充任统帅讨伐叛军,肃宗一向看重房琯,同意了,结果房琯进到陈涛斜,为叛军所败,官兵死伤殆尽。这一下用来讨贼的兵马几乎损失了一半,更只有依靠朔方军作为兴复的资本。十一月,贼将阿史那从礼率领同罗、仆骨五千骑出塞,煽诱河曲九府六胡州部落几万人马,想进逼灵武。子仪带了回纥首领葛逻支前去把他打败,斩杀俘获好几万,河曲地区得以平定。

当时贼将崔乾祐把守潼关,肃宗至德二年(757)三月,子仪大破叛军于潼关,崔乾祐退守蒲津。这时永乐县尉赵复、河东郡司户参军事韩旻、司士参军事徐昷、宗室李藏锋四人失陷在蒲州,他们密谋官兵一到就内应,等子仪进攻蒲州,他们杀死在城头女墙上防守的贼兵,开城迎进郭子仪军。崔乾祐和手下几千人逃到安邑,安邑的百姓假装投降,等叛军进城将及一半,放下闸门痛击闸在城里的叛军,崔乾祐正巧未入城,才能脱身东逃。子仪乘势收复了陕郡的永丰仓。自此潼关、陕郡之间再没有叛军来骚扰。

本月,安禄山死去,朝廷计划大行动,下诏召子仪回凤翔。四月,子仪进位为司空,充任关内河东副元帅。五月,下诏叫子仪统率大军进取京城长安。子仪大军到达长安郊外潏水的西边,和贼将安太清、安守忠打了一仗,没打好,兵众溃散,器械都丢弃在清渠边上。子仪收合余众退保武功,自己去见肃宗请罪,要求降他的官职,肃宗只降他为尚书左仆射,其余一切职务照旧。九月,子仪跟随元帅广平王统率蕃汉兵马十五万进攻长安。回纥派叶护太子率领四千骑兵助唐讨贼,子仪宴请叶护,共同立誓解救国难,相处得很融洽。子仪自己奉元帅广平王作为中军,和贼将安守忠、李归仁在京城西郊香积寺之北会战,官军结阵横亘三十里,叛军十万在阵北结兵。李归仁先向官军进攻,官军阵乱,李嗣业奋勇冲突,擒杀叛军十余骑才稳住阵脚。回纥出奇兵到叛军阵后夹攻,叛军崩溃,从午时杀到酉时,斩杀叛军六万。贼将张通儒驻守长安,听到李归仁等战败,连夜逃奔陕郡。第二天,广平王进入京师,老幼百万夹道欢呼,流着眼泪说:“想不到今天还能看到官军。”广平王让战士休息三天,继续东进。肃宗在凤翔得到捷报,百官都为他庆贺,他因为宗庙被烧毁,悲哭不能自制,百官也被感动得哭泣。

这年十月,杀禄山自立为皇帝的安庆绪把十万叛军悉数交付严庄开到陕州,和张通儒共同抵抗官军。叛军听官军来了,全军都屯集到州西,靠山结阵,子仪指挥大军在正面攻打,让回纥登山从敌阵背面袭击,在山里遇到伏击,多打了一会,正面的官军看回纥还未有动静,稍稍退却。叛军分兵三千想来切断退路,官军军心动摇,子仪传令回纥赶快行动,回纥把伏兵杀尽,赶到叛军阵后,在满天黄尘中射了十几箭,叛军大惊,互相看着说:"回纥来了。"即时全线崩溃,被斩杀的尸体遍满山泽。严庄、张通儒逃回洛阳,再和安庆绪放弃洛阳渡过黄河据守相州。子仪奉广平王进入东都洛阳,大军陈列在天津桥南,居民沿路欢呼,伪侍中陈希烈、伪中书令张垍等三百多人穿着白色的丧服向广平王请罪,广平王安抚后都放回。这时河东和河西南被叛军占领的地区都告恢复。子仪因功加授司徒,封代国公,食邑一千户。不久子仪入朝,肃宗派军队摆好队伍,到灞上迎接,肃宗慰劳子仪说:"这虽是我的家国,其实全靠卿重新建造。"子仪叩头感谢。

这年十二月,子仪回到洛阳,奉命作准备北上讨伐叛军。乾元元年(758)七月,子仪在河上打败叛军,生擒贼将安守忠送长安,自己也入朝。肃宗让百官排班在长乐驿迎接,亲自在望春楼等候,进子仪为中书令。九月,子仪奉诏书开始大规模军事行动,和河东节度使李光弼、关内节度使王思礼、北庭行营节度使李嗣业、襄邓节度使鲁炅、荆南节度使季广琛、河南节度使崔光远、滑濮节度使许叔冀、平卢兵马使董秦,一共动用九个节度使的兵马征讨安庆绪。肃宗考虑到郭子仪、李光弼都是国家元勋,不便有所统属,就没有任命元帅,只派大宦官鱼朝恩去担任观军容宣慰使。十月,子仪从杏园渡过黄河围攻卫州,安庆绪带领骁将安雄俊、崔乾祐、薛嵩、田承嗣倾巢出动来救援,在州城外分列三军,子仪也摆开阵势,并预先选了三千射手埋伏在营垒里,吩咐说:"等我军稍向后退,敌兵准会争先杀过来,你们就登上营垒大声鼓噪,对准他们弓弩齐发。"双方接触后子仪果真伪装退却,叛军赶上来,才到垒门,立即响起一片鼓噪声,接着弓弩齐发,箭如雨下,叛军惊恐失措,子仪指挥大队官兵追杀,叛军大败。子仪擒获伪郑王安庆和送入京师,自己和大军进入卫州。再北上进攻安庆绪盘踞的邺城,在城外愁思岗打了一仗,叛军又打败,官军就扎下连营围城。安庆绪派薛嵩带了自己的十匹好马献给史思明求救,还答应把皇帝的称号让给史思明。乾元元年十二月(760年1月),史思明派部将李归仁带兵前往,在滏阳扎营。乾元二年(760)正月,史思明亲自率领范阳精兵南下,再次攻陷魏州,自称燕王。当时官军人数虽多,没有统帅,行动进退都无处请示,从上年冬天到这年春天,还破不了城,只能引漳水来灌城,城里也已把粮食吃尽。……这年二月,史思明率领大队人马从魏州来到邺城。李光弼、王思礼、许叔冀、鲁炅作为前军先在城南和史思明接战,互有死伤,鲁炅也中了一箭。子仪是后阵,还没有来得及和叛军交战,突然刮起大风,飞沙拔木,天地昏黑,半步之内都辨认不清,官军向南溃退,叛军往北溃退,兵器、军粮丢弃得满路都是。官兵各军都回本镇,子仪带领朔方军保住河阳,并拆断架在黄河上的浮桥,肃宗下诏叫子仪留守东都洛阳。三月,肃宗任命子仪为东都畿、山南东道、河南诸道行营元帅。大宦官鱼朝恩一向妒忌子仪,怕他立功,趁这次朔方军没有打好仗,在肃宗面前攻击子仪,不久子仪被召回京师。肃宗改派第二子赵王系为天下兵马元帅,李光弼为副元帅,把陕州以东的军事交给李光弼以代替子仪。子仪的兵权虽失掉了,但仍忠心于王室,想到战乱还未平息,寝食不安。

很快史思明又再度攻占河洛,朝廷担忧无法抵御,又怕吐蕃入侵京畿,于是在乾元三年(760)正月,让子仪兼领邠宁、鄜坊两镇节度使,仍留在京师。有人上奏说子仪有大功于社稷,今河北残孽未除,不应置之闲散。肃宗很同意,在上元元年(760)九月,任命子仪为诸道兵马都统,管崇嗣为副都统,要叫他统率英武、威远等禁军和河西、河东各镇的部队,取道邠宁、朔方、大同、横野直抵范阳。诏书下了才十天,又被鱼朝恩进了谗言,仍然没有能执行。

上元二年(761)二月,李光弼在北邙山战败,河阳失守,鱼朝恩退守陕州。三年(762),河中军发生变乱,杀死节度使李国贞,当时太原节度使邓景山也被部下所杀,朝廷担心这两镇联合起来投向叛军,而后辈将领又未必有能力弹压,不得已只好起用子仪为朔方、河中、北庭、潞仪泽沁等州节度行营兼兴平、定国等军副元帅,充本管观察处置使,进封汾阳郡王,出镇绛州。三月,子仪要向肃宗告辞到任。当时肃宗有病,臣下没有能进见的,子仪要求道:"老臣这次受命,将死在外边了,现在见不到陛下,今后将死不瞑目!"肃宗就叫人把子仪引进卧室,对子仪说:"河东的事情,一概交付给卿了。"子仪流着泪哭出声来。肃宗把御马、银器、杂彩赏赐给子仪,还赐绢四万匹、布五万端让子仪带去赏军。子仪到了绛州,把杀害李国贞的首恶王元振等几十个人抓起来杀掉,太原的新任节度使辛云京听到郭子仪杀了王元振,也把杀害邓景山的人处死,从此河东各镇都遵奉王法。

这年四月,代宗李豫即位。宦官程元振弄权,自夸有拥立代宗之功,对大将们既讨厌又顾忌,认为子仪功高难制,使用诡计进行离间,子仪被罢掉副元帅,加实封七百户,充任肃宗山陵使。子仪谢恩后,上表进献代宗前后赐给他的诏敕,并陈诉自己的心迹……代宗下诏回答说:"朕不德不明,弄得大臣疑惧担忧,是朕的过错,朕感到很惭愧,请公不要再因此而有什么顾虑。"代宗在做广平王时和子仪共过患难,一起收复过东西两京,对他确实更为优礼。当时史朝义还盘踞在洛阳,元帅雍王李适统大军进讨,代宗要用子仪为副元帅,而大宦官鱼朝恩、程元振乱政,杀害了襄邓防御史裴茙和山南东道节度使来瑱,子仪既被他们所离间,仍未能出任副元帅而留在京师。

不久,梁崇义据襄阳反叛,仆固怀恩也在汾州和朝廷对抗,还引了回纥、吐蕃的兵马入侵河西。第二年(763)十月,吐蕃攻陷泾州,俘虏刺史高晖,高晖投降吐蕃并充当向导,引吐蕃深入京畿,抢掠奉天、武功,渡过渭水南下,沿南山东进。渭北行营兵马使吕日将在盩厔迎战,从辰时打到酉时,杀死几千吐蕃兵,而官军也多战死,吐蕃眼看进逼京师。代宗束手无策,赶忙下诏让郭子仪出任关内副元帅,出镇咸阳。可是子仪从相州失败后就由李光弼代掌兵权,召回京师后部曲又多离散,到这时接到诏书,部下只剩下二十多人有马可骑,就强取民间畜养的来补充。到达咸阳,吐蕃已过渭水,当天代宗也逃出长安去陕州,子仪得悉,擦干眼泪赶回长安,代宗已经出发了。有个禁军的射生将王献忠随从鸾驾,在路上煽诱四百骑兵叛变,还胁逼丰王以下十个亲王去投顺吐蕃,正好子仪进入长安开远门,和这伙碰上,诘问上哪里去,把丰王等拦下来送给代宗。子仪自己再带了三千骑兵沿着南山到商州,招收到武关防兵和禁军逃散的战士四千人,其他散兵败卒也都来归附,军势渐盛。吐蕃这时已打进长安,找到已故邠王李守礼的儿子广武王李承宏,立为皇帝,还临时任命了一批官员。子仪派六军兵马使张知节、乌崇福、羽林军使长孙全绪等带上一万人马为先锋,在韩公堆扎营,大张旗帜,鼓声震动山谷。长孙全绪又派禁军旧将王甫混进长安,暗地里联络一些少年豪侠作为内应。一天,在朱雀大街上这伙人一齐擂响战鼓,吐蕃害怕起来,撤出了长安。大将李忠义先带兵开进禁苑驻守,渭北节度使王仲升驻守朝堂,子仪统率大军继续前进,到达浐水西边。有个射生将王抚自称京兆尹,聚兵二千人,扰乱京城,子仪把他召来杀掉。代宗下诏叫子仪临时担任京城留守。

自从吐蕃入侵,皇上车驾东幸,天下都归罪大宦官程元振,皇太子即前雍王李适多次有议论,程元振很害怕,又看到郭子仪再度立了大功,不想让代宗回长安,劝他暂且迁都洛阳以避吐蕃。代宗同意,下了诏书。几天后,郭子仪知道了,趁兵部侍郎张重光来长安后回陕州,就附上奏章劝阻……代宗看后流着泪对身边的人说:"子仪这样为朕着想,真是社稷之臣啊!朕应该赶快回京师。"十一月,代宗车驾从陕州回宫,子仪伏地请罪,代宗停下车慰劳说:"朕没有早一点用卿,才会出现这样的局面。"赐子仪铁券,在凌烟阁画上子仪的图像。

这时,河北副元帅仆固怀恩仍带着部队停驻在汾州,还掠取并、汾两州的县城归自己管辖。代宗派子仪兼任关内河东副元帅、河中节度观察使,出镇河中。当时吐蕃已经撤退,怀恩的部下看到形势不利纷纷离散,怀恩的儿子仆固玚在榆次用兵,也在这个月里被帐下将张惟岳所杀,首级传送京师,余众由惟岳统带投归子仪。仆固怀恩紧张起来,丢下他的母亲逃往灵州。明年(765)九月,代宗以子仪守太尉,充任北道邠宁、泾原、河西通和蕃及朔方招抚观察使,本来担任的关内河东副元帅和中书令都依旧不动。子仪考虑到仆固怀恩还未除掉,招抚观察使的差使不好推却,而太尉这个正一品的称号则坚决不能接受……代宗优诏不许,子仪再次求见代宗,哭着推辞,才算辞掉。

　　这年十月，仆固怀恩带引吐蕃、回纥、党项几十万兵马南下，京城里大为紧张，子仪奉诏出镇奉天。临行时，代宗召子仪问用什么办法来抵御，子仪说："照臣看来，怀恩并不能有所作为。"代宗问为什么，子仪回答道："怀恩虽号称骁勇，其实在军中一向不得人心，这次所以能作乱，是原先跟他外逃的人想回来的缘故。怀恩本是臣的偏将，跟他外逃的人都是臣的部下，臣对他们颇有恩信，如今臣为大将，他们必不忍以锋刃相向，因此臣知道他不能有所作为。"吐蕃这时已入侵邠州，子仪还在泾阳，就派长子朔方兵马使郭曜领兵增援邠州，和邠宁节度使白孝德闭城拒守。仆固怀恩军先锋到达奉天，逼近城下挑战，将领们要出击，子仪制止说："客兵深入，利于速战，不宜与之争锋，他们过去都是我的部下，缓一下他们就会动摇离散，如果我们出战，是促使他们动手，动起手来胜负就很难说。谁再说出战，我就杀他的头！"于是坚守营垒等待着，对方果真不战而退。子仪从泾阳入朝，代宗到安福门上迎候，叫子仪上门楼行朝见之礼，宴请赏赐隆重优厚。十一月，拜子仪为尚书令，子仪上表恳辞……代宗答诏不允。第二天，代宗叫尚书省请子仪到任，叫宰相百官送子仪上任，还派自己的警卫——射生五百骑执戟分列两侧……子仪仍不肯接受，再次上表说："臣认为尚书令在武德时太宗皇帝曾做过……因此以后就废止这个官职，并成为后世必须遵循的准则。陛下继承先业，恪遵祖宗法度，自当本此办理，怎能随便施恩老臣，而破坏陈规，上则有损陛下圣德，下则招来万方的非议。臣虽说昏愚已极，也哪敢轻易领受。……"代宗亲笔写诏书答复说："下诏对卿优崇，是报答卿的功绩……朕听取舆论，也都说完全应该这么办理。而卿一再上奏，恳辞不受……这种嘉言懿行，应对外宣布，编入国史。"派大宦官鱼朝恩传宣诏书，并赏赐子仪美人卢氏等六人，侍女八人,还有车马、衣服、帷帐、床褥、珍宝玩好等。当时吐蕃屡次入侵京畿。朝廷把蒲、陕二州作为退路,常用重兵镇守,代宗永泰元年(765)五月,派子仪都统河南道节度行营,出镇河中。

这年八月,仆固怀恩又诱引吐蕃、回纥、党项、羌、浑、奴剌等族,以及山贼任敷、郑庭、郝德、刘开元等三十多万兵马南下。先出几万兵马抢掠同州,要从华阴直取蓝田,来切断南路,仆固怀恩带领重兵跟随前进。回纥、吐蕃则从泾州、邠州、凤翔几路入侵京畿,洗劫了奉天、醴泉,京师震动。代宗下诏亲征,派李忠臣军屯渭桥,李光进军屯云阳,马璘、郝廷玉军屯便桥,骆奉仙、李日越军屯鳌屋,李抱玉军屯凤翔,周智光军屯同州,杜冕军屯坊州,代宗统率禁军屯禁苑之内。京城里的壮丁都叫组织起来,城门有两个就堵掉一个。鱼朝恩搜刮官员、民家所有的马匹,还用重兵看守城门,居民从城墙下面的小洞逃出长安,情况极为危急。这时,代宗赶忙把子仪从河中召回,叫他屯驻泾阳,而回纥、吐蕃的骑兵已经在城下合围,子仪一军只有万把人,被敌骑重重围困。子仪派高升在东,魏楚玉在南,陈回光在西,朱元琮在北,四面抵御防守,自己带了二千铁骑出入前后左右。敌兵看到了,问道:"这是谁啊?"官军回答说:"是郭令公!"回纥说:"令公还健在吗?仆固怀恩说天可汗已去世,令公也已去世,中国无主,所以我们跟他来。如今令公还健在,天可汗健在吗?"回答说:"皇帝万寿无疆!"回纥都说:"怀恩欺骗了我们!"子仪又叫人开导他们说:"公等当年远涉万里,来为我们剪除凶逆,收复二京,当时子仪和公等同甘苦共患难的情景,哪天都不会忘掉。如今公等忽然抛弃了老朋友,去帮助叛臣,何其不明智啊!何况怀恩这种人连主子都能背叛,母亲都会抛弃,对公等哪会有什么好心眼!"回纥说:"我们以为令公去世了,否则,怎会来到这里!令公真健在,能让我们见见面吗?"

子仪准备去和他们见面,将领们说:"戎狄之心,不可轻信,请切莫去。"子仪说:"敌人比我们多出几十倍,要论兵力本来就无法抵敌,只要至诚,连神明都能感动,何况这些蕃虏。"将领们说:"请挑选铁骑五百跟随保卫。"子仪说:"这反要坏事的。"于是传呼道:"令公来了!"回纥开始还不相信,拉满弓、搭上箭等待着,子仪带了几十骑缓缓地来,脱掉头盔对回纥慰问道:"大家好吧?我们一向同讲忠义,何至于这个样子?"回纥都丢掉兵器,下马齐拜,说:"真吾父也!"子仪把回纥首领们召过来,请他们喝酒,送他们罗锦,像以往一样欢笑交谈。子仪劝他们道:"吐蕃本是我舅甥之国,我们没有对不起他们而他们入侵,是他们背弃了亲戚,如果你们乘势倒戈,收拾他们,可比从地上拾个芥子都容易。他们所带羊马遍布原野,长达几百里,这是上天所赐,不该失去机会。你们既帮我们驱逐吐蕃,而又可借此获利,和我们重修前好,然后凯旋,这岂非两全其美吗?"正好这时仆固怀恩暴死鸣沙,回纥失去了统摄,就答应下来,派首领石野那等入朝,子仪派朔方兵马使白元光和回纥会合行动。吐蕃知道了回纥变心,连夜奔逃,回纥与白元光追赶,子仪率领大军跟上,大破吐蕃十余万众于灵武台西原,斩杀五万,生擒一万,救出所虏的四千男女,俘获的牛羊驼马列队行进长达三百里。子仪从泾阳入朝,加实封三百户,回镇河中。

代宗大历元年(766)十二月,华州节度使周智光杀监军宦官张志斌叛乱。代宗因为同州、华州一路已被周智光军截断,就把子仪女婿工部侍郎赵纵召来,口授密诏,让去河中叫郭子仪起兵讨伐智光,赵请写成蜡书,叫家僮从小路送到河中。子仪奉诏检阅兵马,准备行动。同、华的将吏知道了,就杀掉周智光父子送首级到京师。大历二年(767)二月,子仪入朝,宰相元载、王缙、仆射裴冕、京兆尹黎干、内侍省内侍鱼朝恩共同出钱三十万,在子仪第宅里办了个大宴会,代宗拨出罗锦二百匹,送给子仪作为他赏赐歌伎之用,极尽欢洽而罢。九月,吐蕃又入侵泾州,代宗下诏叫子仪率领步骑三万从河中移屯泾阳。十月,吐蕃退到灵州。子仪赶上把蕃兵打败,斩杀二万。十二月,子仪父亲的坟墓被盗掘,凶犯抓不到,人们鉴于鱼朝恩一向反对子仪,都怀疑是他指使人这么干的,子仪心里也很明白。等子仪打败吐蕃,将从泾阳入朝,就有人议论他会不会因此有什么反对朝廷的行动,公卿中也多为此担忧。等到子仪入见代宗,代宗谈起这件事,子仪号啕大哭,说:"臣长期主持军事,不能禁绝兵士骚扰百姓,把百姓的坟墓已经破坏得够多了。现在发生这样的事情,是臣不忠不孝,招来上天的惩罚,并非真有人跟臣过不去啊!"朝廷上这才安静下来。大历三年(768)三月,子仪回河中。八月,吐蕃入侵灵武。九月,下诏让子仪带领五万兵马移镇奉天。同月子仪部将白元光大破吐蕃于灵武。十月,子仪入朝,回镇河中。

朝廷认为吐蕃经常入侵,京师不得安宁,虽有马璘在邠州镇守,仍无力抵御,于是让子仪兼任邠宁庆节度使,从河中移镇邠州,马璘调任泾原节度使。大历八年(773)十月,吐蕃入侵泾州,子仪派先锋兵马使浑瑊到宜禄迎敌,被打败。马璘在潘原设下埋伏,会同浑瑊袭击吐蕃,打了胜仗,斩杀、俘虏了几万吐蕃兵。回纥使者赤心卖马给唐朝,有一万匹,主管者考虑到国家经费不充裕,提出只买一千匹,子仪认为回纥先后为国家立功,不好使他们失望,自愿缴纳个人一年的俸禄,抵充回纥马价,虽然代宗没有同意,仍博得朝廷内外的称赏。大历九年(774),子仪入朝,代宗请子仪到延英殿谈话,谈到吐蕃兵多势众,官军苦战不得休息,谈着就流下来眼泪。退出后,又上了个奏章,议论防御吐蕃的得失,说："……臣认为陛下所持制胜之术,就兵力来讲,已不算太少,只是选择训练还远不够精严,进退动作还未能整齐,加之长期备战,将士易于疲乏,防区辽阔,兵力必然分散。希望陛下更多地征询臣下的意见,认真挑选名将来统带部队,再从各道抽调精兵,合起来有四五万人,就准能克敌制胜,时机紧迫,千万不要拖延。此外,河南、河北、山南、江淮等处的节镇,小者兵马几千,大者几万,徒然按月颁发军粮俸给,而不参加战斗,臣建议把这些兵马临时抽调到关中,训练他们列阵作战,这样,我军的声势就显得浩大,无论进攻防守都可万无一失,这也是长治久安之计。至于臣个人承朝廷识拔,委以重任,已将及二十年,如今牙齿头发都渐脱落,总求退避贤路,以谨遵'止足'之诚,愿上天神明谅鉴臣的诚意。"代宗下诏说:"卿深虑远思,对朕很有启发帮助,朕对卿始终依赖,卿切不能坚辞啊!"

德宗即位,召子仪回朝,请子仪摄冢宰,充任代宗的山陵使,赐号"尚父",进位太尉、中书令,增加实封连过去的共计二千户,再给予一千五百人的粮食、二百匹马的草料,原先所领诸使,副元帅都免去,子仪的儿子、女婿有十多人拜授官职。

德宗建中二年(781)夏天,子仪病重,德宗派第三子舒王李谊带上诏书登门看望,郭家子弟在门外迎拜,舒王自不便答拜,子仪躺着不能起身,只得用手叩头谢恩。六月十四日(781 年 7 月 9 日)子仪逝世,时年八十五岁。德宗知道后大为悲痛,停止朝会五天,下诏……追赠太师,陪葬于肃宗的建陵,并陈列仪式宣布太师的册令,又叫主管部门送绢三千匹、布三千端、米麦三千石办理丧事,《唐令》本来规定一品官的坟墓高一丈八尺,下诏特加十尺,百官要按品级到第宅吊丧,其他丧事要用的都由政府拨给。出殡时,德宗到安福门哭送,百官陪同哭泣。赐谥号叫忠武,在代宗的庙庭里立位配飨。

　　子郭曜、郭旰、郭晞、郭昢、郭晤、郭暧、郭曙、郭映等八人,女婿七人,都在朝廷上担任重要官职。孙儿有好几十,每当孙儿们问安时,子仪已不能统统认得,点点头就算了。下属官吏中有六十多人后来做到将相,升擢高官显职,这些人的姓名都刻在碑石上,保存在河中府。……

田承嗣传

通常认为节度使即所谓藩镇是唐代一大祸害，其实并不尽然。玄宗时设置九节度使是为了对付东北的奚、契丹和西南的吐蕃、南诏。范阳节度使安禄山及其党羽史思明叛乱之后，中央在内地遍设节度使，也是为了对付安史残余势力并解除吐蕃的威胁，以达到巩固其统治的目的。这些节度使多数是由中央任命而且服从中央的，不甚听话、向中央闹独立的基本上只有河北地区的魏博、成德、幽州三镇和在今山东的淄青镇，这些都是安史的残余势力，魏博镇首任节度使田承嗣就是其代表人物。但从这个传里可以看到凭他的实力仍是不能和中央对抗的，尽管中央也没有能力把这股根深蒂固的残余势力彻底消灭。（选自卷一四一）

田承嗣，平州人①，世事卢龙军为裨校②。祖璟③，父守义，以豪侠闻于辽碣④。

---

①平州：今河北卢龙、滦县、唐山、昌黎、乐亭等地区，治所卢龙在今卢龙。
②卢龙军：在卢龙城内。
③璟：音 yǐng（影）。
④辽碣：古代地理上的习惯用语，辽指今辽河流域；碣指碣石山，在今河北海边，这一带统称辽碣。

承嗣开元末为军使安禄山前锋兵马使，累俘斩奚、契丹功，补左清道府率①，迁武卫将军。禄山构逆，承嗣与张忠志等为前锋陷河洛。禄山败，史朝义再陷洛阳，承嗣为前导，伪授魏州刺史。代宗遣朔方节度使仆固怀恩引回纥军讨平河朔，帝以二凶继乱，郡邑伤残，务在禁暴戢兵，屡行赦宥，凡为安史诖误者一切不问。时怀恩阴图不轨，虑贼平宠衰，欲留贼将为援，乃奏承嗣及李怀仙、张忠志、薛嵩等四人分帅河北诸郡。乃以承嗣检校户部尚书、鄚州刺史②。俄迁魏州刺史、贝博沧瀛等州防御使③。居无何，授魏博节度使④。

承嗣不习教义，沉猜好勇，虽外受朝旨，而阴图自固。重加税率，修缮兵甲，计户口之众寡，而老弱事耕稼，丁壮从征役，故数年之间，其众十万。仍选其魁伟强力者万人以自卫，谓之"衙兵"。郡邑官吏，皆自署置，户版不籍于天府⑤，税赋不入于朝廷，虽曰藩臣，实无臣节。代宗以黎元久罹寇虐，姑务优容，累加检校尚书仆射、太尉、同中书门下平章事，封雁门郡王，赐实封千户。及升

① 左清道府率：唐代东宫有左右清道率府，掌管东宫内外昼夜巡警，府率是其长官。田承嗣加此职务以及其后迁武卫将军，实际上都是虚衔性质，并未入京任职。
② 鄚（mò 莫）州：明闻人本和其他本子本作郑州，但田承嗣从未能占有河南道的郑州，当系河北鄚州之误，今径改正。鄚州在今河北任丘及其周围地区。
③ 贝博沧瀛等州：贝州在今河北清河及其周围地区，博州在今山东聊城、高唐等地区，沧州在今河北南皮、山东乐陵等地区。
④ 魏博节度使：治所在今河北大名北。
⑤ 户版：我国的户籍最初登记在版片上，所以叫版籍或户版，这时虽以纸来登记，但习惯上仍承用户版等旧名称。天府：封建时代称皇室或中央收藏财物、文书之处为天府。

魏州为大都督府,以承嗣为长史,仍以其子华尚永乐公主,冀以结固其心,庶其悛革①。而生于朔野,志性凶逆,每王人慰安,言词不逊。

大历八年,相卫节度使薛嵩卒②,其弟崿欲邀旄节③。及用李承昭代嵩,衙将裴志清谋乱逐崿,崿率众归于承嗣。十年,薛崿归朝,承嗣使亲党扇惑相州将吏谋乱,遂将兵袭击,谬称救应。代宗遣中使孙知古使魏州宣慰,令各守封疆。承嗣不奉诏,遣大将卢子期攻洺州,杨光朝攻卫州,杀刺史薛雄,仍逼知古令巡磁、相二州④,讽其大将割耳剺面⑤,请承嗣为帅。知古不能诘。

四月,诏曰:"田承嗣出自行间,策名边戍,早参戎秩,效用无闻,尝辅凶渠,驱驰有素。洎再平河朔,归命辕门,朝廷俯念遗黎,久罹兵革,……思用抚宁,……委授旄钺之任,假以方面之荣⑥,期尔知恩,庶能自效。……而乃据国家之封壤,仗国家之兵戈,安国家之黎人⑦,调国家之征赋,掩有资实,凭窃宠灵,内包凶邪,外示归顺。……此而可容,何者为罪?承嗣宜贬永州刺史⑧,仍许一幼男女从行,便路赴任。委河东节度使薛兼训、成德军节度使李宝臣、幽州节度使留后朱滔、昭义节度李承昭、淄青节度李正

①悛(quān圈):悔改。

②相卫节度使:治所在今河南安阳。

③崿:音è(愕)。旄(máo毛)节:本为古代出使者所持以表明身份的东西,唐代节度使也都赐有旄节。

④磁:磁州,在今河北磁县及其周围地区。

⑤剺(lí离)面:古代北方兄弟民族的习俗,割面流血,以示诚意或哀痛。

⑥方面:过去习惯把掌管一方的军政叫方面。

⑦黎人:即黎民,唐人避太宗讳常改"民"为"人"。

⑧永州:今湖南零陵及其周围地区。

己、淮西节度李忠臣、永平军节度使李勉、汴宋节度田神玉等①，
掎角进军②。如承嗣不时就职，所在加讨，按军法处分。"诏下，承
嗣惧，而麾下大将，复多携贰，仓黄失图，乃遣牙将郝光朝奉表请
罪，乞束身归朝。代宗重劳师旅，特恩诏允，并俟悦等悉复旧官，
仍诏不须入觐③。

十一年，汴将李灵曜据城叛，诏近镇加兵。灵曜求援于魏，承
嗣令田悦率众五千赴之，为马燧、李忠臣逆击败之，悦仅而获免，
兵士死者十七八。复诏诛之。十二年，承嗣复上章请罪，又赦之，
复其官爵。承嗣有贝、博、魏、卫、相、磁、洺等七州，复为七州节度
使，于是承嗣弟廷琳及从子悦、承嗣子绾、绪等皆复本官④，仍令
给事中杜亚宣谕，赐铁券。

十三年九月卒，时年七十五。有子十一人。……而悦勇冠三
军，承嗣爱其才，及将卒，命悦知军事，而诸子佐之。

【翻译】

田承嗣，平州人，世代在卢龙军任职做偏裨将校。祖名璟，父
名守义，以豪侠闻名于辽碣。

承嗣在开元末年充任平卢军使安禄山的前锋兵马使，积累俘

---

① 成德军节度使：治所在今河北正定。幽州节度使：治所同安史乱前，仍在
今北京。昭义节度：即相卫节度，赐号昭义。淄青节度：治所在今山东青
州。淮西节度：治所在今河南汝南。永平军节度使：即滑濮节度使，赐号永
平军，治所在今河南滑县东。汴宋节度：即河南节度，治所在今河南开封。
② 掎（jǐ 己）角：掎是拉住鹿的腿，角是抓住鹿的角，因而把互相支援、夹击敌
人叫掎角。
③ 觐（jìn 近）：诸侯朝见天子叫觐。
④ 绾：音 wǎn（碗）。

获斩杀奚、契丹的战功,补授左清道府率,迁升武卫将军。安禄山造反,承嗣和张忠志等为先锋攻陷河洛。安禄山失败,史思明子朝义再次攻陷洛阳,承嗣又充当前驱,授伪魏州刺史。代宗派遣朔方节度使仆固怀恩带引回纥军讨河北,考虑到安、史二凶相继作乱,郡县残破,务求禁暴戢兵,多次施行赦宥,凡被安、史牵累从逆的一概不予追究。而仆固怀恩图谋不轨,生怕乱事平定后不再被宠用,要留下叛军将领作为外援,就奏请让承嗣及李怀仙、张忠志、薛嵩等四人分帅河北诸郡。于是授承嗣检校户部尚书任郑州刺史,很快又改任魏州刺史、贝博沧瀛等州防御史。过了不久,又任命为魏博节度使。

承嗣此人缺乏教育,不明事理,性格阴险,惯于猜忌,又好逞蛮勇,虽然表面上接受了朝廷的任命,而私底下图谋割据自固。他加重租税税率,修缮武器装备,检核管区户口,让老弱从事耕作,丁壮承担兵役,因此几年时间发展到十万兵马。并挑选其中魁梧有气力的一万人自卫,称之为“衙兵”。州县官吏也都擅自派任,户籍不送呈中央,租税不输入朝廷,名义上虽算是藩臣,实际上丝毫不像臣下的样子。代宗鉴于百姓长期遭受战乱,对承嗣姑息优容,官阶累次加授到检校尚书仆射、太尉、同中书门下平章事,封雁门郡王,赐实封一千户,魏州升为大都督府,又任命承嗣为长史,并让他的儿子田华娶自己的女儿永乐公主,企图把他笼络好,让他自行改悔。无奈此人长在河北边远之地,本性凶逆,代宗每次派人对他慰问安抚,他总是出言不逊。

代宗大历八年(773),相卫节度使薛嵩去世,弟薛崿想继任。后来朝廷派李承昭代替薛嵩,相卫衙将裴志清作乱,驱逐薛崿,薛崿率领部队投奔承嗣。大历十年(775),薛崿归顺朝廷去长安,承嗣指使亲信党羽去煽惑相州将吏作乱,自己接着带兵装做救援而袭取了相州。代宗派宦官孙知古到魏州宣慰，叫承嗣等各守原来的疆界。承嗣不接受诏命，又派大将卢子期攻占洺州，杨光期攻占卫州，杀死卫州刺史薛雄，还强迫孙知古到磁、相二州去巡视，同时唆使这里的大将割耳劙面，要求承嗣做他们的节度使。知古对此也无力抵制。

这年四月，代宗下诏讨伐承嗣，诏中说："田承嗣出身军旅，任职边戍，早先做过军官，并无功绩，倒反辅佐贼首，长期为之驱驰效劳。直到河北再次平定，才来军前投降，朝廷念百姓久受刀兵之苦……想予以安抚……委你充当节度使，让你掌管一方面的军政大事，期望你感恩戴德，真能给朝廷出力。……哪知你据守国家的领土，使用国家的武器，统辖国家的百姓，征调国家的租税，却依仗宠遇，把这一切统统占为己有，内心包藏凶邪，表面装做归顺。……对你这种人如果还要容忍，那什么才算是应该惩办的罪人？承嗣应贬为永州刺史，准许小儿女一人随行，从便路赴任。另委河东节度使薛兼训、成德军节度使李宝臣、幽州节度使朱滔、昭义节度使李承昭、淄青节度使李正己、淮西节度使李忠臣、永平军节度使李勉、汴宋节度使田神玉等，互相支援，进军夹击。如果承嗣不及时去永州就职，随处讨伐，按军法处分。"诏书下达，承嗣惧怕起来，而部下大将又多有贰心要叛离，承嗣仓皇失据，只得派牙将郝光朝奉表请罪，愿意归顺入朝。代宗也不想劳师动众，就下诏特赐恩典，予以宽免，侄儿田悦等都恢复旧有官职，并下诏不必入京朝见。

大历十一年(776)，汴州将领李灵曜据州城叛乱，代宗下诏邻近节镇出兵讨伐。李灵曜向魏博求救，承嗣派田悦领兵五千前往，被马燧、李忠臣迎击杀败，田悦侥幸逃脱，兵卒战死的十有七八。代宗又下诏诛讨承嗣。大历十二年(777)，承嗣再上奏章请罪,又予以赦免,恢复官爵。当时承嗣据有贝、博、魏、卫、相、磁、洺等七州,仍做这七州的节度使,同时承嗣弟廷琳、侄田悦、子田绾、田绪等都恢复原来的官职,并派给事中杜亚前往宣读诏书,进行晓谕,赐承嗣铁券。

　　大历十三年(778)九月,承嗣去世,时年七十五岁。有子十一人。……而侄田悦勇冠三军,承嗣爱他的才略,到临死时叫田悦主持本镇军事,自己的儿子们做辅佐。

王叔文王伾传

唐顺宗在贞元二十一年正月即位后,东宫旧人王叔文、王伾结合韦执谊等形成一个政治集团,通过大宦官李忠言操纵政局。同年八月顺宗在大宦官俱文珍等另一派政治势力压迫下退位,太子宪宗即位,王叔文集团随之而垮台。有人把王叔文集团这七个月的活动称之为"永贞革新",这显然是夸大了的,尽管王叔文等人确实做了点封建政治家所能做的好事,但这些好事在宪宗以至别的皇帝并非不能做到。另外"永贞革新"这个词语也是有问题的,因为改元永贞已经是宪宗即位以后的事情了。至于这篇王叔文、王伾的传记是在他们失败后写的,因而又对他们作了过多的否定,甚至丑化,这也是不公道的,阅读时应该注意。(选自卷一三五)

王叔文者,越州山阴人也①。以棋待诏,粗知书,好言理道②,德宗令直东宫。太子尝与侍读论政道,因言宫市之弊③,太子曰:

---

①越州:今浙江绍兴及其周围地区。山阴:今绍兴。
②理道:即治道,唐人避高宗名讳改"治"为"理"。
③宫市:德宗派宦官在京城里购买民间货物,叫宫市,多数低价强买、甚至不付钱强夺。

"寡人见上①,当极言之。"诸生称赞其美,叔文独无言。罢坐,太子谓叔文曰:"向论宫市,君独无言何也?"叔文曰:"皇太子之事上也,视膳、问安之外②,不合辄预外事。陛下在位岁久,如小人离间,谓殿下收取人情③,则安能自解?"太子谢之曰:"苟无先生,安得闻此言。"由是重之,宫中之事,倚之裁决。每对太子言,则曰:"某可为相,某可为将,幸异日用之。"密结当代知名之士而欲侥幸速进者,与韦执谊、陆质、吕温、李景俭、韩晔、韩泰、陈谏、柳宗元、刘禹锡等十数人④,定为死交,而凌準、程异又因其党以进,藩镇侯伯亦有阴行赂遗请交者。

德宗崩,已宣遗诏,时上寝疾久,不复关庶政,深居施帘帷,阉官李忠言、美人牛昭容侍左右⑤,百官上议,自帷中可其奏。王伾常谕上属意叔文,宫中诸黄门稍稍知之⑥,其日召自右银台门,居于翰林为学士⑦。叔文与吏部郎中韦执谊相善,请用为宰相。叔文因王伾,伾因李忠言,忠言因牛昭容,转相结构,事下翰林,叔文定可否,宣于中书,俾执谊承奏于外。与韩泰、柳宗元、刘禹锡、陈

① 寡人:先秦时诸侯自称为寡人,后世皇帝自称寡人,太子有时也可自称寡人。

② 视膳:古礼父母吃饭,儿子要在旁侍候,问吃的东西怎样,胃口好不好,这在当时叫问膳或视膳。问安:也是一种古礼,即问候尊长生活得是否安适。

③ 殿下:汉以后对太后、皇太后、皇后及亲王的尊称。

④ 晔:音 yè(夜)。

⑤ 昭容:唐代正二品的妃嫔。

⑥ 黄门:汉代给事内廷的有黄门令、中黄门等官,都由宦官充任,因此后世常称宦官为黄门。

⑦ 居于翰林为学士:唐玄宗时设置翰林学士,在翰林院南另建学士院,翰林学士替皇帝撰写诏令,以后逐渐参与机密,到德宗时有"内相"之称,有些宰相就由翰林学士提升。

谏、凌準、韩晔唱和，曰管，曰葛，曰伊，曰周，凡其党儇然自得①，谓天下无人。

叔文贱时②，每言钱谷为国大本，将可以盈缩兵赋，可操柄市士。叔文初入翰林，自苏州司功为起居郎，俄兼充度支盐铁副使，以杜佑领使，其实成于叔文③。数月，转尚书户部侍郎，领使、学士如故。内官俱文珍恶其弄权，乃削去学士之职。制出，叔文大骇，谓人曰："叔文须时至此商量公事，若不带此职，无由入内。"王伾为之论请，乃许三五日一入翰林，竟削内职。叔文始入内廷，阴构密命，机形不见，因腾口善恶进退之，人未窥其本，信为奇才。及司两使利柄④，齿于外朝，愚智同曰："城狐山鬼，必夜号窟居以祸福，人亦神而畏之；一旦昼出路驰，无能必矣！"

叔文在省署，不复举其职事，引其党与窃语，谋夺内官兵柄，乃以故将范希朝统京西北诸镇行营兵马使⑤，韩泰副之。初，中人尚未悟，会边上诸将各以状辞中尉⑥，且言方属希朝，中人始悟

① 儇（xiàn 现）然：气势阔大。
② 贱时：明闻人本和其他本子都作"赋时"，讲不通，"赋"当是"贱"之误，今径改正。
③ 度支盐铁副使：全称是度支盐铁转运副使，度支本是户部的一个司，主管国家的财政收支，安史乱后才设度支使主管此工作，度支盐铁转运使则兼管盐税和东南租税转运到京师的工作，正使杜佑驻扬州，王叔文为副使留京师。
④ 两使：度支和盐铁本是两项工作，王叔文任度支盐铁转运副使兼管两项工作，因此可以叫两使。
⑤ 京西北诸镇：当时的神策军不仅是禁军，同时还是中央直接掌握的一支强大的野战部队，分驻在京城西北，有八镇之多。
⑥ 中尉：左、右神策护军中尉的简称，由宦官担任，是左、右神策军的长官，详本书选译的《宦官总序》。

兵柄为叔文所夺,中尉乃止诸镇无以兵属人①。希朝、韩泰已至奉天,诸将不至,乃还。

无几,叔文母死。前一日,叔文置酒馔于翰林院,宴诸学士及内官李忠言、俱文珍、刘光奇等。中饮,叔文白诸人曰:"叔文母疾病。比来尽心戮力为国家事、不避好恶难易者,欲以报圣人之重知也②。若一去此职③,百谤斯至,谁肯助叔文一言者?望诸君开怀见察。"又曰:"羊士谔非毁叔文④,欲杖杀之,而韦执谊懦而不遂。叔文生平不识刘辟,乃以韦皋意求领三川⑤,辟排门相干,欲执叔文手,岂非凶人耶?叔文已令扫木场将斩之,韦执谊苦执不可。每念失此两贼,令人不快。"又自陈判度支已来兴利除害,以为己功。俱文珍随语折之,叔文无以对。

叔文未欲立皇太子。顺宗既久疾未平,群臣中外请立太子。既而诏下立广陵王为太子,天下皆悦,叔文独有忧色,而不敢言其事,但吟杜甫题诸葛亮祠堂诗末句云:"出师未捷身先死,长使英雄泪满襟。"因歔欷泣下⑥,人皆窃笑之。

皇太子监国,贬为渝州司户⑦。明年诛之。

---

① 以兵属人:明闻人本和其他本子都作"以兵马入",讲不通,《新唐书·王叔文传》和《通鉴》作"以兵属人",今径改正。

② 圣人:当时称皇帝为圣人。

③ 若一去此职:我国古代父母死了要服丧三年,实际为二十七个月,做官的在此期间要解除官职,丧期满后才能重新起用。

④ 谔:音 è(饿)。

⑤ 三川:当时称剑南西川、剑南东川和山南西道三节度管区为三川。韦皋是剑南西川节度使,想扩展势力兼领三川节度。

⑥ 歔欷(xū xī 虚希):抽噎声。

⑦ 渝州:今重庆及其周围地区。

王伾，杭州人①。始为翰林侍书待诏。累迁至正议大夫、殿中丞、皇太子侍书②。顺宗即位，迁左散骑常侍③，依前翰林待诏。

伾阘茸④，不如叔文。唯招贿赂，无大志。貌寝陋，吴语⑤，素为太子之所亵狎⑥。而叔文颇任气自许，粗知书，好言事，顺宗稍敬之，不得如伾出入无间。叔文入止翰林，而伾入至柿林院见李忠言、牛昭容等。然各有所主：伾主往来传授，王叔文主决断，韦执谊为文诰，刘禹锡、陈谏、韩晔、韩泰、柳宗元、房启、凌準等谋议唱和，采听外事。而伾与叔文及诸朋党之门，车马填凑，而伾门尤盛，珍玩赂遗，岁时不绝。室中为无门大柜，唯开一窍，足以受物，以藏金宝，其妻或寝卧于上。

与叔文同贬开州司马⑦。……

伾、叔文既逐，诏贬其党韩晔饶州司马⑧，韩泰虔州司马⑨，陈谏台州司马⑩，柳宗元永州司马，刘禹锡朗州司马⑪，凌準连州司

---

①杭州：今浙江杭州及其周围地区。

②正议大夫：正四品上阶的文散官。殿中丞：唐有殿中省，管理皇帝的饮食、衣服、车马，长官是殿中监，还有少监和殿中丞作为辅佐，殿中丞是从五品上阶。

③左散骑常侍：门下省的从三品高级官员，对皇帝侍奉规讽、备顾问应对。

④阘茸(tà róng 榻绒)：品格卑劣。

⑤吴语：长江下游即今江苏南部、浙江东部的方言，在魏晋南北朝以来就通称为吴语。

⑥亵(xiè 谢)狎：亲近而举动不严肃。

⑦开州：今重庆开县。司马：这是州刺史下面的辅佐官员。

⑧饶州：今江西波阳及迤东地区。

⑨虔州：今江西于都及其周围地区。

⑩台州：今浙江临海及其周围地区。

⑪朗州：今湖南常德及其周围地区。

马①,程异郴州司马②,韦执谊崖州司马③。……

【翻译】

　　王叔文,越州山阴人。本以擅长下棋待诏翰林院,因为读过一些书,喜欢讲治理国家的大道理,德宗叫他到东宫侍候皇太子即后来的顺宗李诵。有一次太子和身边的侍读等人议论政治,讲到宫市的弊端,太子说:"寡人见到皇上,要把这些毫不保留地讲出来让皇上知道。"侍读们都称赞太子英明,只有叔文一言不发。侍读们退出后,太子留下叔文,对他说:"刚才议论时,你为什么不讲话?"叔文说:"皇太子侍奉皇上,除掉视膳、问安之外,不应随便干预外边的事情。皇上在位年岁已久,如果有小人离间,说殿下想借此收买人心,请问怎能解释得清楚?"太子认错说:"如果没有先生,我怎能听到这样的话。"从此重视叔文,东宫里的事情都倚仗叔文来判断解决。每当和太子谈话,叔文总是说:"某人可以为相,某人可以为将,希望殿下将来予以重用。"他秘密结交当时知名人士中急于想飞黄腾达的,和韦执谊、陆质、吕温、李景俭、韩晔、韩泰、陈谏、柳宗元、刘禹锡等十几位订为生死之交,而凌準、程异又因为和这些人通声气而得以进用,藩镇中也有暗地里贿赂馈赠和他们拉关系的。

　　德宗去世,已宣布遗诏,让太子即顺宗即位,可当时顺宗已卧病日久,不能处理繁杂的政务,只好深居宫中挂上帘幕,大宦官李忠言、美人牛昭容在左右侍候,百官上奏,从帘幕里回答可否。王

---

①连州:今广东连县及其周围地区。

②郴(chēn 嗔)州:今湖南郴州及其周围地区。

③崖州:今海南东北部。

伾常劝说顺宗重用叔文,宫里宦官们之间也有所风闻。有天果真把叔文召进右银台门,到翰林院任学士。叔文和吏部郎中韦执谊关系好,请顺宗任命韦执谊为宰相。叔文依靠王伾,王伾依靠李忠言,李忠言依靠牛昭容,一层层相互勾结。顺宗把要处理的政事下送到翰林院,由叔文决定可否,然后送到中书省,由韦执谊以宰相身份交付外边执行。叔文和韩泰、柳宗元、刘禹锡、陈谏、凌准、韩晔等一唱一和,互相吹捧,说谁是管仲,谁是诸葛亮,谁是伊尹,谁是周公,都自以为了不起,说天下再没有别的能人。

当初叔文还未掌权时,就常说钱财和粮食两项是治理国家的根本大计,掌握好可以控制兵额增减,可以收买人才。到叔文进入翰林院,在官衔上本是以苏州司功参军事升转为起居郎,不久就兼任度支盐铁副使,让杜佑名义上领正使,实际上一切都凭叔文裁决。过了几个月,又升转为尚书省的户部侍郎,照旧领度支盐铁副使,任翰林学士。大宦官俱文珍反对叔文弄权,设法削掉他的学士职务。诏制一公布,叔文大为吃惊,对人说:"叔文要经常到翰林院商量公事,如果不带学士职衔,就无法进去。"王伾为他商量请求,才准许每三五天去一次翰林院,但学士职衔终于被削去。当初叔文刚进翰林,秘密谋划指使,不露外形,表面上公开议论善恶,予以兴废进退,人们看不透他的本心,真相信他是个奇才。到他掌握度支和盐铁两项利权,和外朝官员相处共事,无论智者愚者都说:"城狐山鬼,总要躲在洞窟里,到晚上兴妖作怪,人们才把它当作神明来敬畏,一旦白天出来在大路上走动,就准定没有能耐了!"

叔文在尚书省的官署里,不做他的本职工作,而伙同他的党羽秘密谋划,想夺取宦官掌握的神策军的兵权,他让老将范希朝出任京西北诸镇行营兵马使,党羽韩泰作为副使。一开始宦官们还没有懂得是什么意思,接着京西北诸镇将领们都书面报告神策中尉,说自己将归范希朝统带,宦官们才知道兵权已被叔文夺去,神策中尉就通知诸镇不要把部队交给人家。范希朝、韩泰已到达奉天,而将领们都不要参见,只好仍旧返回京师。

不久,叔文母病死。死的前一天,叔文在翰林院置办酒食,宴请各位学士和大宦官李忠言、俱文珍、刘光奇等人。酒吃了一半,叔文对他们说:"叔文母病得很重。叔文近来之所以尽心用力给国家办事,不怕艰难不怕被人议论,无非是想报答皇上对叔文的知遇任用。如果一旦因母丧去职,各式各样的诽谤攻击立即会加到叔文头上,诸君中有谁愿意帮叔文讲话的?希望诸君对叔文的苦心能够谅解。"又说:"羊士谔此人攻击叔文,叔文本准备用杖刑把他处死,由于韦执谊懦弱没能办到。叔文生平本不认识刘辟,刘辟传达韦皋的要求想兼领三川节度使,登叔文门,不知轻重地要拉叔文之手,这岂非不安分的匪类?叔文已叫人打扫木场准备把他处斩,韦执谊又坚持不同意。一想到放掉了这两个匪类,就叫人不舒服。"叔文还讲了很多任度支以来兴利除害的事情,来给自己表功。叔文说一件,俱文珍立刻反驳一件,驳得叔文无话可说。

叔文不想给顺宗立皇太子。可顺宗长期患病治不好,内外群臣请求立太子。后来下诏立广陵王李纯即宪宗为太子,普天下人都很高兴,只有叔文面有忧色,又不敢公开反对,只有咏吟杜甫题诸葛亮祠堂诗的最后一联所谓"出师未捷身先死,长使英雄泪满襟",接着抽噎落泪,人们知道了都在暗笑。

皇太子宪宗监国,贬叔文为渝州司户参军事。第二年下诏把他杀掉。

王伾,杭州人。起初进翰林院做伺候皇帝练习写字的侍书待诏,几次升迁到正议大夫、殿中丞,给皇太子即顺宗李诵侍书。顺宗即位,升迁为左散骑常侍,照旧在翰林院待诏。

王伾品格卑劣,还不如王叔文,只知招纳贿赂,并无远大志向。面貌又生得丑陋,习惯说吴语,顺宗为太子时就对他亲狎玩弄而不讲礼貌。王叔文则颇有点傲气,又读过些书,爱发议论,顺宗对他比较尊重,不能像王伾那样可以随便出入宫禁。叔文只能到翰林院,而王伾可以进入柿林院找李忠言、牛昭容等人。他们之间各有分工:王伾管往来传递,王叔文管决断大事,韦执谊撰写诏敕制诰,刘禹锡、陈谏、韩晔、韩泰、柳宗元、房启、凌準等谋议唱和,采听外事。王伾和叔文以及这些党羽的住宅门前,车马往来多得把路都快堵塞了,其中王伾门前更为热闹,贿赂珍宝玩好,终年不绝。王伾在内室做了口没有门的大柜子,只开一个洞,刚好塞进东西,所收纳的金银财宝都收藏在里面,王伾之妻怕人偷盗,有时索性睡在柜子上面。

王伾和王叔文同时被贬,为开州司马。……

王伾、王叔文既已被贬逐,又下诏贬逐党羽韩晔为饶州司马,韩泰为虔州司马,陈谏为台州司马,柳宗元为永州司马,刘禹锡为朗州司马,凌準为连州司马,程异为郴州司马,韦执谊为崖州司马。……

韩愈柳宗元传

　　我国汉文文体的演变也和诗歌一样,以唐代为一大转折。在此之前东汉魏晋南北朝以至唐前期人习惯写讲究声调对偶的骈文,文字日趋浮靡而不适用;于是在唐代中期有韩愈等人的古文运动,改用文字未浮靡时的文法来说当时的话,北宋以后这种古文就取代骈文成为主要的文体,到五四运动白话文兴起后其生命才告结束。为了帮助读者了解韩愈、柳宗元这两位古文大家的生平,在这里选译了他俩的传记。传记中对韩愈的某些评论是转述当时人的议论,今天看来不允当。所载韩愈的《进学解》、《谏迎佛骨表》等古文选本中多已入选,有些还作过今译,在这里也就从略以免重复。(选自卷一六〇)

　　韩愈,字退之,昌黎人①。父仲卿,无名位。愈生三岁而孤,养于从父兄。愈自以孤子,幼刻苦学儒,不俟奖励。大历、贞元之间,文字多尚古学②,效扬雄、董仲舒之述作,而独孤及、梁肃

――――――――――

①昌黎:隋以前有昌黎郡,在今辽宁义县及其周围地区,隋初废郡,但系出昌黎的韩氏一向是世家大族,因此韩愈仍以系出昌黎自夸。

②贞元:唐德宗的年号。

最称渊奥，儒林推重。愈从其徒游，锐意钻仰，欲自振于一代。洎举进士①，投文于公卿间，故相郑余庆颇为之延誉，由是知名于时。

寻登进士第。宰相董晋出镇大梁②，辟为巡官③。府除，徐州张建封又请其为宾佐④。愈发言直率，无所畏避，操行坚正，拙于世务。调授四门博士⑤，转监察御史。德宗晚年，政出多门，宰相不专机务，宫市之弊，谏官论之不听。愈尝上章数千言极论之，不听，怒，贬为连州阳山令⑥，量移江陵府掾曹⑦。元和初，召为国子博士⑧，迁都官员外郎⑨。时华州刺史阎济美以公事停华阴令柳涧县务⑩，俾摄掾曹，居数月济美罢郡出居公馆，涧遂讽百姓遮道索前年军顿役直，后刺史赵昌按得涧罪以闻，贬房州司马⑪。愈因使过华，知其事，以为刺史相党，上疏理涧，留中不下，诏监察御

---

① 进士：唐代科举中最为人艳羡的科目。

② 大梁：当时通称汴州的州治浚仪为大梁，即今河南开封。当时董晋出任宣武军节度使，治所就在浚仪。

③ 巡官：唐代节度使属官之一，居判官、推官之次。

④ 徐州张建封：张建封当时任徐泗濠节度使，治所在徐州，所以说徐州张建封。

⑤ 四门博士：唐代最高学府叫国子监，其下有正七品上阶的四门博士，五、六品官和侯、伯、子、男之子入学为学生，由四门博士主教。

⑥ 阳山：今广东阳山。

⑦ 掾（yuàn院）曹：六曹参军事之类的通称。

⑧ 国子博士：唐国子监有正五品上阶的国子博士，三品以上和国公子孙以及二品以上的曾孙入学为学生，由国子博士主教。

⑨ 都官：刑部的一个司。

⑩ 华阴：华州属县，今陕西华阴。

⑪ 房州：今湖北房县及其周围地区。

史李宗奭按验①,得洄赃状,再贬洄封溪尉②,以愈妄论,复为国子
博士。

　　愈自以才高,累被摈黜,作《进学解》以自喻,……执政览其文
而怜之,以其有史才,改比部郎中、史馆修撰③。逾岁,转考功郎
中、知制诰④,拜中书舍人。俄有不悦愈者摭其旧事,言愈前左降
为江陵掾曹,荆南节度使裴均馆之颇厚⑤,均子锷凡鄙,近者锷还
省父,愈为序饯锷,仍呼其字,此论喧于朝列,坐是改为太子右庶
子⑥。元和十二年八月,宰臣裴度为淮西宣慰处置使兼彰义军节
度使⑦,请愈为行军司马⑧,仍赐金紫。淮蔡平⑨,十二月随度还
朝,以功授刑部侍郎,仍诏愈撰《平淮西碑》,其辞多叙裴度事。时
先入蔡州擒吴元济,李愬功第一⑩,愬不平之,愬妻出入禁中,因
诉碑辞不实,诏令磨愈文,宪宗命翰林学士段文昌重撰文勒石。

---

① 奭:音 shì(式)。

② 封溪:当即封州的封川县,县有封溪水,在今广西梧州东南。

③ 比部:刑部的一个司。

④ 考功:吏部的一个司。知制诰:唐代代皇帝起草诏令的官职,本来草诏在
　南北朝后期以来是中书省的中书舍人的专职,到唐代常由其他官职加上
　知制诰来草诏,韩愈这时是以考功郎中来知制诰。

⑤ 荆南节度使:治所在今湖北江陵。

⑥ 太子右庶子:唐代东宫官属中有太子左春坊左庶子、右春坊右庶子,都是
　正四品下阶,有点像皇帝的门下省之有侍中和中书省之有中书令。

⑦ 彰义军节度使:德宗贞元十四年申光蔡节度赐号彰义军节度,也通称淮西
　节度。这时原节度使吴少阳子元济自立拒唐,唐出兵征讨,在元和十二年
　正式以裴度为节度使任统帅。

⑧ 行军司马:是当时节度使手下的高级辅佐官。

⑨ 淮蔡:淮西节度使治所在蔡州(今河南汝南),所以当时通称之为淮蔡。

⑩ 愬:音 shuò(朔)。

　　凤翔法门寺有护国真身塔,塔内有释迦文佛指骨一节①,其书本传法,三十年一开,开则岁丰人泰。十四年正月,上令中使杜英奇押宫人三十人,持香花赴临皋驿迎佛骨,自光顺门入大内,留禁中三日,乃送诸寺,王公士庶,奔走舍施,唯恐在后,百姓有废业破产烧顶灼臂而求供养者。愈素不喜佛,上疏谏,……疏奏,宪宗怒甚,间一日,出疏以示宰臣,将加极法。裴度、崔群奏曰:“韩愈上忤尊听,诚宜得罪,然而非内怀忠恳,不避黜责,岂能至此? 伏乞稍赐宽容,以来谏者。”上曰:“愈言我奉佛太过,我犹为容之。至谓东汉奉佛之后,帝王咸致夭促,何言之乖刺也! 愈为人臣敢尔狂妄,固不可赦。”于是人情惊惋,乃至国戚诸贵亦以罪愈太重,因事言之,乃贬为潮州刺史②。愈至潮阳上表③,……宪宗谓宰臣曰:“昨得韩愈到潮州表,因思其所谏佛骨事,大是爱我,我岂不知。然愈为人臣,不当言人主事佛乃年促也。我以是恶其容易。”上欲复用愈,故先语及,观宰臣之奏对。而皇甫镈恶愈狷直④,恐其复用,率先对曰:“愈终太狂疏,且可量移一郡。”乃授袁州刺史⑤。初,愈至潮阳,既视事,询吏民疾苦,皆曰:“郡西湫水有鳄鱼⑥,卵而化,长数丈,食民畜产将尽,以是民贫。”居数日,愈往视之,令判官秦济炮一豚一羊⑦,投之湫水咒之。……咒之夕,有暴风雷起于湫中,数日,湫水尽涸,徙于旧湫西六十里,自是潮人无

---

① 释迦文佛:就是佛教创始人释迦牟尼。
② 潮州:今广东潮安及其周围地区。
③ 潮阳:潮州曾改称潮阳郡。
④ 镈:音 bó(博)。
⑤ 袁州:今江西宜春及其周围地区。
⑥ 湫(qiū 秋):水潭。
⑦ 炮(páo 袍):烤。豚(tún 吞阳平):猪,小猪。

鳄患。袁州之俗，男女隶于人者，逾约则没入出钱之家。愈至，设法赎其所没男女，归其父母，仍削其俗法，不许隶人。

十五年，征为国子祭酒，转兵部侍郎。会镇州杀田弘正①，立王廷凑，令愈往镇州宣谕。愈既至，集军民，谕以逆顺，辞情切至，廷凑畏重之。改吏部侍郎，转京兆尹，兼御史大夫。以不台参，为御史中丞李绅所劾，愈不伏，言准敕仍不台参②。绅、愈性皆褊僻，移剌往来，纷然不止。乃出绅为浙西观察使③，愈亦罢尹为兵部侍郎。及绅面辞赴镇，泣涕陈叙，穆宗怜之，乃追制以绅为兵部侍郎，愈复为吏部侍郎。

长庆四年十二月卒，时年五十七。赠礼部尚书，谥曰文。

愈性弘通，与人交，荣悴不易，少时与洛阳人孟郊、东郡人张籍友善④，二人名位未振，愈不避寒暑，称荐于公卿间，而籍终成科第，荣于禄仕。后虽通贵，每退公之隙，则相与谈宴，论文赋诗，如平昔焉。而观诸权门豪士，如仆隶焉，瞪然不顾。而颇能诱厉后进，馆之者十六七，虽晨炊不给，怡然不介意。大抵以兴起名

---

① 镇州：即恒州，州治真定，即今河北正定，当时是成德军节度使的治所，宋人避真宗名讳改"恒"为"镇"。田弘正：当时任成德军节度使，镇兵作乱被杀。

② 台参：唐代规定京兆尹上任时要到御史台以下级礼节拜见御史中丞，叫台参。但此时韩愈兼了个御史大夫的衔头，是御史台的长官，御史中丞只是副职，因此特下敕令准许韩愈不台参。

③ 浙西观察使：观察使在当时和节度使是同样性质同等职权，在实力较小一些的地方不叫节度使叫观察使。浙西观察使治所在今江苏镇江。

④ 东郡：隋时的郡名，唐代已改为滑州。《新唐书·张籍传》则说张籍是和州乌江即今安徽和县人。

教、弘奖仁义为事。凡嫁内外及友朋孤女仅十人①。常以为自魏、晋已还,为文者多拘偶对,而经诰之指归②,迁、雄之气格,不复振起矣。故愈所为文,务反近体,抒意立言,自成一家新语,后学之士,取为师法。当时作者甚众,无以过之,故世称“韩文”焉。然时有恃才肆意,亦有戾孔、孟之旨③。若南人妄以柳宗元为罗池神,而愈撰碑以实之;李贺父名晋,不应进士,而愈为贺作《讳辩》,令举进士;又为《毛颖传》,讥戏不近人情:此文章之甚纰缪者④。时谓愈有史笔,及撰《顺宗实录》,繁简不当,叙事拙于取舍,颇为当代所非。穆宗、文宗尝诏史臣添改,时愈婿李汉、蒋系在显位,诸公难之,而韦处厚竟别撰《顺宗实录》三卷。有文集四十卷,李汉为之序。

　　子昶,亦登进士第。

　　……

　　柳宗元,字子厚,河东人,后魏侍中济阴公之系孙。曾伯祖奭,高宗朝宰相⑤,父镇,太常博士,终侍御史。宗元少聪警绝众,尤精西汉、诗、骚⑥,下笔构思,与古为侔,精裁密致,灿若珠贝,当时流辈咸推重之。

---

①仅:唐宋人诗文里的“仅”字,都是多到若干的意思,和通常用作少的意思正相反。

②经诰:经是“五经”,诰是《尚书·周书》中的《大诰》、《康诰》、《酒诰》、《召诰》、《洛诰》等篇。

③戾(lì 丽):暴戾,背戾。

④纰(pī 批)缪:错误。

⑤高宗朝宰相:明闻人本和其他本子都误作高祖朝,今径改正。

⑥骚:屈原所撰《离骚》,这里是指柳宗元所模仿《离骚》的作品。

　　登进士第,应举宏辞,授校书郎①、蓝田尉。贞元十九年为监察御史。顺宗即位,王叔文、韦执谊用事,尤奇待宗元,与监察吕温密引禁中,与之图事,转尚书礼部员外郎,叔文欲大用之。会居位不久,叔文败,与同辈七人俱贬,宗元为邵州刺史②,在道再贬永州司马。既罹窜逐,涉履蛮瘴③,崎岖堙厄,蕴骚人之郁悼④,写情叙事,动必以文。为骚、文十数篇,览之者为之悽恻。

　　元和十年,例移为柳州刺史⑤。时朗州司马刘禹锡得播州刺史⑥,制书下,宗元谓所亲曰:"禹锡有母年高,今为郡蛮方,西南绝域,往复万里,如何与母偕行? 如母子异方,便为永诀,吾于禹锡为执友,胡忍见其若是!"即草章奏,请以柳州授禹锡,自往播州。会裴度亦奏其事,禹锡终易连州。柳州土俗,以男女质钱,过期则没入钱主。宗元革其乡法,其已没者仍出私钱赎之,归其父母。江、岭间为进士者,不远数千里皆随宗元师法,凡经其门,必为名士。著述之盛,名动于时,时号"柳州"云。有文集四十卷。

　　元和十四年十月五日卒,时年四十七。子周六、周七,才三四岁。观察使裴行立为营护其丧及妻、子还于京师,时人义之。

---

①校书郎:唐代中书省所属秘书省有正九品上阶的校书郎,门下省所属弘文馆有从九品上阶的校书郎,东宫所属崇文馆有从九品下阶的校书郎,柳宗元做的不知是哪一种校书郎。

②邵州:今湖南邵阳及迤西地区。

③瘴:过去认为今湖南两广等地的山林中有一种湿热蒸郁的气,人触上了会生病,叫做瘴气。

④骚人:柳宗元擅长模仿《离骚》体,所以这里称骚人。

⑤柳州:今广西柳州及其周围地区。

⑥播州:今贵州遵义及其周围地区。

【翻译】

　　韩愈,字退之,昌黎人。父名仲卿,没有做过官。韩愈三岁时仲卿就去世,寄养在堂兄家。韩愈因为自己是孤儿,从小就刻苦研读儒书,用不到人家奖励督促。大历、贞元之间做文章多崇尚古学,效法西汉扬雄、董仲舒的著作,其中独孤及、梁肃写得最为深奥,受到文人们推重。韩愈跟随他们这些人学习,刻意钻研模仿,想有所表现于当世。到他举进士科,把所写的文章在公卿间投送,前宰相郑余庆很给他宣扬赞美,他的大名由此流传开来。

　　韩愈接着考中了进士科。宰相董晋任宣武军节度使出镇大梁,聘请他做巡官。董晋去世,镇徐州的徐泗濠节度使张建封又聘请他去任职辅佐。韩愈讲话直爽坦率,无所畏避,操行坚定正直,不擅长应付世务,内调任四门博士,又转任监察御史。德宗晚年中枢政务多元化,宰相不能专掌机要,谏官多次议论宫市的弊端,德宗不予理会,韩愈也上了几千字的奏章把宫市的弊端毫不保留地讲了出来,德宗不仅不听,反而大为生气,把韩愈贬到边远的连州阳山做县令,以后酌情将他内移到江陵做掾曹。宪宗元和初年,内召任国子博士,升迁刑部都官员外郎。当时华州刺史阎济美因公事停罢华阴县令柳涧的职务,叫他做州里的掾曹,过了几个月,阎济美罢任出居公馆,柳涧煽动百姓拦路向阎济美索取前年部队过境时百姓服役的工钱。后任华州刺史赵昌查出是柳涧在指使,把罪状奏报朝廷,柳涧被贬为房州司马。韩愈因出使路过华州,知道了这件事,认为前后任刺史官官相护,上奏疏给柳涧讲话。奏疏被宪宗压了下来,另派监察御史李宗奭去华州查问,查出柳涧有贪赃受贿的事情,再次贬柳涧为封溪县尉,韩愈也因为不该替柳涧讲话而被降调,再度仟国子博士。

　　韩愈自以为才学高超,而屡被排挤贬黜,写了篇《进学解》给自己譬解……执政的宰相看了很同情,考虑他有修史之才,改任刑部比部郎中、史馆修撰。过了一年,转任吏部考功郎中、知制诰,进拜中书舍人。不久有不喜欢韩愈的人拣了点过去的细小事情,说他过去降职任江陵掾曹时,荆南节度使裴均曾给他比较优厚的待遇,裴均的儿子裴锷凡俗鄙陋,近日回京省亲,韩愈送诗序为裴锷送行,序里竟以字相称,在朝廷上把这些话喧嚷开来,韩愈因之被改任太子右庶子。宪宗元和十二年(817)八月,宰相裴度出任淮西宣慰处置兼彰义军节度使,请韩愈做他的行军司马,并得赐服紫色,佩带金鱼袋。淮蔡平定,这年十二月随同裴度还朝,因功进授刑部侍郎,还下诏叫韩愈撰作《平淮西碑》,碑文中多记述裴度的功劳。当时首先进入蔡州擒获吴元济的是李愬,功推第一,而碑文没有把李愬突出,李愬认为不公平。李愬妻常出入宫禁,向宪宗诉说碑文失实,宪宗下诏,把石碑上的碑文磨掉,叫翰林学士段文昌重新撰写一篇碑文刻上去。

凤翔法门寺有个护国真身塔,塔内收藏着传为释迦牟尼佛的一节手指骨,传授佛法的书本里写着,过三十年要打开一次让人瞻仰,这样就会五谷丰登、天下太平。元和十四年(819)正月,宪宗派宦官杜英奇领着三十名宫人,手持香花到临皋驿去迎接这根所谓佛骨,从光顺门进入大内,在宫里留上三天,再在京城各大寺院间传送瞻仰,王公、官吏、百姓奔走施舍,争先恐后,百姓有的弄得废业破产,还有的用火烧灼头顶、手臂,算是对佛骨的供养。韩愈素不信佛,上疏劝谏……疏送上去后,宪宗大发雷霆,过了一天,拿出来给宰相们看,要处韩愈死刑。宰相裴度、崔群奏对道:"韩愈冒犯了陛下,自有应得之罪,但如果不是由于内心忠诚,不避黜责,怎能这么直言?请求陛下对他稍赐宽容,以劝诱臣下敢于对陛下谏诤。"宪宗说:"韩愈说我对佛敬信得太过分,我还可以宽容。他却说东汉信佛以后帝王的寿命都短促，这就太不像话了。韩愈身为人臣，竟敢如此狂妄，实在不能宽赦。"人们知道了宪宗的态度后都惊叹惋惜，甚至国戚贵人也都认为宪宗对韩愈的处分太重，找机会对宪宗劝说，终于从宽贬韩愈到潮州去做刺史。韩愈到了潮州上表给宪宗……宪宗对宰相们说："昨天得到韩愈到潮州后所上表文，想起来他谏迎佛骨这件事，真是爱我，我怎会不知道。只是他身为人臣，不该说人主信佛就短寿，我因此讨厌他讲话太轻率。"宪宗这时想重新起用韩愈，所以先这么讲，想看宰相们怎样回答。而宰相中皇甫镈讨厌韩愈耿直，怕他重新起用，抢先回答说："韩愈毕竟过于狂疏，姑且给他酌量内移一郡。"于是调韩愈任袁州刺史。韩愈当初到潮州，刚接任就问官吏百姓有什么疾苦，都说："州西潭里鳄鱼，卵生，好几丈长，把家畜几乎吃光，百姓因之很贫困。"过了几天，韩愈来到潭水边，叫判官秦济烤好一头猪、一头羊，投进潭水里祝告鳄鱼。……当晚，有暴风雨起自潭中，几天后潭水完全干涸，鳄鱼西迁六十里外，从此潮州人再不担忧鳄鱼为患。袁州有这样的习俗，穷人为了借钱，把子女抵押在人家服役，逾期无力取赎，就没入出钱人家永远成为奴隶。韩愈到任后，设法赎出被没为奴隶的子女，送还给他们的父母，同时废除这种习俗，不准畜养奴隶。

　　元和十五年(820)，韩愈被征入任国子祭酒，转任兵部侍郎。其后恒州杀节度使田弘正，拥立王廷凑，朝廷派韩愈去恒州宣谕。韩愈到达后，召集军民，讲说叛逆朝廷的危害，归顺朝廷的好处，情辞恳切，连王廷凑也对他敬畏。后来韩愈又改任吏部侍郎，转任京兆尹兼御史大夫。因为不向御史中丞李绅台参，被李绅弹劾，韩愈不服，说已经有诏敕准许不行台参。李绅、韩愈的气量都狭隘，双方责难申辩的书札往来不绝。于是穆宗让李绅外任浙西观察使，韩愈也停罢京兆尹改任兵部侍郎。李绅赴镇前见穆宗面辞哭诉，穆宗怜惜起来，再下诏制让李绅任兵部侍郎，韩愈重任吏部侍郎。

长庆四年(824)十二月逝世，时年五十七岁。追赠礼部尚书，赐谥号为文。

韩愈性情弘通，和他人交往，不论人家升沉，他总不改变态度。年轻时和洛阳人孟郊、东郡人张籍友好，当时这两位还没有名气，也未曾显达，韩愈不辞寒暑，到公卿中给他俩说好话，把他俩推荐给公卿，其中张籍终于登进士科，在宦途上很顺利。后来韩愈显贵了，在办完公事有空暇时，仍和这些老朋友谈话会餐，论文做诗，和过去一样。而遇到权门豪士，则像奴仆那样对待，瞪起眼睛来不予理睬。对后进则奖掖鼓励，十有六七吃住在他家里，有时弄得自己的早饭都供应不上，却仍和颜悦色而毫不介意。他总把兴起名教、弘奖仁义作为自己的职责。他资助内外亲戚朋友的孤女出嫁的有十人之多。他常认为从魏晋以来，做文章的拘泥于字句对偶，而"五经"、"周诰"的要旨，司马迁、扬雄的气格，都被抛弃而不行时。因此他自己所做的文章，都力求不沿袭当时流行的体式，在内容和文辞上都能自成其一家的新语言，为后学们学习取法。同时想用这类新方式做文章的还很多，但没能超过他的，所以当时有"韩文"之称。不过他也时常自恃才学而随心所欲，有时也会背戾孔、孟的教导。譬如南方人乱说柳宗元死后成为罗池神，而他撰写碑文来给他证实；李贺的父亲名晋，避讳而不应考进士科，而他为李贺写了《讳辩》，叫去考进士科；他还写有《毛颖传》，玩笑开得不近人情：这些都是韩文中有大毛病的。当时多说他擅长修史，有所谓"史笔"，后来撰写《顺宗实录》却繁简失当，哪些事情该记哪些事不该记处理得并不合适，颇受人们非议。穆宗、文宗都曾下诏叫史官增改,只因他的女婿李汉、蒋系都身居显要,史官们感到不好办,而韦处厚终于另外撰写了三卷《顺宗实录》。他留有文集四十卷,李汉给写了序。

子韩昶,也考中进士科。

······

柳宗元,字子厚,河东人,北魏时侍中济阴公柳庆的后代。曾伯祖柳奭,是高宗时的宰相,父名镇,做过太常博士,最后做到侍御史。宗元从小就聪慧敏悟,不是一般人所能比得上的,尤其精于撰写西汉体式的文章和诗、骚,下笔构思,都能方驾古人,再经过精心剪裁安排,看上去像明珠珍贝一样灿烂,为当时的同行好友所推重。

宗元考中进士科,又应举考中博学宏辞科,任校书郎,调蓝田县尉。德宗贞元十九年(803)任监察御史。顺宗即位,王叔文、韦执谊掌权,特别重视宗元,把他和监察御史吕温秘密引入官禁,商议大事,升转到尚书礼部员外郎。王叔文还要重用他,可在职不久叔文就失败,宗元和同辈七人都被贬逐,宗元贬逐去做邵州刺史,中途再贬为永州司马。宗元既遭贬逐,经历蛮瘴,崎岖艰险,蕴育了骚人的抑郁悲悼,写情叙事,动辄成为文章,共写成了仿《离骚》体和其他文章十多篇,人们读了都很感伤。

元和十年(815),循例移为柳州刺史。同时朗州司马刘禹锡移为播州刺史,诏制下达后,宗元对他的好友说:"禹锡有母,已届高龄,如今要到蛮方去做刺史,地处西南边徼,往返有万里之遥,怎能奉母同行? 如果母子分离,就等于永远诀别,我和禹锡是极知己的朋友,怎忍心看他落到这个地步!"立即写了奏章,请求把柳州让给刘禹锡,自己去播州。正好裴度也上奏替禹锡请求,禹锡终于改换成连州。柳州当地风俗,用子女抵押借钱,过期不还就没入钱主做奴婢。他到任后改革这种土法,已经没入钱主的也都由他出私钱赎出来,送还他们的父母。长江、五岭之间想考进士科的多不远几千里到柳州来跟随他学习,凡经过他门下的准定成为名士。他的著述既多而又风行,驰名于当时,人们都称之为"柳州"。留有文集四十卷。

元和十四年十月五日(819 年 10 月 27 日)逝世,时年四十七岁。子一名周六,一名周七,才三四岁。观察史裴行立替他治理丧事并护送他的灵柩和妻、子返回京师,当时人都称赞行立讲道义。

宦官总序王守澄仇士良传

宦官本是家内奴隶。由于是皇帝的家内奴隶,其头面人物往往能在政治上分掌部分权力,唐代的宦官即是如此。通过这里所选译的宦官传总序和其中的王守澄、仇士良传记,便可略知其梗概。但这些记载都出于外朝士大夫之手,而士大夫和内廷宦官常多矛盾而有成见,从而在行文措词上往往过分丑化,使人们产生一种士大夫绝对好、宦官绝对坏的错觉。其实宦官固是封建社会最高统治者的得力爪牙,士大夫又何尝真正能站到了劳动人民一边呢?(选自卷一八四)

……贞观中,太宗定制,内侍省不置三品官①,内侍是长官,阶四品。至永淳末向七十年,权未假于内官,但在阁门守御②,黄衣廪食而已。则天称制,二十年间,差增员位。中宗性慈,务崇恩贷,神龙中宦官三千余人,超授七品以上员外官者千余人,然衣朱

---

① 内侍省:唐代宦官的办公机构,但后来真正在中央掌权的左右神策中尉和枢密使,以及出任节度使的监军之类,都并未列入内侍省的正式编制。
② 阁(gé 阁):屋子里的小门,后来常和"阁"字通用。

紫者尚寡①。玄宗在位既久，崇重宫禁，中官稍称旨者，即授三品左右监门将军②，得门施棨戟③。开元、天宝中长安大内、大明、兴庆三宫，皇子十宅院，皇孙百孙院，东都大内、上阳两宫，大率宫女四万人，品官黄衣已上三千人，衣朱紫者千余人。后李辅国从幸灵武，程元振翼卫代宗，怙宠邀君，乃至守三公，封王爵，干预国政，亦未全握兵权。代宗时子仪北伐，亲王东讨，遂特立观军容宣慰使，命鱼朝恩为之，然自有统帅，亦监领而已。德宗避泾师之难幸山南④，内官窦文场、霍仙鸣拥从，贼平之后，不欲武臣典重兵，其左右神策、神威等军欲委宦者主之⑤，乃置护军中尉两员，中护军两员，分掌禁兵，以文场、仙鸣为两中尉，自是神策亲军之权，全归于宦者矣。自贞元之后，威权日炽，兰锜将臣⑥，率皆子蓄，藩方戎帅，必以贿成，万机之与夺任情，九重之废立由己⑦。元和之

---

① 衣朱紫：唐代三品以上服紫色，四品、五品服绯色即朱色。

② 左右监门将军：从三品，掌管宫禁门籍，后来大宦官常加上这个官职，实际是虚衔性质。

③ 棨（qǐ启）：有缯衣或油漆的木戟，古代大官出行时作为仪仗前导，唐代规定三品以上可在门前立戟，也就是立这种棨戟。

④ 幸山南：泾原兵拥立朱泚占领长安后，德宗先逃到奉天即今陕西乾县，来救援的朔方节度使李怀光又叛变，德宗再逃到梁州即今陕西汉中，这里在秦岭之南，当时属山南西道，所以说"幸山南"。

⑤ 神威：南宋本、明闻人本及其他本子都作"天威"，但左右神威军改名天威是在宪宗初年，今径改为"神威"。

⑥ 兰锜将臣：这里的兰锜是安放兵器的架子，锜放弩，兰放其他一切兵器。兰锜将臣就是指家列兵器的高级将领。

⑦ 九重（chóng虫）：古人说君门九重，从而把"九重"作为皇帝居处之地的代用词，这里更进而直接指皇帝。

季,毒被乘舆。长庆缵绪①,徒郁枕干之愤②;临轩暇逸③,旋忘涂地之冤④。而易月未除,滔天尽怒。甲第名园之赐,莫匪伶官;朱袍紫绶之荣,无非巷伯⑤。是时高品白身之数四千六百一十八人,内则参秉戎权,外则监临藩岳。文宗包祖宗之耻,痛肘腋之仇,思剪厉阶,去其太甚。宋申锡言未出口,寻以破家;李仲言谋之不臧⑥,几乎败国。何、窦之徒转蹙⑦,让、珪之势尤狂⑧。五十余年,祸胎逾煽。昭宗之季,所不忍闻。……

……

王守澄,元和末宦者。宪宗疾大渐,内官陈弘庆等弑逆。宪宗英武,威德在人,内官秘之,不敢除讨,但云药发暴崩。时守澄与中尉马进潭、梁守谦、刘承偕、韦元素等定册立穆宗皇帝。长庆中,守澄知枢密事⑨。

初,元和中守澄为徐州监军⑩,遇翼城医人郑注出入节度使

---

①缵(zuǎn纂):继承。

②枕干之愤:干是干戈,古代的兵器,枕干戈是说准备复仇。

③临轩:指当上皇帝临朝听政。

④涂地:即所谓肝脑涂地,指宪宗被杀。

⑤巷伯:先秦时以阉割过的人守卫宫巷,叫巷伯,因此后来也可称宦官为巷伯。

⑥李仲言:李训本名仲言。

⑦何、窦之徒:东汉灵帝时外戚窦武、何进先后诛讨宦官,失败被杀,这里泛指当时企图诛讨宦官者。

⑧让、珪之势:杀害何进的大宦官张让、段珪,这里泛指宦官的气焰声势。

⑨知枢密事:唐代宗时开始叫宦官在身边管枢密,到敬宗时正式设立两名由宦官担任的枢密使,有权和宰相共议国家重大政务,王守澄任此职还在穆宗长庆时,所以只叫知枢密事。

⑩监军:唐代有大战役常派宦官为监军,节度使身边也派有宦官任监军。徐州监军是以徐州为治所的武宁军节度使的监军。

李愬家①。注敏悟过人,博通典艺,棋弈医卜,尤臻于妙,人见之者,无不欢然。注尝为李愬煮黄金,服一刀圭②,可愈痿弱重腿之疾③,复能返老成童,愬与守澄服之颇效。守澄知枢密,荐引入禁中,穆宗待之亦厚。注多奇诡,每与守澄言必通夕。

文宗即位,守澄为骠骑大将军充右军中尉④。注复得幸于文宗,后依倚守澄,大为奸弊。文宗以元和逆党尚在,其党大盛,心常愤愧,端居不怡。翰林学士宋申锡尝独对探知,上略言其意,申锡请渐除其逼。帝亦以申锡沉厚有方略,为其事可成,乃用为宰相。申锡谋未果,为注所察,守澄乃令军吏豆卢著诬告申锡与漳王谋逆,申锡坐贬。

宰相李逢吉从子训,与注交通,训亦机诡万端,二人情义相得,俱为守澄所重,复引训入禁中为上讲《周易》。既得幸,又探知帝旨,复以除宦官谋中帝意。帝以训才辩纵横,以为其事必捷,待以殊宠,自流人中用为学官⑤,充侍讲学士⑥。

时仇士良有翊上之功,为守澄所抑,位未通显,训奏用士良分守澄之权,乃以士良为左军中尉。守澄不悦,两相矛盾,训因其恶。大和九年,帝令内养李好古赍鸩赐守澄⑦,秘而不发,守澄死,仍赠扬州大都督。其弟守涓为徐州监军,召还,至中牟诛

①翼城:今山西翼城。
②刀圭:古代量取药粉的器具,容量相当于一方寸大的匙的十分之一。
③腿(zhuì坠):脚肿。
④骠骑大将军:最高级的从一品武散官。
⑤流人:被流放的人,李训曾被流放岭南,遇赦才放回,所以可叫流人。
⑥侍讲学士:也是翰林院的学士,名义上是给皇帝讲说经书。
⑦内养:宫内畜养的,也就是宦官。鸩(zhèn震):毒酒。

之①。守澄豢养训、注，反罹其祸，人皆快其受佞而恶训、注之阴狡。

李训既杀守澄，复恶郑注，乃奏用注为凤翔节度使。训欲尽诛宦官，乃与金吾将军韩约、新除太原节度使王璠、新除邠宁节度使郭行余、权御史中丞李孝本、权京兆尹罗立言谋②。其年十一月二十一日，上御宣政殿，百僚班定，韩约不奏平安，乃奏曰："臣当仗廨内石榴树③，夜来降甘露，请陛下幸仗舍观之。"帝乘辇趋金吾仗，中尉仇士良与诸官先往石榴树观之，伺知其诈，又闻幕下兵仗声，苍黄而还，奏曰："南衙有变④。"遂扶帝辇入阁门，李训从辇大呼曰："邠宁、太原之兵何不赴难？卫乘舆者人赏百千！"于是谁何之卒及御史台从人持兵入宣政殿院⑤，宦官死者甚众，辇既入阁门，内宫呼万岁。俄而士良等率禁兵五百余人露刃出东上阁门，逢人既杀，王涯、贾餗、舒元舆、李训等四人宰相及王璠、郭行余等十一人尸横阙下⑥。自是权归士良与鱼弘志。

---

①中牟：今河南中牟。

②太原节度使：河东节度使治所在太原，因此也通称为太原节度使。璠：音fán（烦）。权：代理某官叫权某官。

③廨（xiè械）：官署。

④南衙：唐代皇帝所住的宫城和大明宫都在长安城北，政府官署设在皇城与在宫城和大明宫之南（东都洛阳的布局也大体相同），因此习惯上称宰相为首的朝臣为南司、南衙，同时称在宫廷里的宦官为内廷，为北司。南衙、北司之争就指这两股政治势力之争。

⑤谁何之卒：谁何，本是问哪一个，引申为诘问、呵叱。这里的谁何之卒，就是指韩约所率领的京兆府逻卒，这些兵卒是经常巡逻盘诘行人以维持京城治安的，其战斗力远不如正规的禁军神策军。

⑥餗：音 sù（速）。

至宣宗即位，复诛其太甚者，而阉寺之势①，仍握军权之重焉。

【翻译】

……贞观年间，太宗定下制度，宦官的办公机构内侍省不设三品官，内侍是长官，官阶只有四品。由此到高宗去世的永淳末年将近七十年间，政权没有交付过宦官，他们只在宫廷里看守门户，穿六品以下的黄色衣服，吃国家发给的口粮而已。武则天称制做皇帝的二十年间，稍许增加一些宦官名额。中宗天性仁慈，对宦官颇施恩泽，神龙年间宦官发展到三千多人，其中超授七品以上不在正额的员外官占了一千多人，但做到四、五品服朱色的，三品服紫色的还少见。玄宗在位日久，提高宫禁的地位，对宦官中满意一点的，就授与三品的左右监门将军，可以在私宅门前立戟。开元、天宝年间长安的大内、大明、兴庆三宫，皇子十宅院，皇孙百孙院，东都的大内、上阳两宫，大约有宫女四万人，宦官中有品级服黄色以上的有三千人，服朱色、紫色的有一千多人。后来宦官李辅国去灵武辅佐肃宗，程元振在长安保护代宗，恃宠邀功，甚至做到三公，封有王爵，干预国家大政，但也没有全部掌握兵权。代宗时郭子仪北伐，雍王适东讨，特设观军容宣慰使一职，派宦官鱼朝恩担任，但部队另有自己的统帅，鱼朝恩只能起监督统率的作用而已。德宗因泾原兵作乱而驾幸山南，宦官窦文场、霍仙鸣扈从，乱平后不想再让武将拥有重兵，把左右神策军、神威军等都交给宦官主持，设置左右神策军护军中尉两员，左右神威军中护军两员，分别掌管禁兵，派窦文场、霍仙鸣为左右护军中尉，从此禁军中最强大的神策亲军的军权全部落到宦官手里。从

---

①阉（hūn 昏）寺：阉是宫门，阉寺是宦官的又一别称。

德宗贞元以后，宦官威权日盛，禁军大将等于中尉的子弟，外镇节度使也必须贿赂他们才能保住官位，甚至皇上日理万机之权也被他们随意侵夺，连废立皇帝的大事也由宦官决定。到元和末年，宪宗竟为宦官所弑。穆宗即位，徒有为宪宗复仇之心，实际上耽于逸乐并无行动，过了个把月还不想剪除逆党，引起了普天下人的愤怒，而穆宗却把大宅名园赏赐给他喜欢的倡优，把朱袍紫服赏赐给他信任的宦官。当时宦官中品级高的加上还没有给品级的多至四千六百一十八人，其中有的内任中尉以掌禁军兵柄，有的外任监军以分节度使权力。文宗倒能不忘祖宗的耻辱，痛恨身边的仇人，想要断绝祸根，把宦官中太横暴的剪除，可是协助他剪除宦官的宋申锡话还没有出口，就有破家之祸；李训谋划不周，几乎连文宗本身也难保全。像东汉末年何进、窦武那样要诛讨宦官的人在这时都局促不安，像张让、段珪那样横暴的宦官在这时却更猖獗。此后五十多年，祸害越演越烈。到昭宗末年，宦官作恶之甚就更不忍听闻。

……

王守澄，是元和末年的大宦官。当时宪宗病势加剧，宦官陈弘庆等人把宪宗杀害。鉴于宪宗英武，在人们中素有威信，别的宦官也不敢公开向陈弘庆等人问罪，而把事情隐瞒起来，只说是吃丹药中毒暴死。守澄和中尉马进潭、梁守谦、刘承偕、韦元素等人决策立太子李恒即穆宗为皇帝。穆宗长庆年间，守澄任知枢密事要职。

当初，元和年间守澄任徐州监军，在节度使李愬家里遇到经常出入的懂医术的翼城人郑注。这个郑注敏悟过人，博览群书，精通技艺，在弈棋、医药、占卜上尤为神妙，人们见到他没有不为之惊喜的。他曾替李愬把黄金炼成丹药，说吃上一刀圭就可治好手足萎弱肿胀的毛病,再多还能返老还童,李愬和守澄吃了颇见功效。守澄知枢密后,就把郑注引荐到宫禁,穆宗对待郑注也很优厚。郑注满肚子诡计奇策,和守澄一谈就是通宵。

文宗即位,守澄为骠骑大将军充任右神策军中尉。郑注又获得文宗的信任,依靠守澄大为奸弊。文宗鉴于元和末年杀害宪宗的逆党还在身边,宦官的势力比过去更为强盛,心里老是气愤不过,闲下来总闷闷不乐。翰林学士宋申锡曾在单独奏对时探问文宗有什么心事,文宗稍为透露了一点要剪除宦官的想法,申锡建议先把其中最专横有危险性的收拾掉。文宗也认为申锡深沉有谋略,让他去办可以收效,就任命他为宰相。不料申锡的计划还未实施,已被郑注觉察,守澄就指使军吏豆卢著诬告申锡和穆宗第六子文宗弟漳王李凑谋反。申锡被问罪贬逐。

宰相李逢吉的侄儿李训和郑注往来勾结,这个李训也是诡计多端,和郑注极为说得来,都受到守澄重视,守澄又引李训进入宫禁给文宗讲《周易》。李训博得文宗的信任,又探知文宗的心意,提出剪除宦官来迎合文宗,文宗也看到李训有才气会讲话,认为依靠他一定能成功,对他特加恩宠,从流人中擢用为国子监的学官,充任侍讲学士。

当时宦官仇士良拥立文宗有功,为守澄所排挤,没有擢居要职,李训就奏请任用士良来分割守澄的权力,叫他当左神策军中尉。守澄不高兴,和士良大闹矛盾,李训得以乘机收拾守澄。大和九年(835),文宗派宦官李好古带了毒酒给守澄喝,对外不声张,守澄死后还追赠扬州大都督。守澄弟守涓在徐州做监军,召回京师,走到中牟被处死。守澄豢养李训、郑注,反受其祸,人们对他为训、注巧言献媚所欺骗都感到痛快,对训、注的阴险狡猾又感到厌恶。

李训杀了守澄,又厌恶郑注,奏请文宗派郑注出任凤翔节度使。李训想杀尽宦官,和金吾将军韩约、新任太原节度使王璠、新任邠宁节度使郭行余、代理御史中丞李孝本、代理京兆尹罗立言密谋。这年十一月二十一日,文宗上宣政殿听政,百官排定班次,韩约不奏报平安,却说:"臣当值的金吾廨舍里有一颗石榴树,昨夜树上降有甘露,请陛下亲临一看。"文宗就坐上辇到金吾廨舍,中尉仇士良和百官先到石榴树下,发现并非真的甘露,又听到帷幕后面有兵器碰撞的声音,急忙跑出来,对文宗说:"南衙发生变乱。"扶着辇把文宗簇拥进宣政殿阁门,李训跟在辇后大喊道:"邠宁、太原兵怎么还不行动?保卫皇上的每人赏钱一百千!"于是金吾兵、京兆府逻卒和御史台跟随李孝本的拿了兵器杀进宣政殿大院,宦官被杀死很多,但辇终于进入阁门,宦官都大呼万岁。不一会仇士良等率领神策禁兵五百多人亮着刀冲出东上阁门,见人就杀,王涯、贾𫗧、舒元舆、李训等四个宰相以及王璠、郭行余等十一人都尸横阙下。从此大权归于仇士良和右神策中尉鱼弘志。

到宣宗即位,又杀掉宦官中太嚣张的,但禁军大权仍为宦官所掌握。

黄巢传

黄巢起义是我国历史上一次关系重大的农民起义。在此以前唐朝中央政权还有能力维持其统治,只有经农民军给此政权及其直属武装神策军以毁灭性打击后,全国各地包括长安周围的节度使才纷纷脱离中央而独立,唐政权也终于被从农民军分化出来的、以朱温为首的地方武装集团所取代。这篇传记比较详细地记述了农民军的战斗过程和进入长安后的情况,可供需要了解这次农民起义者一读。至于行文上称黄巢及其农民军为"贼"为"盗",对起义行动采取全面否定的态度,则自是修史者的阶级立场所决定,这里除将过于丑化的地方酌量删削外,均照录原文并作今译而不随便改动,以保存旧史书的本来面目。(选自卷二○○下)

黄巢,曹州冤句人①,本以贩盐为事。

乾符中,仍岁凶荒,人饥为盗,河南尤甚②。初,里人王仙芝,

①曹州:今山东菏(hé 何)泽及河南民权等地区。冤句(qú 渠):在今山东曹县西北。
②河南:这里指河南道。

尚君长聚盗,起于濮阳①,攻剽城邑,陷曹、濮及郓州。先有谣言云:"金色虾蟆争努眼,翻却曹州天下反。"及仙芝盗起,时议畏之。左金吾卫上将军齐克让为兖州节度使,以本军讨仙芝。仙芝惧,引众历陈、许、襄、邓,无少长皆虏之,众号三十万。三年七月陷江陵,十月又遣将徐君莒陷洪州②。时仙芝表请符节,不允,以神策统军使宋威为荆南节度招讨使,中使杨复光为监军。复光遣判官吴彦宏谕以朝廷释罪,别加官爵,仙芝乃令尚君长、蔡温球、楚彦威相次诣阙请罪,且求恩命。时宋威害复光之功,并擒送阙,敕于狗脊岭斩之。贼怒,悉精锐击官军,威军大败,复光收其余众以统之。朝廷以王铎代为招讨,五年八月收复亳州③,斩仙芝首献于阙下。

　　先是,君长弟让以兄奉使见诛,率部众入嵖岈山④,黄巢、黄揆昆仲八人率盗数千依让。月余,众至数万,陷汝州⑤,虏刺史王镣⑥。又掠关东,官军加讨,屡为所败,其众十余万。尚让乃与群盗推巢为王,号"冲天大将军",仍署官属,藩镇不能制。时天下承平日久,人不知兵,僖宗以幼主临朝,号令出于臣下,南衙北司,迭相矛盾,以至九流浊乱⑦,时多朋党,小人谄胜,君子道消,贤豪忌愤,退之草泽,既一朝有变,天下离心。巢之起也,士人从而附之,或巢驰檄四方,章奏论列,皆指目朝政之弊,盖士不逞者之辞也。

---

①濮州:今河南鄄城及其周围地区,治所鄄城在今鄄城北。濮阳:在今濮阳南。
②莒:音 jǔ(举)。洪州:今江西南昌及其周围地区,州治在今南昌。
③亳(bó 博)州:在今安徽亳州、河南永城等地区,州治在今亳州。
④嵖岈(chá xiā 搽虾)山:在今河南遂平。
⑤汝州:今河南临汝及迤南地区。
⑥镣:音 liào(料)。
⑦九流:这里指各种流品的人物。

巢徒众既盛,与仙芝为形援。及仙芝败,东攻亳州不下,乃袭破沂州据之①,仙芝余党悉附焉。

　　时王铎虽衔招讨之权,缓于攻取。时高骈镇淮南,表请招讨贼,许之,议加都统。巢乃渡淮,伪降于骈,骈遣将张璘率兵受降于天长镇②,巢擒璘杀之,因虏其众。寻南陷湖湘,遂据交广③。托越州观察使崔璆奏乞天平军节度使④,朝议不允,又乞除官,时宰臣郑畋与枢密使杨复恭奏⑤,欲请授同正员军将⑥,卢携驳其议,请授率府率⑦,如其不受,请以高骈讨之。及巢见诏,大诟执政,又自表乞安南都护、广州节度⑧,亦不允。然巢以士众乌合,欲据南海之地,永为窠穴,坐邀朝命。是岁自春及夏,其众大疫,死者十三四,众劝请北归,以图大利。巢不得已,广明元年,北逾五岭,犯湖湘、江浙进逼广陵⑨,高骈闭门自固,所过镇戍,望风降

①沂州:今山东临沂及其周围地区,州治在临沂。

②天长镇:今江苏天长县。

③交广:唐代的广州是今广东广州及其周围地区,交州则在今越南社会主义共和国河内及其周围地区。但汉代的交州本兼辖今两广以至越南北部,从而交广就成为这一地区的习惯称呼。黄巢只攻占广州,仍可说遂据交广。

④越州观察使:正式名称是浙江东道观察使,因为治所在越州,也可称越州观察使。天平军节度使:治所在今山东郓城,辖有郓、曹、濮三州,正是黄巢的故乡。

⑤畋:音 tián(田)。

⑥同正员:额外的、但待遇又同于正式官员的,在当时叫同正员。

⑦率府率:唐代东宫有太子左右卫率府、太子左右司御卫率府、太子左右清道率府、太子左右监门率府、太子左右内率府,其长官都叫率,不知给黄巢的是哪个率府的率。

⑧安南都护:唐代有安南都护府,治所在今越南社会主义共和国河内。

⑨广陵:今江苏扬州,唐代本名江阳,扬州州治所在,但在隋以前一直叫广陵,还以此为郡治设置过广陵郡,所以这里可用广陵来代称江阳。

贼。九月,渡淮。十一月十七日,陷洛阳,留守刘允章率分司官迎之①。继攻陕、虢,逼潼关②。……河中节度使李都诈进表于贼。

朝廷以田令孜率神策、博野等军十万守潼关③。时禁军皆长安富族,世籍两军,丰给厚赐,高车大马,以事权豪,自少迄长,不知战阵。初闻科集,父子聚哭,惮于出征,各于两市出值万计,佣雇负贩屠沽及病坊穷人以为战士④,操刀载戟,不知镦锐⑤,复任宦官为将帅,驱以守关。关之左有谷,可通行人,平时捉税,禁人出入,谓之"禁谷"。及贼至,官军但守潼关,不防禁谷,以为谷既官禁,贼无得而逾也。尚让、林言率前锋由禁谷而入,夹攻潼关。官军大溃,博野都径还京师⑥,燔掠西市⑦。十二月三日,僖宗夜自开远门出,趋骆谷⑧,诸王、官属相次奔命,观军容使田令孜、王若俦收合禁军扈从。四日,贼至昭应⑨,金吾大将军张直方率在京两班迎贼灞上。五日,贼陷京师。

时巢众累年为盗,行伍不胜其富,遇穷民于路,争行施遗。既入春明门,坊市聚观,尚让慰晓市人曰:"黄王为生灵,不似李家不

————

① 分司官:唐代以洛阳为东都,京城长安的中央各机构都派出大小官员在洛阳办公,叫分司官,实际多数无公可办,等于退休养老。

② 虢:虢州,今河南灵宝及迤南地区。

③ 孜:音 zī(资)。博野:唐瀛州的属县,穆宗时李寰带了这里的守兵投奔京师,成为中央的一支直属部队。

④ 病坊:唐宋时由政府出钱收养贫病者的地方叫病坊。

⑤ 镦(dūn 敦):矛戟柄末端的平底金属套。

⑥ 都:唐中叶以后出现的军队编制名称。

⑦ 燔(fán 凡):烧。

⑧ 骆谷:即骆谷道,或曰骆谷路,从今陕西周至西南过秦岭通到洋县东北,北口叫骆谷,设有骆谷关,南口叫傥谷。

⑨ 昭应:今陕西临潼。

恤汝辈,但各安家。"巢贼众竞投物遗人。十三日,贼巢僭位,国号大齐,年称金统,仍御楼宣赦①,且陈符命曰②:"唐帝知朕起义,改元广明,以文字言之,唐已无天分矣。'唐'去'丑''口'而安'黄',天意令黄在唐下,乃'黄家日月'也!土德生金③,予以金王,宜改年为金统。"贼搜访旧宰相不获,以前浙东观察使崔璆、杨希古、尚让、赵章为四相,孟楷、盖洪为左右军中尉,费传古为枢密使,王瑶为京兆尹,许建、朱实、刘塘为军库使,朱温、张言、彭攒、季逵为诸卫大将军、四面游奕使④。又选骁勇形体魁梧者五百人曰功臣,令其甥林言为军使,比之控鹤⑤。

中和元年二月,尚让寇凤翔,郑畋出师御之,大败贼于龙尾坡⑥,畋乃驰檄告喻天下藩镇。四月,泾原行军唐弘夫之师屯渭北,河中王重荣之师屯沙苑⑦,易定王处存之师屯渭桥⑧,鄜延拓跋思恭之师屯武功⑨,凤翔郑畋之师屯盩厔。六月,邠宁朱玫之

①宣赦:新皇帝即位,照例要下诏书大赦天下,叫宣赦。
②符命:秦汉以来建立新朝代时都得找些所谓"祥瑞"之类的东西,来证实新朝代的建立是秉承上天意志,叫做符命。
③土德生金:战国时出现金、木、水、火、土五行之说,到汉代形成了一种名为"五德终始"的历史观,即每个朝代都代表五行中的一行即一德,有相生相克两种循环法。这里是用的相生循环法,即金德生水,水德生木,木德生火,火德生土,土德生金。唐是土德,理应生金德的黄巢。
④攒:音 cuán(窜阳平)。
⑤控鹤:武则天时设置控鹤府,统辖宿卫近侍。
⑥龙尾坡:在今陕西岐山。
⑦沙苑:在今陕西大荔南,是一大片东西横向的沙土地。
⑧易定:即义武军节度使,治所在今河北定州。
⑨鄜延:鄜延节度使,治所在今陕西富县。这时节度使是李孝昌,拓跋思恭是党项族,带兵会合李孝昌同盟进攻黄巢。

师屯兴平①,忠武之师三千屯武功②。是岁,诸侯勤王之师四面俱
会。十二月,宰相王铎率荆、襄之师自行在至。郑畋帐下小校窦
玟者,骁勇无敌,每夜率敢死之士百人,直入京师,放火燔诸门,斩
级而还,贼人悚骇。时京畿百姓皆寨于山谷,累年废耕耘,贼坐空
城,赋输无入,谷食腾踊,米斗三十千。……朝士皆往来同、华,或
以卖饼为业,因奔于河中。宰相崔沆、豆卢瑑扈从不及③,匿之别
墅,所由搜索严急,乃微行入永宁里张直方之家,朝贵怙直方之豪
多依之④。既而或告贼云:"直方谋反,纳亡命。"贼攻其第,直方
族诛,沆、瑑数百人皆遇害。自是贼始酷虐,族灭居人。遣使传命
召故相驸马都尉于琮于其第,琮曰:"吾唐室大臣,不可佐黄家草
昧⑤,加之老疾。"贼怒,令诛之。广德公主并贼号咷而谓曰:"予
即天子女,不宜复存,可与相公俱死。"是日并遇害。二年,王处存
会忠武之师败贼将尚让,乘胜入京师,贼遁去,处存不为备,是夜
复为贼寇袭,官军不利。贼怒坊市百姓迎王师,乃下令洗城,丈夫
丁壮,杀戮殆尽,流血成渠。

　　九月,贼将同州刺史朱温降重荣。十一月,李克用率代北之
师自夏阳渡河⑥,屯沙苑。三年正月,败黄揆于沙苑,进营乾坑⑦。
二月,贼将林言、赵章、尚让率众十万援华州,克用合河中、易定、

———————————

①兴平:今陕西兴平。
②忠武:忠武节度使,治所在河南许昌。
③沆:音hàng(巷)。瑑:音zhuàn(篆)。扈从(zòng纵):随从保护皇帝。
④怙(hù户):依凭。
⑤草昧:我国过去把一个政权刚建立时的草创经营叫草昧。
⑥夏阳:县名,在今陕西合阳东、韩城南,东临黄河。
⑦乾(gān干)坑:在沙苑边缘。

忠武之师战于梁田坡①,大败贼军,俘斩数万,乘胜攻华州,堑栅以环之。克用骑军在渭北,令薛志勤、康君立每夜突入京师,燔积聚,俘级而旋。黄揆弃华州,官军收城。四月八日,克用合忠武骑将庞从遇贼于渭南②,决战三捷,大败贼军。十日夜,贼巢散走。诘旦,克用由光泰门入,收京师。巢贼出蓝田七盘路,东走关东。天下兵马都监押杨复光露布献捷于行在。……

五月,巢贼先锋将孟楷攻蔡州,节度使秦宗权以兵逆战,为贼所败,攻城急,宗权乃称臣于贼。遂攻陈、许③、营于溵水④,陈州刺史赵犨迎战⑤,败贼前锋,生擒孟楷斩之。黄巢素宠楷,悲惜之,乃悉众攻陈州,营于城北五里,为宫阙之制,曰"八仙营"。于是自唐、邓、许、汝、孟、洛、郑、汴、曹、濮、徐、兖数十州⑥,毕罹其毒。贼围陈郡百日,关东仍岁无耕稼,人饿倚墙壁间。……赵犨求救于太原。四年二月,李克用率山西诸军由蒲、陕济河,会关东诸侯赴援陈州。三月,诸侯之师复集。四月,官军败贼于太康⑦,俘斩万计,拔其四壁,又败贼将黄邺于西华⑧,拔其壁。巢贼大

①梁田坡:在今陕西华县、渭南之间。

②渭南:今陕西渭南。

③陈州:今河南淮阳及其周围地区。许州:今河南许昌及其周围地区。

④溵(yīn 因)水:流经当时许、陈二州,当时在陈州州治宛丘(即今淮阳)西南溵水边且设有溵水县。

⑤犨:音 chōu(抽)。

⑥唐州:今河南泌阳及其周围地区。邓州:今河南邓州、南阳等地区。孟州:今河南孟州、济源、温县等地区。

⑦太康:今河南太康。

⑧西华:今河南西华。

恐,收军营于故阳里①,官军进攻之。五月,大雨震雷,平地水深三尺,坏贼垒,贼自离散,复聚于尉氏②,逼中牟,翌日营汴水北,是日复大雨震电,沟塍涨流③。贼分寇汴州,李克用自郑州引军袭击,大败之,获贼将李用、杨景。残众保胙县、冤句④,官军追讨,贼无所保,其将李谠、杨霍、葛从周、张归厚、张归霸各率部下降于大梁,尚让率部下万人归时溥。贼自相猜间,相杀于营中⑤,所残者千人,中夜遁去。克用追击至济阴而还⑥。

贼散于兖、郓界,黄巢入泰山。徐帅时溥遣将张友与尚让之众掩捕之,至狼虎谷⑦,巢将林言斩巢及二弟邺、揆等七人首,并妻子皆送徐州。是月贼平。

【翻译】

黄巢,曹州冤句人,本以贩盐为生。

僖宗乾符中,连年灾荒,百姓不堪饥饿流为盗贼,河南一带闹得尤其凶。最初有濮州濮阳人王仙芝、尚君长在当地纠合群众,攻掠州县,先后打下了曹州、濮州和郓州。在这以前早传有民谣说:"金色虾蟆争努眼,翻却曹州天下反。"这时王仙芝起兵,大家感到恐惧。左金吾卫上将军齐克让任兖州节度使,率领本镇兵马讨伐王仙芝。王仙芝怕抵敌不住,带了队伍西走陈、许、襄、邓等

①故阳里:在陈州治宛丘城北。
②尉氏:今河南尉氏。
③塍(chéng 成):田畦。
④胙县:即胙城,在今河南延津东北。
⑤营中:明闻人本和其他本子都作营州,显然不通,今径改正。
⑥济阴:今山东曹县。
⑦狼虎谷:在泰山东南今莱芜县境内。

州,所过之处不论青壮年都收编进来,人马号称三十万。乾符三年(876)七月打下江陵,十月又派部将徐君莒打下洪州。王仙芝上表朝廷要讨个节度使官职朝廷不允,派神策统军使宋威出任荆南节度使招讨使讨伐王仙芝,大宦官杨复光任监军。杨复光派判官吴彦宏通知王仙芝朝廷要免他的罪,另给他官职,仙芝同意了,接连派尚君长、蔡温球、楚彦威去京师请罪,并求恩赐官职。可宋威怕杨复光立功,把尚君长等都抓起来送到京师,下诏押送狗脊岭处斩。王仙芝等知道了极为愤怒,出动全部精锐进攻官军,宋威大败,余众被杨复光收编。朝廷另派宰相王铎代宋威为招讨,乾符五年(878)八月收复亳州,斩王仙芝首送京师献功。

在这以前,尚君长之弟尚让由于其兄奉使被杀,率领部众脱离了王仙芝进入嵖岈山,黄巢、黄揆兄弟八人也率领几千人入山合伙。一个多月后,这支队伍扩大到好几万,打下汝州,俘获刺史王镣,接着剽掠关东,官军屡次来讨伐,都被杀败,队伍又发展到十多万。尚让和其他首领共推黄巢为王,起了个"冲天大将军"的称号,还设置官员,周围的藩镇对他毫无办法。当时天下太平日久,人们多不知道怎么打仗,僖宗是个少年皇帝,听凭臣子们在发号施令,而南衙宰相和北司宦官之间又闹矛盾,弄得流品混乱,党派倾轧,小人得志,君子受压,正经人、有才能的人不愿同流合污,就被摈斥回乡里,以致一旦发生动乱,天下离心。黄巢起兵,就有很多文人来投效,黄巢向四方所发的檄文,给僖宗所上的奏章,指斥朝政的腐败,都由这些胸怀不平的文人们撰写。此时黄巢兵力已很强大,和王仙芝互相声援。王仙芝败死后,黄巢东攻亳州不下,再东进攻占了沂州,王仙芝余部都前来归附。

当时王铎虽然有招讨之权,但行动迟缓,攻战不力。高骈其时任淮南节度使,上表请求让他来对黄巢招抚征讨,朝廷同意了,给高骈加了个都统的头衔。黄巢南渡淮河，向高骈假投降，高骈派部将张璘带兵到天长镇去受降，黄巢把张璘抓起来杀掉，带来的兵也吞并掉。接着黄巢南下湖湘，攻占广州。在广州托越州观察使崔璆上奏朝廷给他讨个天平军节度使的官职，朝廷商议后不同意，黄巢又要求给他别的官职，宰相郑畋和枢密使宦官杨复恭上奏，要授予黄巢同正员军将，另一个宰相卢携反对，主张只授予率府率，并说如果黄巢不接受，就派高骈讨伐。黄巢见到诏书，大骂这些宰相，又亲自上表要求做安南都护、广州节度使，朝廷也不同意。但黄巢考虑到他统率的部队多系临时凑合，缺乏训练，想占领南海一带作为根据地，期待取得朝廷的承认。不料这年部队里流行起严重的传染病来，从春天直闹到夏季，战士病死了十之三四，大家劝黄巢不如北上以图大业。黄巢不得已，在广明元年（880）北上越过五岭，从湖湘打到江浙，进逼广陵，高骈闭城自守，所过镇戍都望风迎降。这年九月，黄巢大军渡淮北上。十一月十七日，攻克洛阳，留守刘允章率领在洛阳的分司官迎降。黄巢继续西进攻取陕州、虢州，进逼潼关。……河中节度使李都进表伪降黄巢。

朝廷派观军容使大宦官田令孜率神策、博野等军十万人守潼关。当时禁兵多是长安城里的富家子弟，世代在左右神策军里挂个名，平时领取丰厚的给养赏赐，高车大马，趋奉权贵，从来就不懂得怎样打仗。这时听到要点名集合，父子聚哭，不愿上阵，花上一万钱到东市、西市雇佣小贩、屠沽甚至病坊里的穷人来顶替，这些人连刀戟都拿颠倒了，再由宦官来充当将帅，把这些人赶去防守潼关。潼关的左边有个山谷，本来可以通行，为了防止行人逃脱，把它封禁起来，称之为"禁谷"。这时黄巢大军来到，官军却只把守潼关，不在禁谷设防，认为既经官方禁止通行，黄巢的部队就进不来。可尚让、林言率领了黄巢的先头部队正从这个禁谷开进来，转过去和黄巢大军夹攻潼关。官军全线崩溃，博野都脱离指挥自动逃回京师，把西市焚烧抢劫一空。十二月三日夜间，僖宗逃出开远门向南奔往骆谷，诸王、百官陆续跟上逃命，观军容使田令孜和王若俦收合残败禁军保驾。四日，黄巢大军到昭应，金吾大将军张直方率领没有逃散的文武百官到灞上迎降。五日，黄巢进入长安城。

黄巢的部队历年来在各地劫掠富豪，携带的财物多得谁都不希罕了，一路上看到穷人，就抢着施舍。进了春明门，坊市的居民都出来围观，尚让安慰他们说："黄王起兵为拯救百姓，不像李家对你们不体恤，你们尽管安心过日子。"战士还抢着把财物塞到穷人手里。十三日，黄巢称帝，国号大齐，年号金统，并登丹凤楼宣布赦书，还陈说符命道："唐帝知道朕要起义，所以改元广明，从文字来说，唐朝的命运已经注定要结束了。'广'字是把'唐'的'丑''口'去掉而安上'黄'字，天意让黄在唐下，'广明'就是'黄家日月'啊！土德生金德，朕以金德王，应改年号为金统。"当时旧宰相都逃亡藏匿，黄巢搜访不到，就任命前浙东观察使崔璆以及杨希古、尚让、赵章为四相，孟楷、盖洪为左右军中尉，费传古为枢密使，王璠为京兆尹，许建、朱实、刘塘为军库使，朱温、张言、彭攒、季逮为诸卫大将军、四面游弈使。又挑选骁勇而且身材魁梧的五百人称之为功臣，派自己的外甥林言做他们的军使，比之于唐朝的控鹤府。

僖宗中和元年(881)二月，尚让进攻凤翔，郑畋出兵抵御，大败尚让于龙尾坡，郑畋发檄文告谕各镇节度使动员他们出兵围攻黄巢。四月，泾原行军唐弘夫的部队进驻渭北，河中王重荣的部队进驻沙苑，易定王处存的部队进驻渭桥，鄜延拓跋思恭的部队进驻武功,凤翔郑畋的部队进驻盩厔。六月,邠宁朱玫的部队进驻兴平,忠武军节度使的部队三千人进驻武功。这一年内各节度使的部队从四方汇合到长安周围。十二月,宰相王铎率领荆襄部队也从僖宗留驻的成都赶来。郑畋帐下小校窦玫骁勇无敌,常在夜晚带了敢死之士上百人进入长安,放火焚烧城门,斩取首级,然后回营,把黄巢部众弄得很紧张。当时京城周围的百姓都逃进山谷结寨自保,连年不得耕种,黄巢部众坐守空城,征收不到租税粮食,城里粮食踊贵,一斗米涨到三十千文钱。……朝廷官员多往来同、华二州,有的以卖饼谋生,找机会逃到了河中。宰相崔沆、豆卢瑑没有来得及跟随僖宗出逃,躲到自己的别墅里,看到各处搜索得紧,就偷跑出来躲进永宁里的张直方家里,其他朝廷贵人也认为张直方有势力多去投靠。过些时候有人报告黄巢说:"张直方准备反叛,收容了许多大齐朝要搜捕的人。"黄巢派兵围攻张直方家,直方满门抄斩,崔沆、豆卢瑑等几百人也都被杀死。从此黄巢等人才严酷起来,动辄把人家满门杀绝。黄巢又派人到前宰相驸马都尉于琮家里去传命召见,于琮说:"我是唐室大臣,不能辅佐黄家创业,何况我已衰老多病。"来人生了气,下令把他杀掉。于琮妻广德公主拉住动手的人号啕大哭道:"我是天子之女,也不用再活了,愿和相公同死。"当天一并被杀。中和二年(882),王处存会合忠武军的部队打败尚让,乘胜进入长安,黄巢率领大军撤离到城外,王处存不作防备,当夜被黄巢回军袭击,官军大败。黄巢知道了坊市百姓曾欢迎官军,极为愤怒,就下令洗城,成年男子几乎被杀尽,血流成了沟渠。

这年九月,黄巢的同州刺史朱温投降王重荣。十一月,李克用率领代北兵马从夏阳渡过黄河,进驻沙苑。中和三年(883)正月,李克用在沙苑打败黄巢之弟黄揆,进驻乾坑。二月,黄巢将领林言、赵章、尚让领兵十万救华州，李克用联合河中、易定、忠武的部队在梁田坡迎战，大败林言等人，俘虏斩杀好几万，乘胜进攻华州，挖堑树栅围困州城。当时李克用的骑兵还在渭北，他派部将薛志勤、康君立每夜潜入长安，焚烧积聚的物资，斩取首级回营。不久，黄揆撤离华州，官军进入州城。这年四月八日，李克用联合忠武骑将庞从和黄巢大军在渭南决战。三战三捷，巢军大败。十日夜晚，黄巢全军分头撤出长安。第二天清晨，李克用率军进入光泰门，收复京师。黄巢大军通过蓝田七盘路进入关东。天下兵马都监押大宦官杨复光发露布到成都向僖宗告捷。……

　　这年五月，黄巢的先锋孟楷攻打蔡州，节度使秦宗权率兵迎敌，被孟楷打败，孟楷攻城急，秦宗权就向黄巢称臣。黄巢和秦宗权合兵进攻陈、许，靠溵水扎营，陈州刺史赵犨迎敌，打败巢军先锋，擒斩孟楷。黄巢对孟楷一向宠信，知道了大为悲痛，全军围攻陈州，在州城北面建筑营垒，仿照长安宫阙的形式，号称"八仙营"。自此唐、邓、许、汝、孟、洛、郑、汴、曹、濮、徐、兖等数十州都遭受兵火。黄巢围陈州百日，百姓无从耕种，人人饥饿得靠倒在墙壁上。……赵犨向太原的李克用求救。中和四年（884）二月，李克用率领太行山西诸军从蒲、陕南渡黄河，会同关东各节度使兵马进援陈州。三月，各节度使兵马齐集到陈州。四月，官军在太康大败巢军，俘虏斩杀上万人，攻下四个营垒，又在西华打败黄邺，攻下营垒。黄巢大为震恐，收拢队伍在故阳里建筑营垒，官军再进攻故阳里。五月，大雷雨，平地水深三尺，巢军营垒崩坏，分头撤离，到尉氏会合，向中牟进逼。第二天在汴水北面筑营，这天又是大雷雨，田沟里满是流水。黄巢分兵进攻汴州，李克用从郑州率兵袭击，大败巢军，擒获将领李用、杨景。黄巢率领残部东走据守胙县、冤句，官军追击，巢军无力防守，将领李谠、杨霍、葛从周、张归厚、张归霸各自率领所部投降大梁的朱全忠,尚让率领部下万人投奔徐州的时溥。没有叛离的兵将也互相猜疑,在营里动武火并,剩下上千人在半夜里出逃。李克用追赶到济阴才收兵回太原。

黄巢余部分散在兖、郓二州交界处,黄巢进入泰山。驻徐州的感化军节度使时溥派部将张友和归降的尚让部众入山搜捕,到狼虎谷追上黄巢,黄巢部将外甥林言斩了黄巢和巢弟黄邺、黄揆等七人的头,还押了黄巢的妻子一并送往徐州。本月,黄巢军全部被消灭。